CU00418071

Ralf Vielhaber | Stefan Ziermann (Hg.)
Anlegen im Japan-Modus
Anlagechancen 2020

Die Deutsche Bibliothek – CIP-Einheitsaufnahme

Ein Titeldatensatz für diese Publikation ist bei
der Deutschen Bibliothek erhältlich.

Umwelthinweis:

Dieses Buch wurde auf chlorfrei gebleichtem Papier gedruckt.
Die Einschrumpffolie – zum Schutz vor Verschmutzung – ist aus
umweltverträglichem und recycelbarem PE-Material.

ISBN 978-3-948349-02-8

© 2019 Verlag FUCHSBRIEFE, Dr. Hans Fuchs GmbH

Heidelberger Platz 3
14197 Berlin
www.fuchsbriefe.de

Redaktionsschluss: 22. September 2019
Datenquelle Charts Aktiendepots: vwdgroup:
Redaktion: FUCHSBRIEFE, Berlin
Einbandgestaltung: Creeativ Design Christian Reetsch
Titelabbildung: zefa visual media
Satz: Verlag FUCHSBRIEFE, Berlin
Druck und Verarbeitung: Wilhelm Medien-Service
Printed in Germany

Die von den Autoren geäußerten Meinungen decken sich nicht
zwangsläufig mit der Meinung der FUCHS-Redaktion.

Ralf Vielhaber | Stefan Ziermann (Hg.)

Anlegen im Japan-Modus
Anlagechancen 2020

Ralf Vielhaber und sein internationales Team von Experten und Fachjournalisten aus Wirtschaft und Politik begleiten das Geschehen in der Weltwirtschaft und an den Börsen täglich mit ausgefeilten Analysen und Prognosen. FUCHSBRIEFE sind das Flaggschiff des Verlages Dr. Hans Fuchs GmbH. Sie genießen hohes Ansehen und erfahren weite Verbreitung in den Chefetagen von Unternehmen und Banken. Der Herausgeber ist gefragter Kolumnist und Kommentator in Presse, Rundfunk und TV sowie bei Vortragsveranstaltungen.

Kapitelübersicht

Inhaltsverzeichnis

Betreutes Anlegen

Ralf Vielhaber, FUCHSBRIEFE

Die Notenbanken lassen weder die Staaten noch die Märkte im Stich. Das ist die zentrale Lehre, die wir aus dem vergangenen Jahr mitnehmen dürfen. Die Hausse ging zu Ende, als die Fed die Zinsen anhob und die EZB ihre Anleihenkäufe stoppte. Doch dann verloren die Notenbanker die Nerven und legten eine komplette Kehrtwende hin.

Die US-amerikanische Notenbank Federal Reserve hat damit bereits ihren zweiten Versuch, die Zinsen zu normalisieren, abgebrochen. Der erste scheiterte im Jahr 2015, damals noch unter Ben Bernanke. Auch damals gerieten die Märkte, vor allem die Schwellenländer, ins Trudeln.

Notenbanken: Gefangene der eigenen Politik

Die Lehre, die wir daraus ziehen können, lautet: Man kann sich auf die Zentralbanker verlassen. Die Angst vor einem Crash hält sie gefangen. Das Geld wird weiter und ziemlich ungebremst in die Märkte fließen, wenn diese stärker zu zucken beginnen. Ist das nun positiv? Keineswegs. Es ist eine Versicherung mit hohem Risiko.

Wir werden im Buch noch zeigen, dass auf diese Weise die Geldpolitik den Markt zu Grabe trägt. Japan lässt grüßen. Die Entwicklung dort wird nun zumindest für Europa Vorbild sein: kaum kaschierte Staatsfinanzierung durch die Notenbank, stetig steigende Staatsschulden, dauerhafte Nullzinsen, kaputte Banken, problematische Demografie, nachlassende Innovationskraft, zahllose Zombie-Unternehmen, die nur von billigem Geld am Leben gehalten werden und schwindendes Vertrauen in die Fähigkeit der (Geld)politik, Probleme zu lösen.

Entkoppelung von der Realwirtschaft

Dennoch gibt es eine zweite und für rational denkende Anleger für die nächste Zeit durchaus positive Seite. Denn mit diesen Vorgaben lässt es sich bequem anlegen. Betreutes Anlegen sozusagen. No risk und dennoch reichlich fun. Reale Vermögenswerte wie Aktien, Immobilien,

Unternehmensbeteiligungen und Edelmetalle werden weiter gesucht sein. Der Anlagenotstand wird sich im Zeichen der Geldflut verstärken. Die Assetpreise gehen weiter (deutlich) nach oben. Es gilt: Gekauft wird, was relativ am günstigsten ist. Gerade Großanleger wie Versicherungen und Pensionsfonds werden die Gunst der Stunde nutzen. Und die Aktienbewertungen nach oben treiben. Losgelöst von der Entwicklung der Realwirtschaft.

Die Märkte haben für solche Situationen Beruhigungspillen im Angebot. Man einigt sich im stillen Konsens darauf, die Bewertungsmaßstäbe zu ändern. Was bleibt auch anderes übrig? Galt bisher ein Kurs-Gewinn-Verhältnis von 16 für Aktien aus dem DAX als langjähriger Durchschnitt und wichtiger Orientierungspunkt, wird nun das Orientierungsniveau auf 20+ raufgeschraubt. Heißt: Man empfindet es als normal, dass das Unternehmen erst mit den Gewinnen aus 20 statt 16 Jahren seine Börsenbewertung verdient.

Im Zweifel die Bewertungsmaßstäbe ändern

Kaiser ohne Kleider

Unterm Strich bedeutet das: Die Zinsanfälligkeit der Märkte nimmt beständig zu. Also darf die Inflation auf keinen Fall anziehen. Denn dann wird sich zeigen: Die Zentralbanken stehen mit leeren Händen da. Der Versicherer wird zum Risiko. „Der Kaiser hat ja gar nichts an", werden die Kinder rufen. Fed, EZB und BoJ haben sich in eine Situation manövriert, in der sie ihre Aufgabe – die Geldwertstabilität zu erhalten – kaum mehr wahrnehmen können. Sie können die Inflation nicht mehr über den Zins an die Leine nehmen. Kehrt sie zurück, müssen sie sie laufen lassen.

Tut sie ja auch nicht, wird jetzt mancher sagen. Wirklich? Im Big Picture werden wir zeigen, dass der Schalter längst umgelegt wurde. Die Inflation wird zurückkommen. Wir haben auf dieses Szenario bereits in den Anlagechancen 2019 aufmerksam gemacht. Ursache ist die De-Globalisierung, das Ende der zunehmenden weltweiten Verflechtung der Produktionsketten und des grenzenlosen Güterverkehrs. Offen ist nur, wann das in den Preisen deutlich durchschlägt.

Das Ende der fortschreitenden Verflechtung der Produktionsketten

Geldsystem am Ende, Geldsystem vor dem Neuanfang

Sprechen wir es aus: Unser Geldsystem ist am Ende. Und die Profis wissen das. Es geht jetzt darum, den Übergang zu managen, ohne dass es zusammenbricht. Die bevorstehende Einführung des Weltgeldes Libra oder seines chinesischen Pendants sind bereits das Wetterleuchten. Wie wird die neue Geldordnung gestaltet? Das wird in den kommenden Jahren ausgehandelt.

Gut sortiert ins neue Anlagejahr

Der Weg zu einer neuen Geldordnung ist noch lang.

In diesem Buch werden wir an verschiedener Stelle diese Fragen aufwerfen und erste Antworten oder zumindest Hinweise geben, wohin diese Reise geht. Doch der Weg ist lang, nur ein Crash könnte ihn verkürzen. Und bis das Ziel in Sichtweite rückt, müssen wir lernen, im Japan-Modus anzulegen.

Dies werden wir Ihnen in den folgenden Kapiteln näher bringen, uns aber natürlich auch für das kommende Jahr wappnen: mit Analysen der Märkte, der Potenziale der einzelnen Anlageklassen und ganz konkreten Empfehlungen zur strategischen Ausgestaltung Ihres Portfolios und für erfolgversprechende Anlagen. Damit Sie gut sortiert ins neue Anlagejahr starten können.

Mein Dank

Zum wiederholten Male hatte ich die Freude, die spannenden Gedanken kluger Köpfe aus der Anlagebranche zu lesen, die sie für dieses Buch zu Papier – oder besser: auf den Datenträger – gebracht haben. Ich danke ihnen für ihre Zeit, den Familien für den Langmut und meinen Kollegen, voran meinem Mitherausgeber Stefan Ziermann zusammen mit Philipp Heinrich, für die kräftezehrende Fleißarbeit der Redaktion und den unermüdlichen Willen, Ihnen, unseren Lesern, ein ansprechendes, nützliches Buch vorzulegen.

Ich denke, das ist gelungen. Viel Erfolg wünscht

Ihr

I. Thesen, Trends und Portfolio

Spannungsfelder
Big Picture 2019 | 20

Ralf Vielhaber, FUCHSBRIEFE

Märkte paradox

Märkte paradox: Das Konjunkturbild hat sich im Herbst 2019 weltweit deutlich eingetrübt, doch die Börsen haussieren erneut (siehe Abb. 1 und 2). Rezession in Deutschland, Rezessionsgefahr in den USA. Mit einer Warnmeldung überschreibt sogar OECD-Chefökonomin Laurence Boone ihren Herbstbericht: „Warnung: geringes Wachstum voraus". Aber die Indizes der Aktienmärkte in USA und Europa laufen unbeirrt auf ihre Allzeithochs zu, der japanische Nikkei auf ein mehrjähriges Zwischenhoch.

Irre, möchte man meinen. Denn am Ende speisen sich Aktienkurse aus Unternehmensgewinnen und diese kann es nur bei gut laufender Konjunktur geben. Die OECD aber macht eine wenig aufmunternde Prognose: 2,9% Wachstum der Weltwirtschaft in diesem, vielleicht 3% im kommenden Jahr (2020).

Rezessionssignale

Und es geht noch weiter mit den kritischen Nachrichten: Die Zinsstruktur in den USA ist invers: Kurzfristig geliehenes Geld ist teurer als

DAX im Vergleich zur deutschen BIP-Zuwachrate
Abb. 1

Trotz sinkender BIP-Zuwachsraten peilt der DAX sein Allzeithoch an.

Quelle: eigene Recherche

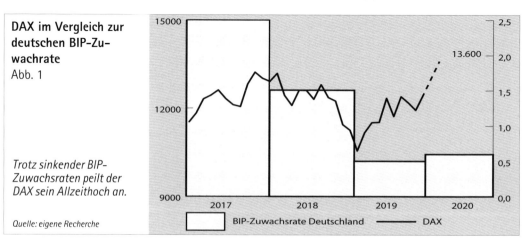

BIP-Zuwachsrate Deutschland ⸺ DAX

die langfristige Kapitalaufnahme über Anleihen. Ein-Monatsgeld kostete zum Redaktionsschluss am 22.9. in den USA 1,96%, eine zehnjährige Anleihe 1,72%. Das ist zwar kein sicheres, aber ein starkes Zeichen für eine bevorstehende Schrumpfung der Wirtschaftsleistung in der immer noch wichtigsten Volkswirtschaft der Erde.

Die Industrie der OECD-Länder steckt in einer veritablen Rezession. Die Konzerngewinne stagnieren. Die Gewinnprognosen (für China, USA) sind rückläufig bzw. stagnieren (für Deutschland). Die Gewinne im S&P 500 der wichtigsten US-Unternehmen sanken im 2. Quartal 2019 um 0,4%. Es war – erstmals seit 2016 – das zweite Quartal in Folge. Fachleute nennen dies „Gewinnrezession".

Industrie-Rezession und rückläufige Unternehmensgewinne

Immerhin, dem Dienstleistungssektor geht es gut. Die Konsumenten sind eingeschüchtert, aber nicht verängstigt. Sie sind das Gegengewicht zur Industrie. Für Deutschland spiegelt das den strukturellen Umbruch, in dem das Land steckt, das bisher so stolz auf seinen hohen und florierenden Anteil an „Old Economy" war.

Politik paradox

Betrachten wir dazu die politische Großwetterlage. In Nahost schwelt die Kriegsgefahr. Abgewendet scheinen die Eroberungsgelüste des israelischen Hardliners Benjamin Netanjahu in Palästina. Die gerade erfolgte Parlamentswahl ging nicht zu seinen Gunsten aus. Die Beziehungen zwischen USA und Iran sind aufs Äußerste angespannt. Und der Handelskonflikt zwischen USA und China findet kein Ende, verschärft sich weiter.

Angespannte Lage im Nahen Osten

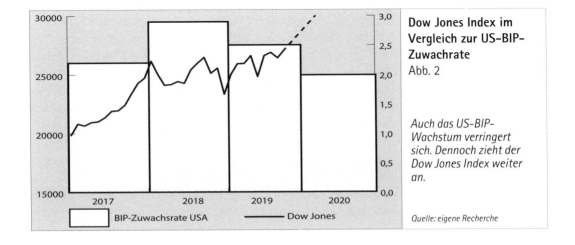

Dow Jones Index im Vergleich zur US–BIP-Zuwachsrate
Abb. 2

Auch das US-BIP-Wachstum verringert sich. Dennoch zieht der Dow Jones Index weiter an.

Quelle: eigene Recherche

Wir stehen vor einem schmutzigen Präsidentschaftswahlkampf in den USA. 2020 geht es um die Wiederwahl Donald Trumps, den meist gehassten Präsidenten aller Zeiten, möchte man meinen. Er könnte es dennoch schaffen, das Weiße Haus erneut für vier Jahre zu besetzen. Ein weiteres Paradoxon unserer Zeit.

Die Briten verlassen die Europäische Union – mit oder ohne Vertrag.

Und noch immer droht ein „schmutziger Brexit", ein Ausstieg der Briten aus der EU ohne einen Vertrag, der die Wirtschaft sowohl auf der Insel als auch auf dem Festland insbesondere im nächsten Jahr deutlich in Mitleidenschaft ziehen würde. So oder so: Die Briten verlassen die Gemeinschaft, die damit 11% ihrer Einwohner und 12% ihres bisherigen Bruttosozialprodukts verliert.

Klare Sache, möchte man meinen, das kann nur sinkende Aktienkurse zur Folge haben. Doch die Börsen juckt das alles nicht. Sie leben in ihrer eigenen Welt. Und die hat immer weniger mit der Realwirtschaft und immer mehr mit der Geldpolitik der Notenbanken zu tun. Sie schütten kübelweise Geld in die Wirtschaft. Das meiste davon kommt an den Kapitalmärkten an und treibt die Preise der „real assets", der Anlagegüter, die man „anfassen kann" – Unternehmen, Immobilien, Edelmetalle, Rohstoffe.

In Alternativen denken

Diese paradoxen Entwicklungen lassen sich dennoch erklären. Geld heißt nicht umsonst „Liquidität". Wie Wasser sucht es sich seinen Weg ans Ziel und überwindet jede Hürde, dringt durch jede Ritze. Wenn Geld Kosten verursacht (Minuszinsen) und selbst bei geringen Inflationsraten der Geldwert sinkt, dann herrscht Anlagenotstand.

Im Geld zu bleiben ist keine Option.

Auf den Märkten geht es immer um die Alternativen. Und „im Geld zu bleiben", ist eben keine. Schließlich haben Unternehmen und Verbraucher Verpflichtungen, die sie „bedienen" müssen. Nehmen wir die Versicherer und Pensionsfonds, die Verträge mit Versicherten abgeschlossen haben und Renten zahlen müssen. Sie kommen nicht umhin, anzulegen. Sie können nicht vor lauter Furcht vor einem möglichen Crash an den Börsen den Kopf in den Sand stecken.

Also wird angelegt. Da Anleihen bereits bis zur Oberkante ausgereizt sind und zumindest im erstklassigen Segment (AAA) ebenfalls nur Kosten verursachen – in Deutschland und den Niederlanden sind alle Laufzeiten negativ verzinst – bleibt nicht mehr viel. Nur die Aktien-

und Immobilienmärkte sind ausreichend groß, um das Geld, das die Notenbanken auf Teufel komm raus emittieren, aufzusaugen.

Dass Anleihenkurse – sie sind ja das genaue Gegenstück zu den Anleihenzinsen – stärker haussieren als Aktienkurse, ist den kaputten Märkten ebenso geschuldet wie die Diskrepanz zwischen Börsenentwicklung und Konjunktur.

Neben der marktzerstörenden Politik der Notenbanken gibt es noch einen weiteren Faktor an den Börsen, der sich in den Kursen spiegelt: den Faktor Hoffnung. In Deutschland könnte das gerade verabschiedete Klimapaket das Ruder in der Industriekonjunktur herumreißen. In den USA könnte die jüngste Zinssenkung die Wirtschaft ankurbeln. Und all die politischen Belastungen könnten am Ende doch gut – ohne einen heißen Krieg – ausgehen. Ja, und nicht zuletzt könnte sich auch der Handelskrieg im US-Wahljahr entspannen. Denn, so die Annahme, Donald Trump werde alles für seinen 2. Wahlsieg tun. Wenn dabei der Handelsstreit mit China bremst, dann eben abrüsten, mag sich Donald denken. Man kann ja nach der Wahl wieder nachlegen.

In den Börsenkursen spiegelt sich der Faktor Hoffnung.

Käme es dazu, würde auch das von erheblichen Wachstumssorgen geplagte China profitieren. Auch dort stehen angesichts des enormen Schuldenbergs der Unternehmen bei nachlassender Konjunktur – im nächsten Jahr könnte das Wachstum erstmals unter 6% abrutschen – die Zeichen auf Sturm. Platzt dort 2020 die Kreditblase, wie es viele Fachleute befürchten, wäre auch China ein Rezessionskandidat. Auch hier übt sich die Börse also im Prinzip Hoffnung.

Deutsche Industrie im Umbruch

Der deutschen Industrie geht es nicht gut. Eingelullt von einer langen Phase großer Exporterfolge mit dem Wechselkurs des Euro als Rückenwind hat sie sich zu lange ausgeruht und zu wenig an ihrer Wettbewerbsfähigkeit gearbeitet. Die Produktivität lässt zu wünschen übrig, die „staatstragende" Autoindustrie steht vor einem gewaltigen Umbruch mit ungewissem Ausgang.

Deutsche Industrie hat nicht genug an ihrer Wettbewerbsfähigkeit gearbeitet

Die Infrastruktur ist vernachlässigt, das Land hat die digitale Zeitenwende weitgehend verschlafen, der Finanzminister badet in Geld und was über alle Maßen wächst ist der Sozialhaushalt – weit mehr als die Investitionen. Deutschland übt sich in der Rolle als Rentner- und Flüchtlingsparadies. Die Unternehmenssteuern sind nicht mehr konkurrenzfähig. Und angesichts der von den Notenbanken ausgelösten Immobilien-Spekulationswelle und den damit verbundenen Mietpreissteigerungen reagiert der Staat mit Eingriffen ins Eigentum.

Deutschland hat keine Bank mehr von Bedeutung, Commerzbank und Deutsche Bank – beides einstmals stolze Häuser – sind Abwicklungsfälle geworden, ohne Vision, ohne ein tragfähiges Geschäftsmodell.

Die mehrjährige konjunkturelle Blüte verwelkt.

Das Land hat gerade eine mehrjährige Scheinblüte erlebt, die nun – im Herbst 2019 – verwelkt. Und es wurde nicht genügend gesät, damit wieder Neues erblühen kann. Im Softwaresektor ist Deutschland Mittelmaß, in der Konsumenten-Elektronik spielen deutsche Firmen keine Rolle. Was bleibt, ist die Hoffnung auf die Digitalisierung der Industrie.

Immerhin zeigt das „Klimapaket" der Regierung, dass die Botschaft angekommen ist. Das aus der künstlichen Verteuerung der fossilen Energie geschöpfte Geld leitet der Staat in die Wirtschaft um. 54 Mrd. bis 2023 – das ist ein Wort. Es ist ein Konjunkturpaket für die Industrie, das die Verbraucher zahlen müssen. Denn Deutschlands Regierung bekennt sich vorerst noch zum ausgeglichenen Haushalt und der Schuldenbremse. Bei den Sozialausgaben hat man ohnehin schon mächtig auf die Tube gedrückt. Steuererleichterungen sind mit der SPD nicht zu machen. Also Subventionen. Das ist ordnungspolitisch wenig elegant. Aber Wirkung hat es natürlich.

Die Notenbanken büßen ihre Unabhängigkeit ein

Gängelung der Fed durch einen rabiaten Präsidenten

Dass die Notenbanken immer mehr zu Finanziers der Staaten geworden sind, hat ihrer Unabhängigkeit nicht gutgetan. Das Zeitalter der selbständigen Notenbanken ist jedenfalls vorbei. Die Fed ist zwar schon immer „unabhängig in der Regierung". Doch seit den rabiaten Zinssenkungsforderungen von US-Präsident Donald Trump und entsprechenden Vorstößen der Republikaner im Kongress, muss sie sich zunehmend einer Gängelung durch die Politik erwehren.

Die EZB hat sich freiwillig in diese Abhängigkeit begeben. Mit der Nominierung der vorherigen IWF-Chefin Christine Lagarde als Nachfolgerin für Mario Draghi wird ihre Politisierung ebenfalls sehr deutlich. Lagarde ist eine französische Politikerin, Juristin, unerfahren in der Geldpolitik. In der Türkei hat sich Präsident Recep Tayipp Erdogan auf rüde Art die Notenbank Untertan gemacht. Zinssenkungen zur Unzeit treiben die Inflation an und schwächen die Türkische Lira. Das bringt die Unternehmen mit Schulden in Hartwährungen in große Schwierigkeiten.

Privatgeld als künftige Konkurrenz

Den Notenbanken droht aber auch von anderer Seite der Bedeutungsverlust. Privatgeld könnte zunehmend Akzeptanz finden. Mit der Libra sind die auf der Blockchain beruhenden Kryptowährungen auf dem Vormarsch. Libra ist die Idee von Facebook. Sie soll von einem Konsortium aus bis zu 100 Unternehmen, derzeit vorwiegend aus der Finanzwelt, geführt und an einen Währungskorb gebunden werden.

Privatgeld könnte Akzeptanz finden.

Libra ist mehr als eine Spielerei. Mit 2,4 Mrd. Kunden hat Facebook ein gigantisches Nutzerpotenzial. Hinzu kommend die Kunden der übrigen Unternehmen, die nur teilweise dieselben sind.

Die Finanzfachleute der US-Regierung sowie, Frankreichs und Deutschlands Finanzminister sind in Hab-Acht-Stellung. Olaf Scholz und Frankreichs Bruno de la Maire wollen Libra im Euroraum verbieten, um die Währungshoheit nicht zu verlieren.

Aus demselben Grund kommt die chinesische Regierung den Privaten zuvor und will schon im November mit einer Kryptowährung den chinesischen Konsumentenmarkt bedienen. Auch Russland plant eine staatlich angebundene Kryptowährung.

Über kurz oder lang steht das Währungssystem, wie wir es heute kennen, zur Debatte. Je riskanter die Notenbankenpolitiken und Finanzpolitiken werden, desto stärker drängt sich Pirvatgeld als von der Politik nicht so leicht zu missbrauchende Alternative zu Dollar, Euro, Yen und Pfund auf. Aber das ist natürlich noch Zukunftsmusik.

Unser heutiges Währungssystem steht auf dem Prüfstand.

Bislang kann der Dollar – trotz der politischen Schwächung durch die Eskapaden des US-Präsidenten seine dominierende Stellung am Währungsmarkt gut behaupten. Mit einem durchschnittlichen täglichen Volumen an den globalen Devisenmärkten von über 6,5 Billionen USD – ein Anstieg von 30% seit 2016 – bleibt der Greenback die dominierende Handelswährung und macht rund 45% der täglichen Transaktionen aus, gefolgt vom Euro mit 16%. Der Anteil des chinesischen Renmimbi am globalen Devisenhandel liegt seit 2016 stabil bei fast 2%, trotz der Bemühungen der chinesischen Regierung, ihn zu internationalisieren.

Umbrüche

*Schwäche der demo-
kratischen Systeme*

In Europa manifestiert sich eine Schwäche der demokratischen Systeme,
die mit dem Auseinanderdriften der Gesellschaften auch an politischer
Stabilität verlieren. Großbritannien befindet sich trotz Mehrheitswahl-
recht seit dem Brexit-Entscheid in einer Selbstblockade. Schweden, die
Niederlande, Frankreich, Spanien, gerade Israel und jetzt auch Deutschland: Die Suche nach politischen Mehrheiten gestaltet sich zunehmend
schwierig, die radikalen Ränder gewinnen an Zuspruch und Einfluss.
Und mit der Wahl Ursulas von der Leyens zur Kommissionspräsidentin
– anstelle der ursprünglich von den Fraktionen des EU-Parlaments auf-
gestellten Kandidaten – hat Europas Demokratie wieder einen großen
Rückschritt gemacht.

Um die Wirtschaft als Grundlage auch aller gesellschaftlichen Hand-
lungsfähigkeit kümmert sich Europa zu wenig. Der unvollendete Bin-
nenmarkt ist nur eine Randnotiz der Kommissionspräsidentin. Doch
gerade jetzt, wo die Industrie schwächelt, müssten die Dienstleistungen
gestärkt werden. Hier gibt es weiterhin zahllose nicht-tarifäre Hindernisse, die grenzüberschreiten Leistungen extrem erschweren und verteuern. Statt dessen führt Deutschlande den Meisterzwang wieder ein.

Deglobalisierung

*Offene Grenzen sind
die Mutter stabiler
Verbraucherpreise.*

Offene Grenzen für Finanzen und Güter, ein weltweiter Arbeitsmarkt
auf dem sich die Unternehmen bedienen können, ist das Credo der EU
– und zugleich die Mutter stabiler Verbraucherpreise. Doch die Globalisierung ist alt geworden und ihre Kraft erlahmt. Der KOF-Globalisie-
rungsindex der ETH Zürich flacht bereits seit 2015 ab. Schon im letzten Indexjahr 2016 stieg der Globalisierungsgrad nur noch leicht an.

Diese Entwicklung kam keineswegs abrupt. Sie setzte in den USA schon
zur Zeit der Obama-Administration ein. Insbesondere im Bereich Stahl
und Eisen ergriffen die USA früh protektionistische Maßnahmen.
Damals hoffte man noch, dass sich China öffnet und reformiert, eine
zunehmende Verflechtung durch Handel das Land demokratischer
macht. Doch das ist nicht geschehen – im Gegenteil: China dreht die
Zeit zurück. Ausländische Firmen werden einem Punktesystem unterworfen und danach bewertet. In jeder Firma sitzt ein staatlicher Mitarbeiter, die kommunistische Führung hat geradezu panische Angst vor
dem Kontrollverlust und reagiert umso restriktiver.

In den USA hat Donald Trump eine Art Rückrufaktion amerikanischer Firmen gestartet und sie mit Steuergeschenken angelockt. Gleichzeitig forciert der Präsident den Handelskrieg mit China und durchbricht mit Zöllen die internationalen Handelsstrukturen und Kostenvorteile.

Unternehmen bewerten Lieferketten neu

Die Gründe für die Deglobalisierung sind aber nicht nur politische. Zunehmend zeigen sich die Nachteile und Risiken globaler Lieferketten: Instabilitäten und Störungen, lange Vorlaufzeiten, unbefriedigende technische Fähigkeiten und Qualitätsstandards der Lieferanten, kulturelle Unterschiede und Kommunikationsprobleme, versteckte Kosten.

Zunehmend zeigen sich die Nachteile und Risiken globaler Lieferketten.

Ein Umfrage der Hochschule Karlsruhe für Technik Wirtschaft unter rund 1.500 deutschen Betrieben ergab: Die Verlagerungsaktivität ist (und bleibt) auf dem niedrigsten Niveau seit Mitte der 1990er Jahre. Auf jeden dritten Verlagerer von Produktion kommt ein Rückverlagerer. Besonders betroffen: der Fahrzeugbau, aber auch Datenverarbeitung und optische und elektronische Erzeugnisse.

Während die Personalkosten, die Nähe zum Kunden und die Erschließung von Märkten Unternehmen außer Landes treiben, fühlen sie sich durch die Faktoren Flexibilität und Lieferfähigkeit, Qualität und die Auslastung von Kapazitäten zurückgezogen.

Rückkehr der Inflation

War die weltweite Disinflation, welche die Notenbanken – modernen Don Quijotes gleich – zu „bekämpfen" versuchen, das Kind der Globalisierung, wird die Rückkehr der Inflation das Kind der Deglobalisierung sein.

Deglobalisierung bringt Inflation zurück

Es lohnt sich ein genauerer Blick auf die Preissteigerungsraten. In den USA betrug diese zuletzt im August 2019 1,7%. Das ist allerdings nur stark rückläufigen Energiepreisen zu verdanken. Ohne diesen Effekt lag der Verbraucherpreisanstieg bei 2,4% – deutlich über der Zielmarke der Fed von 2%.

In Europa betrug der Preisanstieg nur 1%. Hier reicht allerdings die Bandbreite von -0,1% in Portugal über 1,4% in Deutschland – das ist auch der Durchschnittswert der Eurozone – bis zu 3,1% in den Niederlanden und 4,1% in Rumänien.

Die Löhne als Inflationstreiber

Auch in Deutschland dämpfen die Energiepreise die Geldentwertung. Dafür baut sich immer mehr Inflationsdruck über die Löhne auf. Das Arbeitnehmerentgelt legte im 2. Quartal 2019 mit +4,5 % kräftig zu. Die Nettolöhne und -gehälter lagen um 4,8 % über dem Niveau des 2. Quartals 2018. Hier drückt sich bereits die Personalknappheit am deutschen Arbeitsmarkt aus.

Preis-Lohn-Spirale könnte einsetzen

Wenn sich Löhne und Preise erst mal gegenseitig verstärken, bekommt eine Notenbank Probleme, die Dinge wieder in den Griff zu kriegen. Genau das ist zumindest beim Schwergewicht der Eurozone – Deutschland gut möglich.

Perspektivisch inflationstreibend wirken aber auch die von USA und Europa ausgehenden Initiativen, sozial und ökologisch verantwortlich zu wirtschaften. Gütesiegel auf fair hergestellte Kleidung und Nahrungsmittel sind eine (gute) Sache. Sicher aber ist auch: Je mehr Billigproduktion eingestellt wird, desto mehr verteuern sich Verbrauchsgüter.

Hinzu kommen die Teuerungseffekte durch die „Klimarettung“: Bepreisung von Energieverbrauch, Umstieg auf teure Elektroautos, staatlich angetriebene Verteuerung von Mobilität. Auch hier schiebt sich eine Preiswelle in die Herstellungskette, die Waren für Endverbraucher perspektivisch kostspieliger werden lässt.

Fazit: Ein Haus auf Stelzen

Notenbanken treiben Anleger immer stärker ins Risiko

Die Notenbanken treiben die Anleger immer mehr ins Risiko. Das Finanzsystem wird extrem „zinssensitiv“, also anfällig für auch nur kleinste Zinsschritte der Notenbanken. Solange sich die Inflation ruhig verhält, kann das funktionieren.

Doch wenn die Preise steigen, werden die Märkte eine Reaktion erwarten. Und gespannt sein, wozu sich die Notenbanken entschließen können. Dann besteht entweder die Gefahr, dass die Notenbanken einen Crash verursachen und die Wirtschaft abwürgen. Oder sie verhalten sich abwartend, lassen den Preisen Leine. Dann könnten diese schnell anfangen davon zu galoppieren. Anlegen im Japan-Modus wird die nächsten Jahre prägen, aber es ist ein Zustand mit Verfallsdatum. Dieses anzugeben wäre vermessen. Wir können nur das Risiko skizzieren und immer wieder darauf hinweisen, dass vor Umschwüngen auf den Märkten nicht getrommelt wird. Sie kommen unverhofft.

Leistungsbilanz
Unsere Prognosen für 2019 im Rückblick

Für das Wachstum der Weltwirtschaft waren wir vor einem Jahr noch etwas zu optimistisch. Ein Plus von 3,5% nahmen wir damals an; es werden voraussichtlich nur 3,1%.

Wachstum etwas zu hoch eingeschätzt

Die Schwellenländer treffen nur teilweise unsere Wachstumserwartungen. China schafft 6,2% (erwartet hatten wir lediglich 6,0%). Indien mit 5,7% statt 7,6% bleibt dagegen deutlich hinter den Erwartungen zurück. Brasilien mit 0,8% statt der erwarteten 1,9% ebenfalls.

Schwellenländer unterschiedlich treffsicher bewertet

Die Verbraucherpreise fallen mit 3,6% im weltweiten Schnitt geringfügig moderator aus als von uns erwartet (3,8%). Die USA kommen auf 1,9% (statt 2,3%). Die Prognose der Preissteigerungsrate im Euroraum war mit 2,0% im Jahresdurchschnitt zu hoch (tatsächlich 1,2%). Japan dagegen trifft mit 1,1% unsere Vorhersage.

Verbraucherpreisanstiege etwas zu hoch eingeschätzt

Die US-Leitzinsen gingen bis auf 2,5% nach oben. Das entsprach unserer Erwartung. Dann machte die Fed die Kehrtwende. Auch für den Euroraum und für Japan lagen wir mit konstant 0% richtig.

Leitzinsen zutreffend eingeschätzt

Unsere Währungsprognose ging wieder auf. Der Dollar wurde zum Euro stärker, wenn er auch nicht die untere Bandbreite bei 1,05 erreichte (akt. 1,10). Beim Yen sagten wir ein Band von 136 -120 voraus. Aktuell steht der Yen bei 119. Auch bei USD/Yen gaben wir die Richtung richtig vor.

Treffsichere Währungsprognosen

Den DJI sahen wir zwischen 30.000 und 22.000 Punkten. Nach oben hin reizte er das Band nicht ganz aus (akt. 26.935). Der Eurostoxx kam ebenfalls nicht ganz an die Randmarkierungen von prognostizierten 2.800 bis 3.800 Punkte heran (akt. 3.571). Der Nikkei bleib am weitesten von seinem oberen Ziel (28.000) enfernt und schaffte nur 24.245 Punkte. Den unteren Rand bei 17.500 touchiert er ebenfalls nicht.

Bandbreiten bei Börsen etwas zu weit gefasst

Unsere Empfehlung, in Edelmetalle einzusteigen, „bevor es alle wollen", war goldrichtig. Das Ersatzgeld hatte vor einem Jahr einen Kurs von knapp über 1.200 Dollar, heute beträgt er 1.524 USD. In Europa machte sich der Anstieg noch stärker bezahlt. Vor einem Jahr bei etwa 1.100 Euro, steht der Goldpreis jetzt 30% höher und kam bis über 1.400 EUR. Auch der Silberpreis sprang erwartungsgemäß kräftig an.

Empfehlung für Einstieg in Rohstoffe goldrichtig

Thesen und Trends 2020
Die wichtigsten Marktsegmente auf einen Blick

FUCHSBRIEFE-Redaktion

Marktlage Industrieländer

Das Wachstum hat deutlich runtergeschaltet. In den großen Industrieländern sind zwei hintereinander folgende Quartale mit einer Schrumpfung der Wirtschaftleistung nicht auszuschließen. Gemeinhin nennt man das Rezession. Die entwickelten Industriestaaten schaffen gemeinsam 1,7% in diesem und 1,4% im kommenden Jahr.

Marktlage Schwellenländer

In den Schwellenländern sieht es etwas besser aus. Nach einem Konjunkturplus von 5,4% in 2018 sollen es in diesem Jahr zwar nur 4,7% werden, 2020 allerdings wieder 5,0%. Besonders schlecht schneiden 2019 Russland (+1,0%), Mexiko (+0,3%) und die Türkei (+0,4%) ab. Sie erholen sich 2020 wieder merklich.

Währungen

Der Euro dürfte bei 1,10 zum Dollar seinen Tiefpunkt erreicht haben. Allerdings würde das Band etwa im Kriegsfall (Iran!) wohl unterschritten. Dann sind auch Kurse von 1,05 drin. Die engere Zinsbandbreite sollte 2020 für wieder etwas höhere Eurokurse sorgen (1,20). Yen und Schweizer Franken behalten als sichere Häfen ihre („übertriebene") Stärke bei. Der Kurs des Pfundes ist stark politisch beeinflusst. Hier wird entscheidend sein, ob die Briten ohne Vertrag die EU verlassen.

Preise

Die Inflation wird nicht weiter absinken. Die Konjunktur erreicht zwar einen zwischenzeitlichen Tiefpunkt. Aber künstlich verteuerte Energie (s. auch Rohstoffe) wird in den Industrieländern für einen Wiederanstieg der Preise sorgen. Nur in den USA (Energie-Selbstversorger) und Großbritannien dürften die Preise etwas zurückgehen (USA unter 2%, UK etwa 0,5% Anstieg).

Zinsen

Die Geldpolitik bleibt extrem expansiv. Die Leitzinsen bleiben stabil – wo sollten sie auch noch hin, schließlich sind sie in Japan und Europa bereits am Gefrierpunkt. In den USA gibt die Fed der Konjunktur Hafer, obwohl die Zahlen dies noch garnicht notwendig machen. Auch hier ist eine Absenkung unter 2% in 2020 wahrscheinlich.

Die Liquidität sprudelt weiter. Die EZB dreht den Hahn wieder auf und kauft monatlich Anleihen im Wert von 20 Mrd. Euro. Anleihen im Bestand der Notenbank werden ohnehin erneuert.

Liquidität

Die Anleihenmärkte waren bisher immer noch für eine Überraschung gut. Immer wenn die Zinsen stiegen, bekamen die Notenbanken bisher kalte Füße und kehrten in der Zinspolitik auf der Stelle um, was für eine Flucht in die sicheren Anleihenhäfen (insbes. Deutschland) sorgte und die Kurse steigen ließ. Weitere Kurssteigerungen sind nicht mehr zu erwarten. Anleihen sind von daher ausgesprochen riskant.

Anleihen

Der heftige Einbruch an den Aktienmärkten im Schlussquartal 2018 hat die Notenbanken zur Umkehr bewogen. Jetzt gibt es wieder betreutes Anlegen. Die Kurse können weiter steigen, denn die Geldhähne bleiben geöffnet und der Anlagenotstand verstärkt sich noch.

Aktien

In unserem Depot hat Gold einen Stammplatz als Absicherungsinstrument für (ganz) schlechte Zeiten. Da Geldhaltung durch Minuszinsen bestraft wird, entfällt ein gewichtiges Argument gegen die Goldhaltung. Zudem dürfte Gold auch 2020 als Fluchthafen gefragt bleiben.

Gold

Die Rohstoffpreise steigen. Aber weniger Nachfrage bedingt als durch externe Impulse. Die Drohnenangriffe auf saudische Raffinerien verbunden mit erheblichen Produktionsausfällen können noch eine Zeitlang die Preise trotz der Industrierezession in den entwickelten Volkswirtschaften antreiben. Hinzu kommen die peistreibenden Effekte der CO_2-Bepreisung. Andere Industriemetalle werden durch die Konjunktur im Preis gebremst.

Rohstoffe

Am deutschen Wohnungsmarkt ist die Luft raus. Besonders die Eingriffe ins Eigentum, mit denen Berlin vorangeht, alarmieren die Investoren. Deutschland zeigt derzeit eine ausgeprägt sozialistische Haltung. In Berlin dürfte es auch bald wieder aussehen wie einst im Sozialismus: graue, bröckelnde Fassaden, kein Neubau und wer eine Wohnung hat, der hält sie. Der Markt trocknet aus. Verrückt, was Politik da anrichtet.

Immobilien

Die Grundsteuer dürfte dank Reform grosso modo steigen. Der Soli bleibt bis zu einem Urteil des Verfassungsgerichts für 10% der Bevölkerung erhalten. Für die Abschaffung der Abgeltungsteuer und die Einführung einer Vermögenssteuer – beides zuvorderst SPD-Wünsche – fehlt der GroKo die Kraft. Auch eine Unternehmenssteuerreform – eigentlich dringend nötig – kriegt die amtierende Regierung nicht auf die Reihe.

Steuern

Aktivdepot

in % des Gesamtvermögens

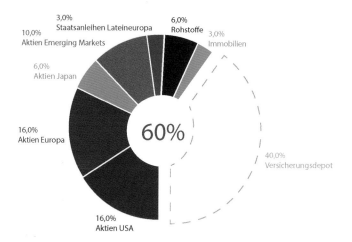

Liquidität zu halten, ist teuer. Zudem bleibt der Ausblick für Aktien positiv, angesichts des Politik des betreuten Anlegens durch die Notenbanken. Wir stocken somit noch einmal unser Aktienportfolio leicht auf, vor allem erhöhen wir den Anteil an US-Aktien von 12% auf 16%. Auch den Rohstoffanteil setzen wir von 3% auf 6% hoch. Alle anderen Positionen bleiben weitgehend unverändert zum Vorjahr.

Versicherungsdepot

in % des Gesamtvermögens

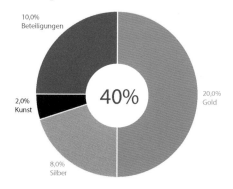

Das Versicherungsdepot bleibt unverändert mit einem hohen Goldanteil von 20% und Silber von 8% sowie 10% Beteiligungen.

Anlagekompass 2020

Stand: Herbst 2019

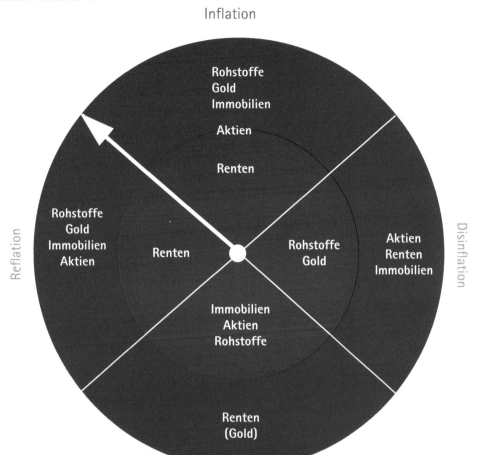

Die fortschreitende Deglobalisierung hat zum Teil preistreibende Effekte, die sich über kurz oder lang in den Daten niederschlagen werden. Da es auch gegenläufige Effekte etwa durch die Digitalisierung und Produktivitätsfortschritte gibt, bleibt es weiterhin bei einer fortgesetzten Reflationierung. Die Notenbankpolitiken, die gegen Deflation ankämpfen, sind u. E. unbegründet.

Der Pfeil zeigt, wo wir uns derzeit – in Europa – befinden. Je nach Heimatmarkt weicht die Situation unter Umständen ab. Je nach Anlageszenario entwickeln sich verschiedene Anlagen positiv (äußerer, blauer Kreis) oder negativ (innerer, roter Kreis). Dabei handelt es sich selbstverständlich um ein stark vereinfachtes Schema zur groben Orientierung. Durch die Politik der Notenbanken ist der klassische Zyklus aufgehoben.

Unsere Erwartungen für das Jahr 2020 im Überblick

	WELT	USA	EURO-RAUM	JAPAN	EMMA
Wachstum (real)	Die Weltwirtschaft wächst um 2,5%.	Das Bruttosozial-produkt der USA wächst um ca. 1,8%.	1,3% Wachstum; darunter D 0,6% und F 1,4% sowie I 0,6%	Nippons Wirtschaft wächst um 0,6%.	Chinas Wirtschaft wächst um 5,9%, Indiens um 6,5% und Brasiliens um 1,6%.
Handel	Das weltweite Handelsvolumen wächst um knapp 1,0 %.	Die Exporte legen ggü. 2019 um 2,0 % zu, die Importe um 2,5%.	Ein- und Ausfuhren betragen in 2020 etwa 3%.	Die Exporte legen um 0,5% zu, die Importe um 0,8%.	Der Warenaus-tausch unter und mit den Schwel-lenländern steigt gegenüber 2019 leicht an.
Inflation	Anstieg der Ver-braucherpreise um 2,4%	Verbraucherpreise steigen um 1,9% im Jahresdurchschnitt. (akt.: 1,7%)	Preissteigerung im Jahresdurchschnitt um 1,3% (akt.: 1,0%; D: 1,4 %)	Reflation um 1,2 % im Jahresdurch-schnitt (akt: 0,2%)	Schwellenländer insgesamt um 3,4% in Lateinamerika im Schnitt um +6,0%, Russland +3,5%, Türkei +12,0%.
Zinsen	Die Zinsen bleiben konstant bis fallend	Leitzins sink im Jahresverlauf bis auf 1,5%. 3M: bis 2,0% (akt. 1,91%) 10J: 1,50 % (akt. 1,72%)	Leitzins: stabil bei 0,00 % 3M: bis -0,80 % (aktuell D: -0,64%) 10J: bis 0,0% (akt. D: -0,52%)	Leitzins: konstant 0,00 % 3M: 0,0 % (akt. -0,1%) 10J: -0,05% (akt. -0,21%)	k.A.
Wechsel-kurse	k.A.	EUR|USD 1,20 - 1,10 (akt. 1,10)	EUR|JPY 120 – 110 (akt. 118)	USD|JPY 120 - 100 (akt. 108)	k.A.
Börsen *	MSCI World 2.100 - 2.800 (akt. 2.198)	DJI 30.000- 24.000 (akt. 26.935)	EuroStoxx 3.700 - 3.300 (akt. 3.571) DAX 13.500 - 10.800 (akt. 12.468)	NIKKEI 225 24.000 - 20.000 (akt. 22.079)	k.A.

* Lesen Sie dazu unser Börsenszenario auf der Seite 116.

aktuelle Daten vom 20. September 2019

Quellen: OECD, IfW, ifo WES, DIW, BIS, IWF, Eigene Schätzungen

II. Anlegen im Japan-Modus

» Jeder Vergleich hinkt. Deutschland ist nicht Japan, Europa erst recht nicht. Aber es gibt einige bedeutende Ähnlichkeiten. Und sie lassen durchaus auf eine vergleichbare Entwicklung in den kommenden Jahren (und Jahrzehnten) schließen. Wir nennen es den „Japan-Modus". Er wird die Ausrichtung der Anleger, Konsumenten und Unternehmen maßgeblich bestimmen. Und über die erzielbaren Renditen entscheiden. «

Im Japan-Modus
Wo sich Europa und Nippon gleichen

Ralf Vielhaber, FUCHSBRIEFE

Vergleiche zwischen Japan und Europa sind nicht neu. Sie beruhen zu Recht sehr stark auf der demografischen Entwicklung, die schwerwiegende wirtschaftliche Folgewirkungen haben wird. Dazu kommt eine Bilanzrezession infolge eines Immobilien-Crashs: In Japan 1989, in Europa 2008. Nach einem vollen Jahrzehnt Krisenbekämpfungspolitik mit den Mitteln der Geldpolitik verfestigt sich das Bild, dass die Eurozone eine ähnliche Entwicklung nimmt wie Japan, möglicherweise sogar beschleunigt. Warum wir glauben, dass die „Zone" nun vollends in den Japan-Modus schaltet, ist die industrielle Rezession, die 2019 begonnen hat und insbesondere das Schwergewicht der Eurozone, Deutschland, herunterzieht. Hier handelt es sich um keine rein konjunkturelle Entwicklung, die nach zwei, drei Quartalen überwunden ist, sondern um eine strukturelle, die für einen langen Zeitraum die Wachstumsraten dämpfen wird.

Japan und Europa gehen einen ähnlichen Weg.

Wie alles begann

Die Hintergründe sind bekannt und seien daher nur skizziert. In Japan war ein extremer Immobilienboom in den 1980er Jahren die Ursache der anschließenden Kreditkrise mit einem rasanten Verfall der Aktienbörse. Übrigens eines der wenigen Beispiele, dass ein Börseneinbruch auch nach Jahrzehnten noch nicht aufgeholt sein muss. Der Nikkei 225 fiel vom Höchststand Ende 1989 bei 39.000 Punkten auf 7.600 Punkte am Tiefpunkt im Jahr 2009. Jetzt steht der Nikkei bei 22.000 Punkten – noch immer weit von seinem Allzeithoch entfernt.

Europa wiederum schlitterte ziemlich unbedarft in die Lehman-Pleite, die im Kern ebenfalls auf einer Blase insbesondere am US-Immobilienmarkt beruhte. Die Banken trugen danach hohe Lasten fauler, uneinbringlicher Kredite in ihren Bilanzen. Im dritten Quartal 2018 lag die NPL-Quote (Non Performing Loans = uneinbringliche Kredite) in Europa bei 3,4% oder 714,3 Milliarden Euro. Zum Vergleich: In Japan liegt sie heute bei 1,2% und den ebenfalls von der Lehman-Krise ge-

Europa schlitterte unbedarft in die Lehmann-Pleite.

beutelten USA bei 1,1%. Damit die faulen Kredite nicht abgeschrieben werden müssen, werden sie regelmäßig verlängert.

Unternehmen und Verbraucher wollen sich entschulden

In der Finanzrezession entschulden sich viele.

Unternehmen und Verbraucher haben in einer Bilanzrezession vor allem eines im Sinn: sich zu entschulden. In den USA legten ddie Verbraucher trotz Nullzinsen heute 8% ihres Einkommens als Ersparnis zur Seite, in Deutschland sind es 10%. Der Privatsektor repariert seine Bilanzen. Und investiert nicht. Zum Vergleich: Nach der Großen Depression der 1930er Jahre dauerte es 30 Jahre, bis die Amerikaner wieder Geld zu leihen begannen und die Zinsen in den USA 1959 auf das Niveau der Zwanzigerjahre zurück kehrten.

Deshalb wird der Ruf nach dem Staat laut. Nimmt niemand sonst Geld in die Hand, so das Credo der meisten Fachleute, dann muss es eben der Staat als Vertreter der Allgemeinheit tun. Egal wofür, zur Not – wie in Japan – in Straßen und Brücken, die ins Nirgendwo führen. Japan feier(e) folglich eine Schuldenorgie. So erlebte Nippon einen Verschuldungsboom auf inzwischen annähernd 240% mit – bis etwa 2013 – geradezu exponentiellem Schuldenzuwachs. Dennoch gingen seit 1995 die Investitionen um rund 15% zurück.

Klimawende ist Anlass zur Subventionsorgie

In Deutschland ist die Klimawende willkommener Anlass zu einer Subventionsorgie für die in der Rezession steckende Industrie (Verkehrssektor). Während dessen hält die Notenbank die Zinsen auf null, um die Explosion der Staatshaushalte zu verhindern – solange es eben geht. Als „gesetzt" gilt dabei, dass keine Inflation aufkommt.

Sozialpolitik als Schuldentreiber

Wer sich die Sozialpolitik in Deutschland und Europa besieht, kommt nicht umhin, eine im Großen und Ganzen ähnliche Entwicklung wie in Nippon anzunehmen. Hier spielt die Demografie und der Anteil der über 65-Jährigen an der Bevölkerung und insbesondere auch an den Wahlberechtigten die entscheidende Rolle. Keine Partei, die eine Regierung führen will, kann es sich leisten, den wachsenden Anteil der Ruheständler zu verprellen. Zwar wird überall von Reformen des Rentensystems gesprochen. Durchgeführt werden aber bestenfalls Reförmchen oder sie werden sogar – wie in Deutschland – partiell zurückgenommen (Rente mit 63, Mütterrente, Haltelinie für die Mindestrente).

Die großen europäischen Staaten sind hier schlechte Vorbilder: Frankreichs Rentner erhalten im Durchschnitt 71% des vorherigen Netto-Einkommens vor Steuern - weniger als in Italien (93%), aber weit mehr als in Deutschland (52%). Insgesamt gibt Frankreich fast 14% des BIP für Renten aus, etwas weniger als Italien (16%), aber mehr als Deutschland (10%) und weit mehr als der OECD-Durchschnitt (8%). 2010 erhöhte Frankreichs Regierung das Mindesteintrittsalter von 60 auf 62 Jahre und das Alter für eine volle Rente (ohne Strafen) von 65 auf 67 Jahre. Doch das überaus komplexe System kennt zahllose Schlupflöcher. Tatsächlich beträgt das männliche Rentenalter im Durchschnitt immer noch nur 60 Jahre. Und Präsident Macron hat sich 2017 klar dazu bekannt, das Rentenalter nicht anzurühren.

Japan ist, wie Europa und dort vor allem das Schwergewicht Deutschland, stark exportabhängig. Die Eurozone erwirtschaftet als Ganzes einen Leistungsbilanzüberschuss von 2,9% des Bruttosozialprodukts, Japan 3,5%, Deutschland 7,1%. Japan ist wie Deutschland ein großer Nettogläubiger, der anderen Volkswirtschaften viel Geld leiht, das im eigenen Land keine rentablen Anlagemöglichkeiten findet.

Deutschlands Nachbarn sind schlechte Vorbilder.

Hier wie dort rückläufiges Wachstumspotenzial

Europa wie Japan haben ein sinkendes Wachstumspotenzial. Schon, weil die Anzahl der Erwerbspersonen deutlich zurückgeht. In Japan wird sie im Jahr 2050 etwa 42 Millionen betragen – ein Rückgang seit 2006 um 24 Mio. In Deutschland könnte nach den Berechnungen des Instituts für die Geschichte und Zukunft der Arbeit, IGZA, die Zahl der Erwerbspersonen bis 2040 bis auf 30 Millionen (-600.000 pro Jahr) schrumpfen. Im besten Fall beträgt der Rückgang ab dem Jahr 2025 nur 200.000 Erwerbspersonen pro Jahr. In allen großen europäischen Ländern werden ähnliche Entwicklungen eintreten.

Das Potenzialwachstum in Deutschland sinkt.

Das Potenzialwachstum – die Auslastung der Produktionskapazitäten ohne ein Anheizen der Inflation – geht laut Institut für Weltwirtschaft in Kiel in Deutschland von 1,6% in den Jahren bis 2021 „spürbar und dauerhaft zurück". Die Credit Suisse geht für Deutschland 2030 von 1,2% aus, für Japan sogar nur von 0,9%.

Banken und Staat in enger Umarmung

Auch die Symbiose zwischen Staat und Banken vereint Japan und Europa. Hier wie dort verlassen sich die Staaten darauf, in den eigenen Banken einen sicheren Käufer der eigenen Schuldtitel zu haben. Geködert werden die Banken dadurch, dass die Staatsanleihen ohne nennenswerte Unterlegung durch Eigenkapital auf die Bücher genommen werden können.

Die Banken sind widerstandsfähiger.

Diese Verquickung führt dazu, dass sich Staat und Banken in Krisenzeiten gegenseitig in die Tiefe reißen können. Muss der Staat die Banken retten, steigt seine Verschuldung. Seine ausstehenden Anleihen verlieren an Wert, was weitere Löcher in die Bilanzen der Banken reißt, usf. Hier hat sich in Europa in den letzten Jahren einiges getan. Die Banken mussten durch die Aufstockung des Eigenkapitals ihre Widerstandsfähigkeit deutlich erhöhen. Sie werden regelmäßigen Checks – sog. Stresstests – unterworfen. Doch würde ein großes Land wie Italien seine Schulden nicht mehr bedienen (können oder wollen) wäre der gesamte Bankensektor Europas nicht zu retten.

Auch politisch lassen sich Vergleiche ziehen: Wie Europa ist Japan militärisch vollkommen abhängig von den USA. Noch größer ist dort die Angst vor dem übermächtigen Nachbarn China. Ähnlich fürchten die Europäer Russland. Beide – Japan wie Europa – müssen daher ihre

Militärausgaben deutlich hochfahren, weil die USA die Rolle als „Weltpolizist" nicht mehr wahrnehmen wollen.

Einige bedeutende Unterschiede

Einige Rahmenbedingungen sind jedoch grundverschieden. Japans Gesellschaft trägt die Krise sozusagen mit sich selbst aus. Bisher jedenfalls. Das Land ist nicht im Ausland verschuldet, sondern bei den eigenen Bürgern und Unternehmen. Sie – bzw. inzwischen zu deutlich mehr als der Hälfte des Gesamtvolumens die Bank von Japan – halten die Schulden des Staates. Trotz der faktisch kostenlosen Verschuldungsmöglichkeit, gehen immer noch etwa 20% des japanischen Haushalts in den Schuldendienst. Japans Arbeitsmarkt wiederum ist gesund. Die Arbeitslosenquote liegt bei 2,5%. In der Eurozone beträgt sie 8%.

In Japan halten Japaner die Schulden ...

In Europa liegen die Dinge per se komplizierter. Die Eurozone ist keine homogene Volkswirtschaft. Es gibt enorme, nicht nur wirtschaftliche Unterschiede zwischen den einzelnen Ländern. Die Bereitschaft zur Solidarität ist – verständlicherweise – deutlich begrenzter als im weitgehend homogenen Bevölkerungsraum Japan.

Japan hat ein enormes Vermögen im Ausland

Japan hat zudem ein gigantisches Auslandsvermögen. Nicht nur in Schuldtiteln – Japan ist (wieder) der größte Gläubiger der Amerikaner –, auch in realen Anlagewerten. Das Land unterhält den weltgrößten staatlichen Pensionsfonds, den Government Pension Investment Fund (GPIF). Er verwaltet und investiert Japans Pensionsreservefonds, aus dem die Rentenversicherung für Arbeitnehmer und die Volksrente bezahlt werden. Er soll die Stabilität des Rentensystems gewährleisten, Erträge aus Investitionen erwirtschaften und diese an die Regierung verteilen.

... und die Japaner haben ein hohes Auslandsvermögen.

Das Anlagevermögen des Government Pension Investment Funds betrug Ende 2018 satte 20,1 Billionen US-Dollar. Dagegen ist der norwegische Staatsfonds mit ca. einer halben Billion (550 Mrd.) US-Dollar Anlagevermögen ein ganz kleiner Fisch. Der GPIF hält 35% des Vermögens in japanischen Staatsanleihen (ca. 7 Billionen USD), 25% in japanischen Aktien, 15% in ausländischen Anleihen und 25% in Auslandsaktien. Europa hat nichts dergleichen vorzuweisen. Hier leben die meisten Rentensysteme noch „von der Hand in den Mund": die jeweilige Rentnergeneration lässt sich von ihren (derzeit nicht vorhandenen) Kindern aushalten.

Die Zeiten haben sich geändert

Die globalen Rahmenbe-dingungen ändern sich.

Nicht vergessen werden darf auch, dass die zeitliche Verschiebung, mit der die Entwicklungen einsetzten, von Bedeutung für die weitere Zukunft ist. Japans Krise fiel zusammen mit dem Beginn des Eintritts Chinas und Russlands in die Weltwirtschaft. Das Zeitalter der modernen Globalisierung begann. Eine „gesunde Deflation" setzte ein, getrieben von enormen Effizienzgewinnen durch Verlagerung von Fertigung in Länder mit günstigen Lohnstrukturen, durch die Verfügbarkeit von Rohstoffen und durch Massenfertigungsmöglichkeiten bedingt durch gewaltig gewachsene Absatzmärkte.

Inzwischen befinden wir uns bereits in einer Umkehrphase dieser Entwicklung. Das könnte die Phase des „Japan-Modus" in Europa (und bedingt auch den USA) erheblich verkürzen. Kommt es in Europa zu Inflation, die Japan seit drei Jahrzehnten „vermisst", werden sich die Rahmenbedingungen auf den Märkten schlagartig ändern. Wir haben die Hintergründe – die einsetzende (partielle) Deglobalisierung – im Big Picture skizziert. Setzt sich der Trend fort, sind wir womöglich schnell im Modus der 1970er Jahre.

Warum die Japan-Falle auch in Europa zuschnappt

Mehr Schulden, we-niger Investitionen

Trotz gewisser Unterschiede zwischen Europa und Japan, der zentrale Faktor bleibt die Demografie. Sie wird, wie in Japan, zu einem deutlichen Anwachsen der staatlichen Schuldenberge führen. Parallel dazu sinken die Investitionen weiter. Denn ein schrumpfender, alternder und tendenziell Neuem, insbesondere neuen Technologien skeptisch gegenüberstehender Markt wie der europäische ist für Unternehmen eher uninteressant.

Aus den Schulden ´rauswachsen: ein modernes Märchen

Niemand glaubt ernsthaft daran, dass die Billionenschulden, die in dieser Zeit gemacht werden, je zurückgezahlt werden. Aus den Schulden rauswachsen – dieses Märchen sollte man keinem Politiker abnehmen. Zwar gelang es beispielsweise Großbritannien, das aus dem Zweiten Weltkrieg mit einem Schuldenstand von 240% des Bruttoinlandprodukts herauskam, die Schuldenquote bis 1970 auf 50% zu senken. Aber damals wuchs das BIP 25 Jahre lang mit nominal 8% und 3% real jährlich. Damals wirkte die Demografie genau in die entgegengesetzte Richtung wie heute.

Fazit

Niedrige Renditen sind ein Spezifikum, wenn im Japan-Modus angelegt wird. Es besteht die „Pflicht" zu risikobehafteten Anlagen. Gleichzeitig besteht eine extreme Zinsanfälligkeit. Die Rückkehr der Inflation ist für Staaten im Japan-Modus somit ein extrem heißes Eisen. Sie würde die Ersparnisse der Alten (endgültig) entwerten.

Müssen die Notenbanken Inflation mit Hilfe der Zinsen eindämmen, heißt es „gute Nacht" für die Staatsfinanzen. Das Vertrauen in die jeweilige Währung schwindet dann schnell. Bisher ist die Erwartung verbreitet, dass dieser Kelch an den Nationen auf lange Zeit vorbeigeht. Doch die Voraussetzungen dafür – der freie Handel, die offenen Grenzen und Arbeitsmärkte – schwinden, wie im Big Picture gesehen.

Wer im Japan-Modus anlegt, sollte also schon die nächste Phase im Blick haben. Wir „lösen" das mit unserem Versicherungsdepot, das 40% vom Gesamtvermögen umfasst (siehe Seite 28).

Anleger sind in der Pflicht ins Risiko zu gehen.

» Zehn Jahre ist es her, seit die Finanzkrise ihren Höhepunkt erreichte. Die Notenbanken rund um den Erdball schritten damals in einer noch nie dagewesenen Form ein. Der Startschuss für eine der größten Börsenpartys der letzten hundert Jahre war gefallen. Etliche Zinssenkungen und Liquiditätsspritzen bildeten die Grundlage für eine fulminante Börsenentwicklung. Allmählich fragen sich Anleger aber, wie lange die Notenbanken noch so weitermachen können oder ob sie demnächst mit ihrem Latein am Ende sind. Wo also stehen die Geldhüter heute? «

Latein am Ende?
Versteckte Kapitulation vor dem Finanzmarkt

Marco Huber, Wergen & Partner Vermögensverwaltungs AG

Die wichtigen Notenbanken rund um den Globus haben die Märkte 2008/09 vor dem Zusammenbruch bewahrt. In historisch ungeahnter Dimension haben sie die Zinsen gesenkt und die Liquidität erhöht. Das löste eine Rally bei den Assetpreisen aus, die ihresgleichen sucht. Die Aktienkurse klettern seither steil an. Wer 2009 den Mut hatte, Aktien zu kaufen, wurde reichlich belohnt. Aber auch die Kurse von Anleihen stiegen steil an, die Renditen verfallen noch immer. Daneben klettern die Preise von Immobilien, Kunst, Oldtimern und Gold.

Die Notenbanken bewahrten die Welt 2009 vor einem Wirtschaftskollaps.

Im Herbst 2019 – nach einer zehnjährigen Aktienmarkthausse – stehen die großen Notenbanken an unterschiedlichen Ausgangspunkten. Während die Bank von Japan ihre Zinsen schon seit 20 Jahren massiv senkt und bei null hält, hat die EZB ihre Zinsen erst seit 2009 auf null gesenkt. Die US-Notenbank Fed hat seit 2015 ihre Leitzinsen sogar schon wieder erhöht.

Alle blasen die Bilanzen auf

Allen Notenbanken gemein ist, dass sie ihre Bilanzen massiv aufgebläht und in gigantischem Umfang Anleihen gekauft haben. Der schon im Jahre 2008 große Schuldenberg wurde durch die Aktionen der Notenbanken weiter erhöht. Mittlerweile betragen die weltweiten Schulden über 325% des globalen Bruttoinlandprodukts. Die Zinsen in Europa und der Schweiz sind negativ. Selbst in Krisenländern wie Portugal, Spanien und Italien sind die Renditen der Anleihen mittlerweile historisch niedrig.

Die Situation ist ähnlich wie 2008. Aber die Fallhöhe ist größer geworden.

Der größte und markanteste Unterschied war die Divergenz bei den Zinsen. Nach der Finanzkrise im Jahre 2008 haben Fed und EZB sofort mit Zinssenkungen und diversen Anleihenkäufen begonnen. Die Bilanzsumme der Fed stieg seit 2008 von 1 Bio. US-Dollar auf 4 Bio. US-Dollar zu Beginn 2019. Zur Verdeutlichung: Das sind 4.000 Mrd.

US-Dollar. Ähnlich zeigt sich das Bild bei der EZB. Hier stieg die Bilanzsumme von gut 1.500 Mrd. Euro im Herbst 2008 auf über 4.600 Mrd. Euro im Frühling 2019.

Auseinandergehende Zinspolitiken zwischen Fed und EZB

Unterschiedlich agierten die beiden Zentralbanken jedoch bei den Zinsen. Die Fed begann gegen Jahresende 2015 mit vorsichtigen Zinserhöhungen. Bis 2018 wurden die Leitzinsen in den USA stetig angehoben. Bei der Spanne von 2,25 bis 2,5% war der vorläufige Höhepunkt erreicht. Dem gegenüber hielt die EZB ihre Zinsen unverändert bei Null.

Die Gründe dafür sind auch in den etwas unterschiedlich abgefassten Mandaten der beiden Banken zu suchen. Während die EZB in erster Linie die Preisstabilität zu gewährleisten versucht, ist es das Ziel der Fed, das Maximum an Beschäftigung sicherzustellen. Die ehemalige Fed-Chefin Janet Yellen machte ihre Zinsentscheide stark von der Arbeitslosenquote abhängig. In dem Maße wie die Arbeitslosigkeit zurück ging, erhöhte sie die Zinsen. Schließlich wird Arbeitskräftemangel oft durch eine gut laufende Konjunktur ausgelöst und hat steigende Löhne und somit auch Inflationsdruck zur Folge. Da im Rahmen des Preisstabilitätszieles der Europäischen Zentralbank direkt eine Inflationsrate im Fokus steht, gab es für die EZB bisher keinen Anlass, die Zinsen zu erhöhen. Die europäischen Geldhüter streben eine Inflation von unter, aber nahe 2% an.

Die SNB hat die Wirtschaft der Schweiz geschützt. Das ging nur durch zahlreiche Intervenionen.

Noch etwas anders stellt sich die Situation in der Schweiz dar. Im Jahre 2011 legte die Schweizerische Nationalbank (SNB) aufgrund der starken Überbewertung des Schweizer Frankens und der damit verbundenen deflationären Gefahr, den Mindestkurs des CHF zum EUR auf 1,20 EUR/CHF fest. Um die Schweizer Wirtschaft zu schützen, wurde an den Devisenmärkten laufend interveniert und kein Kurs unter den erwähnten 1,20 EUR/CHF erlaubt. Dieser Schritt hatte zur Folge, dass sich auch bei der SNB über die letzten Jahre die Bilanzsumme verfünffachte – auf über 813 Mrd. CHF.

Der konventionelle Handlungsspielraum der Geldhüter ist im Herbst 2019 daher stark beschränkt. Allerdings zeigt sich, dass die Stabilitätswächter in den USA und in Europa an ganz unterschiedlichen Punkten stehen. Diese Differenzen dürften im Japan-Modus noch entscheidend werden. Denn einerseits hat die US-Notenbank noch Potenzial, die Zinsen wieder zu senken. Auf der anderen Seite könnten sich unterschiedliche Handlungsoptionen für die Geldhüter ergeben, wenn die Wirtschaft stagniert, die Preise aber eventuell doch anziehen. Sie könn-

Invest

Leitmesse und Kongress für Finanzen und Geldanlage

#invest2020

Top informiert – clever investiert

Ergreifen Sie Ihre Chance: Profitieren Sie von maßgeschneiderten Anlagestrategien direkt von namhaften Finanzexperten, um auch bei niedrigen Zinsen mehr aus Ihrem Geld zu machen.

24. – 25. April 2020 – Messe Stuttgart

Tickets unter: **invest-messe.de/tickets**

ten insbesondere in Europa durch den demographischen Wandel und die damit einhergehende Verknappung bei Arbeitskräften zu steigen beginnen.

Während die Eurozone den Japan-Modus (Nullzinen, geringes Wirtschaftswachstum) im Herbst 2019 bereits erreicht hat, wird die USA erst noch in diese Situation kommen. Die US-Notenbank hat zunächst noch etwas mehr Potenzial, die Zinsen in Richtung null zu senken. Sie wird daher später in den Japan-Modus schalten. Dann werden auch Europa und die USA in einer ähnlichen Situation sein, wie die Bank von Japan. Dort befinden sich das Land und die Wirtschaft seit drei Jahrzehnten im Stadium der sogenannten „Japanisierung". Diese zeichnet sich durch geringes Wachstum, tiefste Zinsen und geringe Inflation aus. Die Staatsverschuldung ist mit über 230% des BIP die höchste in der industrialisierten Welt (der Durchschnitt der G-20 Staaten liegt bei rund 100%), der Schuldenberg immens.

Der größe Vorteil Japans, den die Eurozone jedoch nicht hat, ist die Struktur der Verschuldung. Sie findet zu 90% im Inland statt. Somit ist Japan bei der Finanzierung der eigenen Schulden nicht stark abhängig von ausländischem Kapital. Erstaunlich ist, dass es trotz der jahrzehntelangen Geldschwemme bisher nicht gelungen ist, die deflationären Tendenzen zu stoppen und eine Inflation auszulösen. Das könnte gut mit der japanischen Demographie erklärt werden. Nippon ist ein Land, mit einem hohen und wachsenden Anteil alter Menschen. Eine solche demographische Struktur spricht nicht für dynamisches Wachstum und Investitionen. Vielmehr dominieren Sparsamkeit und Risikoaversion. Darum könnte die japanischen Notenbank noch lange gewzunen sein, im selben Stil mit ihrer Geldpolitik weitermachen.

Geldhüter mit Offenbarungseid

Die beiden Notenbanken – die Europäische Zentralbank sowie die Federal Reserve in den USA – sind in den vergangenen Jahren unterschiedliche Wege in der Geldpolitik gegangen. Angesichts der konjunkturellen Abkühlung haben die Geldhüter aber alle ähnliche Probleme zu lösen. Dazu werden sie wohl weiter Geld schöpfen und Liquidität bereitstellen.

Das zeigte sich bereits, als die Aktienmärkte zum Jahresende 2018 markant einbrachen. US-Notenbankchef Jerome Powell stoppte die zuvor eingeleiteten Maßnahmen, dem System Liquidität zu entziehen. Powell sah sich gezwungen zurückzurudern und die geplanten und bereits angekündigten Zinserhöhungen auszusetzten. Die Fed schien einzusehen, dass der eingeleitete Weg einer schrittweisen Zinsnormalisierung fehlgeschlagen ist. Der Markt und die Börsen haben sich an die hohe Liquidität gewöhnt. Und sie gehen bei den ersten Anzeichen einer wirtschaftlichen Abkühlung sofort davon aus, dass neue Liquidität bereitgestellt wird.

Die Möglichkeiten der Notenbanken sind beschränkt. Auch weitere oder erneute Wertpapierkäufe würden wohl abnehmende Skaleneffekte in der Realwirtschaft aufweisen. Eine fortgesetzte ultralockere Geldpolitik läuft eher Gefahr, über die Wechselkurseffekte einen Währungskrieg anzuheizen. Schon heute schimpft US-Präsident Donald Trump lautstark darüber, dass China und die EU ihre Währungen manipulieren und schwächen, um Wettbewerbsvorteile gegenüber den USA zu erringen.

Eine Weiterführung der ultralockeren Geldpolitik hätte womöglich einen Währungskrieg zur Folge.

Fazit

Ein theoretisch denkbares Szenario wäre, dass die Geldhüter versuchen, ihren zaghaft eingeschlagenen Kurs der geldpolitischen Normalisierung doch wieder aufzunehmen. Das würde aber bedeuten, dass sie die Zinsen doch erhöhen müssten und weniger Rücksicht auf die Finanzmärkte nehmen würden. Das historische Vorbild dafür ist US-Notenbankpräsident Paul Volcker.

Dieses Szenario ist aus heutiger Sicht wenig wahrscheinlich. Zu groß scheint die Angst vor einem Börsencrash, einer verschärften Konjunkturkrise und den folgenden Schuldenkrisen bei Unternehmen, Banken bis hin zu Staaten. Daher werden die Geldhüter wohl weiter machen wie bisher. Mittelfristig ist davon auszugehen, dass die Zentralbanken weiter voll auf Lockerungskurs bleiben. Wahrscheinlich werden sie sich auch neue Ideen einfallen lassen, wie sie noch Liquidität schöpfen und das Rad weiterdrehen können. Vielleicht werden sie zusammen mit der Politik die Monetarisierung der Schulden so wie in Japan in Betracht ziehen. Denkbar ist auch, dass Schulden einfach gelöscht oder für sehr lange Zeit zins- und tilgungsfrei gestellt. In Japan wird dies immer wieder diskutiert. Dann wären wären wohl einige Begleiterscheinungen, wie die weitere Einschränkung des Bargeldverkehrs oder auch Kapitalverkehrsbeschränkungen notwendig. Eine Rückkehr zu einer normalen Geldpolitik wird aber von Jahr zu Jahr schwieriger.

» Lange Zeit sorgten niedrige Zinsen für Feierlaune an den Märkten – und trugen in den USA auch dazu bei, die stetig wachsende Schuldenlast zu stemmen. Auch wenn manche Marktteilnehmer die Niedrigzinsphase bereits als „neverending story" sehen: Irgendwann geht jede Party zu Ende. Um seine Wiederwahl zu sichern, dürfte Donald Trump zwar ähnlich wie schon mancher Amtsvorgänger Druck auf die Fed ausüben, eine drohende Rezession durch Zinssenkungen und Anleihekäufe abzuwenden. Die historische Erfahrung zeigt aber auch, wie schnell eine ansteigende Inflationsrate für Katerstimmung nach der großen Sause sorgen kann. Nach dem Wahljahr 2020 könnte es deutlich ungemütlicher werden. Anleger sind gut beraten, sich neu aufzustellen.«

Konjunkturabkühlung
Die USA schalten in den Japan-Modus

Armin Zinser | Markus Frohmader, Société de Gestion Prévoir

Es gibt ein historisches Beispiel für eine Stagflation – und das kommt ausgerechnet aus den USA. Der damals amtierende Präsident Richard Nixon wollte mit einem Maßnahmenbündel der lahmenden US-Wirtschaft unter die Arme greifen. Natürlich wollte er damit auch (und vielleicht zuvorderst) die Gunst der Wähler gewinnen und seine Wiederwahl am 7. November 1972 sichern. Wie heute Donald Trump übte auch Nixon massiven Druck auf den damaligen Notenbank-Chef Arthur Burns aus. Er sollte unterstützend die Zinsen deutlich senken.

Trump ist nicht der erste US-Präsident, der massiven Druck auf die Fed ausübt.

Nixon wurde wiedergewählt und war bis August 1974 Präsident der Vereinigten Staaten. In dieser Zeit wuchs die amerikanische Konjunktur mit bis zu 8% phasenweise überdurchschnittlich stark. Sie litt aber auch unter hoher Inflation. Neben einer 90-tägigen Lohn- und Preiskontrolle zur Eindämmung der Inflation beschloss Nixon schließlich auch die Erhebung von Einfuhrzöllen in Höhe von 10% und die Beendigung des Goldstandards.

Politische Eingriffe bereiteten den Boden für eine Krise

Diese Maßnahmen bereiteten den Boden für die Stagflation in den folgenden Jahren. Einerseits verknappten sie die Nachfrage aufgrund steigender Preise und der fehlenden Möglichkeit für die Unternehmen, Preissteigerungen weiter zu geben. Als Reaktion darauf nahmen diese Entlassungen vor. Während 1973 bis 1975 die Konjunktur in die Rezession rutschte, verdreifachte sich die Inflationsrate zeitweise auf mehr als 10%. Die Notenbank reagierte darauf und zog die Zinsen hoch. Damit verschlimmerte sie die konjunkturelle Lage aber noch, bevor sie mit einem Politikschwenk mit Leitzinssenkungen die Rezession bekämpfte. Die Leitzinssenkungen machten Kapital aber noch billiger. Das hatte zur Folge, dass sich der Preisauftrieb wieder beschleunigte und die Inflation auf 13% ansteigen ließ (vgl. Abb. 1 folgende Seite).

Erst kam das große Konjunkturpaket, dann die Stagflation.

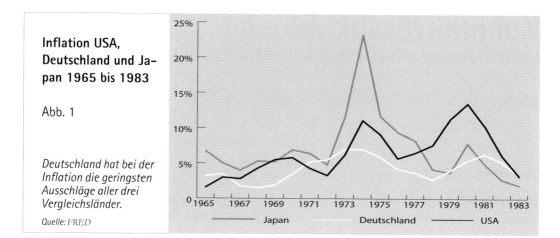

Inflation USA, Deutschland und Japan 1965 bis 1983

Abb. 1

Deutschland hat bei der Inflation die geringsten Ausschläge aller drei Vergleichsländer.

Quelle: *FRED*

Japan — Deutschland — USA

Erst durch drastische Zinserhöhungen konnte die Stagflation durchbrochen werden.

Erst mit dem Amtsantritt von *Paul Volcker* als Notenbank-Chef begann eine neue Ära. Denn Volcker erhöhte, gegen den massiven Druck der Reagan-Administration, die Leitzinsen drastisch auf 20%. Nur aufgrund dieser enormen Kapitalverteuerung und -verknappung war es möglich, der extrem aus dem Ruder gelaufenen Preissteigerung Herr zu werden. Daraufhin fiel die US-Konjunktur von 1980 bis 1982 zwar wieder in eine Rezession. Allerdings sank auch die Inflation wieder deutlich, und der Startschuss für den nunmehr seit fast 40 Jahren laufenden Anleihen-Bullenzyklus wurde gegeben.

Historische Parallelen als Warnung

Wiederholt sich die Geschichte?

Die Parallelen zur heutigen wirtschaftlichen Situation, zum US-Wahlkampf und zum Druck auf die US-Notenbank sind unverkennbar. Zwar wächst die US-Wirtschaft noch. Aber ihr Expansionstempo geht bereits zurück. Die Preissteigerungen sind zwar im Moment, gemessen an den offiziellen Konsumentenpreisindizes, noch moderat. Jedoch liegt nach einer Erhebung der New York Federal Reserve Bank die Einschätzung der Inflation seitens der Konsumenten für ein Jahr und für drei Jahre bereits bei 2,7% und weist damit klar nach oben.

Weiteren Preisdruck dürften auch die anziehenden Arbeitskosten entfalten. Ein Anhaltspunkt dafür sind die steigenden Löhne in den USA. Mit einer Jahresrate von zuletzt nahezu 4% legen diese deutlich mehr zu als die Konsumentenpreise. Der schwelende Zollstreit mit China ist ein ernst zu nehmender Preistreiber für die US-Verbraucher. Zugleich bremst der Konflikt das Wirtschaftswachstum ab.

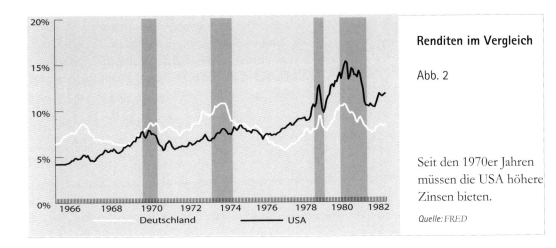

Renditen im Vergleich

Abb. 2

Seit den 1970er Jahren müssen die USA höhere Zinsen bieten.

Quelle: FRED

Darüber hinaus gibt es auch Parallelen hinsichtlich der Staatsverschuldung. Zu Beginn der Reagan-Ära Anfang der 80er Jahre legten die Staatsschulden überproportional zu und überstiegen mit ihrem Wachstum das der Volkswirtschaft. Das ist heute auch der Fall. Die öffentlichen Schulden wuchsen seit dem Ende der globalen Finanzkrise in den USA in den zurückliegenden 10 Jahren mit einer jährlichen Rate von durchschnittlich nahezu 7% p.a. während die Wirtschaftsleistung um nur durchschnittlich 4% p.a. zulegte. Die damals anziehende Inflation und das zugleich steigende Defizit mündeten letztlich in deutlich anziehenden Renditen von US-Staatsanleihen. Die Investoren forderten deutlich höhere Renditen für die Übernahme des Finanzierungsrisikos (vgl. Abb. 2).

Viele Gründe sprechen für eine ähnliche Entwicklung

Verschiedene Indikatoren sprechen im Herbst für eine sich abschwächende Konjunktur in den USA. Eine ganze Reihe politischer Maßnahmen entfaltet gegensätzliche Wirkungen. Dazu gehört eine restriktive Einwanderungspolitik, die grundsätzlich das Arbeitskräftewachstum dämpft und den Lohnanstieg fördert. Wachstumsfördernd wirken dagegen Steuersenkungen, vorausgesetzt sie werden produktiv investiert. Wachstumsfördernd und preistreibend sind auch fiskalpolitische Maßnahmen, z. B. zur Erneuerung der Infrastruktur.

Handfeste ökonomische Daten signalisieren bereits eine Verlangsamung in den USA, zumindest eine deutliche Abkühlung der Wirtschaft. Die Einkaufsmanagerindizes zeigen eine ausgeprägte Schwäche im

Die US-Konjunktur trübt sich merklich ein.

produzierenden Gewerbe. Die Stimmung der Konsumenten ist verhalten. Der Cass Freight Index misst das internationale Transportvolumen über verschiedene Transportmittel (LKW, Schiene, Schiff, Luftverkehr). Der Index zeigt rückläufige Frachtvolumina, welche wohl nicht nur auf den Handelsstreit zwischen den USA und China zurückgeführt werden können.

Genau wie zu Nixons Zeiten wirkt der präsidiale Druck aus dem Weißen Haus auf die Fed. Die US-Notenbank vollzog am 31. Juli 2019 die Zinswende nach unten. Der US-Notenbankpräsident betonte sogar, dass die US-Konjunktur in einem guten Zustand sei und es sich um eine „vorsorgliche Zinssenkung mitten im Wachstumszyklus" handele. Nur ein kleiner Rückblick: Der vorige Fed-Chef *Ben Bernanke* hatte im Januar 2008 ebenfalls eine solche Äußerung gemacht (die US-Wirtschaft wachse weiterhin). Rückblickend war sie zu diesem Zeitpunkt bereits in den Abschwung gerutscht.

Die US-Fiskalpolitik steht weiter auf Expansion

Die Leitzinsveränderungen brauchen einige Monate, um ihre Wirkung zu entfalten.

Grundsätzlich wirken Leitzinsveränderungen auf die Konjunktur aber nicht sofort, sondern mit einer Verzögerung von neun bis zwölf Monaten. Daher darf die Auswirkung eines ersten Zinsschrittes nicht überschätzt werden, selbst wenn mit ihm ein Zinssenkungszyklus in mehreren Schritten gestartet wurde. Die Voraussetzung für einen positiven Einfluss auf die Konjunktur ist allerdings, dass in der Zwischenzeit nicht anderweitige restriktive Maßnahmen ergriffen werden. Genau das ist für die USA aber in den nächsten Monaten nicht wahrscheinlich. Eher ist davon auszugehen, dass Präsident Trump den Zollstreit mit China noch weiter auf die Spitze treibt, um dann mit Blick auf die Präsidentschaftswahlen einen „epochalen Deal" zu verkünden und erneut ins Weiße Haus einzuziehen.

Die positiven Impulse auf die Wirtschaft durch Schulden sinken.

Nicht unwahrscheinlich ist, dass Trump auch neue Schuldenaufnahmen in Betracht ziehen wird, um das Wirtschaftswachstum anzukurbeln. Fiskalpolitisch wurden die Weichen für eine weitere Schuldenaufnahme des Staates bereits gestellt. Im Juli 2019 schloss der amerikanische Präsident mit dem Kongress eine Vereinbarung, nach der für die nächsten zwei Jahre die Schuldenobergrenze aufgehoben wurde, um einen eventuellen Regierungs-Shutdown zu vermeiden und die Sicherheit der Finanzierung zu gewährleisten. Der kurzfristige Wachstumsimpuls zusätzlicher Schulden dürfte durch wachsende Belastungen auf der Zinsseite aber mittelfristig überkompensiert werden.

Fraglich ist ohnehin, ob neue Schulden überhaupt noch den gewünschten wirtschaftlichen Effekt haben. Denn der Grenznutzen zusätzlicher Schulden ist in den zurückliegenden Jahren gesunken. Steigende Ausgaben für nichtproduktive Verwendungen, unter anderem für das Sozialsystem, für Zinsen und für die Rüstung, reduzieren den Anteil, der in die Wertschöpfung fließen kann. Mittlerweile sind drei Einheiten zusätzlicher Schulden notwendig, um eine Einheit zusätzliches Wachstum zu kreieren. Das ist ein sehr ungesundes Verhältnis.

Parallel dazu deuten einige Indikatoren eine zunehmende Inflation an. Die Juni-Erhebung der New York Federal Reserve Bank für die Einschätzung der Inflation zeigt nach oben. So stiegen die Inflationserwartungen der befragten Konsumenten für ein Jahr und für drei Jahre auf jeweils 2,7% an.

Der Schuldenstand der USA ist problematisch

Der US-Schuldenstand muss darum ebenfalls als problematisch angesehen werden. Er liegt aktuell bei mehr als 108% des BIP. Vor allem aufgrund der Anleihekäufe der Notenbank sind die Renditen über alle Laufzeiten aber zu gering. Hätten die unbegrenzt starken Hände der Fed nicht zugegriffen und Anleihen im Volumen von insgesamt 4 Bio. US-Dollar gekauft, lägen die Zinsen heute womöglich auf ganz anderen und deutlich höheren Niveaus. Damit haben die Währungshüter zwar das System am Laufen gehalten. Aber sie schaffen auch neue Probleme. Denn sobald sie nicht mehr kaufen oder die Leitzinsen erhöhen, wird der Markt nervös.

Die Notenbankpolitik schickte die Anleihenrenditen gen Süden.

Sobald sich der Marktpreis für die Anleihen wieder freier bilden kann, dürften die Renditen deutlich anspringen. Das war gut in der Phase zu beobachten, als die US-Notenbank ihre Anleihekäufe ab 2015 reduzierte. Von Juli 2016 bis Oktober 2018 stieg die Rendite der zehnjährigen US-Treasuries von 1,36% auf mehr als 3,20% an. Die Kehrtwende der US-Notenbank im Sommer 2019 führte folgerichtig und prompt zur Bewegung in die entgegengesetzte Richtung.

Am freien Markt wären die Renditen viel höher.

Mit dem prognostizierten Defizit von mehr als einer Billion US-Dollar und damit mehr als 5% der Wirtschaftsleistung scheint sich an dieser Stelle die Geschichte zu wiederholen. Die aufkommende Bestrebung, die künftigen Defizite direkt durch die Notenbank zu finanzieren (Modern Monetary Theorie) sorgen zusätzlich für Zweifel des Marktes an der Solidität und langfristigen Stabilität der Staatsfinanzen.

Die ausufernden US-Schulden belasten kontinuierlich die Ausgaben-seite, und die Einnahmenseite steht aufgrund der Steuersenkungen und des abflauenden Wirtschaftswachstums unter Druck. Sollte die Skepsis der Investoren wachsen, könnte eine „vornehme" Zurückhaltung bei der Zeichnung von Neuemissionen von Staatsanleihen sowie bei bereits emittierten Anleihen zu einer unzureichenden Nachfrage führen. Dann würden die Anleihekurse fallen und die Renditen steigen. Steigende Refinanzierungskosten für die USA, aber auch für die vielen bis zur Halskrause verschuldeten Unternehmen wären die Folge. Das ist eine Entwicklung, die sich ab einem bestimmten Punkt im Zyklus mit hoher Wahrscheinlichkeit aufgrund ihrer Eigendynamik nicht mehr einfach steuern lässt.

Besonders brisant wird dies, wenn man bedenkt, dass ausgerechnet China der Hauptfinanzier der USA ist. Werden zur Finanzierung des Defizits neue Gelder seitens der Notenbank geschöpft, wirkt diese Erhöhung der Geldmenge inflationstreibend. Sinkt das Vertrauen der Marktteilnehmer in die Werthaltigkeit ihrer gehaltenen Dollar-Papiere, werden sie höhere Zinsen als Risikoausgleich verlangen.

Indikatoren zeigen eine US-Rezession an

Der Indikator für die Eintrittswahrscheinlichkeit einer Rezession, der von der New York Fed berechnet und veröffentlicht wird, weist mit mehr als 30% klar auf ein Rezessions-Szenario hin. Bereits in der Vergangenheit – vor allem zwischen 1966 und 1982 – wies der Index eine hohe Prognosezuverlässigkeit auf. Auf Indexstände von mehr als 30% folgten jeweils Rezessionen.

Auffällig ist die Überzeugung vieler Marktteilnehmer, dass es weiterhin fallende Inflationsraten und damit verbunden auch rückläufige Zinsen geben wird. Als eine Begründung und Notwendigkeit dafür wird gerade die ausufernde Verschuldung angeführt, die bei steigenden Zinsen nicht mehr bedient werden könne. Auch die scheinbar nicht mehr endende Ära der niedrigen und weiter fallenden Verbraucherpreise mit Hilfe preisgünstiger Importe untermauert diese Wahrnehmung und führt zur Überzeugung der nicht mehr enden wollenden Niedrigzins-phase.

Die Bloomberg Business Week hat dies auf ihrem Cover vom 22. April 2019 eindrucksvoll untermauert. Das könnte ein historisch abermals bemerkenswertes Zeichen sein. Denn ebenso eindrucksvoll, da antizyklisch ein Fehlsignal, war auch das Timing des Covers „Death of Equities" im selben namhaften Magazin am 13. August 1979 – kurz vor Beendigung der damaligen Stagflationsphase mit ihrer realen Null-Rendite für Aktionäre.

Fazit

In den zurückliegenden 40 Jahren konnte die anziehende Schuldenlast sehr gut mit fallenden Zinsen gestemmt werden. Das wird sich aber vermutlich irgendwann ändern. Die Notenbanken werden die Zinsen nicht ewig weiter senken können. De-Globalisierung, demographischer Wandel und Arbeitskräfteknappheit könnten die Inflation anschieben. Die Blaupause liefern historische Erfahrungen aus den USA.

Die alten Rezepte werden bald wirkungslos sein.

Ein solcher grundlegender Richtungswechsel wird einschneidende Konsequenzen für die Politik mit sich bringen. Aber auch für Kapitalanleger. Aufgrund des extrem langen Vorlaufs und der langen Zeit stetig sinkender Zinsen, dürfte der Richtungswechsel schließlich abrupt erfolgen.

Kurzfristig werden die Notenbanken das Heft des Handelns weiter fest in der Hand haben. Die US-Konjunktur wird sich abkühlen, die US-Notenbank wird mit Zinssenkungen in Richtung Nullgrenze darauf reagieren. Damit schaltet die USA dann in den Japan-Modus. Das bedeutet auch, dass der Präsident Druck auf die Notenbank im Hinblick auf niedrigere Zinsen macht. Zugleich wird sich das Wirtschaftswachstum weiter abschwächen. Die Notenbank dürfte die Zinsen vor diesem Hintergrund weiter senken und auch ihr Anleihekaufprogramm wieder starten. Möglicherweise verfügen Notenbank und Regierung sogar noch über nichtgenutzte, unkonventionelle Pfeile im Köcher der „innovativen Staatsfinanzierung", etwa der Direktkauf von Aktien, wie die japanische oder schweizerische Notenbank es längst betreiben.

Die USA werden in den Japan-Modus schalten.

Investoren dürften davon auch profitieren, indem sie unter anderem auf substanzstarke und wenig zyklische Unternehmen setzen und Schwächephasen zum Nachkauf nutzen. Neben Sachwerten (z. B. Rohstoffe) dürften auch Edelmetalle haussieren. Besonders verletzlich erscheinen bei steigenden Zinsen vor allem langlaufende Anleihen. Wer sich positionieren will, nutzt 2020 zum Umschichten.

» Auch wenn es Signale gibt, die für eine US-Rezession sprechen: Es spricht sehr viel mehr dagegen. Das niedrige Zinsniveau, die annähernde Vollbeschäftigung und auch der bevorstehende Wahlkamp für die Präsidentschaftswahlen 2020 dürften eher für ein gutes Aktienjahr sorgen. Bei wirtschaftlichen Turbulenzen stünde nicht zuletzt auch Donald Trumps Wiederwahl auf dem Spiel. Natürlich sind die hohe Staatsverschuldung und die Handelskonflikte mit China und der EU Unsicherheitsfaktoren. Doch die Wirstschaft wächst weiter, eine Blasenbildung ist weit und breit nicht in Sicht, und im Wahlkampf dürfte der Handelsstreit zunächst ruhen. Mit dramatischen Entwicklungen ist deshalb kaum zu rechnen. «

US-Aktienjahr 2020
Die drei T: Trump, Trump und Trump

Christian Fegg, Schoellerbank

Ökonomen äußern sich gerne dazu, wie die Konjunktur in den USA 2020 wohl laufen wird. Das ist zwar interessant, bringt aber für Menschen, die konkrete Anlage- oder Investitionsentscheidungen zu treffen haben, kaum Mehrwert. Dafür war die Prognosequalität in der Vergangenheit im Durchschnitt viel zu schlecht. Wirtschaft ist so komplex, dass man ihren Verlauf nicht sicher vorhersagen kann. Aber es gibt im Markt gute Vorlaufindikatoren, die den Wirtschaftsverlauf in der Vergangenheit recht zuverlässig angezeigt haben. Allerdings funktionieren auch diese Indikatoren derzeit nicht verlässlich.

Konjunkturaussicht schön und gut. Aber was heißt das für mich?

Ein in der Vergangenheit zuverlässiger Indikator vom Zinsmarkt zeigt eine Rezession für die USA an. Üblicherweise rentieren länger laufende Anleihen höher als kürzer laufende. Aber im August 2019 stieg die Rendite der zweijährigen US-Staatsanleihen erstmals seit der Finanzkrise 2007 zeitweise über die der zehnjährigen Anleihen. Diese sogenannte inverse Zinskurve hat bisher in sieben von neun Fällen einen Konjunkturabschwung korrekt vorhergesagt.

Für Anleger ist das zwar ein wichtiges Signal. In der Vergangenheit haben die Börsen im Durchschnitt mit einer Verzögerung von rund sechs Monaten mit größeren Kursverlusten auf eine derartige inverse US-Zinsstrukturkurve reagiert und die Konjunkturabkühlung eingepreist. Allerdings ist es auf der anderen Seite noch nie zu einer Rezession gekommen, wenn die Leit- und Realzinsen derart tief waren wie heute.

Eine Rezession bei so niedrigen Zinsen wäre ein Novum.

Keine verlässlichen statistischen Daten

Wie also ist es im Herbst 2019 um die US-Konjunktur bestellt? Fest steht: Die amerikanische Wirtschaft ist unter US-Präsident *Donald Trump* historisch stark. Sie feiert im Sommer 2019 mit über zehn Jahren den längsten Aufschwung seit Beginn der Aufzeichnungen im Jahr 1854. Allerdings geht das auf Kosten der Staatsverschuldung. Diese liegt in den USA im Moment laut der US-Schuldenuhr bei 108% der Wirtschaftsleistung und nähert sich damit der Verschuldungssituation in einigen Staaten der europäischen Peripherie an.

Die Länge der Hausse sagt noch nichts über ihr Ende aus.

Einige Anleger glauben, dass die längste Aufschwungphase langsam zu Ende gehen müsste, einfach weil sie eben bereits jetzt die längste ist. Dafür gibt es aber weder theoretische und schon gar keine empirischen Belege. Die bislang längste Aufschwungphase in den 1990er Jahren bis zum Jahr 2000 dürfte tatsächlich ihren Anfang schon 1982 mit der massiven Schuldenexpansion durch den damaligen Präsidenten *Ronald Reagan* genommen haben. Offiziell wurde diese Phase durch eine kurze Rezession, bedingt durch den Ölpreisanstieg in Folge der Irak-Invasion, unterbrochen und fiel dadurch kürzer aus. In anderen Ländern wie z. B. in Großbritannien oder in Australien sind schon viel längere Aufschwungphasen gemessen worden. In Down Under gibt es nunmehr seit 28 Jahren keine Rezession. Ob es in den USA eine ähnliche Entwicklung gibt, wird erst die Zukunft zeigen.

Zinserhöhungen waren schon oft Auslöser einer Rezession.

Die in der Regel rezessionsauslösenden Faktoren sind für die US-Wirtschaft derzeit nicht vorhanden. Ganz im Gegenteil: In den USA wurden bislang Rezessionen fast immer durch Zinserhöhungen der Notenbank Fed ausgelöst. Zwar hatten die US-Geldhüter ihre Leitzinsen 2018/19 bereits mehrfach angehoben. Sie zogen die Fed Funds Rate von 0,25% (2016) auf 2,5% (Mitte 2019) hinauf. Aber ihren Zinserhöhungs-Zyklus hat die Notenbank schon wieder beendet. Mitte 2019 erfolgte der erste Zinsschritt nach unten. Ein Blick auf die anderen großen internationalen Notenbanken zeigt, dass sie ebenfalls tendenziell die Zinsen senken. Die Geldhüter reagieren sehr sensibel und neigen im Trend ohnehin eher dazu, die Zinsen zu niedrig zu halten.

Finanzkrisen wie durch Lehman Brothers ausgelöst, haben ebenfalls das Potenzial, die Wirtschaft massiv zu bremsen und das Vertrauen der Marktteilnehmer zu untergraben. Allerdings haben sich seit der Finanzkrise die Eigenmittelanforderungen an die Banken so drastisch erhöht, dass deren Kapitalpuffer mittlerweile krisentauglich erscheinen. Eine Finanzkrise hat dadurch an Wahrscheinlichkeit stark verloren. Wir haben es auch nicht mit einer Aktien-Blase zu tun – obwohl die Kurse deutlich gestiegen sind. Dennoch sind Aktienkurs- und Gewinnentwicklung weitgehend im Einklang. Am Rentenmarkt kann man zwar von einer Blasenbildung sprechen. Jedoch stellen zumindest im Staatsanleihen-Segment die Zentralbanken ihre starken helfenden Hände durch Anleihenkäufe zur Verfügung. Durch die unbegrenzte

Finanzkraft der Zentralbanken ist ein Platzen dieser möglichen Anleihen-Blase sehr unwahrscheinlich. Die tiefen Nominal- und Realzinsen sind wiederum eines der gewichtigsten Argumente für Investments am Aktienmarkt.

Zollstreit mit China

Der Zollstreit hat nicht nur Auswirkungen auf die US-Wirtschaft. Auch global hinterlässt der Streit seine Spuren. So ist die deutsche Wirtschaft im zweiten Quartal um 0,1% geschrumpft. Die chinesische Industrieproduktion wuchs im Sommer so langsam wie seit 17 Jahren nicht.

Der Zollkonflikt zwischen China und den USA belastet die Weltkonjunktur.

US-Präsident Donald Trump hatte Anfang August den Zollkonflikt trotz einer neuen Verhandlungsrunde verschärft und angekündigt, auf Importe aus China im Volumen von 300 Mrd. Dollar einen zehnprozentigen Sonderzoll zu erheben. Er stört sich am riesigen Defizit seines Landes im Handel mit der Volksrepublik und wirft der Regierung in Peking vor, sich nicht an Zusagen zu halten. Allerdings wurde die Einführung der neuen Zölle auf chinesische Güter wie Laptops und Mobiltelefone zunächst noch einmal auf Mitte Dezember verschoben. Sie sollten eigentlich ab September greifen. Beide Seiten haben sich in dem Konflikt bereits mit Strafzöllen überzogen.

Der Ausgang der Handelsgespräche ist unsicher. Rein wirtschaftlich und theoretisch betrachtet handelt es sich um einen Streit, bei dem beide Seiten verlieren, wenn sie ihn eskalieren. Insofern wäre es vernünftig, dass die Verhandlungspartner einen Kompromiss anstreben und sich einigen. So einfach ist die Sache in der Praxis aber leider nicht. Nach Auffassung einiger renommierter US-Experten könnte China schon 2035 das wirtschaftliche Potenzial erreicht haben, die USA bei den Militärausgaben zu überholen. Das ist für die USA ein geostrategisches Problem. Denn wer am meisten für sein Militär ausgibt, dürfte der Logik nach auch das schlagkräftigste Militär haben. Das gefällt einigen US-Strategen gar nicht.

China droht die USA wirtschaftlich und militärisch zu überholen.

Wenn die Wachstumsraten der chinesischen Wirtschaft konstant bleiben oder sich nur leicht abschwächen und die US-Wirtschaft weiter deutlich schwächer als die Chinas wächst, ist dieser „Überholvorgang" unvermeidlich. Deshalb, so die US-Idee, müsse man China daran hindern, weiterhin so hohe Wachstumsraten zu erzielen. Dies können die USA faktisch nur erreichen, wenn sie einen langfristigen Handelskrieg gegen China führen – auch wenn es beide Länder schädigt.

US-Präsidentschaftswahlen

Trump wird im Wahlkampf keine Rezession riskieren.

Ein wichtiger Taktgeber für die US-Konjunktur werden die US-Präsidentschaftswahlen im November 2020 sein. Mit den Vorwahlen im Februar beginnt in Iowa die heiße Wahlkampfzeit. Aus diversen Studien geht hervor, dass ein amtierender Präsident dann hohe Chancen hat wiedergewählt zu werden, wenn er sich in einem Krieg befindet und/oder die Börse bzw. die Wirtschaft gut laufen. Für Trump ist es deshalb ein Risiko, den Handelsstreit bis in das Frühjahr 2020 hineinzuführen. Eine dadurch ausgelöste Wirtschaftsabschwächung wird der Präsident vermutlich nicht riskieren.

Allerdings geht aus seinen Äußerungen auch hervor, dass er wohl davon überzeugt ist, dass es für die USA strategisch sinnvoll ist, Chinas Aufstieg langfristig zu bremsen. Deshalb ist es wahrscheinlich, dass Trump den Handelskrieg im Frühjahr 2020 ruhen lässt. Dann könnte er sich als „Deal-Maker" profilieren, der die Chinesen in die Schranken gewiesen hat und würde zugleich Entspannungssignale an die Wirtschaft und Finanzmärkte senden. Das wären für ihn beste Voraussetzungen, wiedergewählt zu werden. Falls Trump die Wahlen danach gewinnt, ist es aber wahrscheinlich, dass er den Handelskrieg neu anfachen wird. Denn dann hätte er freie Hand für seine zweite Amtszeit. Eine zweite Wiederwahl in Folge ist durch die US-Verfassung ausgeschlossen.

Eine Rezession gilt als Garant für keine erneute Wiederwahl.

Ein Blick in die Historie bestätigt den Zusammenhang von Rezession und Wiederwahl eines Präsidenten klar. Ersichtlich ist: Nur einmal in der Geschichte der US-Präsidentschaftswahlen seit 1916 wurde ein amtierender Präsident wiedergewählt, wenn bis zu zwei Jahren vor der Wahl eine Rezession ausgebrochen war. Wenn die Wirtschaft gut lief, wurde entsprechend der amtierende Präsident jedesmal wiedergewählt. In ganz wenigen Jahren gab es vor US-Wahlen eine Rezession, aber die Amtsinhaber sind dann im Kampf ums Weiße Haus praktisch immer gescheitert. Einzige Ausnahme war *Calvin Coolidge*, der 1923 trotz einer US-Rezession in seine zweite Amtszeit gewählt wurde.

US-Börse 2020: Fair bewertet

Angesichts dieser politischen Voraussetzungen kann ein Blick auf die fundamentalen wirtschaftlichen und Finanzrahmendaten das Bild abrunden. Zunächst zeigt erneut die Historie, dass in einem Präsidentenwahljahr Verluste am Aktienmarkt bisher nur sehr selten vorgekommen sind. Die Voraussetzungen für einen ähnlichen Verlauf stehen auch für

2020 gut. Denn die Bewertung des US-Aktienmarktes ist historisch unauffällig. Die Gewinnrendite für den S&P 500 Index in den USA liegt bei etwa 6%. Dieser Prozentsatz errechnet sich, wenn man 100 durch das Kurs-Gewinn-Verhältnis für 2020 teilt. Das Kurs-Gewinn-Verhältnis am US-Aktienmarkt liegt im Herbst 2019 bei etwa 16. Auch das ist im historischen Vergleich nicht sonderlich hoch, sondern normal. Die US-Aktienkurse übertreiben also nicht nach oben.

Am Rentenmarkt liegt die Rendite für 10-jährige Staatsanleihen dagegen nur bei 1,5%. Die Differenz von 4,5% (Risikoprämie) ist im historischen Vergleich hoch. Historische Analysen deuten eindeutig darauf hin, dass Anleger in den Aktienmärkten möglichst dann hoch investiert sein sollten, wenn die Risikoprämien hoch sind und keine Euphorie an den Aktienmärkten vorherrscht.

US-Staatsanleihen werden zusehends unattraktiv.

Von Euphorie kann selbst an der Wall Street nicht die Rede sein. US-Anleger sind zwar optimistisch gestimmt, haben aber nicht ihre Farm auf den Aktienmarkt verwettet. In den USA schütten die Firmen derzeit mehr als 100 Mrd. USD über Dividenden und Aktienrückkäufe an die Aktionäre aus – und zwar nicht im Jahr, sondern pro Monat. Damit haben sich die Unternehmen seit geraumer Zeit als wichtigste Käufergruppe am Markt etabliert. Es spricht somit viel dafür, dass es ein gutes Aktienjahr 2020 in den USA werden wird.

Von Euphorie an der Wall Street kann keine Rede sein.

Fazit

Die US-Wirtschaft wird 2020 von den nach wie vor tiefen Zinsen, der faktischen Vollbeschäftigung sowie von der expansiven US-Budgetpolitik profitieren. Allein durch diese drei Faktoren ist eine Rezession unwahrscheinlich. Mit dem schwelenden Handelskonflikt bleibt zwar noch ein großes Fragezeichen im Raum. Und die Auswirkungen eines großen Handelskrieges mit China oder mit der EU sind nicht sicher abzuschätzen. Allerdings ist die Eintrittswahrscheinlichkeit einer harten Eskalation eher gering. Trumps zeitliche Wahlagenda spricht dagegen und macht kontinuierliche Entspannungssignale ab dem Frühjahr 2020 wahrscheinlich. Das wird die Wirtschaft und die Finanzmärkte beruhigen. Und sollte sich die Konjunktur wider Erwarten doch stärker abkühlen, wird die US-Notenbank nicht untätig bleiben.

» In einer Welt kritisch hoher und steigender Schulden (325% des weltweiten BIP) sowie mitunter handlungsresistenter Politiker bleibt das Krisenmanagement fast ausschließlich der Geldpolitik überlassen. Negativzinsen und Anleihekaufprogramme sind trotz heftiger medialer Kritik salonfähig geworden und mittlerweile Standardinstrumente. Um weitere Wachstumsimpulse zu setzen, dürften unkonventionelle Maßnahmen künftig stärker in den Vordergrund rücken. Aber haben die Notenbanken, voran US-Fed und die EZB in Europa überhaupt noch Pfeile im Köcher? «

„Whatever it takes"
Notenbanken werden bald Aktien kaufen

David Wehner, Do Investment AG

Die Zentralbanken sind seit der Finanz- und Wirtschaftskrise 2008/09 zum wesentlichen marktbestimmenden Faktor aufgestiegen. Auslöser dieser stärksten weltweiten Rezession seit den 1930er-Jahren waren hohe Kreditrisiken, die über Wertpapiere, abgekürzt durch verharmlosende Akronyme wie ABS (Asset Backed Securities) und CDO (Collateralized Debt Obligation) über die ganze Welt verstreut wurden. Die Zentralbanken reagierten auf das Platzen der Kreditblase mit unkonventionellen Instrumenten wie QE (Asset-Kaufprogramme), NIRP (Negativzinspolitik) und ZIRP (Nullzinspolitik). Diese Maßnahmen verhinderten eine weitere Eskalation der tiefgreifenden Rezession und verhalfen der Weltwirtschaft zu einer der längsten Expansionsphasen seit dem zweiten Weltkrieg.

Der Einfluss der Notenbanken auf die Märkte ist seit 2008 stark gestiegen

Welche Instrumente haben die Notenbanker noch?

Diese zehnjährige Expansionsphase mit ihrer expansiven Zentralbankpolitik ist schwer umkehrbar. Der US-amerikanischen Federal Reserve (Fed) und der europäischen Zentralbank (EZB) fällt es schwer, ihre Zentralbankpolitik zu normalisieren. Die Zentralbanken agierten zögerlich – und der jüngste Normalisierungsversuch der Fed blieb aufgrund der starken Marktverwerfungen zum Ende des Jahres 2018 aus.

Mittlerweile werden Überlegungen zu weiteren Instrumenten getroffen, falls die derzeitigen Maßnahmen nicht den ersehnten Erfolg bringen. Mit dem Ankauf von Aktien und dem Abwurf Helikoptergeld liegen Ideen hierzu bereits auf dem Tisch. Fed und EZB verfolgen im Grunde genommen die gleichen Ziele, die Rangfolge ist allerdings eine andere.

Ausnahmemodus seit 2008: Weitere unkonventionelle Maßnahmen sind denkbar

Die Ziele der Fed sind durch den Federal Reserve Reform Act von 1977 und den Humphrey-Hawkins-Act von 1978 festgelegt und lauten: maximale Beschäftigung, ein langfristig moderates Zinsniveau sowie

Preisstabilität. Die EZB verfolgt vorrangig das Ziel der Preisstabilität. Daneben unterstützt sie die Wirtschaftspolitik der Eurozone und gewährleistet Finanzstabilität. Auch wenn die Rangfolge der Ziele klar definiert ist, bieten sie den Zentralbanken dennoch genügend Interpretationsspielraum.

Deflation verhindern, Inflation im Zaum halten

Verhinderung von Deflation und Inflation als Hauptargumente

Ein Hauptargument für die expansiven Zentralbankmaßnahmen der Fed und EZB ist die historisch niedrige Inflation. Denn trotz massiver Interventionen lag die Inflationsrate in den vergangenen zehn Jahren unter dem Zielwert von nahezu 2%. In Europa, insbesondere in Deutschland, herrscht eine historische Angst vor Hyperinflation der 1920eer Jahre. Diese Sorge ist durch den Verlauf der Wirtschaftskrise mit ihren schlimmen Folgen geprägt.

Neben der Prävention vor hoher Inflation oder Hyperinflation ist ein weiteres Ziel der Zentralbanken, Deflation zu verhindern. Ein reales Beispiel für eine tiefgreifende Deflation ist Japan in der Zeit nach 1990. Die Auswirkungen waren ein geringes Wirtschaftswachstum, geringe Investitionstätigkeit und ein zurückhaltender Konsum. Obwohl die japanische Zentralbank und die Regierung seit Jahrzehnten Maßnahmen ergreifen, um der Deflationsspirale zu entfliehen, fällt es sehr schwer, eine moderate Inflation zu etablieren. Deshalb hat sich ein moderates Inflationsziel von jährlich zwei Prozent bei den Zentralbanken durchgesetzt, welches sie mit allen Mitteln erreichen und verteidigen wollen.

Die Volkswirtschaften haben ilange Boom-Phase erlebt

Die bisherigen unkonventionellen Maßnahmen der Fed und EZB haben in den vergangenen zehn Jahren die Realwirtschaft unterstützt. Das Wirtschaftswachstum hat sich nach dem starken Rückgang 2008/2009 erholt, die Arbeitslosigkeit ist rückläufig und teilweise bereits auf sehr niedrigen Niveaus angelangt. Zudem wurden die Banken stabilisiert und die Kreditvergabe angekurbelt.

Finanzmärkte mit Billiggeld angetrieben

Neben den realwirtschaftlichen Erfolgen wiesen auch die Finanzmärkte positive Entwicklungen auf. Die internationalen Aktienbörsen stiegen auf Rekordniveaus (vgl. Abb. 1), die Risikoprämien für Unternehmensanleihen sind historisch niedrig und die Zinsen bei Staatsanleihen von Industrieländern überwiegend negativ. Im Umkehrschluss bedeutet das, dass die Kurse der Anleihen steil geklettert sind. So legten die

Kurse deutscher Staatsanleihen seit April 2009 um 37,4% zu, die Anleihenkurse in der Eurozone kletterten sogar um 61,1%. Hier zeigt sich: Je höher die Ausfallrisiken zuvor waren, desto größer war der von den Notenbanken ausgelöste Kursanstieg.

Die Zentralbanken werden nicht nur aufgrund der unterstellten Staatsfinanzierung, sondern auch wegen der Entwicklungen an den Finanzmärkten in den vergangenen zehn Jahren kritisiert. Ihre expansiven Maßnahmen haben dazu geführt, dass nahezu alle Risiken ausgepreist wurden. Neben den zahlreichen Staatsanleihen mit negativen Renditen gibt es mittlerweile auch Unternehmen mit einem schwachen bis sehr schwachen Rating, die für Kreditaufnahmen bezahlt werden. Die Investoren mussten die Risiken erhöhen, um angemessene Renditen erzielen zu können.

Die positiven Effekte der Notenbankpolitik laufen allmählich aus

Darüber hinaus ächzen die europäischen Banken unter dem negativen Einlagensatz. Seit Einführung der Negativzinsen durften die rund 5.000 europäischen Banken 23 Mrd. Euro „Strafzinsen" an die EZB überweisen – eine zusätzliche Belastung neben den geringen Zins- und Provisionserträgen. Die Effektivität von weiteren Anleihekäufen und tieferen Niedrigzinsen ist umstritten. Ein Unternehmen tätigt keine Investitionen oder stellt neue Mitarbeiter ein aufgrund von Zinssenkungen der EZB oder der Fed. Stabile Rahmenbedingungen, wie ein gesundes politisches Umfeld und geringe geopolitische Risiken, sind weitaus wichtigere Faktoren bei Investitionsentscheidungen. Allerdings geben die geringen Finanzierungskosten den Politikern genügend Spielraum für deren Reformunwilligkeit.

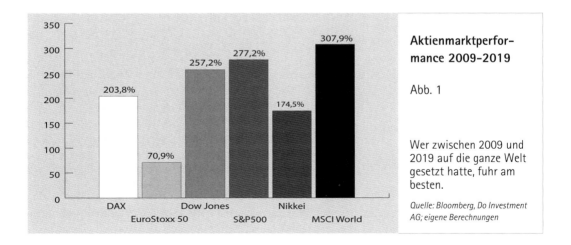

Aktienmarktperformance 2009–2019

Abb. 1

Wer zwischen 2009 und 2019 auf die ganze Welt gesetzt hatte, fuhr am besten.

Quelle: Bloomberg, Do Investment AG; eigene Berechnungen

Weitere Unterstützung garantiert – trotz ihrer Grenzen

Die Kritik an der Zentralbankpolitik ist berechtigt. Dennoch wird das die EZB und die Fed nicht davon abhalten, weitere Unterstützungsmaßnahmen zu ergreifen, wenn sie die Notwendigkeit sehen. Derzeit wirkt es so, als würden die Zentralbanken bei jeglichen Marktkorrekturen und Abkühlungstendenzen mit Kanonen auf Spatzen schießen und weitreichende Lockerungsmaßnahmen diskutieren.

Sind Aktienkäufe der nächste Schritt? Wo liegen die Grenzen der Notenbanken?

Doch was geschieht, wenn Anleihenkaufprogramme, NIRP und ZIRP nicht mehr ausreichen oder an ihre Grenzen stoßen? Könnten Aktienkäufe neue Impulse setzen – und inwieweit sind diese politisch und gesetzlich umsetzbar? Die Fed und die EZB befinden sich in unterschiedlichen Ausgangssituationen. Die Fed ist die einzige bedeutende Zentralbank, die es in den vergangenen Jahren geschafft hat, ihr Anleihenkaufprogramm zumindest vorübergehend zu beenden, die Zentralbankbilanz zu reduzieren und die Zinsen mehrfach zu erhöhen. Sie besitzt somit einen größeren Spielraum, im ersten Schritt mit Zinssenkungen und Anleihenkäufen gegenzusteuern.

Die EZB ist in einer weniger komfortableren Situation. Sie beendete erst im Dezember 2018 die Anleihenkäufe, reinvestiert weiterhin Fälligkeiten, und die Zinsen sind auf einem historisch tiefen Niveau. Zudem hat die EZB im September 2019 beschlossen, ihr Anleihenkaufprogramm wieder aufzunehmen und den Einlagensatz um weitere 0,10% auf -0,50% herabzusetzen. Bei einem monatlichen Volumen von 20 Milliarden Euro besäße sie in vier Jahren in einigen Euro-Ländern bereits die Hälfte aller Staatsanleihen. Möglicherweise wäre damit eine rechtliche Grenze erreicht. Dadurch könnte die EZB weitaus früher gezwungen sein, Aktien in die Menge der erwerbbaren Wertpapiere einzubeziehen.

Die Fed lenkt die Währung eines Staates - bei der EZB sind es 19 Staaten

Neben der wirtschaftlichen und technischen Betrachtung gibt es noch einen weiteren wesentlichen Unterschied zwischen der Fed und der EZB. Die Fed ist ausschließlich für die Geld- und Zinspolitik der USA verantwortlich. Dahingegen bestimmt die EZB die geldpolitischen Rahmenbedingungen für 19 Staaten, die sich in unterschiedlichen wirtschaftlichen Ausgangssituationen befinden. Umso schwieriger ist es für die EZB, das richtige Maß bei ihren unkonventionellen Maßnahmen zu finden und kein Land zu bevorteilen.

Seit Ausbruch der Finanzkrise hat die EZB vieles getan, was vorher undenkbar war. Deshalb denkt die EZB auch über Handlungsoptionen nach, die Aktienkäufe einbeziehen. Die Fed wird sicherlich hinter verschlossenen Türen ebenfalls darüber debattieren.

Eine Orientierung für ein Aktienkaufprogramm könnte die EZB von der Bank of Japan (BoJ) und der Schweizer National Bank (SNB) erhalten. Die SNB legt derzeit rund 150 Mrd. Euro ihrer Devisenreserven direkt in internationale Aktien an. Dabei schließt sie Schweizer Finanzinstitute und unethische Branchen bzw. Unternehmen aus. Die japanische Zentralbank investiert seit 2010 über ETFs (passive Indexfonds) in Aktien der Nikkei 225- und Topix-Indizes (vgl. Abb. 2). Sie hält mittlerweile ETFs über umgerechnet 220 Mrd. Euro. Das entspricht rund 4,4% der gesamten Marktkapitalisierung beider Indizes.

Aktienkäufe durch die Notenbank gibt es in Japan und der Schweiz bereits

Aktien kaufen und damit umgehen können

Bei einem möglichen Aktienkaufprogramm der EZB steckt der Teufel im Detail. Die EZB könnte sowohl über Direktinvestitionen als auch über passive Indexfonds (ETFs) Aktien kaufen. Da sie als Aufsichtsorgan bei ihren Anleihenkäufen die Wertpapiere von Finanzinstituten gemieden hat, wird sie auch bei Aktienkäufen einen Bogen um Bankaktien machen.

Dadurch ist es wahrscheinlicher, dass die EZB Aktien direkt erwerben wird, da sie beim Kauf von ETFs zwangsläufig auch in Bankaktien investieren würde. Des Weiteren könnten ethische Grundsätze in die Rahmenbedingungen des Kaufprogramms einfließen, wodurch die EZB Reputationsrisiken verringern und sich an entsprechenden Überlegungen des europäischen Parlaments orientieren würde.

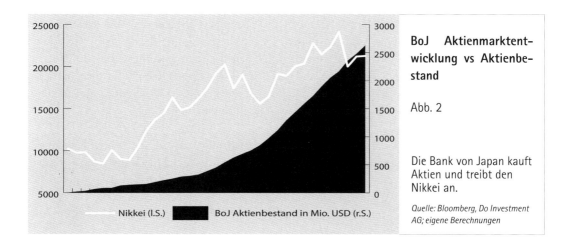

Nikkei (l.S.) ■ BoJ Aktienbestand in Mio. USD (r.S.)

BoJ Aktienmarktentwicklung vs Aktienbestand

Abb. 2

Die Bank von Japan kauft Aktien und treibt den Nikkei an.

Quelle: Bloomberg, Do Investment AG; eigene Berechnungen

Im Detail bedeutet dies, dass Unternehmen, die mit Waffen, Drogen/ Alkohol, Umweltzerstörung etc. einen Großteil ihres Umsatzes machen, automatisch ausgeschlossen würden. Mit Aktienkäufen würde die EZB natürlich Miteigentümerin der Unternehmen werden und würde auch Stimmrechte auf Hauptversammlungen bekommen. Diese Aktienstimmrechte würde die EZB aber voraussichtlich entweder nicht ausüben oder sie könnte diese an Anlegerverbände übertragen.

Die EZB müsste Aktienkäufe gerecht auf die 19 Euro-Staaten aufteilen

Im Gegensatz zur Bank of Japan kann die EZB nicht die Aktien eines Landes kaufen. Sie wird die Aktienkäufe auf 19 Länder aufteilen müssen. Bei den Anleihenkaufprogrammen hat sie dafür einen Kapitalschlüssel definiert, der sich letztendlich an der wirtschaftlichen Größe des Landes orientiert und wahrscheinlich eine Orientierung für ein Aktienkaufprogramm ist. Allerdings hat die EZB diesen nicht immer eingehalten. Das wird sie wahrscheinlich auch bei den Aktienkäufen nicht immer wollen und können. Es ist zu erwarten, dass die EZB überwiegend mittelgroße und großkapitalisierte Unternehmen kaufen würde, die eine ausreichende Liquidität am Markt aufweisen.

Gibt es überhaupt einen Weg zurück?

Eine wesentliche Frage, die sich im Zuge eines Aktienkaufprogramms ergibt, lautet: Wie könnte eine Rückabwicklung des Aktienkaufprogramms aussehen?

Rückabwicklung bei Aktienkäufen birgt Gefahren

Bei Anleihen ist es möglich, bei Fälligkeit keine Reinvestitionen vorzunehmen und dadurch die Zentralbankbilanz zu reduzieren. Die Fed hat auf diese Weise ihre Zentralbankbilanz sukzessive ein Stück geschrumpft. Aktien haben aber kein Fälligkeitsdatum und müssten somit über die Börsen verkauft werden. In Abhängigkeit des Volumens und der Marktenge eines Titels könnte dies zu einer erhöhten Volatilität und Kursverlusten führen. Des Weiteren könnte der Verkauf von Aktien durch die Zentralbank als Signal gewertet werden, dass die Höchststände erreicht sind und in der Folge einen Dominoeffekt auslösen, der Investoren dazu veranlasst, ihre Aktienbestände ebenfalls zu veräußern und die Aktienmärkte dadurch stärker unter Druck setzt.

Derzeit gibt es noch keine Erfahrungswerte, da die Zentralbanken weiterhin expansiv sind. Einen kleinen Vorgeschmack auf eine restriktivere Fed-Zentralbankpolitik hat uns das vierte Quartal 2018 gegeben, als die amerikanischen Börsen über 20% eingebrochen sind.

Die US-Notenbank würde dagegen wahrscheinlich ähnlich wie die BoJ Aktien über passive Indexfonds (ETF) kaufen. Zum einen ist die Fed für die Geldpolitik nur eines Landes verantwortlich und muss ihre Käufe nicht auf unterschiedliche Länder aufteilen. Zum anderen dürfte die Vermeidung von Bankaktien und unethischen Investments nicht im Vordergrund stehen, sondern vielmehr die uneingeschränkte Unterstützung des Finanzmarkts, um eine nachhaltige Aktienkorrektur zu verhindern.

Des Weiteren sind die USA der wichtigste Aktienmarkt der Welt und weisen somit eine Fülle an Indizes und entsprechenden liquiden ETFs auf. Es ist sogar wahrscheinlich, dass die Fed Negativzinsen vermeiden und stärker zu Asset-Kaufprogrammen greifen würde, da Negativzinsen Kollateralschäden mit sich bringen, die an der Performance der europäischen Bankaktien ablesbar sind und die die US-Notenbank vermeiden will.

Märkte werden jubeln

Die Reaktion auf die bisherigen Anleihenkaufprogramme der Notenbanken lässt vermuten, dass die Kapitalmärkte positiv auf die Ankündigung eines Aktienkaufprogramms reagieren und die Aktienkurse durch die künstlich geschaffene Nachfrage steigen. Von dieser Euphorie würden auch Marktsegmente profitieren, die nicht direkt von der EZB oder der Fed gekauft werden, da sie relativ attraktiver werden. Darüber hinaus könnten die Zinsen leicht steigen, falls die Zentralbanken ihre Unterstützungsmaßnahmen stärker von Anleihen auf Aktien verlagern.

Jubelnde Kapitalmärkte im Fall von Aktienkäufen erwartet

Diese neue Stufe der monetären Expansion birgt allerdings auch Risiken. Die Wahrscheinlichkeit von abrupten Marktkorrekturen wächst, falls die steigenden Aktienkurse mittelfristig nicht durch verbesserte fundamentale Wirtschafts- und Unternehmensdaten unterstützt werden, sondern ausschließlich auf gedrucktem Zentralbankgeld basieren.

Notenbank-Kritik wird zunehmen

Die öffentliche Kritik an der Zentralbankpolitik der EZB und der Fed wird zunehmen, falls sie sich entschließen, ihr Instrumentarium durch Aktienkäufe zu erweitern. Dabei hatte die bisherige Geldpolitik bereits indirekt einen erheblichen Einfluss auf die Aktienbewertungen, ebenso wie sich die Manipulation von Anleihekursen auf die Kurse von Devisen auswirkt. Letztendlich beeinflusst jede Zentralbankmaßnahme

Die Öffentlichkeit dürfte Aktienkäufe durch die Notenbanken kritisch sehen

direkt oder indirekt die Bewertung des gesamten Spektrums an Finanzmarktinstrumenten, auch wenn der marktwirtschaftliche Mechanismus der Aktienmärkte bisher als unangetastet gilt.

Aktienkäufe durch die Fed und die EZB würden diese Säule nun auch umwerfen. Zahlreiche Experten und Marktteilnehmer stehen einem direkten Eingriff in den Marktmechanismus von Aktien sehr kritisch gegenüber. Die Kritik in den USA würde eher verhalten ausfallen, da das Hauptziel der Fed durch Wirtschaftswachstum und Maximalbeschäftigung definiert ist. Zudem ist die Bevölkerung weitaus aktienaffiner – und das Konsumverhalten hängt stark von der Aktienperformance ab. Die Kritik an der EZB würde hingegen heftiger ausfallen, da sie schon durch ihre vorherigen Maßnahmen an den Pranger gestellt wurde und ihre Anleihenkaufprogramme sowie Unterstützungsmaßnahmen vor dem Europäischen Gerichtshof (EuGH) verhandelt wurden. Der EuGH urteilte jedoch Euro- und europafreundlich, sodass die EZB ihre Kaufprogramme fortführen konnte. Ein ähnliches Urteil ist auch bei Aktienkäufen zu erwarten, zumal es in den Statuten der EZB keinerlei Regelungen zum Kauf von Aktien gibt. Insofern sind sie nicht eingeschränkt oder verboten – der Handlungsrahmen für die Geldhüter ist daher sogar größer als bei den Anleihenkäufen.

Das Unerwartbare antizipieren – und Neues wagen

„Die Definition von Wahnsinn ist, immer wieder das Gleiche zu tun und andere Ergebnisse zu erwarten." Dieses Bonmot wird Albert Einstein zugeschrieben und beschreibt sehr gut das Verhalten der Zentralbanken seit der Finanzkrise. Nach zehn Jahren expansiver Zentralbankpolitik mit nur mittelmäßigen realwirtschaftlichen Ergebnissen, wäre es an der Zeit etwas Neues zu versuchen.

Die Notenbanken betreiben Wirtschaftspolitik

Die Entwicklungen seit der Finanzkrise zeigen auf, dass die Zentralbanken ihre Orientierung verloren haben. Insgesamt wurden Anleihen im Wert von mehreren Billionen Euro gekauft, der Zins abgeschafft und durch Negativzinsen ersetzt, um das Inflationsziel zu erreichen und das Wirtschaftswachstum zu unterstützen. In Teilen waren diese Maßnahmen auch erfolgreich.

Doch zu welchem Preis? Kreditrisiken wurden nahezu komplett ausgepreist, Sparern wurde das Leben schwer gemacht (angesichts der demographischen Entwicklung eine unsoziale und fast unverantwortliche Politik) und soziale Ungleichgewichte wurden vergrößert. Die günstigen Refinanzierungsmöglichkeiten haben die Politiker zu reformunwilligen Zuschauern gemacht, die Geldpolitik muss es richten. Doch diese kann den Megatrends der Zukunft – wie Digitalisierung, Klimawandel, Globalisierung und demografischer Wandel – nicht alleine begegnen.

Fazit

Günstige Zinsen und Asset-Kaufprogramme allein schaffen keine nachhaltige Nachfrage. Dazu bedarf es struktureller Reformen, solider geopolitischer Rahmenbedingungen und Investitionsanreizen, die nur die Politik schaffen kann. Den finanziellen Spielraum für Investitionsprogramme haben nur wenige Länder, Deutschland gehört dazu. Doch die Bundesregierung verfolgt einen Ansatz des ausgeglichenen Haushalts, genannt „die schwarze Null".

Die Wahrscheinlichkeit, dass EZB und Fed durch eine weitere Expansion ihrer Geldpolitik Wachstumsanreize setzen können, ist geringer geworden. Zinsen im negativen Bereich und Rekord-Anleihenbestände in den Bilanzen der Zentralbanken sind kein Indikator für eine gesunde Volkswirtschaft und Geldpolitik. Der Spielraum für steigende Zinsen ist gering, da neben den Zentralbankkäufen die Demografie und der hohe Verschuldungsgrad das Zinsniveau belasten. Allerdings steht es um die Weltwirtschaft nicht so schlimm, dass 15 Billionen Euro in Anleihen eine negative Verzinsung aufweisen müssen. Es stellt sich die Frage, wie die Zentralbanken und die Politik reagieren, wenn es zu einer weltweiten Rezession kommt? Die Antwort darauf lautet: Bis die Politik sich zu fiskalpolitischen Maßnahmen durchringt, dürften die EZB und die Fed erste Aktienbestände ihr Eigen nennen.

Die alten Rezepte wirken nicht mehr, also müssen neue her

» Die 1980er Jahre waren in den Industrieländern gekennzeichnet durch hohe Zinsen von 8 bis 10%. Seit Mitte, spätestens Ende der 80er Jahre ist ein langfristig stetiger Trend in Richtung sinkender Zinsen zu verzeichnen. Das spiegelt sich in bis heute in extrem hohen Kursgewinnen bei Anleihen. Seit der 2008er Finanzkrise sind die Zinsen auf historisch niedrige Niveaus gefallen und reichen erstmals sogar bis in den Bereich der Null- und Negativzinsen hinein. Vorläufer für diesen Trend ist Japan. Nun setzt sich diese Zinsbewegung, angefeuert von den Notenbanken, in Europa und absehbar auch in den USA fort. Wie können sich Anleger auf den Japan-Modus einstellen? «

Japanisierung managen
Veränderte Spielregeln im Nullzins-Umfeld

Friedrich Bensmann | Ingo Asalla, AAC Alpha GmbH

Die Notenbanken führen die großen Volkswirtschaften in einen völlig neuen Anlage-Modus. Mit Niedrigzinsen und Anleihekäufen versorgen sie Staaten und indirekt auch Unternehmen mit viel und billigem Geld.

Niedrigzinsen und Anleihenkäufe als dauerhafte "game changer"

Die japanische Notenbank war nach dem Platzen der Immobilienblase im Jahr 1989 Vorreiter dieser Bewegung. Die Europäische Zentralbank setzt die japanische Zinspolitik seit der Finanzkrise 2008/09 um. Interessant ist, dass beide Notenbanken ihre unkonventionellen Maßnahmen auch mit rückläufigen Bevölkerungszahlen und einer Tendenz zur Überalterung der Gesellschaft begründen. Dieser Trend sorgt dafür, dass die dynamischen Wirtschaftskräfte nachlassen und somit jahrelanges anämisches Wirtschaftswachstum drohe. Nur mit ständig weiter sinkenden Zinsen – auch unter das Niveau von 0% – sei zu verhindern, dass die Wirtschaft in Stagnation, Rezession und Deflation verfalle.

Können Nullzinsen die Wirtschaft retten?

Die Frage ist also, ob die These, dass Nullzinsen notwendig sind, um die Wirtschaft zu retten, richtig ist. Nach über zehn Jahren Rettungspolitik in Europa und über dreißig Jahren in Japan sind Zweifel angebracht. Sichtbar wird aber, dass diese Art von Geldpolitik gravierende Folgen für die Zukunft der Wirtschaftsakteure Staat, Unternehmen, Sparer und Konsumenten (und somit für die Gesamtwirtschaft) hat. Denn letztlich schalten die Notenbanken den Markt immer mehr ab.

"Alternativlose" Nullzinsen?

Hinzu kommen teilweise dramatische Auswirkungen für die Kapitalmärkte. Durch die stark sinkenden Zinsen werden die Anleihekurse massiv nach oben getrieben. Darunter leiden vor allem die Sparer und Kapitalsammelstellen (Versicherungen, Pensionsfonds, Stiftungen). In Zeiten von Nullzinsen versiegt ihre wichtigste Einnahmequelle. Auf Dauer können diese Akteure in Schwierigkeiten geraten, ihren Verpflichtungen nachzukommen. Die Aktienkurse klettern angesichts des

Rückenwindes der Notenbanken ebenfalls teilweise steil nach oben, wenngleich diese Aussage nicht allgemein gültig ist – siehe Japan. Langfristig können sich die Aktienkurse so von den realen Bewertungen der Unternehmen entkoppeln – zumindest nach bisher bekannten Maßstäben.

Wem gehören die Notenbanken?

Die Notenbanken stehen im Zentrum dieser neuen Geldpolitik. Formalrechtlich ist nur schwer zu klären, wer der eigentliche Eigentümer einer Notenbank ist. Für die Fed lässt sich sagen, dass die Begriffe „Federal" und „Reserve" Bundesstaatlichkeit suggerieren. Verschiedene Quellen führen aus, dass die Fed den Zentralbanken mehrerer US-amerikanischer Bundesstaaten gehört, hinter denen die größten privaten Geschäftsbanken wie Goldman Sachs, Morgan Stanley usw. stecken.

Bei der EZB sind hingegen alle nationalen Zentralbanken der EU-Mitgliedstaaten Anteilseigner. Doch wem gehören die nationalen Zentralbanken? Im Allgemeinen wird über die Deutsche Bundesbank als Organ des deutschen Staates kommuniziert. Ist die EZB damit in staatlichem Besitz? Im übertragenen Sinn könnte man zumindest sagen, dass Notenbanken wie die EZB ihre Eigenständigkeit dahingehend verloren haben, dass sie zunehmend eher von Politikern als von wirtschaftlichen Kompetenzträgern besetzt werden.

Staat als Profiteur: Jederzeit Zugriff auf billiges Kapital

Die Staaten sind vermutlich auch die größten Profiteure der Zinsentwicklung. Sie können sich immer preiswerter – zum Teil sogar mit Gewinn – verschulden und ihre laufenden Zinsverpflichtungen trotz steigender Verschuldung sogar reduzieren.

Selbstheilungskräfte in Gefahr

Unwirtschaftliche Unternehmen hängen am Tropf

Auf dieser Basis besteht eine hohe Wahrscheinlichkeit, dass die Märkte die Fähigkeit, sich selbst zu heilen, immer mehr verlieren. Durch billiges Kapital halten sich marode Marktteilnehmer viel länger am Leben, als es unter dem Regulativ eines höheren Zinsniveaus wirtschaftlich zu vertreten wäre. So werden mehr und mehr Kredite unproduktiven Verwendungen zugeführt, was zu „Zombie"-Unternehmen mit immensen Schuldenquoten führt.

Weil Geld immer billiger wird und letztlich in uneingeschränktem Maß zur Verfügung steht, sinkt der Grad der Sorgfalt im Umgang mit Kapital. Auffällig ist jedenfalls, dass die gesamtwirtschaftlichen Wachstumsraten in Ländern mit höheren und noch positiven Zinssätzen – bspw. USA, Emerging Markets, Australien/Neuseeland – höher sind als in Ländern mit Negativzinsen.

Dieses Szenario bedingt, dass die Zinsen niedrig bleiben müssen, ansonsten drohen massive Ausfälle. Zum Wesen des Kapitalismus gehört aber (eigentlich), dass defizitär wirtschaftende Unternehmen aus dem Markt gespült werden. Das wird durch die Nullzinspolitik verhindert und schädigt das gesamte Wirtschaftssystem.

Niedrigzinsen verfälschen das Bild vom Zustand der Realwirtschaft

Notenbanken schalten die Märkte aus

Durch die unkonventionelle Zinspolitik sind die Geld- und Kapitalmärkte immer weniger dem freien Spiel der Marktkräfte unterworfen. Sie sind zunehmend staats- und politikbestimmt. Kritiker dieser Politik sprechen darum bereits von „Notenbanksozialismus" oder „monetärem Sozialismus". Dass der Staat mit einer solchen „sozialistischen Geldpolitik" langfristig Wirtschaftswachstum fördern und erzeugen kann, ist zumindest zweifelhaft.

Bei Zinssätzen unter null in Japan und Europa ist der geldpolitische Spielraum sehr begrenzt. Das schränkt die geldpolitischen Optionen zur Bewältigung künftiger konjunktureller Schocks erheblich ein. Noch verhindert die Existenz von Bargeld, dass Zentralbanken die Zinssätze weit unter null senken können.

Die Notenbanken beschneiden ihre Möglichkeiten, auf künftige Krisen zu reagieren

Die langfristige Entwicklung der Gesellschaften von Bargeld hin zu E-Geld wird zu noch deutlich negativeren Renditen bei liquiden Mitteln führen. Denn durch das Halten von Bargeld schafft sich ein Individuum, egal ob privater oder unternehmerischer Haushalt, eine eigene Zinsuntergrenze – nämlich null. Mit der flächendeckenden Einführung von E-Geld wird diese Möglichkeit von Staat und Notenbank durchbrochen und gleichzeitig der Rahmen für eine noch auszuweitende Lockerung der weltweiten Geldpolitik geschaffen. Die „schwachen" Hände werden damit indirekt zum Konsum oder alternativen Formen des Sparens gezwungen.

Trotzdem werden sich alle Akteure – Unternehmen, Sparer, Konsumenten – an dieser Zinspolitik ausrichten und ihr Verhalten anpassen müssen. Denn eine Normalisierung ist nicht in Sicht.

Die Fakten sind längst geschaffen

Nullzinsen sind schlecht für Aktien

Vordergründig sieht es so aus, als ob sinkende Zinsen automatisch gut für Aktien sind. Bei genauer Betrachtung einzelner Märkte und Volkswirtschaften – voran Japan – lässt sich diese Aussage aber nicht pauschal halten. Parallel zu den sinkenden 10-Jahreszinsen, die in Japan seit September 1990 von über 8% auf unter 0% fielen, sank der Nikkei seit Ende der 80er Jahre von fast 40.000 Punkten auf aktuell etwas über 21.000 Punkte. Dies legt den Schluss nahe, dass die oben beschriebene Zuführung unproduktiven und innovationshemmenden Kapitals in einer entwickelten Volkswirtschaft eher nicht zu einer Belebung von Wirtschaft und Konjunktur beiträgt.

Alternative Sparformen versprechen mitunter bessere Erträge als Aktien

Pauschal ausgedrückt war es also nicht richtig, in der Breite des japanischen Aktienmarktes – z. B. im Nikkei-Index per ETF – investiert zu sein. Der Verlauf zeigt auch, dass es in einem solchen Zinsumfeld besser gewesen wäre, Gold in JPY zu halten. Der Preis des Edelmetalls hat sich in japanischer Währung von etwa 51.200 JPY pro Feinunze auf aktuell ca.162.000.000 JPY erhöht. Das entspricht einer annualisierten Rendite von ca. 30%. Gerade die Anlage in Gold oder Goldminen könnte eine der adäquaten und ertragreichen alternativen Sparformen in einem Nullzins-Umfeld sein.

Anlegen im Japan-Modus

Auch wenn ein Investment im japanischen Aktienindex auf Sicht von ca. 30 Jahren zu einer Halbierung des Kapitals geführt hätte, wird es auch zukünftig an den „Nullzins-Kapitalmärkten" Gewinne in bestimmten Assetklassen und überragend gute Einzelaktien geben. Gerade wegen der Null- und Negativzinsen wird man sich aber auf temporär erratische Schwankungen einstellen müssen. In höheren Schwankungsbreiten liegen durchaus auch Chancen, wenn diese Schwankungen mit guten quantitativen Modellen erfasst und genutzt werden können. Unseres Erachtens bieten sich insbesondere die Anleihe- und Rohstoffmärkte dafür an. Denn diese beiden Anlageklassen schwanken historisch deutlich stärker als bspw. die Aktienmärkte.

Rohstoffpreise schwanken stärker als Aktien und Devisen

Die Rohstoffpreise wiesen in den vergangenen 15 Jahren die höchsten Schwankungen auf, Bonds die zweithöchsten, und auf Platz drei folgt Gold. Erst danach kommen die Aktienmärkte, was in der allgemeinen Wahrnehmung wahrscheinlich untergeht. Währungen schwanken demgegenüber sogar relativ gering.

Auch in den insgesamt nicht so stark wachsenden Nullzins-Ländern gibt es immer wieder einzelne stark wachsende Unternehmen, die zukunftsfähige Geschäftsmodelle haben und hohe Mehrwerte liefern. Die Anzahl solcher herausragender Unternehmen ist aber in diesen Ländern vergleichsweise gering. Ein Blick auf Japan zeigt, dass es in den vergangenen 30 Jahren nur drei japanische Unternehmen geschafft haben, einen Total Return von >10% p.a. zu erwirtschaften. Für US-Unternehmen sieht es deutlich besser aus. Hier haben das immerhin 155 Unternehmen geschafft (vgl. Tabelle).

Wachstumsunternehmen identifizieren

Differenzierte Betrachtung notwendig

Daraus sollten Anleger einige Schlussfolgerungen ziehen. Zunächst ist wichtig, dass sinkende Zinsen oder ein dauerhaft niedriges Zinsniveau oder gar Nullzinsen nicht zwingend zu steigenden Aktienkursen führen. Das wird gut am Blick auf die Entwicklung der Aktienindizes aus den USA, Europa und Japan deutlich. Obwohl die USA ein deutlich höheres Zinsniveau haben als Europa oder Japan, war die Aktienmarktentwicklung dort viel besser.

Niedrige Zinsniveaus sind keine Garantie für steigende Aktienkurse

So ist der Nikkei 225 seit Januar 2019 um 7,9% gestiegen, der S&P 500 aber um 19% und der Nasdaq 100 sogar um 24%. Wichtig ist auch, dass pauschale Index- und Einzelwertbetrachtungen aufgrund überholter Bewertungs- und Selektionskriterien nicht mehr adäquat sind. Mit zunehmender Japanisierung der Märkte wird es wichtiger, diejenigen Unternehmen mittels wissenschaftlich fundierter fundamentaler Screening-Methoden und scharfer diskretionärer Beobachtung zu selektieren, die in dem schwieriger werdenden Umfeld tragfähige Ge-

Niedrige Zinsen, geringe Unternehmens- und Wachstumsdynamik			
LAND	ANZAHL UNTERNEHMEN MIT GEWINNWACHSTUM GRÖSSER 10% P.A.	GEHANDELTE AKTIEN INSGESAMT	PROZENSATZ DER AKTIEN VON FIRMEN MIT MEHR ALS 10% WACHSTUM
Japan	3	4.037	0,1%
USA	155	7.603	2,0%
Europa	21	7.132	0,3%
Deutschland	8	1.066	0,8%

Quelle: AAC Alpha GmbH

schäftsmodelle haben und hohe Wachstumsraten in Umsatz und Gewinn aufweisen. Märkte müssen grundsätzlich differenziert betrachtet werden.

Alternative Anlagen im Auge behalten

Das Beispiel Japan zeigt: Bonds, Währungen, Rohstoffe ins Portfolio nehmen

Treiber für die vergleichsweise hohen Kursentwicklungen von Anleihen, Aktien, Rohstoffen und Währungen sind und bleiben die Notenbanken. Durch opportunistische Investments in Bonds, Währungen und Rohstoffe – neben den Kerninvestments in Aktien – kann ein breiteres Spektrum von Anlagechancen genutzt werden. Wer z. B. in Japan die Möglichkeit übersah, auch in Gold oder fremden Währungen zu investieren, hat viel Rendite verschenkt.

Profiteure: Edelmetalle, Einzelaktien, Hedges

Die Tatsache, dass sich immer mehr Länder in Richtung Nullzins-Politik bewegen und damit der Japanisierung frönen, wird viele bisher gültige Anlagekonstanten verändern oder sogar obsolet machen. Für Nullzins-Umgebungen gelten andere Regeln. So werden in der gesamtheitlichen Betrachtung die Chancen für Aktien wahrscheinlich abnehmen, Bondmärkte werden viel stärker auf kleinste Zinsanhebungen reagieren und negative Realzinsen dürften die Gold- und Silberpreise langfristig weiter beflügeln. Bei Aktien liegt der Erfolgsfaktor in der Selektion von Einzeltiteln. Erfolgreich auf ganze Indizes zu setzen, dürfte im Japan-Modus immer schwieriger werden. Auch Absicherungen (Hedges) können helfen, die Performance zu stabilisieren oder sogar zu steigern.

Fazit

Anleger müssen sich auf eine dauerhaft veränderte Anlagewelt einrichten

Die Notenbanken werden auch weiter die Märkte zu steuern versuchen und mit reichlich Liquidität versorgen. Dabei dürften zunehmend neue Definitionen und Instrumente der Geldpolitik aufkommen (bspw. MMTP= Modern Monetary Theorie & Policy). Insbesondere die radikale Geldpolitik, die Konjunkturphasen, Inflationsraten und die Wertentwicklung von Anlageklassen neu definiert, zwingt Anleger, ihre Strategien anzupassen. Zukünftig wird es daher noch mehr darauf ankommen, sich innerhalb einer zunehmend komplexen Welt, die immer weniger von freien Marktkräften und immer mehr von Politikern und staatlichen Instanzen gesteuert wird, zurechtzufinden und bei der Vermögensanlage die richtigen Schwerpunkte innerhalb der Anlageklassen zu setzen.

» Ausgewählte Aktien gelten derzeit als defensive Basisinvestments. Diese Ansicht mag zunächst irritieren. Historisch betrachtet gelten Aktien eher als risikobehaftet und Zinsinvestments wie Anleihen werden tendenziell geringere Risiken beigemessen. Doch die globalen Kapitalmarkt- und insbesondere Zinsverhältnisse führen zu Verschiebungen traditioneller Risikoattribute. «

Basisinvestment Aktie
Werttreiber im Nullzins-Umfeld

Andreas Schyra, PVV AG

Die Kapitalmarktjahre sind seit der Subprime- und der darauffolgenden Finanz- und Wirtschaftskrise durch rückläufige und aktuell historisch niedrige Notenbankzinsen geprägt. Das international betriebene Quantitative Easing mündete auf europäischer Ebene in einem Leitzins der Europäischen Zentralbank (EZB) von null Prozent und einem negativen Einlagezinssatz. Diese Nullverzinsung, gepaart mit einer positiven Inflationsrate, führt zwangsläufig zu einem realen Kaufkraftverlust des Anlegers.

Auf den Konten schmilzt das Ersparte.

Problematisch ist diese Entwicklung insbesondere, da sie kein kurzfristiges Ungleichgewicht darstellt, sondern bereits seit dem Jahr 2010 anhält und eine Umkehr nicht absehbar ist. Befürchtet werden muss eher eine weitere Zuspitzung. Denn die wirtschaftliche Entwicklung erweist sich als problematisch: Deutschland hat im Jahr 2019 eine technische Rezession des verarbeitenden Gewerbes zu verzeichnen und wird, entgegen der Tradition, derzeit von Dienstleistungen und Konsum getragen. Diese grundsätzlich negative Tendenz, welche sich global ausbreitet, hatte bereits Verringerungen des Leitzinses der US-amerikanischen Notenbank Federal Reserve im Sommer 2019 zur Folge. Auch die EZB wird weitere geldpolitische Lockerungen vollziehen, soweit sich die wirtschaftlichen Rahmenbedingungen nicht nennenswert verbessern.

Anleihen sind zunehmend riskant

In diesem Umfeld werden Aktien zu einem Basisinvestment. Mittel- bis langfristig sind Anleger gezwungen, höhere Investitionsrisiken einzugehen, um positive Renditen zu erzielen. Angesichts der Nullzinspolitik der Notenbanken sind Anleihen allerdings entgegen der historischen Auffassung ein relativ riskantes Investment.

Die Risikoeigenschaften einer Anleihe, ohne Bonitätsverschlechterung des Emittenten, zeigt eine Analyse der Anleihenentwicklung der Republik Österreich. Die erste Staatsanleihe (WKN A19PCG) mit einer Laufzeit von 100 Jahren wurde am 20. September 2017 zum Kurs von 99,50% emittiert (Kupon 2,10%). Investoren, die zum damaligen Zeitpunkt von weiter sinkenden Zinsen ausgingen und den Mut hatten, die Anleihe zu kaufen, machten bis Anfang August 2019 einen Kursgewinn von gut 100%. Wohlgemerkt mit einer vermeintlich risikolosen Staatsanleihe eines von Standard & Poor's mit AA+ gerateten Schuldners.

Anleihen werden im Marktumfeld als Anlageklasse unattraktiv.

Sobald aber der quasi risikolose (Markt-)Zins nicht weiter fällt, sondern ansteigt, verliert das Wertpapier entsprechend im Kurs. Anleihen weisen demnach unterschiedliche Risikofaktoren auf: Einerseits ist ihre Rendite abhängig von der Bonität des Schuldners und andererseits hängt sie zusätzlich vom Ausmaß bzw. der Veränderung des risikolosen Zinses ab.

Da es grundsätzlich möglich ist, dass die als risikolos zu bezeichnenden Notenbankzinsen in der Eurozone noch weiter sinken, jedoch bereits diverse historische Tiefstände verzeichneten, bleibt die Frage, wann die ersten nennenswerten Zinssteigerungen eintreten. Aufgrund des schwachen konjunkturellen Umfelds insbesondere in der Eurozone, liegen nachhaltige Zinserhöhungen der Notenbank noch in unbestimmbarer Ferne. Sobald sie jedoch eintreten, werden die Durations- bzw. Zinsänderungsrisiken langlaufender, festverzinslicher Anleihen zu deutlichen Kursverlusten ihrer Anleger führen.

Problematisch ist dabei, dass sich solche Marktzinssteigerungen nicht ankündigen, sondern im Regelfall plötzlich eintreten. Anleihen sind darum mit hohen Risiken behaftet und letztlich nur noch eine Spekulation auf konstant niedrige oder noch weiter sinkende Zinsen, die weitere Kurssteigerungen zur Folge hätten.

Wer Rendite will, muss Wertschwankungen aushalten

Die robuste Konjunkturlage macht Aktien zu einer der wenigen verbleibenden lukrativen Assetklassen.

Aktieninvestments hingegen sind zwar auch zinsabhängig, zeichnen sich jedoch überwiegend durch konjunkturelle Faktoren und insbesondere das Geschäftsrisiko des emittierenden Unternehmens aus. Zahlreiche, überwiegend große Unternehmen haben die Zinssätze der letzten Jahre genutzt, um sich mittel- bis langfristig günstig zu refinanzieren und ihr operatives Geschäft zu stärken. Aktien unterliegen zwar regelmäßig einer deutlich stärkeren Kursschwankung als Anleihen. Wer jedoch eine positive Rendite erzielen will, kommt langfristig kaum an Aktieninvestitionen vorbei. Dennoch sollten Anleger auch die Risiken von Aktien genauer unter die Lupe nehmen und mit ihrer Risikotoleranz abgleichen.

Das zeigt ein Blick auf die früher beliebten Aktien der großen Energieversorger E.ON und RWE. Sie wurden umgangssprachlich als „Witwen- und Waisenpapiere" bezeichnete, was ihr geringes Risiko ausdrücken sollten. In diese Kategorie gehört auch die T-Aktie, für die die ehemaligen Tatortdarsteller Manfred Krug und Charles Brauer warben und die sinnbildlich für die risikoarme „Volksaktie" stand.

Alle drei Unternehmen wurden aufgrund ihrer damaligen sicheren Geschäftsmodelle mit tendenziell wachsenden Cash Flows als risikoarm eingestuft. Die Vergangenheit hat jedoch eindrucksvoll gezeigt, dass sich eine solche Einschätzung binnen kürzester Zeit grundlegend ändern kann. Die Risiken der Energiekonzerne wurden nach dem angekündigten Atomausstieg der Bundesregierung deutlich höher bewertet. Die Telekom leidet wiederum unter der mangelhaften Netzabdeckung für mobile Endgeräte und den Entwicklungskosten des 5G-Standards.

Die Einstufung als risikoarm kann sich als Trugschluss erweisen.

Die Erkenntnis ist: Die Wertpapierrenditen und Risikoeigenschaften von Geschäftsmodellen sind nicht normalverteilt, sondern weisen unter anderem einen Hang zu Extremwerten auf. Daher ist es wichtig, die Risikoattribute sämtlicher Wertpapierbestände fortlaufend zu überprüfen und die eigene Einschätzung immer wieder zu aktualisieren.

Geringe Diversifikation mit Indexfonds und Einzelwerten

Die Beispiele zeigen, dass die Prognose und das Management von Portfoliorenditen und -risiken durch Einzelwertinvestments gewissen Herausforderungen unterliegen. Bezüglich des nationalen Kapitalmarktes lässt sich zudem eine mangelnde Diversifikation des Deutschen Aktien Index (DAX) feststellen. Der Index umfasst lediglich 30 Unternehmen, wobei die, nach der Streubesitz-Marktkapitalisierung höchstgewichteten vier Aktiengesellschaften mehr als ein Drittel der gesamten Indexkapitalisierung vereinen. Zudem weist der Index mit der Deutschen Bank, Bayer oder den Automobilkonzernen zahlreiche Unternehmen auf, die hausgemachte Herausforderungen zu meistern haben.

Ein DAX-ETF ist nur unzureichend gestreut und enthält viele "Sorgenkinder".

Die Vermeidung von Einzelwertrisiken und der Trend zu Indexinvestments reichen jedoch zur Portfoliooptimierung nicht aus. Die Qualität von Indexinvestitionen, z. B. über Exchange Traded Funds (ETFs), hängt direkt von der Konstruktion des zugrundeliegenden Index ab.

Zudem unterliegen auch Indexinvestments häufig einem sogenannten Home Bias, da Anleger den heimischen Markt vermeintlich gut beurteilen können und somit eher im Heimatland als international investieren, wodurch die geografische Diversifikation weiter eingeschränkt wird.

Aktien für das Japan-Szenario finden

Dividendentitel sind gefragt.

Insbesondere für ein konjunkturelles und geldpolitisches Umfeld im Japan-Modus sind breit gestreute Investitionen in dividendenstarke Unternehmen, mit einem tragfähigen und progressiven Geschäftsmodell angezeigt. Solche Unternehmen dürften am besten mit einer moderaten Konjunktur zurecht kommen. Bei der Aktienauswahl können charttechnische, fundamentale oder quantitative Bewertungsverfahren angewandt werden, um festzustellen, ob ein Aktienkurs derzeit als fair, unter- oder überbewertet einzuschätzen ist.

Wichtige Kriterien sind die langfristige Gewinnentwicklung und ihr folgend die Dividendenzahlungen. Sogenannte Dividenden-Aristokraten weisen eine stetige Dividendenauszahlung und langfristige jährliche Steigerungen auf. Aus Deutschland gehört zu diesen Werten unter anderem die Fresenius SE, die ihre Dividendenausschüttungen in den vergangenen 27 Jahren gesteigert hat. Deutlich längere Historien weisen American States Water mit 64 Jahren und Procter & Gamble mit 63 Jahren auf.

Die Dividende ist zwar kein alleiniges Maß für das nachhaltig erfolgreiche und zukunfträchtige Wirtschaften eines Unternehmens, denn auch Ausschüttungen können aus der Substanz vorgenommen werden. Bei Gesellschaften, die ihre jährlichen Dividendenzahlungen über derartig lange Zeiträume kontinuierlich steigern, ist das aber unwahrscheinlich.

Über Branchenindizes diversifizieren

Bei wenig konjunktursensitiven Branchen eignen sich Themen-ETFs.

Aussichtsreich ist auch die Investition in Branchenindizes. Diese existieren seit dem Jahr 2016 beispielsweise auf europäischer oder globaler Ebene und sind über ETFs umsetzbar. Mit solchen ETFs kann insbesondere in die Wirtschaftsbereiche einer Region investiert werden, denen besonders gute Zukunftsaussichten beigemessen werden – beispielsweise Dienstleistungen und Konsumgüter. So bietet der iShares STOXX Europe 600 Food & Beverage (WKN A0H08H) die Möglichkeit, 33 Aktien der Lebensmittel- und Getränkebranche mittels eines Finanzproduktes zu erwerben, welches sich in den vergangenen Monaten und Jahren sehr positiv entwickelt hat. Eine sicher als zukunftsträchtig zu bezeichnende Alternative bietet der global allokierte db x-trackers MSCI World Health Care (WKN A113FD), der mit 154 Unternehmen der Gesundheitsbranche akuell noch deutlich breiter aufgestellt ist.

Minimum Volatility als Risikobegrenzung

Interessant sind auch spezielle Faktor-Indizes. Sie sind eine Alternative für defensive Investoren. Investmentfaktoren gibt es viele. Sogenannte „Minimum Volatility Indices" stellen dabei die Prämisse der Risikobegrenzung in den Fokus. Sie verringern die Volatilität (Schwankungsbreite) und investieren global oder auf Regionen bezogen in Aktien von Unternehmen aus Industrieländern. Die historische Wertentwicklung liegt häufig über dem Zugewinn von Titeln, die ein vergleichsweise höheres Risiko verzeichnen und denen sonst höhere Chancen beigemessen werden. Zumindest reduzieren diese Investments die Tendenz der Börse zu übertreiben; man spricht vom sogenannten „Overreaction Effect". Interessante Produkte sind z. B. der iShares MSCI Europe Minimum Volatility (ISIN IE 00B 86M WN2 3) und der iShares MSCI World Minimum Volatility (ISIN IE 00B 8FH GS1 4).

Geringe Volatilität gebündelt in einem Produkt

Fazit

Investieren im Japan-Modus bedeutet, dass Anleger sich mit langfristigen Nullzinsen und einem weitgehend geringen und wenig dynamischen Wirtschaftswachstum arrangieren müssen. In einem solchen Umfeld sind Anleihen wenig attraktiv und aufgrund des Zinsänderungsriksios (Zinssteigerungen) sogar riskant. Zinspapiere sind in dieser Konstellation reine Spekulationen auf Kurssteigerungen. Klettern aber die Marktzinsen, werden Anleihen heftige Kursverluste verbuchen. Darum sind Investments in Aktien zu bevorzugen, denn diese Titel bieten ein besseres Chance-Risiko-Verhältnis. Bei der Auswahl von Aktien sollten sich Anleger von drei Aspekten leiten lassen: Erstens sollten sie auf Dividendenstars setzen, zweitens breit über Branchen streuen und drittens das Risiko über Minimum-Volatiltätitsprodukte eingrenzen. Eine solche Allokation dürfte auch im aktuell schwierigen Anlageumfeld des nächsten Jahres erfolgversprechend sein.

Aktien sind im Japan-Modus eines der letzten vielversprechenden Investments.

» Auf der Suche nach einer geeigneten Investitionsstrategie stoßen Anleger schnell auf zahlreich vertretene Value-Investoren. Viele sind mit diesem Ansatz zu Reichtum gekommen und die Klarheit und Logik ihrer Strategie ist bestechend: „Kaufe eine Aktie mit einem Wert von einem Euro und zahle nur 50 Cent." Langfristig geht diese Strategie auf. Kurz- und mittelfristig sieht das anders aus — seit der Finanzkrise in 2008 scheinen Wachstumsstrategien erfolgreicher zu sein. Im Japan-Modus wird aber derjenige am erfolgreichsten sein, der die richtigen Qualitätsaktien ausfindig macht. «

Qualitätsaktien finden
Kompass für Anleger im Japan-Modus

Max Schott | Stephan Pilz, Sand und Schott GmbH

Die Ergebnisse vieler wissenschaftlicher Untersuchungen sprechen für eine Value-Strategie. Berechnungen auf Basis historischer Daten ergeben immer wieder, dass durch die kontinuierliche Auswahl sehr günstig bewerteter Unternehmen der breite Aktienmarkt langfristig geschlagen werden konnte. Eine Begründung dafür ist das höhere Risiko, welches mit einer Anlage in oft fundamental problembehaftete Unternehmen verbunden ist. Aus diesem Grund ist bei solchen Unternehmen die Value-Prämie höher, beispielsweise durch eine Überreaktion der Märkte auf negative Unternehmensnachrichten. Langfristig zahlt sich die Übernahme solcher Risiken im Durchschnitt reichlich aus (vgl. Abb 1).

Kurz- und mittelfristig sieht es aber ganz anders aus. Value-Strategien haben den Markt seit der Finanzkrise in 2008 nicht mehr schlagen können. In den vergangenen Jahren ist die Schere in der Wertentwicklung zwischen günstig bewerteten Value-Aktien und hoch bewerteten Wachstumsaktien sogar noch weiter auseinandergegangen.

Value-Strategien sind langfristig geeignet, um den Markt outzuperformen. Doch wie setzt man sie um?

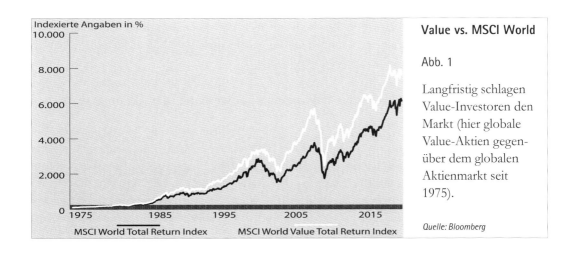

Value vs. MSCI World

Abb. 1

Langfristig schlagen Value-Investoren den Markt (hier globale Value-Aktien gegenüber dem globalen Aktienmarkt seit 1975).

Quelle: Bloomberg

Gründe für die schlechte Value-Entwicklung

Stoßen Value-Strategien im Japan-Modus an ihre Grenzen?

Hat die Value-Strategie im Japan-Modus ausgedient? Warum bleiben günstige Aktien günstig und gleichzeitig wachsen an anderer Stelle einige Technologiekonzerne auf Billionengröße heran? Als Begründung werden verschiedene Entwicklungen diskutiert:

In einem normalen Zinsumfeld werden zukünftige Gewinne mit einem höheren Zins abgezinst als in einem Niedrigzinsumfeld. Dies macht Wachstumsaktien im aktuellen Umfeld auf den ersten Blick attraktiver als Value-Aktien. Wachstumswerte sind zudem die „letzten Helden" in einem Umfeld niedriger Wachstumsraten, niedriger Zinsen und niedriger Anleiherenditen. Die bessere Verfügbarkeit und schnellere Verarbeitung von Informationen durch den Markt führt dazu, dass simple, auf Verhältniskennzahlen wie dem KGV basierende Value-Strategien nicht mehr funktionieren, da Marktineffizienzen seltener werden.

Wachstumsunternehmen sind die großen Gewinner der Geldpolitik.

Eine über sehr lange Zeit lockere Geldpolitik bringt einen lange anhaltenden Bullenmarkt hervor. Das erwartete Gewinnwachstum von Unternehmen wird immer weiter in die Zukunft fortgeschrieben. Davon profitieren Wachstumsunternehmen aufgrund der vergleichsweise höheren Gewinndynamik überproportional. Denn eine Erwartungsanpassung bei den Gewinnen und damit Kursrückgänge bei Wachstumsaktien unterbleibt.

Unbestritten haben einige der großen Technologieunternehmen in den vergangenen Jahren sensationelle Erfolge verbucht. Jedoch erkaufen sich Anleger diese Erfolge heute regelmäßig mit einem sehr hohen Preis. Außerdem ist das Wachstum der zukünftigen Gewinne in hohem Maße unsicher. Die Unternehmen investieren oft viel Geld in Wachstum. Das bedeutet auch, dass hohe zukünftige Gewinne mit geringeren heutigen Gewinne einhergehen und die Fehleranfälligkeit bei Zukunftsprognosen hoch ist.

Qualitative Faktoren als Schwerpunkt der Aktienanalyse

Es braucht mehr Kriterien als nur Value und Growth.

Wie können Anleger damit umgehen? Gegen die Unwägbarkeiten des Kapitalmarkts und die Emotionen bei Anlageentscheidungen schützt am besten ein systematischer Investmentprozess. Eine reine Kennzahlen-Fokussierung auf Value (Substanz) oder Growth (Wachstum) greift aus unserer Sicht zu kurz. Langfristig kommt es immer darauf an, Qualitätsaktien zu finden. Qualitätsunternehmen sind solche, die langfristig möglichst stabile und prognostizierbare Erträge erwirtschaften. Dabei ist für uns die Bewertung der Aktien zwar ein wichtiger

Entscheidungsfaktor. Darüber hinaus gilt es aber, weitere Kriterien zu berücksichtigen. Diese helfen, sowohl aus den Value-, als auch aus den Growth-Aktien jene Unternehmen zu finden, die über viele Jahre auch im Japan-Modus erfolgreich arbeiten und Rendite liefern werden. Und es kann gelingen, für den Fall eines Abschwungs ein Sicherheitspolster gegenüber riskanteren Titeln zu haben.

Bilanzstabilität und Geschäftsmodell

Der erste Blick bei der Suche nach Qualitätsaktien gilt dem Geschäftsmodell und der Bilanzstabilität. Ein wichtiges Kriterium ist eine angemessene Eigenkapitalausstattung des Unternehmens. Diese kann je nach Branche und Geschäftsmodell schwanken, sollte aber in der Regel mehr als 25% der Bilanzsumme betragen. Darüber hinaus betrachten wir die Entwicklung des Cashflows aus dem operativen Geschäft und bevorzugen Unternehmen mit positiven und möglichst stabilen Cashflows über die vergangenen Jahre.

Nur wer zukunftsorientiert aufgestellt ist und solide wirtschaftet, wird bestehen können.

Essentiell für den wirtschaftlichen Erfolg eines Unternehmens sind seine Wettbewerbsvorteile, die häufig als Burggraben bezeichnet werden. Hat ein Unternehmen einen breiten Burggraben, dann kann es seine Wettbewerber über einen langen Zeitraum auf Distanz halten und über „Premium-Preise" attraktive Margen abschöpfen. Indikatoren sind eine überdurchschnittliche Produktqualität (Marke), Kostenvorteile in der Produktion und/oder eine starke Kundenbindung.

Nachhaltige Dividende

Wir sind zudem der Überzeugung, dass Unternehmen, die regelmäßig Dividenden an ihre Aktionäre ausschütten, einen Mehrwert gegenüber dem breiten Aktienmarkt haben. Seit 1953 ließ sich mit einem Aktienportfolio aus Unternehmen mit der höchsten Dividendenrendite das Vermögen von 100 Euro auf über 265.000 Euro vermehren. Aktien mit geringer oder keiner Dividendenzahlung schnitten deutlich schlechter ab.

Je höher die Dividendenausschüttung desto besser.

Die regelmäßigen Dividendenzahlungen der Unternehmen stabilisieren die Gesamtrendite der ausgewählten Aktien. Während Gewinn und Gewinnerwartungen ständig in Bewegung sind und die Aktienkurse schwanken lassen, steigen die Dividendenzahlungen dieser Unternehmen in der Regel konstant an und bieten so einen Sicherheitspuffer bei fallenden Kursen. Ein Beispiel für solch eine Dividenden-Perle ist der US-Pharmakonzern Johnson & Johnson. Das Unternehmen hat seit 1962 seine Dividenden ununterbrochen gesteigert, selbst in Krisen-

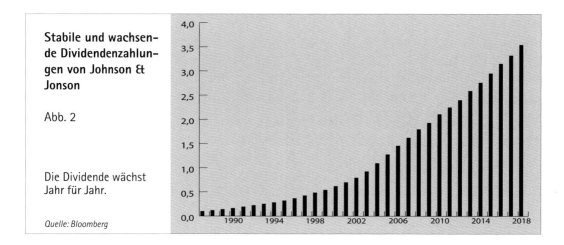

Stabile und wachsende Dividendenzahlungen von Johnson & Jonson

Abb. 2

Die Dividende wächst Jahr für Jahr.

Quelle: Bloomberg

jahren wie 2008/2009 (vgl. Abb. 2). Darüber hinaus diszipliniert eine nachhaltige Dividendenpolitik das Management eines Unternehmens und fördert eine langfristige Strategieausrichtung.

Nicht von sehr hohen Dividenden verführen lassen.

Wichtig ist, die Dividendenhöhe gegen die Wahrscheinlichkeit künftig steigender Dividenden abzuwägen. Sind die aktuellen Dividendenrenditen sehr hoch, dann ist das oft ein Hinweis darauf, dass ein Unternehmen mit Problemen zu kämpfen hat. Die Dividende könnte infolge dessen gesenkt werden, da sie nur aus der Substanz bezahlt wird.

Darum ist ein Blick auf die Ausschüttungsquote wichtig. Diese Kennzahl gibt das Verhältnis der Dividendenzahlung zu den erzielten Gewinnen des Unternehmens an. Als optimal sehen wir je nach Branche eine Quote zwischen 40% und 80% an. Außerdem spielt das potenzielle Wachstum der Dividendenzahlung eine wichtige Rolle. Steigen die Dividenden kontinuierlich an, erhalten Anleger Jahr für Jahr ein stetig wachsendes Einkommen aus den Zahlungen. Außerdem schafft die Dividende immer wieder frische Liquidität, z. B. für neue Investments.

Bewertung

Das KGV sollte in die Beurteilung mit einbezogen werden.

Auch im aktuellen Marktumfeld spielt für uns der Kaufpreis eine bedeutende Rolle. Es ist heute sogar umso dringlicher, für ein Investment keinen zu hohen Preis zu bezahlen. Allgemein wird von einem günstigen Kaufpreis gesprochen, wenn das Verhältnis zwischen dem aktuellen Gewinn des Unternehmens und seinem Börsenkurs (das Kurs-Gewinn-Verhältnis, KGV), möglichst gering ist. Aus unserer Sicht ist aber entscheidend, dass die Bewertung einer Aktie nicht absolut, sondern immer in Relation zur Qualität des Investments und dem Wachstumspotenzial beurteilt wird. Auch ein normal bewertetes Unternehmen kann werthaltig sein, wenn z. B. das Gewinnwachstum über den Markterwartungen liegt.

Darüber hinaus ist es wichtig, weitere spezielle Bewertungskennzahlen wie das Verhältnis von Unternehmenswert (Enterprise Value) zu EBITDA und die Free Cashflow Yield (freie Cashflow-Rendite) zu betrachten. Diese zeigen häufig ein genaueres Bild eines Unternehmens. So kann der Gewinn durch Maßnahmen des Managements leicht beeinflusst werden. Ein verzerrtes Bild ergibt sich beim Gewinn zum Beispiel durch eine Veränderung der Abschreibungsmodalitäten, die Bildung von Rückstellungen oder die Verschiebung von Umsätzen in andere Berichtsperioden.

Die Schattenseiten des KGVs

Zukünftiges Wachstumspotenzial analysieren

Das Potenzial eines Unternehmens, seine Gewinne steigern zu können, spielt eine wichtige Rolle im Auswahlprozess. In Abgrenzung zu reinen Growth-Strategien ist für uns nicht entscheidend, dass das Unternehmen möglichst hohe Wachstumserwartungen aufweist. Stattdessen sollen die zukünftig erwarteten Gewinne mit einer möglichst hohen Sicherheit auch erreicht werden können.

Der Kauf von Unternehmen mit hohem künftigem Gewinnwachstum ist mit vielen Unsicherheiten verbunden. Häufig basieren die dahinterstehenden Annahmen auf einer Fortschreibung eines positiven Wirtschaftsumfelds. Daneben sind die hohen Wachstumserwartungen oftmals bereits eingepreist. Dies steigert die Gefahr von Enttäuschungen, wenn diese Erwartungen dann nicht mehr übertroffen werden oder externe Einflüsse für sinkende Wachstumszahlen sorgen. Wir legen das Gewicht mehr auf die gegenwärtig bekannten Gewinne und Cashflows.

In welcher Branche bewegt sich das Unternehmen? Wie sind deren Zukunftsaussichten?

Ein nachhaltiges Umsatz- und Gewinnwachstum in den vergangenen Jahren gibt uns Hinweise auf das zukünftige Wachstumspotenzial. Die Höhe der Ausgaben für Forschung und Entwicklung hilft zusätzlich abzuschätzen, ob das Unternehmen auch in Zukunft innovativ bleibt und neue Produkte auf den Markt bringen kann. Entsteht Wachstum dagegen nur durch Kosteneinsparungen, anorganisches Wachstum (Übernahmen) oder Preissteigerungen bei Produkten, dann könnte das Wachstumspotenzial in der Zukunft beschränkt sein.

Per Diversifikation kann man das Risiko im Portfolio steuern.

Um auf Ebene des Gesamtportfolios eine ausgewogene Allokation zu erreichen, achten wir stets auf eine breite Streuung der Risiken. Sowohl auf Länder- als auch auf Branchenebene ist es wichtig, eine zu hohe Konzentration zu vermeiden. Derzeit weisen z. B. europäische Value-Indizes eine deutliche Übergewichtung in Finanztiteln und Energieaktien auf. Wenn es in diesen Branchen zu Problemen kommt, wäre das Gesamtportfolio davon zu stark betroffen.

Ein Beispiel für eine solide Aktie ist der französische Autobahnbetreiber Vinci S.A. Der Konzern ist in die drei Sparten „Bau", „Konzessionen" und „Immobilien" gegliedert. Der Betrieb von Flughäfen und Autobahnen macht etwa zwei Drittel der Gewinne aus. Auch in Deutschland ist Vinci mit sogenannten Public Private Partnerships an Teilen der Autobahnen A5, A7 und A9 beteiligt. Die hohe Qualität des Unternehmens wird anhand der Bilanzkennzahlen klar. Die Eigenkapitalquote liegt bei knapp 25%. In den vergangenen fünf Jahren wurden insgesamt 21,9 Mrd. Euro an operativem Cashflow verdient. Vom Gewinn wird nur die Hälfte ausgeschüttet. Die aktuelle Bewertung ist mit einer Free Cashflow Yield von 6,8% und einem KGV von 17,0 sehr attraktiv. Vinci hat seit dem Jahr 1998 seine Dividende jedes Jahr erhöht. In Zukunft soll die Dividende sogar um 9% p.a. wachsen.

Fazit

Value-Strategien haben nach wie vor ihre Berechtigung. Nur die Titelauswahl wird im Japan-Modus schwieriger.

Schon öfter wurde an den Kapitalmärkten der Paradigmenwechsel ausgerufen. Doch die Botschaft „dieses Mal ist alles anders" hat sich nie bewahrheitet. Darum halten wir die Fokussierung auf „Value oder Growth" auch für falsch. Insbesondere im Japan-Modus ist sie nicht zielführend. Vielmehr geht es für Anleger und Investoren darum, Qualitätsunternehmen zu finden. Damit leidet ein Portfolio im Vergleich zu einem Growth-Ansatz weniger unter Wachstumseinbrüchen und ist besser diversifiziert als ein reines Value-Portfolio. Allerdings gibt es erstklassige Qualität nie zu Billigpreisen. Bis auf sehr seltene Ausnahmen müssen Investoren bereit sein, einen fairen Preis für Qualitätsunternehmen zu bezahlen. Wer sich bei der Auswahl an den genannten Kriterien orientiert, wird langfristig mit den Unternehmen gut fahren – sowohl in guten Zeiten, als auch im Japan-Modus. Und sollte es an der Börse doch einmal turbulenter werden, dann leiden auch solche Qualitätsaktien meist nicht so stark, wie andere Titel.

III. Anlagechancen

» Die Weltmärkte zeigen sich im Herbst 2019 im Spannungsfeld vieler Einflüsse. Vor allem die Zins- und Geopolitik machen sich deutlich bemerkbar. Zudem trübt seit Beginn der zweiten Jahreshälfte die Sorge um die globale Konjunktur die Stimmung der Anleger und Investoren. Der von US-Präsident Donald Trump entfachte Handels- und Zollstreit mit China ist der Top-Risikofaktor und sorgt immer wieder für hohe Kursschwankungen und Nervosität auf den Märkten. Eine Einigung bleibt fraglich und Europa könnte die nächste „Zoll-Zielscheibe" Trumps sein. Wo stehen die großen Indizes im Herbst 2019? «

Spannungsfelder
Indizes im Blick

Martin Utschneider, DONNER & REUSCHEL Aktiengesellschaft

Die globale Weltwirtschaft ist angesichts des aktuellen Spannungsfeldes überraschenderweise noch relativ robust. Noch, denn das Tempo sowie die Wachstumsdynamik der letzten Jahre nehmen spürbar ab. Die Wachstumsspitze der US-Volkswirtschaft scheint überschritten zu sein. Nach einem sehr guten ersten Quartal 2019 (+3,1%) wuchs die US-Wirtschaft im zweiten Quartal zwar immernoch um 2,1%. Die Zinserhöhungen der letzten Jahre seitens der US-Notenbank bremsen aber bereits. Noch scheint die Lage gut. Die USA vermeldet Vollbeschäftigung. Aber: Die Importzölle gegenüber China bringen nun negative Auswirkungen mit sich.

Die Weltkonjunktur hält sich wacker, die Dynamik geht jedoch zurück.

Die Weltkonjunktur kühlt ab

Die Basis für das europäische BIP-Wachstum ist nach wie vor der robuste Arbeitsmarkt sowie die Bau- und Konsumbranche. Die Arbeitslosenquote in Europa liegt aktuell bei rund 7%. Das Gefälle innerhalb des Kontinents ist weiterhin immens. In Deutschland liegt die Arbeitslosenquote bei unter 3%. Spanien und Italien meldeten zuletzt zweistellige Raten und Frankreich lag knapp darunter. Das deutsche Bruttoinlandsprodukt schrumpfte im zweiten Quartal 2019 (-0,1%). Die Aussichten hierzulande trüben sich immer mehr ein.

In Asien ist China eine der wichtigsten Adressen. Dort betrug das BIP-Wachstum zuletzt gute 6,2%. Im Reich der Mitte ist zwar keine harte Landung zu befürchten. Aber auch dort grassieren Wachstumssorgen. Die chinesische Regierung stützt weiterhin Konsum und Unternehmen mit Strukturmaßnahmen und Erleichterungen bei der Kreditvergabe.

Auch Chinas Konjunkturbild trübt sich ein.

Die Notenbanken der USA und der Eurozone fuhren bis zum Sommer 2019 noch unterschiedliche Kurse. Die EZB strebt an, den Leitzins noch über einen längeren Zeitraum bei Null zu halten. Die europäischen Währungshüter liebäugeln sogar mit einer noch expansiveren

Geldpolitik. In Übersee liegt der Leitzins dagegen deutlich höher im Zielband zwischen 1,75% und 2,00%. Damit hat die Fed ihren Zinserhöhungszyklus im Sommer 2019 beendet. Nach einem ersten Zinsschritt nach unten will die US-Notenbank ihren jüngst eingeschlagenen Zinssenkungskurs fortsetzen. Entscheidungsgrundlage ist die immer noch unter dem Zielkorridor liegende Inflationsentwicklung. Trotz höherer Rohstoff- und Produzentenpreise ist der Druck auf die Verbraucherpreise derzeit noch gering. In den USA liegt die Inflationsrate bei ca. 1,7%. „Unorthodoxe Maßnahmen" dürften damit weiterhin die Normalität bleiben, um ein Abwürgen der Konjunktur zu verhindern.

Die Notenbanken machen die Märkte

Politische Nachrichten schicken die Börsen regelmäßig in beide Richtungen.

Der deutsche Leitindex DAX 30 hat in den ersten neun Monaten des Jahres 2019 rund zehn Prozent an Wert gewonnen. Handelsstreit, Brexit sowie Italienkrise sorgen allerdings immer wieder für Turbulenzen und Unsicherheit. Im Mai und Juni verlor der DAX deswegen vorübergehend knapp 3%. Auch in den USA setzte sich im Jahresverlauf die langfristige Aufwärtsbewegung fort. Seit dem Jahresanfang 2019 gewann der Dow Jones Industrial bis September knapp 13%.

Viel Bewegung gibt es auch auf der Anleihenseite. Die Rendite der zehnjährigen Bundesanleihe sank auf ein signifikantes Tief von Minus 0,67%. Die zeitweise Unruhe an den Aktienmärkten und der ausbleibende Inflationsdruck sorgten für Zuflüsse in die vermeintlich sicheren Häfen. In den USA sank die Zehnjahresrendite wieder spürbar unter die Marke von 2%. Der Renditeunterschied zwischen Europa und den USA bleibt mit rund 230 Basispunkten auf einem historisch hohen Niveau. Bei den europäischen Peripherie-Anleihen erhöhten sich die Renditeaufschläge teilweise deutlich. Italiens zehnjährige Anleihen rentieren Ende August 2019 bei 2,1%, Spanien (0,4%) und Portugal (0,5%) liegen deutlich darunter. Griechische Zehnjahrespapiere ragen mit 2,5% Verzinsung weiter deutlich heraus.

Kein einheitlicher Trend bei Rohstoffen

Auf der Rohstoffseite sehen wir sehr differierende Entwicklungen. Die Ölpreise (WTI, Brent) haben sich deutlich von ihren Jahreshochs verabschiedet. Vor allem wegen der kräftigen Ausweitung der Ölförderung in Russland, Saudi-Arabien und in den USA stehen die Preise unter Druck. Einen deutlichen Rücksetzer brachten dann die Ausnahmen einiger Öl-Importeure von den US-Sanktionen gegen den Iran.

Gold kletterte wieder über Preise von 1.500 US-Dollar je Feinunze. Die Konjunktursorgen und die Zinswende in den USA haben den Kurs angefacht. Das Überschreiten des charttechnischen Widerstandes bei 1.366 US-Dollar je Feinunze gab dem Goldkurs noch einen zusätzlichen Schwung.

Der Euro ist gegenüber dem US-Dollar weiterhin schwach und fiel zwischenzeitlich auf rund 1,10 US-Dollar. Die Kaufkraft-Parität liegt allerdings bei etwa 1,30 US-Dollar. Der Euro ist also klar unterbewertet. Gegenüber dem Schweizer Franken ging die europäische Gemeinschaftswährung um rund 6 Cent zurück.

Der Euro ist schwach und deutlich unterbewertet.

Ganz anders das Britische Pfund. Es gab im Vergleich zum Euro 19% ab. Die Unsicherheit über den Ausgang der Brexitverhandlungen belasten das Pfund Sterling schwer. Die Ausweichwährungen Norwegische und Schwedische Krone bewegten sich gegenüber dem Euro von Januar bis Juni divergent. Norwegische Kronen gewannen gegenüber der Gemeinschaftswährung knapp 2,3% an Wert. Schwedische Kronen gaben 3,8% ab. Während der Kanada-Dollar gegenüber dem Euro fünf Prozent zugelegt hat, wertete der Austral-Dollar um rund 2,6% ab.

2020 wird ein Jahr für US-Aktien

Die Zinsen bleiben auch 2020 und darüber hinaus anhaltend niedrig. Die Renditen deutscher und US-amerikanischer Staatsanleihen haben nur noch sehr geringes Steigerungspotenzial. Angesichts niedriger Inflationsraten gibt es keinen Grund für die Notenbanken, die Zinsen anzuheben. Unternehmens- und Peripherieanleihen mit niedrigen Risikoprämien dienen hier als mögliche Anlagealternative. Insofern stützt die Zinsseite auch die Aktienmärkte.

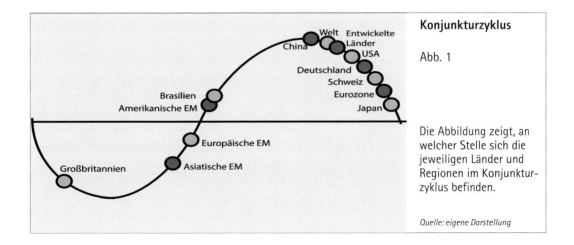

Konjunkturzyklus

Abb. 1

Die Abbildung zeigt, an welcher Stelle sich die jeweiligen Länder und Regionen im Konjunkturzyklus befinden.

Quelle: eigene Darstellung

Die Aussichten bleiben auch für 2020 grundlegend positiv. Einzelaktien waren bis zu den Korrekturen im Sommer zwar teilweise relativ hoch bewertet. Einen Teil dieser Bewertungen haben sie aber in der Marktkorrektur abgebaut. Hinzu kommt, dass die europäische und die US-Geldpolitik die Märkte weiter stützen werden.

Das Konjunkturbild ist trübe aber nicht hoffnungslos.

Daneben gibt es Chancen durch einen eventuell einsetzenden deutlichen Produktivitätsschub verteilt über mehrere Branchen aufgrund der fortschreitenden Digitalisierung. Auch die Deeskalation oder sogar Beendigung des Handelskonfliktes zwischen den USA und China sowie fiskalische Maßnahmen in den USA und/oder Europa können fundamentale Kurstreiber sein.

Natürlich gibt es auch Risiken, z. B. ein schwer abschätzbares Brexit-Chaos sowie eine neue Eurokrise aufgrund der Risiken in Italien, Spanien sowie Frankreich. Allerdings ist für diesen Fall auch zu vermuten, dass die Notenbanken gerade dann aktiv werden und die Märkte stützen. Ein anderes Risiko ist, dass die Geldpolitik weniger expansiv ausfällt als erwartet. Dafür müsste allerdings die Inflation schneller als vermutet anziehen. Das könnte z. B. der Fall sein, wenn höhere Zölle eine global einsetzende importierte Inflation auslösen.

Wer Rendite erzielen will, kommt an Aktien nicht vorbei.

Aktien bleiben dennoch auch 2020 die attraktivste Anlageklasse, wenn auch mit die volatilste. Hier dürften US-Titel die großen Profiteure werden. Aber auch Aktien aus Schwellenländern werden von fallenden US-Zinsen profitieren.

Dow und DAX im Aufwärtstrend

Die weltweiten Aktienindizes der Industrie- und Schwellenländer können auch 2020 in Summe vom niedrigen Zinsumfeld profitieren. Zum Einen aufgrund der geringen bis negativen Renditen des Anleihensektors, zum Anderen dank der günstigen Refinanzierungsmöglichkeiten. Es klingt paradox, aber die (geo-)politischen sowie konjunkturellen Hindernisse könnten dadurch am Börsenparkett neutralisiert werden.

Hinzu kommt ein politischer Treiber an der wichtigsten Börse der Welt. Denn in den USA ist 2020 ein Wahljahr. Die historische Performance in US-Wahljahren ist meist bis Ende Mai schwach. Aber dann kommt oft richtig Fahrt auf. Insgesamt betrug der durchschnittliche Gewinn zwischen Ende Mai bis etwa Anfang November rund 9%.

Das sind rosige Aussichten für den Dow Jones Industrial im nächsten Börsenjahr. Der Index befindet sich bereits jetzt schon im übergeordneten Aufwärtsmodus. Vergleicht man aber die Ausschläge und Volatilitäten der letzten 20 Jahre wurden diese in den letzten Jahren immer massiver und heftiger. Daher wird es auch 2020 wichtig sein, die chart- und markttechnischen Marken gut zu beachten.

Wohin die Aktienmärkte laufen können

Die Zielkoordinaten in diesem Trend liegen im Wahljahr bei der Marke von 28.000 Dow-Punkten. Diese Region sollte spätestens in der zweiten Jahreshälfte angesteuert werden. Die Vergangenheit lehrt uns jedoch auch: Schon des öfteren hat US-Präsident Donald Trump völlig unerwartet Öl ins Feuer gegossen. Die daraus resultierenden konjunkturellen oder geopolitischen Unwägbarkeiten können die Kurse jederzeit wieder aus dem Tritt bringen. Zuletzt wurden solche teils auch tiefen Kurstaucher aber von etlichen Investoren immer wieder dankbar zum Einstieg genutzt.

Der Euro ist schwach aber dennoch unterbewertet.

Der deutsche Leitindex wird auch 2020 der Dynamik der US-Indizes im Trend folgen, allerdings hinterherhinken. Auch nächstes Jahr werden deutsche Aktien eine attraktive Anlageform bleiben. Niedrige Inflation sowie Nullzins werden in dieser Kombination der Nährboden sein. Mit Blick auf die 30 DAX-Mitglieder weist der Trend klar aufwärts. Im Jahr 2018 haben nur zwölf Konzerne ihren Gewinn je Aktie im Vergleich zum Vorjahr steigern können. Im Jahr 2019 werden es den allgemeinen Schätzungen zufolge bereits 18 sein. Mit einem Kurs-Gewinn-Verhältnis von knapp 14 ist der Index daher im Herbst 2019

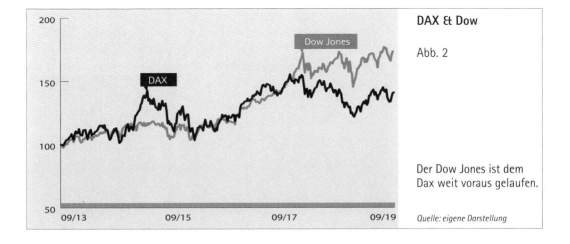

DAX & Dow

Abb. 2

Der Dow Jones ist dem Dax weit voraus gelaufen.

Quelle: eigene Darstellung

nicht überbewertet. Genaue Marken lassen sich für diesen Zeitraum nur grob abschätzen. Bleibt die Inflation niedrig, dann ist der DAX mit einer hohen Wahrscheinlichkeit reif für 12.500 bis 13.000 Zähler.

Rohstoffe & Währungen

Das Öl bleibt weiter vor allem durch politische Entwicklungen getrieben. Daher bieten sowohl Brent als auch WTI Steigerungspotenzial. Gold und Silber erfahren durch die Niedrig- und Nullzinspolitik eine Renaissance. Die konjunkturellen und geopolitischen Unsicherheiten tragen auch dazu bei, dass viele Investoren wieder diese „sicheren Häfen" ansteuern.

Der Euro bleibt vorerst schwach. Noch stützt die US-Wirtschaft zuverlässig den Dollar.

Die Konsolidierung des Euro, also die Schwäche der Gemeinschaftswährung, wird sich bis Anfang 2020 fortsetzen. Der Zins- und Rendite-Spread zwischen Euro und US-Dollar bleibt vorerst bestehen – wegen des Zinserhöhungsstopps in den USA. Die Widerstandsbarriere in der Zone zwischen 1,13 – 1,15 USD scheint sehr fest und dick zementiert zu sein. In dieser Region liefen zuletzt alle wichtigen chart- und markttechnischen Marken zusammen. Gleitende Durchschnitte, Bollinger-Bänder, Kreuzwiderstand usw.

Die Marke von 1,15 EUR/USD bleibt damit das entscheidende „Nadelöhr", an dem sich der Trend des Währungspaares entscheidet. Es hat aber immer mehr den Anschein, dass dem Euro bereits beim Streben gen 1,13 USD die Luft ausgeht. Die Markttechnik stützt diese These ebenfalls. Zudem hat sich dort eine kleine Schulter-Kopf-Schulter-Formation gebildet. Das spricht für Verkaufsdruck auf diesem Niveau.

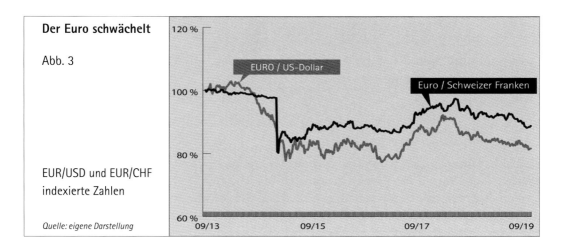

Der Euro schwächelt

Abb. 3

EUR/USD und EUR/CHF
indexierte Zahlen

Quelle: eigene Darstellung

Fundamental bleibt die Gesamtlage für die Gemeinschaftswährung ebenfalls ernüchternd. Die wirtschaftlichen Aussichten wurden wiederholt nach unten revidiert. Der Zins- und Renditespread zwischen Euro und US-Dollar ist konstant. Technisch sind somit kurzfristig sogar Niveaus um die 1,08 möglich. Sollte sich der Abwärtsdruck doch verschärfen (z. B. wg. Italien) oder einer wieder stärker anziehenden US-Konjunktur, sind sogar Kurse um die 1,05 US-Dollar möglich. Aufwärtspotenzial hat der Euro nur, wenn die US-Notenbank Federal-Reserve die Zinsen wegen einer stärkeren Konjunkturabkühlung weiter absenkt, die EZB aber zugleich beim Nullzins verharrt und nicht neue Stütztungsmaßnahmen ergreift.

Die politischen Problemherde Europas könnten die Gemeinschaftswährung noch stärker drücken.

Fazit

2020 wird vor allem durch drei Komponenten geprägt werden: Die US-Präsidentschaftswahl, die weiter wohl expansive Notenbankpolitik sowie einer schwelende Rezessionsgefahr. Die Marktteilnehmer werden sich daher auf mitunter hohe Volatilitäten (geplatzte) Hoffnungen, Enttäuschungen und mitunter nervenaufreibende Nervositäten einstellen. Ein ausgewogener Anlage-Mix bleibt daher das A und O. Aber auch (chart-)technische Absicherungskomponeten wie Take Profit und Stopp-Loss Orders werden zu ruhigem Schlaf und nachhaltigem Anlageerfolg beitragen. Eins scheint aber klar: Bleiben die Zinsen auch 2020 niedrig, wird die Assetklasse Aktien trotz Rezession weiter stark nachgefragt werden.

„Na, geht doch!.."

» Das globale Wachstum wird 2020 mit +3,0% in etwa auf der Höhe der 2019er Wachstumsrate ausfallen. Zu den zyklischen Faktoren kommen geopolitische Risiken wie der US-Handelskonflikt mit China. Steigende Produktionskosten und sinkende Exporte dürften die Entwicklung in den USA maßgeblich negativ beeinflussen. In Deutschland wird sich die wirtschaftliche Dynamik weiter abschwächen. Nachfrageseitig geht dies primär auf eine schwächere Exportnachfrage aus den zentralen Absatzmärkten zurück. Angebotsseitig spielen die in zahlreichen Branchen erreichten Kapazitätsgrenzen und die annähernde Vollbeschäftigung eine Rolle. «

Gratwanderung
Weltkonjunktur am Rand des Abschwungs

Tobias S. R. Knoblich, Hypo Vorarlberg

Im Jahr 2019 präsentiert sich die Weltwirtschaft so politisch wie lange nicht mehr. Der schwelende Handelsstreit der USA mit China und der ungeklärte Brexit verunsichern Anleger. Die Finanzmärkte reagieren mit einer erhöhten Volatilität. Die Wirtschaftsleistung dürfte 2019 in fast allen Volkswirtschaften verhalten ausfallen. Wir erwarten für 2020 einen weltweiten BIP-Zuwachs von 3,1%.

USA und China: Deutliche Abschwächung des Wachstums

Auch der Wirtschaftsmotor USA wird sich dieser Entwicklung nicht entziehen können. Der Effekt der expansiven Geldpolitik der US-Notenbank wird nachlassen. Das amerikanische BIP-Wachstum wird im kommenden Jahr auf 1,5% sinken, die Inflation bei 1,9% liegen. Chinas Wirtschaftswachstum dürfte sich auf 5,7% verlangsamen. Weiterhin auf der Stelle treten wird die japanische Wirtschaft: Zu schwer wiegen hier die strukturellen Probleme im Arbeitsmarkt und der schwächelnde Außenhandel. Trotz konjunktureller Sorgen schätzt der Internationale Währungsfonds (IWF) den Beitrag der Emerging Markets am globalen BIP für 2020 auf über 60,0%.

Deutschland: Geringes Wachstum, niedrigere Staatsverschuldung

In Deutschland ist nächstes Jahr mit einem verhaltenen BIP-Wachstum von knapp unter 1,0% zu rechnen. Die globale Konjunkturabkühlung, Arbeitskräfteengpässe und eine träge Exportentwicklung bremsen den europäischen Wirtschaftsprimus aus. Die Bundesbank erwartet bei der Staatsschuldenquote ein seit 2002 erstmaliges Unterschreiten des EU-Referenzwertes von 60,0% des BIP. Wir gehen bei anhaltend niedrigen Zinsen von einem zunehmend anspruchsvollen Wirtschaftsumfeld aus.

| *Branchen mit überdurchschnittlicher Konjunkturerwartung* | *Branchen mit durchschnittlicher Konjunkturerwartung* | *Branchen mit unterdurchschnittlicher Konjunkturerwartung* |

AUTOMOBIL

In der Autoindustrie wird die Nachfrage kurzfristig von Konsumenten-stimmung und Kaufkraft gesteuert, längerfristig von Verkehrspolitik, Bevölkerungswachstum und Mobilitätstrends. Trotz Dieselskandal und konjunkturellem Gegenwind erwirtschaftete Deutschlands Schlüsselin-dustrie 2018 einen Rekordumsatz von über 426 Mrd. Euro. Als Wachs-tumstreiber erwies sich vornehmlich der asiatisch-pazifische Raum.

Strafzölle und Klimaschutz stellen die Autoindustrie vor Herausforderungen.

Das deutsche Automobilgewerbe wird sich über das Jahr 2019 hinaus mit einem anspruchsvollen Marktumfeld konfrontiert sehen. Die sich abschwächende Weltkonjunktur und zunehmende Regulierungen im Bereich Klimaschutz dürften spürbar als Bremskräfte wirken. Auch mögliche Strafzölle stellen für die Autobauer ein Risiko da.

Einer der größten Kraftakte in der Branchengeschichte steht mit dem Umstieg auf Elektromobilität noch bevor. Klimaschutz, knapper wer-dende fossile Brennstoffe und ein erhöhter Mobilitätsbedarf durch das anhaltende Bevölkerungswachstum machen diesen Wandel unumgäng-lich. Bereits heute lässt sich aufgrund des Vertrauensverlustes der Kon-sumenten und drohender Fahrverbote eine deutlich sinkende Diesel-quote bei Neuzulassungen beobachten.

Hohe Investitionen in Elektromobilität

Derzeit formiert sich in Deutschland ein junger, noch kleiner Markt mit einer hohen Marktdynamik. Gemäß Angaben des VDA möchte die deutsche Autoindustrie in den nächsten drei Jahren rund 60 Milliarden Euro in Elektromobilität und Digitalisierung investieren. Politischen Rückenwind erhält die Branche dabei durch den bereits 2011 von der Bundesregierung verabschiedeten „Entwicklungsplan Elektromobili-tät". Dieser zielt darauf ab, Deutschland langfristig als globalen Leit-markt und -anbieter für Elektromobilität zu etablieren.

Die Brennstoffzellen- und Batterietechnik, sowie die Themenkomplexe „Big Data" und Carsharing dürften zu den zentralen Wertschöpfungs-quellen der Zukunft gehören. Große Bedeutung wird zudem innovati-ven Konzepten im Bereich des autonomen Fahrens beigemessen.

Fazit: Die Wachstumsdynamik wird 2020 nachlassen. Eingetrübte Konjunkturaussichten, zunehmende Auflagen sowie der Wandel hin zur E-Mobilität werden die Branche spürbar ausbremsen. Geopoliti-sche Risikofaktoren können als verstärkende Störfeuer hinzukommen. Wir empfehlen eine Neutralgewichtung des Automobilsektors.

BAU

Mit über 400 Mrd. EUR an nominalem Bauvolumen ist das deutsche Baugewerbe ein wichtiger Wirtschaftszweig, für den Themen wie Klimaschutz, Digitalisierung und Fachkräftebedarf von zentraler Bedeutung sind. Die Auftragslage wird gewöhnlich vom Zinsniveau, dem Zustand der existierenden Bausubstanz und dem Bevölkerungs- und Beschäftigungswachstum gesteuert.

Investitionen und Auftragsbestand liegen in Deutschland auf einem hohen Niveau. Das Deutsche Institut für Wirtschaftsforschung (DIW) schätzt die Kapazitätsauslastung in der Bauwirtschaft auf annähernd 80%. Dies ist der höchste Stand seit der Wiedervereinigung. Der Wohnungsbau weist weiterhin eine hohe Dynamik bei den Auftragseingängen auf. Haupttreiber hierfür sind das historisch niedrige Zinsumfeld, steigende Immobilienpreise, die demographische Entwicklung sowie der reife Konjunkturzyklus. Ebenso in einem Aufwärtstrend befindet sich der Tiefbau, der von der politischen Bereitschaft zu Infrastrukturinvestitionen profitiert. Seitwärts bewegt sich hingegen der Hochbau.

Der Bauboom setzte sich 2018 ungebremst fort.

Einen flächendeckenden Ausbau der Kapazitäten erachten wir vor dem Hintergrund der sich eintrübenden globalen Konjunktur als eher unwahrscheinlich. Die Kombination aus hohem Auslastungsgrad und anhaltendem Arbeitskräftemangel könnte zukünftig zu Projektverzögerungen führen. Bereits 2019 hat die Dynamik im Wohnungsneubau leicht nachgelassen. Dieser Trend wird sich 2020 fortsetzen. Dennoch wird die Baukonjunktur auch weiterhin vom Wohnungsbau gestützt werden. Wir sehen allerdings einen zukünftigen Bedeutungszugewinn von Sanierungen und Modernisierungen des Gebäudealtbestandes. Getrieben von hoher Kapazitätsauslastung und Fachkräftemangel dürften die Lohn- und Materialkosten weiter steigen und über diesen Kanal die Baupreise treiben. Gemäß Schätzungen des DIW dürfte das Bauvolumen 2020 trotz trüber Konjunkturaussichten im Ausbaugewerbe um rund 3,0%, im Bauhauptgewerbe gar um 3,3% wachsen.

Die Aussichten trüben sich ein, das Wachstum schwächt sich ab.

Fazit: Trotz des konjunkturellen Umfeldes ist eine weitere Zunahme in den Bauinvestitionen möglich. Aufgrund der hohen Kapazitätsauslastung sowie einem angebotsseitigen Defizit an Fachkräften dürfte allerdings die Entwicklungsdynamik der Vorjahre nicht mehr erreicht werden. Zudem hat die überdurchschnittliche Zyklizität der Branche in der Vergangenheit auf vergleichbarem Niveau oftmals eine Trendwende initiiert. Wir empfehlen daher eine Untergewichtung des Baugewerbes.

CHEMIE

Laut Angaben des Bundesministeriums für Wirtschaft und Energie (BMWi) rangiert die deutsche chemisch-pharmazeutische Industrie gemessen am Umsatz an vierter Stelle hinter den USA, Japan und China. Der Chemiesektor ist aufgrund seiner engen Verflechtungen mit anderen Branchen stark zyklisch. Langfristige Hauptimpulsgeber für die Nachfrage nach chemischen Produkten sind das globale Bevölkerungswachstum und der zunehmende Wohlstand der Schwellenländer.

Strukturwandel: Produkte und Geschäftsmodelle kommen auf den Prüfstand

Im Jahr 2018 stieg die Produktion laut BMWi gegenüber dem Vorjahr um 3,6%. Rechnet man die Sparte der Pharmazeutika heraus, sank die Produktion von Chemikalien jedoch um 2,2%. Wenn auch gut gerüstet, so steht die Branche derzeit noch am Anfang eines der größten Paradigmenwechsels ihrer Geschichte. Nach Kohle- und Petrochemie erlangen die Themenkomplexe Digitalisierung, zirkuläre Wirtschaft und Nachhaltigkeit immer mehr Bedeutung. Gemäß einer Studie des Beratungsunternehmens Deloitte wird dies auf mittlere Frist signifikante Auswirkungen auf die eingesetzten Prozesstechnologien, aber auch auf Produktportfolios und Geschäftsmodelle haben.

Der Chemiesektor sah sich zuletzt mit zunehmend schwierigeren globalen Rahmenbedingungen konfrontiert. Das langsame Wachstum der Weltwirtschaft, die schwache Industriekonjunktur in vielen Ländern sowie die erhöhte Marktvolatiliät aufgrund schwelender geopolitischer Risikofaktoren wirken der Aufwärtsdynamik zunehmend entgegen.

Positive und negative Impulse halten sich die Waage – Seitwärtstrend erwartet

Angesichts bescheidener Wirtschaftsdaten erwarten wir für das Jahr 2020 allenfalls eine moderate Seitwärtsbewegung. Die Stabilisierung des Rohölpreises senkt zwar einerseits den Druck auf die Produktionskosten, bremst aber andererseits auch die für die Branche positive Entwicklung der Verkaufspreise spürbar aus. Sollte sich das wirtschaftlich-politische Umfeld gar weiter verschärfen, so dürfte sich dies im Chemiegewerbe in weiteren Produktions- und Umsatzrückgängen niederschlagen.

Fazit: Nach einer langjährig starken Entwicklung des Sektors wird sich das Produktionswachstum zunehmend abschwächen. Der reife Konjunkturzyklus, nachlassende Preiseffekte von der Rohstoffseite sowie eine geringere Volumendynamik dürften hierbei primär zum Tragen kommen. Wir empfehlen eine Untergewichtung der chemisch-pharmazeutischen Industrie.

ENERGIE | VERSORGER

Knapp 1.000 Unternehmen mit über 224.000 Beschäftigten sind bundesweit in der Energieversorgung aktiv. Hierzu zählen neben Energieanbietern auch reine Netz- und Kraftwerksbetreiber. Die Stromnachfrage wird primär von drei Faktoren getrieben: Urbanisierungsgrad, Bevölkerungs- und Wirtschaftswachstum. Zunehmende Mobilität sowie wachsende Verbreitung von elektrischen Applikationen führen zu einer steigenden Nachfrage, während voranschreitende Energieeffizienz diesem Effekt entgegenwirkt.

Gemäß Daten des Statistischen Bundesamtes (DeStatis) betrug die Bruttostromerzeugung im Jahr 2018 in Deutschland 648,9 Mrd. kwh. Geschätzt 35% davon entfielen auf erneuerbare Energieträger wie Windkraft (17,5%), Photovoltaik (7,1%) oder Biomasse (7,0%). Fast die Hälfte der Energie wurde jedoch nach wie vor durch fossile Brennstoffe gewonnen. Das Bundesministerium für Wirtschaft und Energie (BMWi) plant bis 2022 die schrittweise Abschaltung aller deutschen Kernkraftwerke. Angesichts des fortschreitenden Klimawandels soll zugleich der Anteil von fossilen Energieträgern an der Stromerzeugung konsequent weiter reduziert werden.

Fossile Brennstoffe liefern nach wie vor das Gros der Energieproduktion.

Dies macht über das Jahr 2019 Investitionen in innovative Kraftwerk- und Effizienztechnologien notwendig. Die Netzbetreiber rechnen mit Investitionen in Höhe von rund 50 Mrd. Euro in das Übertragungsnetz. Ein weiterer, zentraler Baustein in der deutschen Energiewende wird die Fortentwicklung von Batteriezellen und Akkumodulen sein. Dies vor allem, weil regenerative Energieträger wie Windkraft oder Photovoltaik aufgrund ihrer Wetterabhängigkeit eine große Schwankungsbreite in der Auslastung verzeichnen. Unterstützt durch Politik, den gesellschaftlichen Nachhaltigkeitsdiskurs und die hohe Innovationsrate sehen wir dennoch eine vielversprechende Dynamik im Markt. Der Strukturwandel wird zudem zu einem verstärkten Konsolidierungsdruck in der Branche sowie zu veränderten Geschäftsmodellen einzelner Unternehmen führen.

Die rege Innovationstätigkeit schafft Wachstumsfantasien.

Fazit: Die Energiewende in Deutschland wird die Struktur des Wirtschaftszweigs über die kommenden Jahre nachhaltig verändern. Langfristig dürfte die Restrukturierung die Ergebnisdynamik jedoch positiv beeinflussen. Dank der ausgeprägten Regionalisierung wird sich die Energiewirtschaft gegenüber geopolitischen Spannungen zudem als recht robust erweisen. Wir empfehlen eine Neutralgewichtung der Energie- und Versorgerbranche.

FINANZEN

Gemäß Daten der Deutschen Bundesbank war die Zahl der Kreditinstitute in Deutschland auch zuletzt weiterhin rückläufig. Umfasste der Finanzsektor 1990 noch 4.180 Banken, so waren es 2017 nur noch 1.823. Die Zahl der Filialen sank deutlich unter 31.000. Erstmals in der Geschichte gibt es in Deutschland nun mehr Kneipen als Banken- und Sparkassenfilialen. Kostendruck, demographischer Wandel und das anhaltende Niedrigzinsumfeld machen den Geldinstituten das Leben schwer. Die ertragsseitige Abwärtsdynamik in den Kerngeschäftsfeldern konnte auch zuletzt nicht gestoppt werden. Von zentraler Bedeutung sind hierbei Kreditgeschäft und Vermögensverwaltung. Die Nachfrage im Kreditgeschäft wird primär durch Zinsniveau und konjunkturelles Umfeld gesteuert. Das Vermögensverwaltungsgeschäft hängt stark vom Wachstum der in- und ausländischen Vermögen ab.

Die Finanzbranche hat bessere Zeiten gesehen – weitere Fusionen erwartet

Deutsche Finanzinstitute haben in den vergangenen Jahren ihre Risikotragfähigkeit ausgebaut. Dennoch ist es nicht rosig um die Finanzbranche bestellt. Harter Wettbewerb im Privat- und Firmenkundengeschäft, niedrige Zinsmargen und hohe Kosten wirken sich negativ auf die Ertragslage aus. Die Globalisierung erhöht zusätzlich den Konsolidierungsdruck auf inländische Institute. Vor diesem Hintergrund erwarten wir in Zukunft eine verstärkte Dynamik hinsichtlich Bankenzusammenschlüssen. Besonders die Anzahl der Institute in den Sparkassen- und genossenschaftlichen Finanzgruppen wird fusionsbedingt weiter abnehmen.

Der Leitzins bleibt im Keller, das Kreditgeschäft beginnt zu schwächeln.

Grenzüberschreitende Konsolidierungen wird es jedoch aufgrund komplizierter IT-Architekturen und herausfordernder Finanzregulatorien zunächst nicht geben. Der nahende Umschwung im Konjunkturzyklus birgt Risiken. Zugleich gehen wir davon aus, dass sich die Kreditvergabe weiterhin entlang eines Wachstumspfades bewegen, aber deutlich an Momentum einbüßen wird. Die EZB wird auf absehbare Zeit nicht von ihrer lockeren Geldmarktpolitik ablassen und den Leitzins noch bis mindestens Mitte 2020 bei 0,0% halten. Dies belastet den Geschäftslauf der deutschen Banken über das Zinsergebnis zusätzlich.

Fazit: Der Wettbewerb bleibt hart, die regulatorischen und wirtschaftlichen Rahmenbedingungen herausfordernd. Sich zunehmend eintrübende Konjunkturaussichten und sinkende Ertragsmargen werden den Konsolidierungsdruck in der Branche weiter verschärfen. Wir empfehlen deshalb eine Untergewichtung des Finanzsektors.

GESUNDHEIT | PHARMA

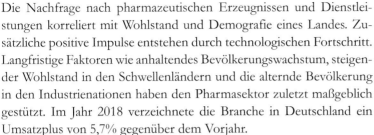

Die Nachfrage nach pharmazeutischen Erzeugnissen und Dienstleistungen korreliert mit Wohlstand und Demografie eines Landes. Zusätzliche positive Impulse entstehen durch technologischen Fortschritt. Langfristige Faktoren wie anhaltendes Bevölkerungswachstum, steigender Wohlstand in den Schwellenländern und die alternde Bevölkerung in den Industrienationen haben den Pharmasektor zuletzt maßgeblich gestützt. Im Jahr 2018 verzeichnete die Branche in Deutschland ein Umsatzplus von 5,7% gegenüber dem Vorjahr.

Die deutsche Pharmabranche wird allerdings über das Jahr 2019 hinaus mit spürbarem Gegenwind zu kämpfen haben. So werden zahlreiche, umsatzstarke Präparate auf mittlere Frist ihren Patentschutz verlieren. Der dadurch erhöhte Wettbewerb dürfte deutliche Auswirkungen auf die Margen der betroffenen Unternehmen haben. Auch kostenseitig ist mit erhöhtem Druck zu rechnen. Dies wird sich in weiteren Effizienzsteigerungsprogrammen sowie einem anhaltenden Konsolidierungstrend in der Branche widerspiegeln. Dank solider Ertragsstrukturen und einer hohen Innovationsdynamik erwarten wir dennoch ein moderates Marktwachstum im mittleren einstelligen Bereich. Auf regionaler Ebene dürften hierbei besonders die Emerging Markets und die USA Wachstumstreiber sein.

Die Branche ist für die bevorstehenden Turbulenzen solide aufgestellt.

Großes Potenzial hinsichtlich Kosteneinsparungen bietet das Innovationsdreigestirn Digitalisierung, Blockchain und künstliche Intelligenz (KI). Selbstlernende Computer dürften für zahlreiche Bereiche innerhalb der Pharmaindustrie weiter an Bedeutung gewinnen. Der Einsatz von KI könnte beispielsweise die Entwicklung und Bereitstellung von neuen Wirkstoffen sowie die Optimierung von bestehenden Präparaten maßgeblich revolutionieren. Weitere positive Impulse dürfte die fortschreitende Digitalisierung hinsichtlich Kundenkommunikation, Marketing und Marktzugang liefern. Besonders der Einsatz von mobilen Applikationen – beispielsweise Gesundheitsberatung via Video-Chat – eröffnet der Branche spannende Möglichkeiten.

Blockchain und KI: Digitale Technologien revolutionieren den Pharmabereich.

Fazit: Das wirtschaftliche Umfeld wird zukünftig auch für die deutsche Pharmaindustrie spürbar herausfordernder, ihre Wachstumschancen sind dennoch weiterhin intakt. Dank ihres tendenziell nicht-zyklischen Charakters sehen wir sie zudem als „safe haven" in wirtschaftlich schwierigen Zeiten an. Wir empfehlen daher eine Übergewichtung des Pharmasektors.

IMMOBILIEN

Die Branche zeichnet sich durch ihren heterogenen Charakter aus. Sie umfasst neben Entwicklung, Vermarktung und Bewirtschaftung von Immobilien auch den Handel mit ihnen. Zahlreiche Faktoren wirken aufgrund dieser besonderen Struktur auf den Sektor ein. Neben dem Zinsniveau spielen die Neubautätigkeit, Mietpreisentwicklungen, Leerstände und etwaige Marktregulierungen eine Rolle. Auch im Jahr 2018 setzte sich der Immobilienboom fort. Deutschlandweit stiegen die Preise um 6,7% gegenüber dem Vorjahr (DeStatis). Ein besonders deutliches Wachstum verzeichneten die Preise für Bauland mit einem Plus von 9,0%.

Das Renditepotenzial bei Immobilien ist noch nicht ausgeschöpft.

Wir sehen derzeit kein baldiges Ende der Wachstumsdynamik im Immobilienmarkt. Sowohl von nationalen als auch internationalen Investoren sind weiterhin signifikante Kapitalzuflüsse zu erwarten. Hauptimpulsgeber sind dabei das anhaltend niedrige Zinsumfeld sowie das weiter wachsende Ungleichgewicht zwischen Angebot und Nachfrage. Dieses treibt das Renditepotenzial für Investoren weiter in die Höhe, verschärft jedoch auch maßgeblich den Bieterwettstreit. Besonders Städte und Agglomerationen stoßen bereits heute vermehrt an ihre Wachstumsgrenzen. Die Attraktivität für Investoren wird zudem durch das im Vergleich zu anderen europäischen Standorten positive Rendite-Risiko-Verhältnis verstärkt. Gegenwind könnte allerdings vom sich eintrübenden konjunkturellen Umfeld ausgehen. Eine Immobilienblase halten wir trotz des Booms der letzten Jahre jedoch für eher unwahrscheinlich.

Verdichtung in den Städten erfordert neue Konzepte für Wohn- und Arbeitsräume

Eine Studie des deutschen Think-Tanks „Zukunftsinstitut" sieht aufgrund der ungebremst fortschreitenden Urbanisierung die positve Dynamik des Immobilienwesens in den städtischen Regionen. So ziehen Globalisierung und weltweite digitale Vernetzung immer mehr Menschen in die urbanen Gebiete. Dies impliziert einen zunehmenden Verdichtungseffekt und erfordert innovative Wohn-, Arbeits- und Lebenskonzepte.

Fazit: Aufgrund anhaltend niedriger Zinsen (attraktive Finanzierungskosten) und eines signifikanten Nachfrageüberhangs erwarten wir im Immobilienmarkt auch für 2020 keinen Abbruch der bisherigen Wachstumsdynamik. Der Urbanisierungstrend wird anhalten, Wachstumsgrenzen werden jedoch neue Konzepte notwendig machen. Wir empfehlen eine Neutralgewichtung des Immobiliensektors.

"Tja, äh… wie ich schon sagte: Super-Lage, heißer Preis…"

INFORMATIONSTECHNOLOGIE

Die digitale Transformation von Gesellschaft und Wirtschaft schreitet rasant voran. Die Nachfrage nach Informationstechnologien wird branchenübergreifend vom technologischen Fortschritt sowie dem immer größer werdenden Druck hin zu Innovation und Effizienzsteigerung vorangetrieben. Nach Angaben des deutschen Digitalverbands Bitkom erwirtschaftete die Informations- und Kommunikationstechnologiebranche (IKT) im Jahr 2018 einen Umsatz von rund 166 Mrd. EUR und umfasste über 1,13 Mio. Beschäftigte, litt jedoch auch mit am stärksten unter dem akuten Fachkräftemangel in Deutschland. Das BMWi sieht in dieser Entwicklung besonders für den Bereich der IT-Startups ein zunehmendes Wachstumshemmnis. Knapp 60% der jungen IKT-Unternehmen geben an, Schwierigkeiten bei der Rekrutierung von geeigneten Mitarbeitern – insbesondere von Entwicklern – zu haben.

Die Branche wächst noch moderat, spürt aber den Fachkräftemangel.

Bitkom rechnet für das laufende Jahr mit einem weiteren Wachstum des Umsatzvolumens in Höhe von +1,5%. Die abflauende Konjunktur schlägt sich allerdings auch hier nieder. Wichtigster Wachstumstreiber bleibt als größter Teilmarkt mit einem geschätzten Umsatz von über 92 Mrd. EUR weiterhin der IT-Sektor. Hierbei dürften rund 40 Mrd. EUR auf den Bereich IT-Services, 26 Mrd. EUR auf das Software- sowie knapp 25 Mrd. EUR auf das Hardware-Segment entfallen.

Unzureichende Infrastruktur ist für die IT-Branche ein besonders großes Problem.

Wir erwarten auch über das Jahr 2019 hinaus eine hohe Wachstumsdynamik im IKT-Sektor. Negative Impulse dürften jedoch von dem späten Konjunkturzyklus, dem anhaltenden Arbeitskräftemangel sowie dem unzureichenden Infrastrukturausbau ausgehen. Das von der EU ausgegebene Ziel, dass bis 2020 alle EU-Bürger einen Breitbandanschluss über 30 MB/s haben sollen, dürfte aus heutiger Sicht mit großer Wahrscheinlichkeit verfehlt werden. Der stete Preisdruck auf den Hardware-Bereich wird auch in Zukunft nicht nachlassen. Als zusätzliche Volatilitätsquellen insbesondere für die Halbleiterindustrie können weiterhin geopolitische Risikofaktoren zum Tragen kommen.

Fazit: Aufgrund der fortschreitenden Digitalisierung erwarten wir für den deutschen IKT-Markt langfristig weiteres Wachstum. Der sich verschärfende Fachkräftemangel und das schwierige konjunkturelle Umfeld dürften sich jedoch in der Dynamik dieser Entwicklung bemerkbar machen. Ein zentraler, für den zukünftigen Wachstumspfad entscheidender Handlungsbereich wird der flächendeckende Ausbau der digitalen Infrastruktur sein. Wir empfehlen deshalb eine Neutralgewichtung des IT-Bereichs.

KONSUMGÜTER

Die Konsumgüterindustrie ist von großer Bedeutung für die deutsche Volkswirtschaft. Rund 14% aller Erwerbstätigen in Deutschland arbeiten im Handel. Aufgrund der großen Anzahl von Konsumenten und dem tendenziell eher geringen Differenzierungsgrad der Produkte ist der Wettbewerbsdruck in der Konsumgüterbranche traditionell hoch. Globale Wertschöpfungsstrukturen und ein vereinfachter Marktzugang für Produzenten aus allen Teilen der Welt haben den Wettbewerb in der Branche nochmals deutlich verstärkt.

Im Jahr 2018 erzielte der Einzelhandel Schätzungen des deutschen Handelsverbandes (HDE) zufolge einen Zuwachs von knapp +2% gegenüber dem Vorjahr. Wachstumstreiber war weiterhin der Online-Handel, der um 10% zugelegt hat. In den vergangenen Jahren lagen die Lohnzuwächse durchgängig über der Inflationsrate. Dies führte zu vergleichsweise hohen Reallohnzuwächsen, welche den Konsum der privaten Haushalte maßgeblich unterstützten. Zusätzlich als positive Impulsgeber fungierten die niedrigen Arbeitslosenzahlen sowie das Zinsumfeld. Der GfK-Konsumklimaindex liegt trotz der zuletzt schwächelnden Konjunktur bei knapp unter 10 Punkten – sein langjähriges Hoch markiert bei rund 11 Punkten.

Onlinehandel wächst rasant – Reallohnzuwächse treiben privaten Konsum

Der Strukturwandel im Konsumgütersektor ist noch nicht abgeschlossen. Herausforderungen ergeben sich aus Ressourcenknappheit, dem demographischem Wandel und der Globalisierung. Angesichts des Wettbewerbs sind Produzenten und Händler gezwungen, neue Differenzierungsstrategien zu entwickeln. In den kommenden Jahren werden Marketing, innovative Angebotsportfolios und Produktindividualisierung wettbewerbsentscheidend sein. Eine zentrale Stütze sehen wir in der fortschreitenden Digitalisierung, die auch vor der Konsumgüterindustrie nicht Halt machen wird. Kombiniert mit anderen modernen Technologien wie Robotik und Automatisierung eröffnet sie neue Möglichkeiten zur Effizienzsteigerung und Differenzierung, aber auch hinsichtlich Markterschließung und Kundenkommunikation.

Hoher Wettbewerbsdruck zwingt zu Innovation und Differenzierung

Fazit: Die Unternehmen der Konsumgüterbranche sehen sich mit zunehmendem Wettbewerb konfrontiert. Haupttreiber dafür sind Globalisierung, Ressourcenknappheit und demographischer Wandel. Trotz des sich verlangsamenden Wirtschaftswachstum dürfte die Konsumneigung der Haushalte relativ stabil bleiben. Wir empfehlen eine Neutralgewichtung der Konsumgüterindustrie.

MASCHINENBAU

Der Maschinen- und Anlagenbau ist einer der wichtigsten Wachstumstreiber der deutschen Industrie. Der zyklische Charakter und das stark variierende Auftragsvolumen führen zu einer hohen Volatilität in der Umsatzentwicklung. Das Jahr 2018 markierte für den Maschinen- und Anlagebau das zweite Wachstumsjahr in Folge. Laut Angaben des Verbands Deutscher Maschinen- und Anlagenbau (VDMA) verzeichnete der Wirtschaftszweig ein Umsatzplus von 2,8% gegenüber dem Vorjahr. Die Kapazitäten der 6.523 Unternehmen waren 2018 mit fast 90% überdurchschnittlich hoch ausgelastet. Dass Maschinen "made in Germany" in allen Teilen der Welt gefragt sind, bewies abermals die hohe Exportquote von fast 80%.

Auftragsrückgang: Die zyklische Branche reagiert auf die Konjunkturschwäche

Die deutlich geringere Dynamik des weltwirtschaftlichen Wachstums zieht die Branche jedoch stark in Mitleidenschaft. Als potentiellen Vorboten eines bevorstehenden Abschwungs erwarten Experten des ifo Instituts für Wirtschaftsforschung auch für den Maschinenbau einen steigenden Anteil an Kurzarbeit. Zusätzlich haben zuletzt die geopolitischen Risikofaktoren – beispielsweise in Form des US-Handelskonfliktes mit China – stark zugenommen. Dies wirkt sich spürbar negativ auf die Investitionsneigung aus. Die Auftragsvolumina sind bereits heute rückläufig. Dieser Trend wird sich unserer Meinung nach auch 2020 fortsetzen und eventuell sogar beschleunigen. Sollte sich das konjunkturelle Umfeld überraschend aufhellen, dürfte allerdings zumindest ein Teil der Aufträge für die Volkswirtschaft nicht vollständig verlorengehen. Diese würden dann einen möglichen Aufwärtstrend verstärken.

Innovation und Vernetzung sind Zukunftstrends

Einen zentralen Zukunftstrend für den Maschinen- und Anlagebau sehen wir in der Digitalisierung. Die wichtigsten Impulsgeber für den digitalen Transformationsprozess sind die rasant steigende Hardware-Leistung – beispielsweise in Form von immer leistungsfähigeren Prozessoren –, die außergewöhnlich hohe Innovationsdynamik im Bereich digitaler Technologien sowie die zunehmende globale Vernetzung.

Fazit: Die Kombination aus geopolitischen Risiken und der sich abkühlenden, globalen Konjunktur wird die Investitionsneigung im deutschen Maschinen- und Anlagebau spürbar reduzieren. Dies dürfte den Geschäftsgang der gesamten Branche trotz derzeit noch gut gefüllter Auftragsbücher zukünftig ausbremsen. Wir empfehlen daher eine Neutralgewichtung der Maschinenbaubranche.

MEDIEN

Die Medien- und Unterhaltungsbranche in Deutschland wächst kontinuierlich. Im Zuge der Digitalisierung konkurrieren Newcomer und klassische Vertreter der Branche um Marktanteile. Zu den großen Verlierern gehören die Printmedien. Während Deutschlands Einwohner immer mehr digitale Inhalte konsumieren, verzeichnen analoge Medien wie Zeitschriften und Tageszeitungen deutliche Rückgänge. Gemäß Angaben des Statistikportals Statista stieg der Anteil von Internetnutzern 2018 um rund 3% auf 84% gegenüber dem Vorjahr. In der Gruppe der 14- bis 49-jährigen Deutschen zählen nahezu 100% zu den Internetnutzern.

Wir erwarten für die kommenden Jahre eine weiterhin zunehmende Dynamik in der Medien- und Unterhaltungsbranche. Als insbesondere trendvorgebend erachten wir den Wunsch der Konsumenten, Informationen und Medien jederzeit und überall konsumieren zu können. Die stetig engere Verknüpfung von Beruf und Privatleben sowie die daraus resultierende Notwendigkeit, die zur Verfügung stehende Zeit möglichst effizient zu nutzen, spielen dabei eine zentrale Rolle. Onlinewerbung, eSport und Technologien wie Virtual/Augmented Reality sind in Deutschland noch immer Nischen, dürften jedoch in Zukunft verstärkt Marktanteile gewinnen.

"on demand"-Modellen gehört die Zukunft

Im Bereich der Nachrichtenbeschaffung sehen wir mittelfristig eine schleichende Wachablösung der traditionellen Quellen durch die sozialen Netzwerke. Globalisierung, jederzeitige Verfügbarkeit und raschere Aktualisierungsraten verschaffen Online-Angeboten einen deutlichen Vorteil. Als ein weiterer, ernstzunehmender Trend könnte sich zudem das Social Scoring herausstellen. Dieses verknüpft Finanz- und Medienbranche insoweit, dass zur Überprüfung der Kreditwürdigkeit von Verbrauchern auch Daten über deren Aktivitäten in sozialen Netzwerken oder anderweitig im Internet herangezogen werden. Auch wenn derzeit noch eine Mehrheit die Technologie ablehnt, könnte die Akzeptanz in der breiten Masse gerade bei jüngeren Kunden schnell steigen.

Stetig wachsender Einfluss der sozialen Medien

Fazit: Die fortschreitende Globalisierung, das sich wandelnde Konsumverhalten und die hohe Innovationsdynamik werden die Medienindustrie verändern. Es ist zu befürchten, dass die Bedeutung der klassischen Medien zugunsten neuer, digitaler Formate weiter abnehmen wird. Die Ertragsstrukturen werden jedoch stabil bleiben. Wir empfehlen deshalb eine Neutralgewichtung der Medien- und Unterhaltungsbranche.

TELEKOMMUNIKATION

In der Vergangenheit bestand das Kerngeschäft des Telekommunikationsgewerbes darin, Konnektivität im Festnetz- und Mobilfunkbereich flächendeckend zur Verfügung zu stellen. Die rasant fortschreitende Digitalisierung verlangt jedoch zunehmend Geschäftsmodelle, die über reine Konnektivitätsdienstleistungen hinausgehen, etwa Internet of Things (IoT) oder Machine-to-Machine-Kommunikation (M2M).

Ausbau von Netzinfrastruktur als Investitionstreiber

Rund 45% des Branchenumsatzes 2018 wurden allein durch die Geschäftstätigkeit der Deutschen Telekom generiert. Über alle Anbieter betrachtet, entfiel der größte Anteil wiederum auf die Mobilfunksparte. Die Investitionen in Sachanlagen nahmen weiterhin zu. Hauptimpulsgeber hierfür war der Ausbau der Breitband-Netzinfrastrukturen in Deutschland. Die Digitalisierung der industriellen Produktion (Industrie 4.0) hat das Potenzial zum nachhaltigen Wachstumstreiber. Im Zentrum stehen hierbei Dienstleistungsmodelle, die zwar auf Telekommunikations-Infrastrukturen zurückgreifen, aber bisher von spezialisierten, branchenfremden Anbietern erbracht worden sind.

Neue Technologien und steigende Bedürfnisse der Verbraucher werden den laufenden Wandel im Telekommunikationsmarkt auch über das Jahr 2019 hinaus aufrechterhalten. Einer der größten finanziellen Kraftakte in der Branchengeschichte – der flächendeckende Netzausbau – ist noch nicht vollständig abgeschlossen. Er wird auch weiterhin ein Gros der Investitionsausgaben ausmachen.

Intakter Wachstumstrend: Der Branche geht es besser als vielen anderen

Gegenwind wird der Sektor durch den zunehmenden Wettbewerb und das regulatorische Umfeld bekommen. Wir halten die Wachstumschancen dennoch für intakt. Besonders die steigenden Datenmengen sowie die hohe Innovationsdynamik bei Produkten und Geschäftsmodellen dürften nachhaltiges Wachstum generieren. Der Trend hin zu mobile und shared services lässt für die nächsten Jahre Kooperationen zwischen Netzbetreibern und anderen Branchen erwarten.

Fazit: Trotz nachlassender Konjunktur, zunehmenden Wettbewerbs und neuer regulatorischer Anforderungen machen wir für die Telekommunikationsbranche ein attraktives Wachstumspotenzial aus. Hauptreiber dafür sind die hohe Innovationsrate, der steigende Bedarf an ultraschnellen Datenleitungen und das wachsende Datenvolumen in den Netzen. Wir empfehlen eine Übergewichtung des Telekommunikationssektors.

TRANSPORT | LOGISTIK

Die Logistikindustrie unterliegt je nach Subbranche unterschiedlichen Trends und Einflußfaktoren. 2018 setzte sie laut Bundesvereinigung Logistik (BVL) über 270 Mrd. Euro um. Das entspricht gegenüber dem Vorjahr einem Plus von über 2,5%.

Das Statistische Bundesamt (DeStatis) schätzt, dass 2018 fast 11,5 Mrd. Fahrgäste im öffentlichen Nah- und Fernverkehr unterwegs waren. Dies entspricht gegenüber dem Vorjahr einer Zunahme von 0,6%. Mit einem Plus von 4,4% lieferten die Fernverkehrszüge einen überdurchschnittlichen Beitrag. Verbesserungen im Angebot sowie das steigende Ökologiebewusstsein dürften Hauptimpulsgeber für diese Entwicklung sein. Auch das Luftfahrtsegment verbuchte einen Zuwachs. Gemessen an den verkauften Passagierkilometern mussten inländische Airlines allerdings einen Wachstumsrückgang hinnehmen. Dies ist primär auf die Insolvenz von Air Berlin zurückzuführen.

Die deutliche Abschwächung der Weltwirtschaft sowie steigende Treibstoffpreise dürften die Wachstumsdynamik im Logistikgewerbe über das Jahr 2019 hinaus abschwächen. Hiervon sehen wir innerhalb des Transportsegments auch die Luft- und Schifffahrt betroffen. Die anhaltenden, gesellschaftlichen Nachhaltigkeitsbestrebungen verlangen zudem nach einer höheren Innovationsrate. Dies wird einen Anstieg in den Ausgaben für Forschung und Entwicklung bewirken.

Nachhaltigkeitsforderungen machen Innovationen unumgänglich.

In der Digitalisierung sowie dem vermehrten Einsatz moderner Technologien – beispielsweise Blockchain, On Demand Delivery oder Drohnen – sehen wir jedoch insbesondere für die Logistikbranche vielversprechende Ansätze zur langfristigen Sicherung der Wettbewerbsfähigkeit. Im Personenverkehr dürften sich der technologische Fortschritt, das gestiegene Bewusstsein für den Klimawandel sowie neue, innovative Geschäftsmodelle als positive Impulsgeber herausstellen.

Digitalisierung, neue Technologien und Klimaschutz als positive Impulsgeber

Fazit: Ein schwieriges konjunkturelles Umfeld, steigende Treibstoffpreise sowie höhere Ausgaben für Forschung und Entwicklung werden das Branchenwachstum merklich ausbremsen. Langfristige positive Impulse im Bereich Logistik sind von der Digitalisierung und Einführung neuer Geschäftsmodelle zu erwarten. Vor allem aber der Personenverkehr dürfte vom technologischen Fortschritt und dem wachsenden Nachhaltigkeitsgedanken profitieren. Wir empfehlen daher eine Neutralgewichtung der Transport- und Logistikindustrie.

» Die Aktienmärkte sind im Herbst 2019 im Hausse-Modus und auf Rekordjagd. Sowohl der DAX als auch der Dow Jones und der marktbreite S&P 500 notieren zum Redaktionsschluss dieses Buches nur knapp unter ihren jeweiligen Allzeithochs – und wir erleben gerade ein Déjà-vu. Vor einem Jahr standen die Märkte schon einmal exakt in diesen luftigen Höhen. Der Dow notierte bei 26.500 Punkten. Ein Jahr später liegt der Index nur 500 Zähler (+2%) höher. Der Dax stand vor einem Jahr bei 12.200 Zählern, heute sind es 12.450 Punkte (+2%). In den Monaten dazwischen ging es aber kräftig zur Sache. Das wird 2020 ebenfalls so sein. «

Rekordjagd
Suche nach Value und gefallenen Engeln

FUCHS-Team

Außer Spesen also nix gewesen? Von wegen! Wir blicken auf ein ziemlich turbulentes Börsenjahr zurück – und vermutlich steht uns ein ebenso turbulentes Jahr erneut bevor. Wichtigster Impulsgeber werden erneut die Notenbanken sein. So wie sie die Börsen im Jahr 2019 auf Tauchstation geschickt haben, so treiben sie diese nun in Richtung neuer Allzeithochs.

Noch ist der Aufwärtstrend an den Börsen intakt.

Die US-Notenbank war es, die den Dow zum Jahreswechsel 2018/19 auf Tauchstation schickte. Bis auf 22.000 Punkte rauschte der Dow Jones nach unten, weil die US-Währungshüter die Zinsen kontinuierlich anzogen und ihre Anleihenkäufe zurückführten. Der DAX folgte ziemlich exakt bis zu dem von uns prognostizierten Unterstützungsniveau bei 10.800 Zählern. Dann kam die Trendwende und die Kurse schossen – parallel zur Kehrtwende der US-Notenbank, die eine Abkehr von ihrem Straffungskurs ankündigte – wieder nach oben.

Same procedere as every year

Im Jahr 2020 steht eine erneute fundamentale Wende bevor – wieder nach unten. Zuvor werden wir aber voraussichtlich neue Höchstkurse sehen. Die Fed hat ihren Zinssenkungszyklus gerade erst begonnen und hat noch viel Luft nach unten. Diese wird sie angesichts der sich eintrübenden US-Konjunkturdaten auch benötigen. Damit hat sie aber auch genügend Spielraum, die Konjunktur, den Konsum und die Börsen zu befeuern.

Fundamentale Wende nach unten erwartet.

Für den Dow erwarten wir einen Anlauf in Richtung des psychologischen Ziels von 30.000 Punkten. Der Dax wird im Schlepptau mitgezogen, wenn auch nicht so dynamisch. Schließlich ist die Konjunktur in Europa bereits schwächer, die Lokomotive Deutschland geht die Puste aus, es gibt politische Probleme (Brexit, Italien). Hinzu kommt, dass die europäischen Geldhüter im Gegensatz zur Fed nur wenig Pulver im Turm haben. Der Dax dürfte daher in Richtung seines Allzeithochs laufen. Viel Luft darüber hat er voraussichtlich nicht.

Entkoppelte Märkte

Die größte Schwierigkeit liegt für Anleger mal wieder in der richtigen Positionierung. Strategen, die einen Blick auf die fundamentalen Faktoren werfen, dürften mindestens Bauchschmerzen bei der Idee haben, im Herbst 2019 neu in Aktien einzusteigen. Angesichts der Kurse nahe ihrer Allzeithochs und der sich eintrübenden Weltkonjunktur bei eskalierendem Handelsstreit ist das gut nachvollziehbar. Eigentlich laufen die Börsen der Konjunktur um einige Monate voraus. Das würde in einem intakten Markt aber bedeuten, dass die Aktienkurse sinken müssten – oder dass es gar nicht zu einer Konjunkturabkühlung kommt. Die Zahlen deuten aber auf eine Konjunkturverlangsamung hin. Auch die Renditen an den Anleihenmärkten zeigen eine Verlangsamung an.

Die Märkte haben sich von der Konjunkturentwicklung abgekoppelt.

Die Märkte haben sich also von der fundamentalen Konjunkturentwicklung entkoppelt. Auslöser dafür sind die Notenbanken mit ihrer Geldflut. Aus Mangel an Anlagealternativen fließt das Geld iin die Aktienmärkte und treibt die Kurse. Das dürfte kurzfristig so weitergehen. Die Lücke zwischen Aktienbewertungen und fundamentaler Lage wird damit noch größer werden. Mittelfristig wird diese Bewertungs-Asymetrie korrigiert werden – trotz der Notenbank-Milliarden. Das geschieht entweder langsam über sich wieder bessernde Konjunkturzahlen. Oder so schnell wie vor einem Jahr mit einer kräftigen Aktienkorrektur. Das halten wir für wahrscheinlicher.

Aktienauswahl

Um für dieses Umfeld gerüstet zu sein, haben wir uns erneut nach Value-Aktien umgesehen. Solche Titel sind Basisinvestments mit Sicherheitspuffer und liefern eine ordentliche Dividende (z. B. Versorger, Telekoms). Daneben setzen wir auf „gefallene Engel", denen wir aufgrund spezieller Situationen einen Turnaround und kräftige Kursgewinne zutrauen (z. B. Automobilbranche und -zulieferer). Mit ins Portfolio kommen auch Rohstofftitel, weil sich diese im Herbst 2019 bereits günstig sind und bei einer konjunkturellen Belebungn zügig anspringen. Außerdem bieten solche Aktien auch einen gewissen Inflationsschutz. Angesichts der vermutlich hohen Schwankungsintensität der Märkte, wird es im Jahresverlauf wichtig sein, das eigene Depot auch etwas aktiver durch die Marktpasen zu steuern. Wie wir das umsetzen, können Sie wöchentlich in FUCHS-Kapitalanlagen nachlesen.

1&1 DRILLISCH AG | TELEKOMMUNIKATION

Die Versteigerung der 5G-Lizenzen eröffnet Anlegern eine tolle Einstiegsgelegenheit bei 1&1 Drillisch. Denn der große netzunabhängige Telekommunikationsanbieter benötigt einmalig viel Geld für den Kauf der Lizenz. Darum hat das Unternehmen für 2019 die Dividende gestrichen. Das, verbunden mit einer gewissen Unsicherheit, ob sich der Kauf der 5G-Lizenz lohnt, hat den Kurs auf Talfahrt geschickt.

5G ist der große Treiber in der Branche.

Langfristig ist der Lizenzkauf für sieben Frequenzblöcke (Preis 1,07 Mrd. Euro) eine sinnvolle Investition. Er ist die Basis dafür, dass 1&1 sein umfangreiches Portfolio an Dienstleistungen und Produkten aus den Bereichen Breitband (Internet) und Mobilfunk weiter ausbauen kann. Zusätzliche Möglichkeiten gibt es in bereits angebotenen Geschäftsfeldern wie Heimvernetzung, Online-Storage, Video-on-Demand oder IPTV. Die etablierten Drillisch-Marken wie smartmobil. de, yourfone oder winSIM zielen zur Abrundung des Portfolios auf preisbewusste Kunden.

Das operative Geschäft entwickelt sich stabil. Im ersten Halbjahr stieg der Umsatz um 0,4% auf 1,825 Mrd. Euro. Positiv ist der Umsatzanstieg von 3,4% im margenstarken Service-Geschäft. Langfristig wird 1&1 weiter gutes Geld verdienen und unabhängig von Konjunkturschwankungen sein. Ab dem nächsten Jahr dürfte das Unternehmen auch seine stattlichen Dividendenzahlungen wieder aufnehmen. Es schüttete regelmäßig im Durchschnitt rund 70% des Jahresgewinns aus. Zuletzt lag die Dividende bei 1,80 Euro je Aktie.

1&1 operiert relativ konjunkturunabhängig und eignet sich so als defensives Investment.

Fazit: Das operative Geschäft läuft. Die 1&1-Aktie ist günstig.

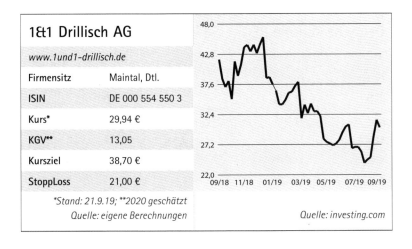

1&1 Drillisch AG

www.1und1-drillisch.de

Firmensitz	Maintal, Dtl.
ISIN	DE 000 554 550 3
Kurs*	29,94 €
KGV**	13,05
Kursziel	38,70 €
StoppLoss	21,00 €

*Stand: 21.9.19; **2020 geschätzt
Quelle: eigene Berechnungen

Quelle: investing.com

DEUTSCHE KONSUM REIT AG | IMMOBILIEN

*Fokus auf Einzelhandels-
Gewerbeimmobilien*

Die Deutsche Konsum REIT (DKR) besetzt eine lukrative Marktnische im Immobiliensektor. Das Unternehmen hat sich innerhalb des
Gewerbesektors spezialisiert und investiert ausschließlich in den Bereich Supermärkte bzw. Fach- und Einkaufszentren.

DKR kauft, entwickelt, vermietet und verwaltet Einzelhandelsimmobilien in etablierten Mikrolagen regionaler und mittlerer Zentren in
Deutschland. Regionale Zentren sind Speckgürtel von Groß- und Mit-
telstädten wie Berlin oder Leipzig. Die Mikrolage, also der konkrete
Standort des Supermarktes, liegt meistens an einer Ein- und Ausfall-
straße der Berufspendler. Für solche Objekte gibt es in der Regel nur
wenige Interessenten, denn für Immobilienfonds sind diese zu klein,
für private Investoren zu groß.

*Ein sattes Plus von 44%
bei den Mieteinnahmen*

DKR gelingt es regelmäßig aufgrund relativ geringer Kaufpreise hohe
anfängliche Mietrenditen von mehr als 10% zu erwirtschaften. Übli-
che Mieter sind Einzelhandelsketten wie Edeka, Rewe, Norma oder
Schwarz (Lidl/Kaufland). Auch 2019 bleibt der Nischenplayer auf Ex-
pansionskurs. Inklusive der jüngsten Zukäufe weitet die DKR ihr Portfolio auf mittlerweile 123 Einzelhandelsimmobilien im Wert von rund
625 Mio. Euro aus. In den ersten neun Monaten stiegen die Mieteinnahmen um satte 44% auf 30,1 Mio. Euro. Weitere Neuerwerbungen
sind in Planung. Für das aktuelle Geschäftsjahr plant der Vorstand eine
Dividende von 0,40 Euro je Aktie.

Fazit: DKR etabliert sich in einer lukrativen Marktnische mit wenig
Konkurrenz. Das Unternehmen hat noch viel Wachstumspotential.

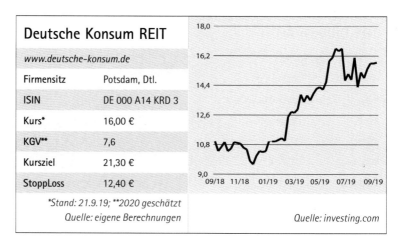

Deutsche Konsum REIT	
www.deutsche-konsum.de	
Firmensitz	Potsdam, Dtl.
ISIN	DE 000 A14 KRD 3
Kurs*	16,00 €
KGV**	7,6
Kursziel	21,30 €
StoppLoss	12,40 €

*Stand: 21.9.19; **2020 geschätzt
Quelle: eigene Berechnungen*

Quelle: investing.com

EVOTEC | BIOTECHNOLOGIE

Evotec zählt zu den weltweit führenden Wirkstoffforschungs- und -entwicklungsunternehmen. Der Konzern ist auf Neurowissenschaften, Schmerz-, Stoffwechsel- und Entzündungskrankheiten sowie Onkologie spezialisiert.

Evotec besetzt lukrative Felder in der Gesundheitsbranche.

Die Geschäftszahlen zum ersten Halbjahr waren gut. Der Konzernumsatz kletterte um 16% auf 207,1 Mio. Euro. Das bereinigte EBITDA sprang sogar um 51% auf 58,2 Mio. Euro an. Darüber hinaus erhöhte Evotec sogar seine Jahresziele 2019.

Die Analysten hatten aber mit noch besseren Zahlen gerechnet und schickten die Aktie auf Tauchstation. Diese Schwächephase wurde prompt von Führungskräften der Firma für Käufe genutzt. Vorstandschef Dr. Werner Lanthaler kaufte im August und September Evotec-Aktien im Gegenwert von rund 380.000 Euro. Offenbar sieht er langfristig eine gute Gelegenheit für einen günstigen Einstieg.

Langfristig zählt Evotec ohnehin zu den Überfliegern auf dem deutschen Kurszettel. Seit 2009 kletterten die Notierungen des Biotechnologiekonzerns im Durchschnitt um 28% pro Jahr. Während der vergangene beiden Jahre gab es aber immer wieder scharfe Kurseinbrüche auf dem Weg nach oben.

Die Aktie wuchs in der Vergangenheit stetig, wenn auch volatil.

Fazit: Das Unternehmen ist mit einem für 2020 geschätzten KGV von rund 58 nicht gerade günstig bewertet. Doch das operative Geschäft wächst solide und überproportional. Der aktuelle Kursrücksetzer bietet Anlegern eine lukrative Einstiegschance.

Evotec

www.evotec.com

Firmensitz	Hamburg, Dtl.
ISIN	DE 000 566 480 9
Kurs*	20,60 €
KGV**	58
Kursziel	24,00 €
StoppLoss	17,50 €

*Stand: 21.9.19; **2020 geschätzt
Quelle: eigene Berechnungen

Quelle: investing.com

FREEPORT-MCMORAN | ROHSTOFFE

Der Kupferpreis gilt als wichtiger Vorlaufindikator zur Einschätzung der Weltwirtschaft, da die Preise sehr sensibel auf Konjunkturschwankungen reagieren. Schließlich wird Kupfer in großen Mengen in der Bau-, Auto-, Maschinenbau- oder Elektroindustrie nachgefragt. Angesichts der Konjunktursorgen ist der Kupferpreis 2019 tief gefallen. Das hat die Aktienkurse der Kupferproduzenten mit nach unten gezogen.

Der größte börsennotierte Kupferhersteller der Welt ist das US-Unternehmen Freeport-McMoRan. Zum Bergbauportfolio des Konzerns gehört z. B. die Grasberg-Mine in Indonesien – das größte Goldbergwerk der Welt und zugleich das Kupferbergwerk mit den weltweit niedrigsten Förderkosten.

Der Ausbau der Grasberg-Mine in Indonesien hat den Rohstoff-Konzern im zweiten Quartal dieses Jahres in die roten Zahlen gedrückt. Die Kupferproduktion sank um 24% auf 776 Mio. Pfund. Die Goldproduktion brach sogar um 79% auf 160 Mio. Pfund ein. Strategisch ist der Ausbau aber geschickt. Denn wenn die Konjunktur wieder anzieht, kann Freeport mit größerer Kapazität fördern und liefern.

Der Preisverfall bei Kupfer hat den Aktienkurs von Freeport tief gedrückt. Inzwischen handelt die Aktie nahe ihres Buchwertes (KBV: 1,34) und ist mit einem KGV für 2020 von rund 13 nicht mehr teuer.

Fazit: Freeport ist eine frühzyklische Spekulation auf eine anziehende Weltkonjunktur. Der Rohstoffkonzern ist breit aufgestellt und aktuell preiswert.

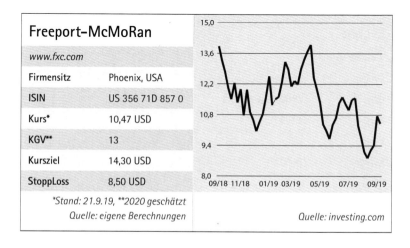

Freeport-McMoRan

www.fxc.com

Firmensitz	Phoenix, USA
ISIN	US 356 71D 857 0
Kurs*	10,47 USD
KGV**	13
Kursziel	14,30 USD
StoppLoss	8,50 USD

*Stand: 21.9.19, **2020 geschätzt
Quelle: eigene Berechnungen

Quelle: investing.com

15,0 / 13,6 / 12,2 / 10,8 / 9,4 / 8,0

09/18 11/18 01/19 03/19 05/19 07/19 09/19

GEA GROUP AG | MASCHINENBAU

Die GEA Group ist einer der größten Systemanbieter für die nahrungs-mittelverarbeitende Industrie. Als Technologieunternehmen konzen-triert sich GEA auf den Spezialmaschinenbau mit den Schwerpunkten Prozesstechnik und Komponenten sowie den Anlagenbau. Der Fokus liegt dabei auf Wärmeaustausch und Stofftrennung.

Maschinenbauer für die Lebensmittelindustrie

Angesichts des unsicheren konjunkturellen Umfelds und des Han-delskonfliktes haben Maschinenbauer im Herbst 2019 einen schweren Stand. Der Umsatz stieg im Jahresvergleich dennoch um 1,7% auf 1,25 Mrd. Euro. Allerdings sank der Gewinn vor Zinsen, Steuern und Ab-schreibungen (Ebitda) ohne die Sanierungsrückstellungen um rund ein Fünftel auf 111,2 Mio. Euro. Unter dem Strich lag der Gewinn im zwei-ten Quartal mit 25,4 Mio. Euro gut 60% unter dem Vorjahresergebnis.

Mit Beginn der zweiten Jahreshälfte mehren sich aber hoffnungsvolle Nachrichten. Die Sparte Business Area Solutions meldete drei große Aufträge mit einem Ordervolumen von jeweils zwischen 10 und 30 Mio. Euro. Konkret handelt es sich um zwei Projekte aus dem Milch-verarbeitungsbereich und um einen Pharmaauftrag.

Neue Großaufträge geben dem gebeutelten Unternehmen Schub.

Der Börsenwert hat sich seit dem Allzeithoch Ende 2016 glatt halbiert. GEA ist aber seit Jahren ein zuverlässiger Dividenden-Lieferant. Selbst nach einem Gewinneinbruch im vergangenen Jahr wurde eine unverän-derte Dividende in Höhe von 0,85 Euro je Aktie ausbezahlt.

Fazit: Die Aktie hat Federn gelassen und es zeichnet sich eine Boden-bildung ab. Strategen steigen in den fundamental günstigen Wert ein.

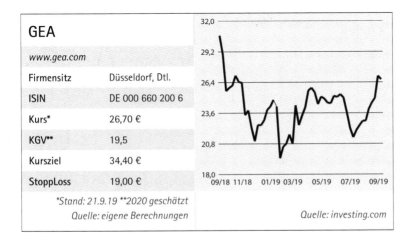

GEA

www.gea.com

Firmensitz	Düsseldorf, Dtl.
ISIN	DE 000 660 200 6
Kurs*	26,70 €
KGV**	19,5
Kursziel	34,40 €
StoppLoss	19,00 €

*Stand: 21.9.19 **2020 geschätzt
Quelle: eigene Berechnungen

Quelle: investing.com

KRONES AG | VERPACKUNGSTECHNIK

Gute Einstiegsmöglichkeit durch stark gefallene Kurse

Für antizyklisch handelnde und langfristig orientierte Investoren bietet der Kursrutsch bei Krones eine gute Einstiegsgelegenheit. Auslöser war eine Gewinnwarnung. Der Weltmarktführer für Getränkeabfüllanlagen musste aufgrund gestiegener Kosten für Personal und Material sein Margenziel kappen und erwartet 2019 nun nur noch eine Vorsteuermarge von rund 3% (zuvor ca. 7%).

Krones plant, entwickelt und fertigt Einzelmaschinen sowie schlüsselfertige Anlagen für alle Bereiche der Abfüll- und Verpackungstechnik und Getränkeproduktion. Zu den Abnehmern gehören internationale Unternehmen aus den Bereichen der Getränke- und Lebensmittel- sowie der Chemie- und Pharmaindustrie. Krones bietet vom Bau der Getränkefabriken bis hin zur Auslieferung der fertigen Produkte sämtliche Services aus einer Hand. Ein umfangreiches Service-Angebot (weltweite Montage, Inbetriebnahme, Wartung oder Umbau von Anlagen) rundet das Produktspektrum ab.

Prognosewarnung lässt den Kurs einbrechen

Die herbe Prognoseanpassung ließ den Aktienkurs einbrechen. Folge: Selten gab es den Maschinen- und Anlagenbauer so günstig. Zumal die Bilanz von Krones insgesamt solide ist. Positiv stimmt der Auftragseingang, der im Quartalsverlauf erneut gestiegen ist (+1,2% auf 2,04 Mrd. Euro). Bis 2022 soll auch die Marge wieder auf 6% bis 8% steigen. Angesichts des Kurssturzes ist die Aktie inzwischen nicht mehr teuer. Das Kurs-Buchwert-Verhältnis liegt bei 1,14. Krones ist fair bewertet.

Fazit: Die aktuellen operativen Schwierigkeiten dürften bewältigt werden. Die Aktie ist gerade günstig zu ergattern.

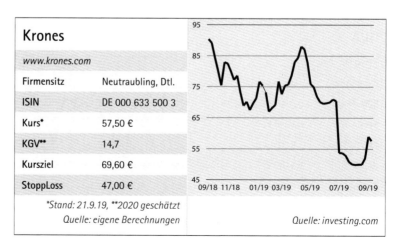

Krones

www.krones.com

Firmensitz	Neutraubling, Dtl.
ISIN	DE 000 633 500 3
Kurs*	57,50 €
KGV**	14,7
Kursziel	69,60 €
StoppLoss	47,00 €

*Stand: 21.9.19, **2020 geschätzt*
Quelle: eigene Berechnungen

Quelle: investing.com

LEONI AG | AUTOMOBIL

Die schleppende Automobilkonjunktur und der Handelskonflikt zwischen den USA und China setzen die deutschen Automobilzulieferer massiv unter Druck. Auch Leoni leidet darunter.

Leoni ist ein weltweit tätiger System- und Entwicklungslieferant von Drähten, Kabeln und Bordnetz-Systemen. Der Automobilzulieferer kämpft an verschiedenen Fronten. Einerseits belastet die schwächelnde Automobilkonjunktur. Andererseits ist Leoni zwar dynamisch gewachsen, war dabei aber nicht überall profitabel. Um wieder in die Spur zu kommen, will Vorstandschef Aldo Kamper bis 2022 die Kosten nachhaltig um 500 Mio. Euro senken. Alle 28 Geschäftsfelder stehen dabei auf dem Prüfstand. Die Kabelsparte könnte demnächst sogar abgespalten werden. Neben einem Verkauf der Kabelsparte ist auch ein Börsengang via Spin-off eine mögliche Option.

Drähte- und Kabelspezialist aus Nürnberg

Langfristig halten wir den Titel für zu preiswert. Allein seit Anfang 2019 summieren sich die Kursverluste auf mehr als 70%. Seit dem Allzeithoch bei 66,20 Euro sind es sogar 80%. Auf dem aktuellen Kursniveau ist Leoni mit einem Kurs-Buchwert-Verhältnis von 0,41 (per 02.09.19) deutlich unterbewertet. Der aktuelle Börsenwert von gerade noch rund 380 Mio. Euro könnte das Unternehmen sogar zu einem Übernahme-Kandidaten machen. Denn der Trend zu mehr Vernetzung und Elektrifizierung in der Automobilindustrie spielt dem Nürnberger Unternehmen in die Hände und macht es langfristig attraktiv.

Die deutliche Unterbewertung lässt sich zum Einstieg nutzen.

Fazit: Der Kurs ist zu weit gefallen, der Titel fundamental stark unterbewertet. Anleger bekommen das Unternehmen aktuell mit 60% Rabatt.

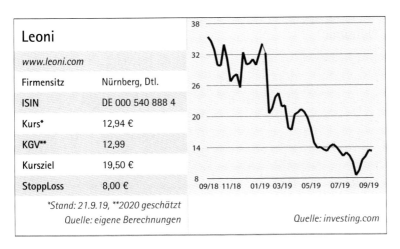

Leoni	
www.leoni.com	
Firmensitz	Nürnberg, Dtl.
ISIN	DE 000 540 888 4
Kurs*	12,94 €
KGV**	12,99
Kursziel	19,50 €
StoppLoss	8,00 €

*Stand: 21.9.19, **2020 geschätzt*
Quelle: eigene Berechnungen

Quelle: investing.com

NYNOMIC AG | MESSTECHNIK

Lukratives Nischen-Investment aus Schleswig-Holstein.

Die kleine Nynomic aus Wedel in Schleswig-Holstein ist weltweit führend im berührungslosen Messen mit Licht – ein echter Hidden Champion und deutscher Mittelständler. Berührungslose optische Messtechnik ist in der Lage, ressourcen- und umweltschonend eine Vielzahl von Anwendungen zu optimieren. Nynomic fokussiert auf drei Wachstumsmärkte: Life Science mit Schwerpunkt Medizintechnik, Green Tech (Landwirtschaft, Lebensmittel) sowie Clean Tech (Beleuchtung, Erneuerbare Energien und Umwelttechnologie). Konkret geht es z. B. um das Einmessen von Halbleitern, die Analyse von Getreide beim Mahlen, die Diagnose von Blut oder um die Identifizierung von Glutnestern in der Müllentsorgung.

Smart-Home sorgt für Wachstumsfantasien.

Nyomic wächst durch strategische Übernahmen gezielt in neue Geschäftsbereiche. Strategisch aussichtsreich ist die Entwicklung von Produkten für den Endverbrauchermarkt im Smart-Home Segment. Nun kann Nyomic erstmalig Consumer-Produkte mit hohen Stückzahlen anbieten. Im ersten Halbjahr 2019 kam das Unternehmen auf einen Umsatz in Höhe von 29,3 Mio. Euro und wies ein operatives Ergebnis (EBIT) von 3,6 Mio. Euro aus. Auf das Gesamtjahr gesehen will Nynomic einen Umsatz zwischen 67 und 70 Mio. Euro sowie ein EBIT zwischen 8,0 und 10,5 Mio. Euro erreichen. Zuversichtlich stimmt der starke Auftragseingang (plus 19% auf 32,0 Mio. Euro) und der Rekord-Auftragsbestand von 38 Mio. Euro.

Fazit: Der Technologiekonzern Nynomic ist in wachstumsträchtigen Zukunftsmärkten tätig. Die Aktie ist aktuell fair bewertet. Weitsichtige Anleger legen sich ein paar Stücke ins Depot.

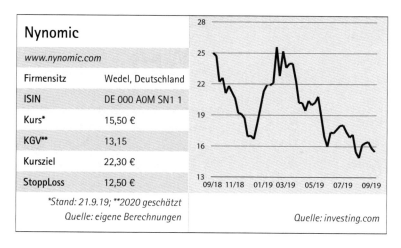

Nynomic

www.nynomic.com

Firmensitz	Wedel, Deutschland
ISIN	DE 000 A0M SN1 1
Kurs*	15,50 €
KGV**	13,15
Kursziel	22,30 €
StoppLoss	12,50 €

*Stand: 21.9.19; **2020 geschätzt
Quelle: eigene Berechnungen*

Quelle: investing.com

TOMRA SYSTEMS ASA | ROHSTOFFE

Ein echter Wachstumschampion ist die Tomra Systems ASA. Das auf Sortier- und Recycling-Lösungen spezialisierte Unternehmen zählt zu den global führenden Anbietern von innovativen Lösungen für Materialverwertung und Recycling von gebrauchten Getränkeverpackungen. Die Produktpalette umfasst Leergutrücknahme-Systeme, automatische Sammelsysteme, Materialtransport und -verarbeitung, Abfallerkennungs- und Abfallsortier-Systeme sowie Materialverdichtung. Darüber hinaus ist Tomra Systems weltweit führend bei Technologien für Sortierungsverfahren und Prozessanalysen in der Nahrungsmittel-, Bergbau- und Recyclingindustrie.

Attraktives Öko-Unternehmen aus Norwegen

Mit ihren Sammel- und Sortier-Lösungen bieten die Norweger Lösungen in einem Megatrend. Höhere Recyclingquoten, weniger Plastik, effizientere Lebensmittelverwertung – Tomra Systems deckt mit seinen sensorbasierten Technologien das komplette Spektrum ab und ist in einigen Bereichen zudem Weltmarktführer. Tomra überzeugt seit Jahren mit hohen Umsatzsteigerungen (+13,1% p.a.) und wachsenden Gewinnen. Das dürfte so weitergehen, schließlich wird Umweltschutz und Recycling immer größer geschrieben. Bis 2025 sollen in Europa rund 90% aller Plastikflaschen per System gesammelt werden.

Recycling wird noch mehr an Bedeutung gewinnen.

Aktuell handelt der Titel rund 16% unter seinem Allzeithoch. Das KGV ist mit 41 zwar hoch. Das Unternehmen ist aber hochprofitabel.

Fazit: Tomra Systems dürfte einer der großen Profiteure der Umweltschutzentwicklung sein. Die Klettertour der Aktie dürfte langfristig weitergehen. Bei Rücksetzern einsammeln.

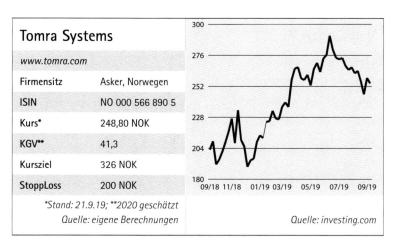

Tomra Systems

www.tomra.com

Firmensitz	Asker, Norwegen
ISIN	NO 000 566 890 5
Kurs*	248,80 NOK
KGV**	41,3
Kursziel	326 NOK
StoppLoss	200 NOK

*Stand: 21.9.19; **2020 geschätzt
Quelle: eigene Berechnungen

Quelle: investing.com

VOLKSWAGEN AG VORZÜGE | AUTOMOBILE

Seit Beginn des Dieselskandals vor vier Jahren dümpelt der Kurs der Volkswagen Aktie vor sich hin. Doch 2020 könnte wieder Schwung in die Notierungen kommen.

Hoher Druck durch Umweltauflagen beflügelt Innovationsgeist

Der Druck auf die Automobilunternehmen ist hoch, aber sie sind auch extrem innovativ. Die Branche hat im Jahr 2019 mit bisher 12.273 die meisten Patente eingereicht. Dabei geht es um autonomes Fahren, Elektromobilität usw. Aus der aktuellen Schwäche kann also eine Stärke werden. VW dürfte davon überdurchschnittlich profitieren. Analysten rechnen bei VW in den kommenden Jahren mit signifikanten Gewinnsteigerungen pro Aktie.

Viele schlechte Nachrichten (Konjunkturskepsis, Handelskonflikt, Dieselskandal) sind im Kurs längst eingepreist. Aus fundamentaler Sicht ist die VW-Vorzugsaktie inzwischen sehr günstig. Auf Basis der Gewinnschätzungen für 2020 wird VW derzeit mit einem KGV von 5 bewertet. Die Aktie handelt rund 33% unter Buchwert. Die Aktie hat also Luft für Kurssteigerungen.

Dividendentitel ins Portfolio holen

Darüber können sich Anleger über eine attraktive Dividendenrendite freuen. Vorzugsaktionäre durften für 2018 eine Dividende von 4,83 Euro je Aktie verbuchen. Für 2019 liegen die Dividendenschätzungen bei 5,86 Euro je Aktie.

Fazit: Unter den deutschen Auto-Aktien ist die Vorzugsaktie der Volkswagen unser Favorit. Der Titel ist historisch günstig bewertet und dürfte im nächsten Jahr wieder in Fahrt kommen.

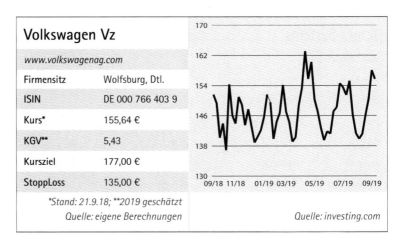

Volkswagen Vz	
www.volkswagenag.com	
Firmensitz	Wolfsburg, Dtl.
ISIN	DE 000 766 403 9
Kurs*	155,64 €
KGV**	5,43
Kursziel	177,00 €
StoppLoss	135,00 €

*Stand: 21.9.18; **2019 geschätzt*
Quelle: eigene Berechnungen

Quelle: investing.com

» Im Jahr 2012 waren zum ersten Mal mehr Dinge mit dem Internet verbunden, als es Menschen auf der Erde gibt. Die Menschheit kommt der technologischen Singularität allmählich immer näher. Damit ist ein Zeitpunkt in der Zukunft gemeint, ab dem sich Maschinen mittels künstlicher Intelligenz (KI) rasant selbst verbessern und damit den technischen Fortschritt derart beschleunigen, dass die Zukunft der Menschheit nach diesem Ereignis nicht mehr vorhersehbar ist. Diese Entwicklung wird unsere Zukunft in allen Lebensbereichen maßgeblich verändern und prägen. Die bereits laufende Digitalisierung und deren Technologietrends sind ein wesentlicher Schritt auf dem Weg zur technologischen Singularität und auch für Anleger nutzbar. «

Megatrend
Value Digitalisierungsgewinner

Petra Ahrens, MAIESTAS Vermögensmanagement AG

Es gibt zahlreiche Möglichkeiten finanziell an dem nächsten großen Zyklus Industrie 4.0 zu partizipieren. So mancher Anleger ist sogar risikobereit genug, jungen Start-up-Unternehmen Kapital anzuvertrauen und sie zu finanzieren, um eventuell etliche Jahre später das große Glück zu haben, schon früh in eine neue „Apple" investiert zu haben. Damit verbunden wäre ein stattlicher Gewinn.

Digitalisierung ist ein Megatrend – und er verspricht Rendite.

Allerdings befinden wir uns mitten im Digitalisierungsprozess von KI, Big Data, Automatisierung, Nanotechnologie und Robotik. Etwas wirklich Neues zu schaffen und das als Anleger ganz früh zu erkennen, ist äußert schwierig. Die Wahrscheinlichkeit des Scheiterns ist entsprechend hoch. Darum ist es sinnvoller und gewinnbringender nach klaren Kriterien auf die bereits etablierten und schon heute als Digitalisierungsgewinner absehbaren Unternehmen zu setzen. Diese Value-Unternehmen bieten oft eine proprietäre Technologie, dazu umfangreiche Netzwerkeffekte und noch dazu haben sie eine starke Marke. Daraus entsteht mit hoher Wahrscheinlichkeit die Chance auf ein robustes Wachstum und ebenfalls hohe, aber etwas sicherere Gewinne als bei Start-up-Unternehmen. Werfen wir einen Blick auf die wichtigsten Trends:

BIG DATA

Als Big Data werden Datenmengen bezeichnet, die zu groß, zu komplex, zu schnelllebig oder zu schwach strukturiert sind, um sie mit herkömmlichen Methoden auswerten zu können. Big Data öffnet das Tor in eine neue Ära der digitalen Kommunikation und Verarbeitung. Die Anwendungen werden auch in sozialer Hinsicht für einen gesellschaftlichen Umbruch verantwortlich sein.

In einer komplexen Welt werden auch die Datenberge immer größer und komplexer.

Es gibt schon heute kaum noch Grenzen, um große Datenmengen zu verarbeiten und zu analysieren. Anwendungsgebiete sind Echtzeit-Auswertungen von Daten im Auto oder Livebilder von Überwachungskameras, die Analyse von Finanztransaktionen oder Wetterdaten (z. B. für die Landwirtschaft). Auch die Erfassung und Analyse von Patientendaten ist ein enorm spannendes und lukratives Wachstumsfeld. Durch die Erfassung großer Mengen von Patientendaten können Krankheiten schneller entdeckt und neue Heilungsmethoden erforscht werden.

Big Data hat das Potenzial, die Medizin und Krankenbetreuung zu revolutionieren.

Die medizinische Versorgung auf Basis von Big Data durchläuft die vermutlich bedeutendste Veränderung unserer Zeit. Die Effizienz der Betreuung wird enorm verbessert werden. Ärzte können flexibel auf Gesundheitsdaten der Patienten zugreifen, Pfleger können Medikationen überwachen. So ist denkbar, dass Patienten bei Einlieferung ins Krankenhaus ihr eigenes iPad erhalten. Darauf werden Laborberichte, Vitalzeichen, Medikamente zusammengeführt. Der Patient sieht, wer in seinem Pflegeteam und welcher Arzt für ihn zuständig ist. Der Patient wird in den Behandlungsprozess mit einbezogen, eine sehr hohe Transparenz entsteht.

Schon heute bietet Apple (ISIN US 037 833 100 5) mit dem iPhone, der Apple Watch oder Health Apps in Kombination mit medizinischen Geräten die Datenerfassung an. Es gibt Apps für die medizinische Forschungsentwicklung. Forscher können über die Open Source Framework freiwillige Teilnehmer einbinden, deren Einwilligung einholen und sie an medizinischen Studien teilhaben lassen. Auch die Neugeborenenpflege von zu Hause ist ein Teil dieser Entwicklung, ebenso wie die Überwachung von chronischen Krankheiten wie z. B. Bluthochdruck.

VIRTUAL & AUGMENTED REALITY

Mit Virtual Reality in neue Welten eintauchen

Als Virtual Reality (VR) bezeichnet man die Darstellung und gleichzeitige Wahrnehmung von computergenerierten, interaktiven Bildern, die eine Umgebung wiedergeben, die uns in eine künstliche Wirklichkeit versetzen. Eine Vermischung aus dieser künstlich erschaffenen Welt und der realen Welt nennt man Augmented Reality (AR).

Beispiele für VR gibt es in der Pilotenausbildung in Flugsimulatoren. Aber auch in der Industrie für Produktplanungen und für räumliche Studien wird die Technik heute schon eingesetzt. AR finden wir schon heute in der Automobilindustrie. Damit sich der Fahrer in der komplexen Verkehrssituation zurechtfindet, ergänzt sein Navigationssystem die reale Welt um künstlich erzeugte Wegweiser. Ein weiteres Beispiel für die Mischung aus realer und virtueller Welt ist das weltweit bekannte Spiel Pokémon Go. In dem können Spieler mit ihren Tablets und Smartphones in der realen Welt virtuelle Pokemonwesen jagen und fangen. Haupttreiber der Entwicklung von VR und AR wird in den kommenden Jahren die Spieleindustrie sein.

Ein weiteres großes Feld ist der Entertainmentbereich. Erste VR-Brillen hat Google (ISIN US 020 79K 305 9) schon im Jahr 2014 auf den Markt gebracht. Seither wird die Technologie stetig weiterentwickelt. Wir werden in wenigen Jahren in der Lage sein, Musikkonzerte, Sportveranstaltungen oder andere TV-Events spürbar live miterleben zu können. Die Technik wird uns die Möglichkeit geben, uns auch von fernen Orten in diese Events hineinzuversetzen. Stellen Sie sich den US-Superbowl vor, ein Sport-Event, das schon heute von 800 Millionen Menschen live am TV verfolgt wird. Mit VR-Brillen könnten diese Menschen sogar ihre Anwesenheit im Stadion simulieren.

Die Unterhaltungsindustrie bekommt durch die Digitalisierung zahlreiche neue Möglichkeiten.

Im Bildungsbereich werden ebenfalls zahlreiche Anwendungsmöglichkeiten liegen. Die Präsenz in traditionellen Schulklassen oder die Ausbildung an einem Ort könnte künftig im eigenen virtuellen Raum stattfinden. Erste Anfänge gibt es heute bereits mit Online-Schulungen oder Webinar-Tutorials. Denkbar ist aber sogar, Vorträge oder Unterricht in den virtuellen Raum zu verlagern und somit ein fast reales globales Klassenzimmer zu schaffen. Mit Google Expeditions können heute schon virtuelle Schulausflüge in Museen durchgeführt werden. Weitere Softwares, wie Google Classroom, Google Daydream oder Google Arts & Culture sind in der Anwendung und stetigen Weiterentwicklung.

Die Schule von morgen ist nicht mehr ortsgebunden. Dadurch kann das Bildungsangebot deutlich verbessert werden.

Es ist sogar bereits möglich, Töne zeitgenau in einen dreidimensionalen Raum zu platzieren. Ebenso ist die Interaktion zwischen Nutzern der VR-Brillen möglich. Das Investment von Tesla-Chef Elon Musks an der Firma Neuralink ist ebenfalls interessant. Dort wird an einer Technologie gearbeitet, die Gehirn-Computer-Schnittstellen möglich macht. Gelingt das, ist die Simulation von Berührung, Geruch und Geschmack auch nicht mehr weit. Auch das US-Militär arbeitet an solchen Schnittstellen – mit einem Milliarden-Budget.

ROBOTIK

Das Themengebiet der Robotertechnik befasst sich mit dem Konzept der Interaktion mit der physischen Welt und einer machbaren Technik/

Informationstechnik bestehend aus Sensoren und Aktoren. Kernbereich der Robotik ist die Entwicklung und Steuerung von Robotern. Robotik und künstliche Intelligenz in Form von Informatik sind dabei nicht zu trennen.

Sämtliche Lebensbereiche profitieren bereits von Robotik. Industrieroboter ersetzen schon längst die Fließbandarbeit, Mähroboter und Haushaltsroboter erleichtern uns den Alltag. Was wie ein Spiel aussieht, jedoch mit ernsthafter wissenschaftlicher Forschung betrieben wird, sind Roboter-Fußballspiele. Ziel der Forscher ist es, in spätestens 30 Jahren eine Mannschaft aus autonomen Robotern gegen den Fußball-Weltmeister antreten zu lassen. Im Kern geht es dabei darum, die Roboter mit immer mehr Sensoren auszustatten, um ihnen ein menschenähnliches Aussehen und Verhalten zu verleihen. Das Erlangen dieser Komplexität kann in vielen Bereichen eingesetzt werden, wie z. B. der Kranken- und Altenpflege.

Die Produktivität wird durch Robotik deutlich gesteigert werden.

In der Energie- und Automatisierungstechnik ist ABB (ISIN CH 001 222 171 6) weltweit erfolgreich tätig. Es werden Produkte, Lösungen und Dienstleistungen zur Steigerung der industriellen Produktivität und Energieeffizienz geboten. Die Division „Power Grids" ist weltweit führender Anbieter von energie- und automationstechnischen Systemen und Servicelösungen über die gesamte Wertschöpfungskette der Stromerzeugung/-übertragung und -verteilung. Zu den Zielindustrien der Industrieautomation zählen die Chemie, Öl und Gas, Papier, Metalle sowie Zement und Tagebau.

NANOTECHNOLOGIE | BIOTECHNOLOGIE

Ein Nanometer ist ein Milliardstel Meter. Diese Größenordnung ist entscheidend, um Oberflächeneigenschaften in Einklang mit Volumen und physikalischen Effekten zu bringen. Die Natur liefert viele Beispiele für die Nanotechnologie. Am bekanntesten ist wohl der Lotuseffekt. Allerfeinste Strukturen sorgen für das Abperlen von Wasser auf dem Blatt der Lotusblume – in der Automobillackierung oder bei Sonnencremes wird dieser Effekt schon genutzt.

Nanobots können die medizinischen Möglichkeiten erweitern und lebensrettende OPs durchführen.

Die größten Einsatzmöglichkeiten liegen jedoch im Bereich der Wissenschaft und Medizin. Kleinste Roboter, sogenannte Nanobots mit einer „Größe" von 100 Millionstel Millimetern werden zukünftig die Reise durch unsere Blutbahnen antreten, um die möglicherweise lebensrettende und heute nicht mögliche OPs am Hirn durchzuführen oder Krebszellen zu identifizieren. Das wurde bereits an Mäusen positiv getestet. Die Vision des Science-Fiction Films "Die phantastische Reise" von 1966, bei dem sich Wissenschaftler in einem U-Boot verkleinern lassen, durch die Blutbahnen zum Gehirn schwimmen um eine OP durchzuführen, könnte dann real werden.

Medtronic (ISIN IE 00B TN1 Y11 5) ist im medizinischen Bereich hier ein Vorreiter. Das Unternehmen ist bekannt für Herzschrittmacher und implantierbare Defibrillatoren. Mit der Übernahme von HeartWare International fokussiert sich Medtronic auf die Verbesserung und Weiterentwicklung der medizinischen Versorgung. Wie Apple entwickelt auch Medtronic neue Wege, um Patienten von zu Hause aus zu behandeln und Kosten zu senken.

Fazit

Die Digitalisierung bleibt ein zuverlässiger und lange wirkender Antrieb für das Wirtschaftswachstum. Industrie 4.0 steht für eine schnellere, effiziente und flexiblere Produktion. Die Grundsteine für ihre Entwicklung sind mit den globalen marktführenden Unternehmen schon längst gelegt. Die Suche nach führenden Unternehmen, die den Megatrend Digitalisierung in vielen Lebensbereichen für hunderte Millionen Menschen vorantreiben, bietet Anlegern langfristig hohe Chancen. Anstatt auf kleine und riskante Start-up-Unternehmen zu setzen, dürften die Erfolgschancen mit Value-Digitalisierungsgewinnern größer und das Risiko kleiner sein. Denn ihre herausragende Qualität, robustes Wachstum und breit aufgestellte Netzwerke werden langfristig die herausragenden Parameter und Treiber von Vermögenswachstum sein.

Der Megatrend Digitalisierung bietet Anlegern große Chancen.

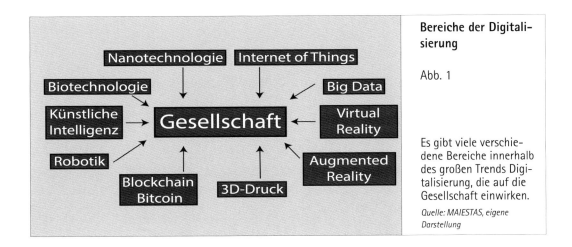

Bereiche der Digitalisierung

Abb. 1

Es gibt viele verschiedene Bereiche innerhalb des großen Trends Digitalisierung, die auf die Gesellschaft einwirken.

Quelle: MAIESTAS, eigene Darstellung

» Winston Churchill hat eimal gesagt: „Russland ist ein Rätsel innerhalb eines Geheimnisses, umgeben von einem Mysterium." Doch ganz so geheimnisvoll ist Russland für Anleger eigentlich nicht. Die meisten machen um Russland einen großen Bogen, weil sie meinen, Investments in dem Riesenreich seien – vor allem politisch – zu riskant. Dabei ist genau das Gegenteil der Fall. Weil so wenige, insbesondere ausländische, Anleger an Russland Börse investieren, gibt es viele Aktien mit hohen Abschlägen. Das wiederum macht die Aktien höchst attraktiv. Einige der russischen Unternehmen sind fundamental massiv unterbewertete Value-Perlen. «

Geldauswanderung
Value-Investments in Russland finden

Wolfgang Juds, CREDO Vermögensmangement GmbH

In früheren Jahrhunderten sind die Menschen in Zeiten großer wirtschaftlicher Not (Hungersnöte, Kriege oder Epidemien) emigriert. Im deutschsprachigen Raum erreichte die Auswanderung um 1820 einen Höhepunkt. Als der Vulkan Tambora in Indonesien ausbrach, wurde so viel Asche in die Atmosphäre geschleudert, dass es auf der nördlichen Halbkugel zu extrem nassen, kalten Sommern kam. Die Folge war ein dramatischer Ernteausfall in den darauffolgenden beiden Jahren. Anschließend kam es in den besonders betroffenen Regionen zu Massenauswanderungen.

Wenn es in der Heimat unwirtlich wurde, reagierte der Mensch immer schon mit Flucht.

Die Menschen waren in Krisensituationen schon immer auf der Suche nach besseren Lebensbedingungen für sich und ihre Familien. Dafür nahmen sie viele Strapazen, Risiken und Unwägbarkeiten auf sich. Viele von ihnen fanden damals in den Vereinigten Staaten von Amerika eine neue Heimat. Auch wenn sich nicht alle Träume erfüllt hatten, war die persönliche Freiheit und die Aussicht auf Wohlstand für sie ein hohes Gut.

Auswandern mit dem Geld?

Dieser Gedanke des Auswanderns lässt sich auch auf die Finanzwelt übertragen. Seit längerem erleben wir in der Eurozone eine Phase der finanziellen Repression. Da die Europäische Zentralbank die Zinsen auf ein Rekordtief gedrückt hat und wohl noch lange dort halten wird, erleiden Sparer einen schleichenden Verlust ihres Geldwertes. Der Staat hingegen verdient an der Ausgabe neuer Anleihen. Die jüngste Bundesanleihe wurde für eine Laufzeit von 30 Jahren mit einer Rendite von -0,11% p.a. begeben. Anleger sind also gefordert, sich aktiv nach anderen Anlagemöglichkeiten umzusehen.

Geld verdienen in der Eurozone? Kein leichtes Unterfangen.

Um der dauerhaften finanziellen Repression zu entgehen, sollten Anleger auch die finanzielle Auswanderung zumindest für Teile ihres Vermögens in Betracht ziehen. Gemeint ist damit eine Aufteilung des Vermögens auf die aussichtsreichsten Märkte weltweit außerhalb der Eurozone.

Allerdings sollte die Gewichtung nicht wie beim MSCI World nach Marktgewichtung der Unternehmen in den 23 Industrieländern vorgenommen werden. Aussichtsreicher ist es, die Selektion nach anderen Kriterien, wie z. B. dem langfristigen Wachstumspotenzial, der Bewertung von Unternehmen, der Realverzinsung, der Inflationsrate und der demografischen und finanziellen Entwicklung eines Landes vorzunehmen. Der Blick über den Tellerrand hinaus lohnt sich. Und große Chancen bei überschaubaren Risiken bestehen abseits aller ausgetretenen Pfade, z. B. in Russland.

Russland ist ein schlafender Riese

Flächenmäßig ist Russland mit etwa 17 Mio. km² der größte Staat der Erde. Mit rund 144 Mio. Einwohnern steht die russische Föderation an 9. Stelle der bevölkerungsreichsten Länder der Welt. Allerdings schrumpft die Bevölkerung aufgrund seiner demografischen Entwicklung. Darunter leidet auch das Potenzialwachstum.

Für ein Schwellenland wächst die Wirtschaft deutlich zu wenig. Nach einer mehrjährigen Rezession legt das Wachstum im 1. Quartal 2019 lediglich um 0,5% zu. Für 2020 rechnet das russische Wirtschaftsministerium mit einem Zuwachs von 1,7%. Der Internationale Währungsfonds fordert mehr Maßnahmen und Strukturreformen, um die Produktivität zu steigern und das Wirtschaftswachstum anzuregen. Auch wenn die Abhängigkeit von Öl und Gas abnimmt, dominieren diese Energieträger immer noch den russischen Export. Russlands Rohstoffreserven sind in diesem Bereich die wahrscheinlich größten der Welt.

Präsident Wladimir Putin möchte die Abhängigkeit vom Energiesektor und vom Ölpreis verringern und setzt auf einen konsequenten Sparkurs. Auch das ist eine der Ursachen für das geringe Wachstum. Aber erstmals seit vielen Jahren kann Russland wieder einen Haushaltsüberschuss vorweisen, vor allem weil der gestiegene Ölpreis dem Land zusätzliches Geld in die Kassen gespült hat. Dies dient der Rücklagenbildung, um den Haushalt unabhängiger von den Rohstoffmärkten und von möglichen weiteren Sanktionen zu machen. Um dies zu erreichen, hat Russland die Mehrwertsteuer zum Jahresbeginn 2019 von 18% auf 20% angehoben. Auch das Renteneintrittsalter wird schrittweise in den kommenden Jahren auf 65 Jahre (bei Männern) und 60 Jahre (bei den Frauen) erhöht. Dass Putins Ziel, bis zum Jahr 2030 die größte Volkswirtschaft Europas zu werden, erreicht werden kann, ist allerdings eher ungewiss.

Russland bietet eine echte Value-Story

Dennoch haben sowohl das Land als auch der russische Aktienmarkt enormes Potenzial. Das Land betreibt einen „Kapitalismus von oben". In den Bereichen Raumfahrt, Rüstung und Bau von Kernkraftwerken ist die russische Föderation weltweit führend. Der deutsche Astronaut Alexander Gerst wäre ohne die russische Weltraumtechnik niemals zur ISS geflogen.

Die wirtschaftliche Entwicklung wird von oben diktiert.

Auch im Energiesektor (Öl, Gas) nimmt Russland eine herausragende Stellung ein. Anders als die Golfstaaten ist Russland aber nicht so abhängig vom Ölpreis, weil das Land über eine breite Produktionsbasis in anderen Sektoren verfügt werden kann. Allerdings gibt es nur wenige Pharma-, Konsumgüter- und Dienstleistungsunternehmen von internationaler Bedeutung. Der Mittelstand ist aufgrund der kommunistischen Historie des Landes schwach ausgeprägt. Existenzgründungen sind vergleichsweise gering.

Realverzinsung und attraktive Aktien

Anders als in vielen westlichen Ländern gibt es in Russland aber eine positive Realverzinsung. Seit dem 26. Juli 2019 liegt der Leitzins bei 7,25% und die Inflation bei rund 4%. Gemessen an russischen Staatsanleihen, die eine Rendite von ca. 7,2% aufweisen, liegt die Realverzinsung bei rund 3,2%. Die Staatsverschuldung ist zudem deutlich geringer als in den meisten Industrienationen. Auch die Abhängigkeit von ausländischen Kapitalgebern ist folglich gering.

Anders als in der Eurozone, gibt es in Russland noch Zinsen.

Russland profitiert überdurchschnittlich stark von den großen Infrastrukturprojekten wie der neuen Seidenstraße. Das trifft auch auf die meisten Unternehmen zu. Dennoch kann es sich dem globalen Konjunkturzyklus nicht voll entziehen. Zwar gibt es keine ausgeprägte Wachstumsfantasie, aber solide Value-Investments bieten den Anlegern gute Kaufgelegenheiten.

Anders als viele andere Börsen ist die Börse in Moskau von einer starken Konzentration geprägt. Einige wenige Unternehmen sind sehr hoch in den gängigen Indizes gewichtet. Im bekannten RTS-Index (RTSI) sind die nach der Marktkapitalisierung 50 größten börsennotierten Unternehmen auf Streubesitzbasis enthalten. Die Schwergewichte Lukoil, Gazprom und Sberbank machen rund 43% des gesamten Index aus und sind daher für die Abbildung des russischen Marktes von überragender Bedeutung. Ähnlich sieht es in dem MSCI Russia Index aus, der 23 Titel beinhaltet. Hier haben diese Unternehmen mit einem Gewicht von rund 52% eine noch höhere Bedeutung.

Ein russisches Index-Portfolio ist hinsichtlich Titel und Branchen stark fokussiert.

In Russland gibt es also keine breite Streuung. Zudem befinden sich die drei russischen Riesen überwiegend in Staatsbesitz. Nur Lukoil gehört mehrheitlich seinen Managern und mit 20% dem US-Öl-konzern ConocoPhillips. Die Bewertungskennziffern aller drei Unternehmen sind darum äußerst niedrig. Anleger, die in Indexfonds investieren, müssen sich bewusst sein, dass sie mit einem ETF auf den MSCI Russia mehr als die Hälfte in nur drei Aktien investieren. Wollen Investoren eine breitere Streuung bevorzugen, sollten sie besser zu einem aktiv gemanagten Investmentfonds greifen.

Russland hat vor allem eins: Rohstoffe. Das bietet Anlegern viele Chancen.

Der russische Markt ist zudem sehr rohstoffabhängig. Genau das ist aber auch eine große Chance. Denn die weltweite Nachfrage nach russischem Öl und Gas nimmt beständig zu. Im Gegensatz zu früheren Zeiten ist Russland sogar deutlich widerstandsfähiger gegen fallende Ölpreise geworden. Das Land kann bis zu einem Rückgang auf 40 USD pro Barrel wirtschaftlich gut zurechtkommen. Durch die gestiegenen Öl- und Gasexporte wachsen die Devisenreserven an und der Rubel kann zulegen. Russland ist aufgrund der Sanktionen ohnehin nicht mehr so stark von der Entwicklung in der EU abhängig wie früher. Ein möglicher Brexit würde Russland kaum betreffen. Aufgrund der hohen Rohstoffabhängigkeit ist die Korrelation mit anderen entwickelten Kapitalmärkten attraktiv.

Russland ist unterbewertet

Im Vergleich zum Weltaktienmarkt und zu den übrigen Schwellenländern ist Russland jedoch sehr preiswert. Die entwickelten Märkte weisen gemessen am breiten MSCI World-Index derzeit ein Kurs-Gewinn-Verhältnis von 17,8 auf. Berechnet wurde dies nicht auf Basis von künftigen Gewinnschätzungen, sondern auf den tatsächlichen Gewinnen der letzten 12 Monate. Umgerechnet beträgt die Gewinnrendite 5,6%. Zu beachten ist dabei, dass im MSCI World Index die US-Aktien (Apple, Microsoft, Amazon etc.) insgesamt mit 63% vertreten sind. Die gewichtete Staatsanleihen-Rendite (USA, UK, Eurozone und Japan) kommt auf magere 0,6%. Anleger erhalten somit eine Risikoprämie für Aktien von 5%, was im historischen Vergleich hoch ist.

In den Schwellenländern liegt die Gewinnrendite beim MSCI Emerging Markets bei 8,1%. Das leitet sich aus dem Kurs-Gewinn-Verhältnis von 12,3 ab. Auch hier wurden die tatsächlichen Gewinne der vergangenen 12 Monate herangezogen. Die größte Gewichtung im Index haben chinesische Aktien (Tencent, Alibaba etc.) mit rund 32%. Die gewichtete Staatsanleihen-Rendite in den Emerging Markets ist mit 5,7% relativ gesehen im Vergleich zum Aktienmarkt attraktiv. Die Risikoprämie für Dividendenpapiere beträgt lediglich 2,4%.

Die russische Gewinnrendite liegt oberhalb des Emerging Markets Durchschnitts.

In Russland ist die Relation aber noch besser. Das äußerst niedrige Kurs-Gewinn-Verhältnis von 5,2 auf gleicher Berechnungsbasis führt umgerechnet zur Gewinnrendite von 19,3%. Im Vergleich zu den Staatsanleihen, die 7,2% abwerfen, liegt die Risikoprämie für Aktien mit 12,1% äußerst hoch. Auch wenn die Auswirkungen der westlichen Sanktionen Eingang in die Bewertung finden, erscheinen russische Aktien geradezu spottbillig. Hinzu kommt, dass auch die Ausschüttungsquote sehr hoch ist. Russland hat die höchsten Dividendenrenditen aller Schwellenländer. 6,8% an Rückflüssen sind das Spiegelbild der Risiken, die in diesem Markt eingepreist werden. Der Bewertungsabschlag beim Kurs-Gewinn-Verhältnis liegt etwas

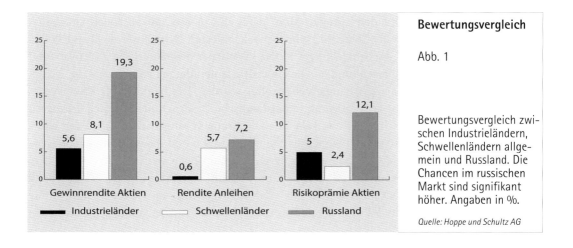

Bewertungsvergleich

Abb. 1

Bewertungsvergleich zwischen Industrieländern, Schwellenländern allgemein und Russland. Die Chancen im russischen Markt sind signifikant höher. Angaben in %.

Quelle: Hoppe und Schultz AG

bei 50%. Zu beachten ist zwar noch das Wechselkursrisiko des russischen Rubel. Allerdings ist der auch schon weit gefallen, so dass das Restrisiko überschaubar sein dürfte.

Russische Aktien sind Dividendenperlen mit Kurspotenzial

*Höhere Dividendenaus-
schüttungen sind attraktiv.*

In den kommenden Jahren ist sogar mit weiter steigenden Dividendenausschüttungen zu rechnen. Bereits seit 2015 fordert das russische Finanzministerium, dass staatliche Unternehmen 50% ihrer Gewinne an ihre Aktionäre auszahlen. Dem kamen die meisten Unternehmen inzwischen bereits nach. Ein weiterer Grund für höhere Dividenden sind die Forderungen der Oligarchen, die möglichst viel Liquidität aus ihren Firmenbeteiligungen herausziehen wollen. Für 2019 rechnen Experten bereits mit drei Billionen Rubel an Dividendenzahlungen. Das entspricht umgerechnet etwa 40,4 Mrd. Euro. Zwei Jahre zuvor wurden lediglich 1,5 Billionen Rubel ausgeschüttet. Traditionell ist das meiste Geld im Energiesektor zu verdienen. Der war über viele Jahre für über 70% aller Ausschüttungen verantwortlich. Erst seit 2017 hat sich das geändert. Die Finanzbranche hat den Öl- und Gaswerten den Rang abgelaufen.

Der russische Aktienmarkt (RTS) ist seit Jahresbeginn um 18% gestiegen. Trotzdem ist der Markt noch sehr preiswert. Hinzu kommt eine Aufwertung des russischen Rubel um knapp 7%, was für ausländische Investoren sehr erfreulich war. Einzelne Titel haben sich in diesem Jahr überdurchschnittlich positiv entwickelt und gleichzeitig wurden hohe Dividenden ausgeschüttet.

Aktienfavoriten aus Russland

*Die Kreditvergabe ist
hoch und kurbelt die
Konjunktur weiter an.*

Zu den „großen Drei" zählt die in Moskau ansässige Geschäftsbank Sberbank, eine der bekanntesten Geldhäuser des Landes. Das Geschäftsfeld liegt in der klassischen Kreditvergabe an Privat- und Firmenkunden. Die Geschäfte laufen derzeit so gut, dass die Analystenschätzungen übertroffen wurden. Die Bank hat die Kreditvergabe an kleine und mittelständische Unternehmen deutlich gesteigert. Zusätzlich wird die Digitalisierung vorangetrieben. Mit einer aktuellen Dividendenrendite von ca. 8,9% und der Aussicht auf steigende Gewinne und höhere Ausschüttungen weist die Aktie attraktive Kennziffern auf. Das Kurs-Gewinn-Verhältnis liegt bei 5,4. Sberbank hat nicht das Problem der niedrigen Zinsen wie die Kreditinstitute im Westen, deren Zinsmarge derzeit schneller schmilzt als Schnee in der Sonne. Auch im Bereich neuer Technologien ist die Sberbank aktiv. Sie bereitet die Einführung der Zahlung per Fingerabdruck oder Gesichtserkennung in Geschäften vor. Bereits in diesem Jahr hat sie Ausschreibungen für den Kauf von biometrischen Terminals mit Kameras angekündigt. Die Sberbank setzt sich bei der Regierung für die Schaffung einer technologischen Forschungsplattform in Moskau ein. Nach Aussagen von Präsident Wladimir Putin soll Russland bis Mitte der 2020er Jahre zu den Weltmarktführern auf dem Gebiet der Künstlichen Intelligenz zählen.

Der Energieriese Gazprom ist das weltweit größte Unternehmen in der Exploration, Produktion und Vermarktung von Erdgas. Ähnlich wie Sberbank befindet sich Gazprom mehrheitlich in Staatsbesitz, der 50% und eine Aktie hält. Der Konzern beliefert fast ganz Europa mit Gas und verfügt über die größten Gasvorräte der Welt. Mit dem Bau und der geplanten Fertigstellung der Nordstream 2-Pipeline durch die Ostsee erweitern sich die Lieferkapazitäten erheblich. Die Dividendenzahlungen steigen in den kommenden Jahren voraussichtlich weiter. Mit einer Rendite von 6,7% und einem Kurs-Gewinn-Verhältnis von 3,8 wird den politischen Risiken durchaus angemessen Rechnung getragen. Seit Jahresanfang stieg der Kurs von rund 4 Euro bis Ende August auf 6,25 Euro. Die Gründe liegen zum einen im gesteigerten Nettogewinn und zum anderen in der erheblich gesunkenen Nettoverschuldung. Außerdem sind die weiteren Geschäftsaussichten für Gazprom positiv, erst recht wenn das umstrittene Nordstream 2-Projekt erfolgreich umgesetzt wird. Darüber hinaus verfolgt der Energieriese zwei weitere strategische Projekte. Gazprom wird künftig Gas in Richtung Türkei und China liefern, wobei insbesondere China als Wachstumsmotor in Asien dient.

Im internationalen Erdgashandel hat Russland die Nase vorn.

Der dritte im Bunde ist der Mineralölkonzern Lukoil, der sechstgrößte börsennotierte Ölkonzern der Welt. Er verfügt über riesige Energiemengen und liegt gemessen daran weltweit auf Platz zwei nach ExxonMobil und vor BP. Bei den Rohölreserven übertrifft er alle anderen an der Börse gehandelten Unternehmen. Die Bewertung von Lukoil ist im Vergleich mit anderen Öl-Unternehmen äußerst niedrig. Ein Kurs-Gewinn-Verhältnis von 6,2 notiert weit unter dem Branchendurchschnitt. Royal Dutch liegt mit einem Wert von 12 etwa doppelt so hoch. ExxonMobil wird momentan sogar mit dem 23-fachen seines Gewinnes bewertet. Die Aktie hat eine Dividendenrendite von 5%.

Günstig bewerteter Erdöl-Gigant

Darüber hinaus gibt es in Russland eine ganze Reihe weiterer spannender Aktien. Zu diesen Werten zählt Magnit, einer der führenden russischen Einzelhandelsunternehmen mit Sitz in Krasnodar. Ende 2017 verfügte die Gruppe über ein Netz von 16.350 Filialen unter dem Namen Magnit in Russland, die sich hauptsächlich auf Convenience Stores, Drogeriemärkte und SB-Warenhäuser verteilen. Mit einem Kurs-Gewinn-Verhältnis von 10,7 ist Magnit nicht so preiswert wie die anderen Titel. Der Wert erreicht auf dem jetzigen Kursniveau eine Dividendenrendite von 5,4%, die im nächsten Jahr steigen dürfte. Der US-Gigant Walmart ist mit einem Kurs-Gewinn-Verhältnis von 22 mehr als doppelt so hoch bewertet.

Auch andere Schätze schlummern in Russlands Böden.

Einer der bedeutendsten Diamantenproduzenten der Welt ist ALROSA. Die Firma ist spezialisiert auf die Erforschung und Gewinnung von Diamanten. Die Tätigkeit des Unternehmens umfasst Lagerstättenerkundung, Förderung, Bearbeitung und Vertrieb von Rohdiamanten. Das Hauptgeschäft befindet sich in der Republik Sacha, in der Oblast Archangelsk und in Afrika. Mit 10,9% ist die Dividendenrendite äußerst attraktiv und das Kurs-Gewinn-Verhältnis von 7,3 nicht mehr teuer. Naturgemäß ist dieses Geschäft äußerst volatil. Seit Jahresbeginn hat die Aktie 25% im Kurs verloren. Für langfristige Investoren ist das aber eine Chance.

Russland: Risiken werden angemessen bezahlt

Für Value-Investoren sind gerade die Aktien besonders spannend, die günstige Bewertungskennzahlen und hohe Dividendenzahlungen aufweisen. Im Vergleich mit Aktien aus anderen Regionen sind die russischen Titel etwa um die Hälfte preiswerter zu bekommen.

Auswahl Russland-Fonds		
NAME DES FONDS	ISIN	ANLAGESTARETGIE
Schroder ISF Emerging Europe EUR A Dis	LU 001 002 082 3	Aktienfonds All Cap Osteuropa
SEB Eastern Europe Small Cap Fund	LU 008 682 879 4	Aktienfonds All Cap Osteuropa
BNP Paribas Funds Russia Equity C	LU 082 343 156 3	Aktienfonds All Cap Russland
BNP Paribas Equity Russia Opportunities C	LU 028 288 000 3	Aktienfonds All Cap Russland
ComStage Dow Jones Russia GDR TRN UCITS ETF	LU 039 249 553 6	Aktienfonds (ETF) All Cap Russland

Quelle: CREDO Vermögensmanagement GmbH

Titel, die nach Kursrückgängen besonders günstig sind und deren Geschäftsaussichten langfristig positiv sind, lassen sich hier ebenfalls finden.

Jedem erfahrenen Investor dürfte bewusst sein, dass russische Aktien volatiler sind und generell höhere Risiken aufweisen als klassische Aktien in den Industrieländern. Die entscheidende Frage ist aber, ob die eingegangenen Risiken gut und angemessen bezahlt werden. In Russland stecken die Risiken vor allem im politischen Bereich. Die Sanktionen des Westens seit der Annexion der Krim haben ihre Spuren hinterlassen. Das Land hat daraufhin entsprechend reagiert. Die geringe Verschuldung des Staates und der Unternehmen macht die russische Föderation weniger anfällig. Auch wirtschaftliche Risiken sind zweifelsohne vorhanden, sollte es zu einer weltweiten Rezession oder einem Abschwung kommen.

Die Risiken im russischen Aktienmarkt liegen vor allem in der Politik.

Fazit

Aus meiner Sicht werden die Risiken für russische Aktien eher über- als unterschätzt. Darum werden gute Gelegenheiten dort von ausländischen Investoren meist nicht wahrgenommen. Sie sind kaum investiert. Das bietet besondere Chancen für die Investoren, die sich trauen, ausgetretene Pfade zu verlassen und abseits der allseits bekannte Märkte zu investieren. Die Bewertung ist niedrig, die Dividenden stabil und die Wachstumsaussichten von Russland sind gut. Trotz aller politischen Risiken gibt es an der Wolga eine positive Realverzinsung und ein stabiles Umfeld. Für den langfristig orientierten Anleger sind dies beste Voraussetzungen, aussichtsreiche und spannende Investmentmöglichkeiten zu finden.

» Auf der Suche nach Rendite und strukturellem Wachstum rücken Investments in Frontier-Märkte immer mehr in den Anlegerfokus. Frontier-Märkte sind Länder wie Kenia, Nigeria oder Vietnam, die politisch, wirtschaftlich und finanziell noch nicht so weit entwickelt sind wie Schwellenländer. Sie sind gewissermaßen die „Schwellenländer von morgen". In Frontier-Märkten sind Engagements in Aktien und insbesondere Anleihen strategisch sinnvolle Bestandteile in Multi-Asset-Portfolios. Sie bieten Diversifikationsvorteile und ein höheres Performancepotenzial als herkömmliche Anlagealternativen bei vergleichsweise niedriger Volatilität. «

Frontier-Markets
Investieren in die Schwellenländer von morgen

Bernd Meyer, Berenberg

1992 prägte die Weltbank den Begriff „Frontier-Märkte" (FM). Damit sind Volkswirtschaften gemeint, die sich in einem früheren Stadium der politischen, wirtschaftlichen und finanziellen Entwicklung befinden als Schwellenländer (Emerging Markets, EM). Generell bieten Frontier Markets eine im Schnitt jüngere Bevölkerung und höheres Wachstum als die Industrie- und Schwellenländer. Da in den weiter entwickelten Schwellenländern die Arbeitskosten steigen, werden Frontier-Märkte als verlängerte Werkbank zunehmend attraktiv. Zudem bietet die junge Bevölkerung ein großes Arbeitskräftepotenzial und auch eine wertvolle zukünftige Konsumentenbasis. FM-Volkswirtschaften haben Konvergenzpotenzial in Richtung des wirtschaftlichen, politischen und finanziellen Stadiums, den die Schwellenländer bereits erreicht haben. Gleichzeitig ist die Staatsverschuldung der Frontier-Märkte in der Regel niedriger als die von Schwellenländern und entwickelten Volkswirtschaften. Das ist auch deshalb so, weil der Zugang zu den internationalen Finanzmärkten noch eingeschränkt ist.

Frühes Stadium der Entwicklung bietet Potenzial

Die Schwellenländer von morgen

Frontier-Länder weisen im Allgemeinen auch einen weniger entwickelten institutionellen Rahmen als Schwellenländer auf, etwa im Hinblick auf staatliche Institutionen und Zentralbanken. Das bedeutet, dass es in Frontier-Märkten überaus wichtig ist, wer jeweils die Regierung stellt, da dadurch die Entwicklung des Landes entscheidend geprägt wird. Dieses politische Risiko kann für Investoren durch Investitionsbeschränkungen oder indirekt durch Herabstufungen der Ratingagenturen zu Verlusten führen. Zudem ist die Entwicklung der FM-Wirtschaften aufgrund der stärkeren Inlandsausrichtung der Wirtschaft und der Branchenstruktur weniger abhängig vom globalen Wachstumszyklus. Der wichtigste Treiber für Anlagen in Frontier-Märkten sind länderspezifische Entwicklungen. Dies ist bei Schwellenländern, deren Leistungsbilanzen im letzten Jahrzehnt beträchtlich expandiert sind, nur

Frontier-Länder sind im höheren Maße politisch instabil als Schwellenländer.

noch in begrenztem Maße der Fall. Wegen ihrer stärkeren Inlandsorientierung sind Frontier-Märkte auch von den aktuellen Handelsstreitigkeiten weniger betroffen als die Schwellenländer.

*Kleine und illiqui-
de Kapitalmärkte*

Aus Sicht der Anleger spielen insbesondere der Unterschied in der finanziellen Entwicklung sowie der Ausbau der Kapitalmärkte eine zentrale Rolle. Die Kapitalmärkte in Frontier-Märkten sind typischerweise relativ klein und illiquide. Diese Eigenschaften hemmen bislang das Potenzial für ausländische und institutionelle Beteiligungen. Das Liquiditätsrisiko zeigt sich für Investoren in höheren Handelskosten (Geld-/ Briefspannen) bis hin zum Extremfall, dass einzelne Positionen über einige Zeit gar nicht gehandelt werden können. Daher ist diese Anlageklasse für langfristige, strategische Investitionen geeignet, aber weniger für eine taktische Allokation. Jedoch ist die Entwicklung der Marktgröße und -liquidität in den einzelnen Ländern für Aktien und Anleihen häufig unterschiedlich. Das bedeutet, dass einige Länder in Bezug auf eine der beiden Anlageklassen als Frontier-Markt gelten, in Bezug auf die andere jedoch bereits als Schwellenland eingestuft sein können.

Indizes für Fontier-Märkte

Im Aktienbereich existieren diverse Benchmark-Indizes für Frontier-Märkte. Zur Abgrenzung von Industrie-, Schwellen- und Frontier-Märkten legt z. B. MSCI drei Kriterien zugrunde: die wirtschaftliche Entwicklung, die Größe und Liquiditätsanforderungen sowie den Marktzugang.

*Große Unterschie-
de bei den Indizes.*

Für Anleihen gibt es indes nur einen Index, der als Benchmark herangezogen wird – der J.P. Morgan „Next Generation Markets Index". Dieser ist jedoch als Unterkategorie von EM-Hartwährungsanleihen (J.P. Morgan EMBI Global Diversified) definiert, nämlich als Anleihen von Emittenten mit „niedriger Liquidität".

Der Index stellt damit eher ein Engagement in EM-Hartwährungsanleihen mit hoher Sensitivität gegenüber der Risikostimmung dar. Das ist ein bedeutender Unterschied zu Aktienindizes der Frontier-Märkte, bei denen es keine Überschneidungen zwischen Frontier- und Schwellenländermärkten gibt. Zudem berücksichtigt der Index nur auf Hartwährung lautende Anleihen und umfasst nur Länder, die bereits im Index für EM-Hartwährungsanleihen vertreten sind. Damit bietet der Index nicht alle Vorteile, die man von der Beimischung von Frontier-Märkte-Anleihen in ein Portfolio erwarten würde. Positive Effekte einer zukünftigen Indexinklusion oder auch die größere Unabhängigkeit von der globalen Risikoneigung der Anleger sind beispielsweise nicht gegeben.

FM-Aktien und FM-Anleihen unterschiedlich geprägt

Die Länderstruktur bei FM-Aktien unterscheidet sich stark von der von FM-Anleihen. Legt man den MSCI Frontier Market Index für FM-Aktien und den JP Morgan Next Generations Marktes Index für FM-Anleihen zugrunde, findet sich nur eine geringe Anzahl von Ländern in beiden Indizes: Jordanien, Kenia, Nigeria, der Senegal, Sri Lanka, Tunesien und Vietnam.

Nur wenige Überschneidungen zwischen Aktien- und Anleihenindex

FM-Anleihen sind stark durch Länder aus Afrika und Lateinamerika geprägt. FM-Aktien sind hingegen zu mehr als 50% von Ländern des Nahen Osten oder Afrikas geprägt und unterscheiden sich damit deutlich von EM-Aktien, die stark von der Entwicklung der asiatischen Schwellenländer getrieben sind.

Deutliche Unterschiede gibt es auch bei der Branchenstruktur von FM- und EM-Aktien. FM-Aktien sind viel stärker auf inlandsorientierte Branchen und Dienstleistungsunternehmen konzentriert. Finanzwerte machen rund 50% aus. Aber auch gewöhnlich stärker inlandsorientierte Sektoren wie Telekommunikation und nichtzyklische Konsumgüter sind Schwergewichte. Der Rohstoffsektor in den Frontier-Märkten ist oft unterrepräsentiert. Die Förderung von Öl in Frontier-Märkten wird beispielsweise meist von westlichen oder staatlichen Unternehmen durchgeführt. Deshalb sind diese häufig nicht an der lokalen Börse gelistet, selbst wenn es sich bei diesem Frontier-Markt um einen großen Ölexporteur handelt.

Frontier-Märkte-Investments im Portfolio-Kontext

Für eine strategische Beimischung von Investments in Frontier-Märkte sprechen Diversifikationsvorteile und ein höheres Performancepotenzial als bei herkömmliche Anlagealternativen bei vergleichsweise niedriger Volatilität. Frontier-Märkte-Aktien, -Anleihen und -Währungen versprechen mittel- bis langfristig eine bessere Entwicklung als entsprechende Anlagen in DM- und EM-Ländern. Das höhere Wachstum der FM-Volkswirtschaften, geringere Staatsverschuldung und das Konvergenzpotenzial in Richtung EM-Länder unterstützen FM-Anlagen fundamental.

FM-Anleihen weisen eine deutlich höhere Rendite auf als EM-Anleihen und FM-Aktien eine vergleichsweise attraktive Bewertung. Ein Grund hierfür ist sicherlich die Prämie für die begrenztere Liquidität. Eine Konvergenz hin zu einem EM-Status sollte Kapital anziehen. Anleger können angesichts der sich potenziell angleichenden Risikoprämien davon profitieren. Eine Aufnahme in EM-Indizes könnte zusätzliche Kapitalzuflüsse und positive Kursreaktionen auslösen, insbesondere da passive Anlagen, die EM-Indizes nachbilden, an Bedeutung gewonnen haben.

Frontier-Märkte-Investments weisen in der Regel eine niedrigere Volatilität als EM-Anlagen auf. FM-Aktien bieten sogar eine niedrigere Volatilität als Aktien aus den Industrieländern. Der geringere Anteil internationaler Investoren, der hohe Anteil strategischer Anlagen und der geringe Anteil passiver Anlagen in den FM-Märkten reduzieren die Volatilität in Stressperioden. Auch die Dominanz länderspezifischer Risiken reduziert die Volatilität eines Portfolios aus FM-Anlagen. Die Korrelation zwischen Frontier-Märkten untereinander ist deutlich niedriger als die zwischen Schwellenländern.

Frontier-Märkte weisen im Vergleich zu EM-Anlagen niedrigere Korrelationen zu Anlagen in entwickelten Märkten auf. Grund dafür ist der geringere Anteil internationaler Anleger und die Dominanz lokaler Anleger die Investments in Frontier-Märkten weniger anfällig macht gegenüber Veränderungen der Risikobereitschaft globaler Anleger. Zudem macht die stärkere Inlandsausrichtung der Wirtschaft die Entwicklung weniger abhängig vom globalen Wachstumszyklus. FM-Währungen mit niedriger Korrelation zu den G10-Währungen bieten zusätzliches Diversifikationspotenzial.

Jüngste Entwicklung und Ausblick

EM- und FM-Anleihen profitierten in den vergangenen Jahren von den global sinkenden Renditen und den zunehmenden Volumina negativ rentierender Anleihen. Allerdings ist die Korrelation zwischen FM- und EM-Anleihen seit 2009 von fast null auf nahezu 0,3 gestiegen. Das bedeutet, dass EM-Anleihen jetzt wesentlich abhängiger von globalen Entwicklungen und für eine Portfoliodiversifizierung weniger gut geeignet sind. Folglich wenden sich die Anleger zunehmend den weniger korrelierten Anleihen aus Frontier-Märkten zu, die zudem eine höhere Rendite aufweisen.

EM-Anleihen korrelieren stärker mit den globalen Märkten.

Die Wertentwicklung von FM-Aktien in den letzten zehn Jahren ähnelt stark der von EM-Aktien und ist schwächer als die von Aktien aus den Industrieländern. Der deutliche Rückgang der Wachstumsdifferenz zwischen den EM-Volkswirtschaften und den Industrieländern und die Schwäche der Rohstoffpreise seit 2006/2007 sind die wesentlichen Treiber dafür.

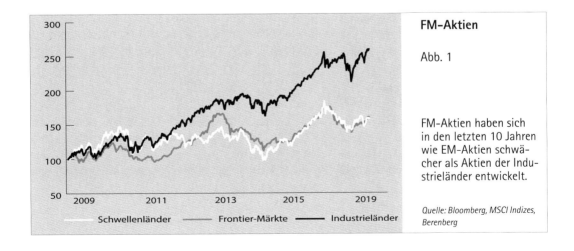

FM-Aktien

Abb. 1

FM-Aktien haben sich in den letzten 10 Jahren wie EM-Aktien schwächer als Aktien der Industrieländer entwickelt.

Quelle: Bloomberg, MSCI Indizes, Berenberg

— Schwellenländer — Frontier-Märkte — Industrieländer

Wir erwarten für die kommenden Jahre weder eine tiefe Rezession mit einem langfristigen Aktien-Bärenmarkt noch einen starken Wirtschaftsaufschwung. Stattdessen dürfte das Umfeld begrenzten Wachstums und niedriger Zinsen weiter anhalten. Das Wachstum bleibt insbesondere in Europa gering.

Die Jagd nach Rendite bei Anleihen und nach strukturellem Wachstum bei Aktien dürfte Frontier-Märkte-Anlagen in den kommenden Jahren begünstigen. Auch die attraktiven relativen Bewertungen dürften weiter unterstützen. Der Trend zu nachhaltigen Anlagen, insbesondere dem sogenannten „Impact Investing", dürfte FM-Anleihen zudem stärker in den Fokus rücken. Denn viele Anleihen mit FM-Bezug finanzieren die weitere Entwicklung der Infrastruktur in diesen Ländern und helfen Armut zu bekämpfen. Jedoch sind FM-Anlagen vorerst noch durch die dominierenden politischen Risiken und Rezessionsbefürchtungen belastet, vor allem über eine mögliche Abwertung der FM-Währungen gegenüber dem US-Dollar. Bei Zeichen einer Wachstumsstabilisierung (insbesondere hinsichtlich der heimischen Nachfrage in China) und wieder zunehmendem Risikoappetit der Anleger dürfen sich interessante Einstiegsmöglichkeiten bei FM-Investments ergeben.

Fazit

Diversifizierte FM-Anleihe-Engagements bieten eine der letzten Anlageformen, die in einem Multi-Asset-Portfolio noch überdurchschnittliche und deutlich positive und diversifizierende, d.h. schwach mit dem globalen Wachstumszyklus korrelierte, Anleiherenditen bieten können. Das war in den Schwellenländern vor fast zwei Jahrzehnten auch so.

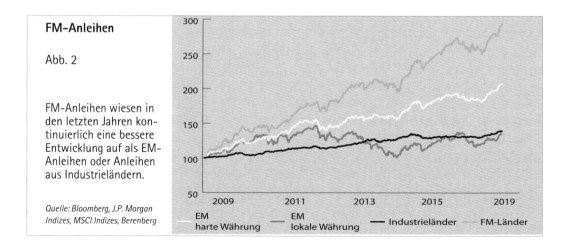

FM-Anleihen

Abb. 2

FM-Anleihen wiesen in den letzten Jahren kontinuierlich eine bessere Entwicklung auf als EM-Anleihen oder Anleihen aus Industrieländern.

Quelle: Bloomberg, J.P. Morgan Indizes, MSCI Indizes, Berenberg

EM harte Währung — EM lokale Währung — Industrieländer — FM-Länder

Diversifizierte FM-Anleihefonds weisen beispielsweise eine laufende Rendite von mehr als 10% aus. In einem Umfeld begrenzten Wachstums und niedriger Zinsen dürften FM-Anleihen von der anhaltenden Jagd nach Rendite und FM-Aktien von der Jagd nach strukturellem Wachstum profitieren.

Anleger, die sich für die Diversifikations- und Konvergenzeffekte von Frontier-Märkte-Anleihen interessieren, sollten sich nicht auf das Universum des JP Morgan Next Generation Markets Index beschränken, sondern auch Landeswährungsanleihen und insbesondere Anleihen aus Ländern, die nicht in dem Marktbarometer enthalten sind, in Erwägung ziehen. Diese weisen im Vergleich mit Schwellenländeranleihen auch eine geringere bzw. nur indirekte Abhängigkeit von der US-Zinskurve und dem US-Dollar auf. Auf Frontier-Märkte-Anleihen fokussierte aktive Fonds sind deshalb einem passiven Investment in diesem Segment vorzuziehen. Von einer Investition in Einzelanleihen ist aufgrund der hohen idiosynkratrischen Risiken, d.h. der spezifischen Risiken eines einzelnen Emittenten, und aus Diversifikationsgründen abzuraten.

» *Die Zinswelt steht weiter Kopf. Statt der für Europa erwarteten Rück-kehr zur Normalität, hat uns das Jahr 2019 weiter in die Welt negativer Zinsen geführt. Selbst für lange und sehr lange Laufzeiten sind die Zinsen nun negativ. Teilweise sogar bis in den Bereich 30-jähriger Staatsanleihen. Wie lange eine solche Extremsituation aufrecht erhalten werden kann und welche Langfristfolgen das haben wird, ist gänzlich unbekannt. Anleihe-Investoren setzen zunehmend auf Kurssteigerungen. Das ist riskant. Und wer klassisch investiert und auf Kupons fokussiert, muss weit in die Welt hinausschweifen. Wie also sollte die Anleihenstrategie 2020 aussehen?* «

Null & Negativ
Was von der Zinsentwicklung zu erwarten ist

Thomas Neuhold, Bank Gutman

Die konjunkturelle Verlangsamung der Weltwirtschaft hat die Notenbanken im Sommer 2019 ausgebremst. Die Angst vor einem Wachstumseinbruch der Weltwirtschaft hat die US-Notenbank pünktlich zum Jahresbeginn 2019 veranlasst, ihre bis dahin vollzogene allmählich straffende Geldpolitik neu zu justieren.

Die konjunkturelle Entwicklung bremst die Notenbanken.

Die Federal Reserve (Fed) vollzog eine Kehrtwende und ihr Chef Jerome Powell verkündete ein Ende der Zinserhöhungen in den USA. Er folgte damit nolens volens den hartnäckig artikulierten Forderungen von Präsident Trump. Der will niedrige Zinsen sowohl als Mittel in seinem Wirtschaftskrieg gegen China, als auch als Wahlkampfhilfe einsetzen. Im offiziellen Text der Notenbank ist natürlich nur von der Gefahr negativer Auswirkungen der Zölle auf das Wachstum und der geringen Inflation die Rede. Und – so fair muss man sein – die US-Notenbanker widerstreben Trumps Wunsch nach noch stärkeren Zinssenkungen und behalten damit einen gewissen Grad an Unabhängigkeit. Trump wiederum denkt an Jimmy Carter 1980 und George Bush sen. 1992, deren Wiederwahl nach Ansicht vieler von zu hohen Zinsen „verhindert" wurde. Dabei ist die US-Konjunktur bis zum Herbst 2019 nicht schlecht gelaufen. Die amerikanische Wirtschaft ist sogar noch auf Wachstumskurs, während das Wachstum in Deutschland im Jahresverlauf tatsächlich knapp unter den Nullpunkt fiel.

Anleihen preisen US-Zinswende ein

Die US-Staatsanleihen haben den Schwenk der Fed zügig eingepreist. Die Renditen fielen und infolge dessen kam es sogar zu einer Inversion der US-Zinskurve. Die Renditen der langlaufenden Staatsanleihen sank unter die kurzlaufender Papiere. Das ist historisch betrachtet ein typisches und relativ verlässliches Zeichen für eine Rezession oder zumindest für ein schwaches Wirtschaftswachstum. Trotzdem sind Dollar-Anleihen für Investoren interessant. Schließlich gibt es hier noch über

Fallende US-Staatsanleihen als Rezessions-Indikator

alle Laufzeiten positive Renditen. Bei möglichen weiteren Zinssenkungen durch die US-Notenbank, dürfte der Druck auf die Kurse am langen Ende naturgemäß höher sein als am kurzen Ende.

In der Eurozone liegen die Zinsen bereits bei Null.

Im Gegensatz zu den US-Währungshütern, halten die europäischen Zentralbanker den Leitzins schon bei Null. Die Europäische Zentralbank (EZB) hat die Zinsen seit inzwischen mehr als zehn Jahren nur gesenkt. Selbst in den Jahren mit gutem Wachstum hat sie nie die Leitzinsen erhöht, sondern den Einlagesatz bei minus 0,40% belassen.

Seit Mario Draghi im Sommer 2019 deutlich machte, dass die sich eintrübende Konjunktur weitere expansive Maßnahmen erfordern würde, fielen die Renditen kurzfristiger deutscher Staatsanleihen weit unter Null. In einer noch nie dagewesenen Reaktion sanken aber auch die Renditen der zehn-, zwanzig- und der dreißigjährigen deutschen Staatsanleihen steil. Im Herbst 2019 liegen die Renditen bis in den Bereich der 30-jährigen Anleihen deutlich im negativen Bereich (akt. -0,20%).

Mit den deutschen wurden auch die Renditen der finnischen, österreichischen, französischen, belgischen, spanischen und sogar vieler italienischer Staatsanleihen negativ. Auch eine große Anzahl an in Euro denominierten Unternehmensanleihen weist negative Renditen auf.

Anleihenstrategie für Negativ-Zinsen 2020

Ergibt es Sinn, derzeit in Anleihen zu investieren?

Die Ausgangslage, auf deren Basis wir die Handlungsmöglichkeiten bei Anleiheinvestitionen für das Jahr 2020 beurteilen, ist kniffelig. Entscheidenden Markteinfluss werden erneut die Notenbanken haben. Die EZB bemüht sich, das Wachstum in Europa am Laufen und damit die Inflation nahe dem Ziel von 2% zu halten. Nebenbei reduziert sie die Zinskosten für die Staaten, damit diese freie Hand für expansivere Finanzpolitik bekommen. Es stellte sich jedoch die Frage, warum absehbare Einlagezinsen von minus 0,50% oder vielleicht sogar minus 0,80% jenes Wachstumswunder vollbringen sollen, das jahrelange Zinsen von minus 0,40% nicht vollbracht haben? Möglicherweise führt eine solche Politik nicht zu mehr Investitionen (wenn es keine guten Investitionsmöglichkeiten gibt), sondern nur zu noch steiler steigenden Assetpreisen. Es ist auch durchaus denkbar, dass die Sparer ihr Geld von den Banken abziehen, wenn diese irgendwann gezwungen sind, die Negativzinsen an ihre Einleger weiterzureichen – selbst wenn sie es dann Gebühren nennen.

Die Kosten dieser Geldpolitik sind ohnehin hoch. Und es ist auch zu fragen, ob es überhaupt theoretisch denkbar ist, dass Investoren über 30 Jahre negative Renditen in Kauf nehmen. Als die langfristigen Renditen auf Null gesunken waren, meinten viele Investoren: „Ab jetzt können Renditen nur mehr steigen!" Als die Renditen jedoch weiter sanken, haben sich viele Investoren (gedanklich) von diesem verrückten Markt verabschiedet.

Die Kurse von sehr lange laufenden Anleihen wie z. B. der österreichischen Staatsanleihe mit Laufzeit bis 2117 (also noch 98 Jahre) sehen im Sommer 2019 aus wie Aktien von Dotcom-Unternehmen im Jahr 1999. In der Dotcom-Blase wurden die Bewertungen der Unternehmen mit möglichen zukünftigen Gewinnen gerechtfertigt. Versprechungen, die letztlich nicht eingehalten werden konnten.

Langfristige Versprechungen können gefährlich sein.

Übertragen auf den Anleihemarkt 2020 heißt das: Die aktuellen Kurse der langen Anleihen lassen sich nur durch die Erwartung einer für Jahrzehnte anhaltenden Politik mit Leitzinsen von Null oder weniger rechtfertigen. Dass die EZB 2020 und 2021 die Zinsen nicht erhöhen wird, kann man heute als relativ sicher annehmen. Dass sie jedoch nie wieder zu normalen Zinsen zurückkehren wird, kann niemand ernsthaft annehmen, oder?

Ist eine Welt ohne Zinsen denkbar?

Hat sich die Welt tatsächlich so verändert, dass ein „natürliches Zinsniveau" nicht mehr bei drei bis vier Prozent liegt, wie es die meisten in Schule und Universität noch lernten und wie es (mit wenigen Ausnahmen) über Jahrhunderte gültig war? Wer also sind die Käufer, die Anleihen mit so schlechten Renditen noch ins Portfolio nehmen? Zu einem guten Teil sind es Versicherungen, die regulatorisch gezwungen werden, in lange Anleihen zu investieren. Daneben sind es Anleger, die jede Laufzeit in Kauf nehmen, solange die Rendite nicht negativ ist. Hinzu kommen Spekulanten, die auf ein neues Kaufprogramm der EZB hoffen und auf weiter kletternde Anleihenkurse setzen.

Wer sind die momentanen Anleihe-Käufer?

Die strategische Frage in dieser besonderen Situation ist: Können negative Null- und Negativzinsen langfristig funktionieren? Wie bei jeder Beobachtung neuer Phänomene versuchen neue Theorien den Einklang mit dem gewohnten Weltbild wiederherzustellen. (Positive) Zinsen begründen sich durch das Konzept der Zeitpräferenz, wonach der homo oeconomicus den sofortigen Konsum einem gleichwertigen späteren Konsum immer vorzieht. Das sollte theoretisch auch so bleiben, solange wir den Jungbrunnen noch nicht gefunden haben und das Leben endlich ist. Letztlich ist es ja nicht sicher, ob man in zwanzig Jahren seine Ersparnisse überhaupt noch konsumieren kann. Durch den Anstieg von Lebensstandard und vor allem Lebenserwartung scheint es jedoch so zu sein, dass immer mehr Konsum in die Zukunft – in die Rente – verschoben wird. Um für die Renten-Zeit anzusparen, sind immer mehr Anleger bereit, negative Zinsen hinzunehmen.

Demographie drückt den langfristigen Zins

Negative langfristige Renditen sind für viele ein Novum.

Es ist zwar kein neues Phänomen, dass man beim Sparen real Kaufkraft verliert. Die kurzfristigen Zinsen waren in der Vergangenheit schon oft geringer als die Inflation, beispielsweise Mitte des vorigen Jahrhunderts. Dass jedoch die langfristigen Renditen negativ geworden sind, lässt sich nur mit dem riesigen Bedarf an finanzieller Vorsorge für das Alter erklären. Die Demographie und die Entwicklung des Zinsniveaus in Japan unterstützen diesen Befund. Im Fall der deutschen Staatsanleihen kommt natürlich noch eine besondere Komponente hinzu: Sie sind das Instrument der Wahl für die absolute Sicherheit bei Euro-Anlagen. Für diese Sicherheit sind Investoren in Zeiten von Brexit und Italien-Krise durchaus bereit, eine Prämie zu zahlen.

Es gibt Gründe für die – im historischen Kontext – niedrigen Renditen. Auch die Zentralbanken haben diese Entwicklung registriert und setzen den langfristigen „neutralen" Zins tiefer an als noch vor einigen Jahren. Aber: Das aktuelle Niveau langfristiger Renditen sehen wir dennoch als übertrieben an. Die derzeitige Situation wird viel zu weit in die Zukunft fortgeschrieben. Als die Zinsen Mitte des 20. Jahrhunderts lange Jahre unter der Inflationsrate lagen, rechnete keiner mehr mit Zinsen über zehn Prozent – bis US-Finanzminister Paul Volcker kam, um mit hohen Leitzinsen die Inflation in den Griff zu bekommen.

Ist die Inflation tot?

Die Inflation wird wiederkehren – wenn auch nicht sofort.

Aktuell scheint es so, als ob die Inflation tot und deren Renaissance unmöglich wäre. Aber auch dieser Zustand wird nicht ewig anhalten. Zwar werden die nächsten Jahre sicherlich noch von sehr niedrigen und negativen Leitzinsen geprägt sein. Die Fortschreibung dieses Zustands auf die kommenden 30 Jahre, wie es aktuell in den Bewertungen sehr langer Anleihen abgelesen werden kann, ist eine gefährliche Fehleinschätzung. Es liegt aber in der Natur des Menschen, einen bekannten

Zustand – zumal, wenn er schon geraume Zeit andauert – einfach in die Zukunft fortzuschreiben. Grundsätzliche Risiken fundamentaler Trendwechsel werden dabei stets unterschätzt.

Wie tief können Renditen sinken?

Kurzfristig müssen wir davon ausgehen, dass die Renditen vom aktuellen Niveau genau so noch weiter fallen können, wie sie plötzlich steigen könnten. Wir sehen ein mögliches unteres Niveau erst bei rund minus 1,5%. Ein neues Quantitative Easing Programm der EZB, gestaffelte Einlagezinsen bis zu minus 1% oder die Flucht in die Qualität bei einer Rezession nach einem chaotischen Brexit treiben Investoren in die sicheren Bundesanleihen – egal zu welchen Kosten. Ein Wahlkampf in den USA, der das Niveau der Politik in bisher ungeahnte Abgründe führen könnte, dürfte auf den Märkten zusätzlich eine starke Dynamik entfalten.

Der Tiefpunkt ist noch nicht erreicht.

Die Apologeten der Negativzinsen sind derzeit eindeutig auf dem Vormarsch. Für die Zentralbank scheint die Antwort auf jedes Problem eine weitere Forcierung der expansiven Politik zu sein. Das Problem ist: Die Nebenwirkungen werden eher mit der Dauer dieses Zustandes als mit dem tatsächlichen Niveau der Zinsen sichtbar. Der Befund von 2009, dass eine zu lange Periode von zu tiefen Zinsen unweigerlich zu Fehlallokationen und Blasen führt, scheint tatsächlich schon vergessen zu sein. Das wird an der Verschiebung der Wahrnehmung sichtbar. Neuerdings ist nicht der niedrige Zins bis circa 2006 schuld an der damaligen Finanzblase, sondern die Zinserhöhungen ab 2004.

Nullzinsen führen zu massiven Fehlallokationen

Auch diesmal wird jedoch der Befund stimmen, dass tiefe Zinsen zu Fehlallokationen beim Kapitaleinsatz führen. Das ist mit Blick auf die Immobilienmärkte, aber auch auf die Aktienbörsen erkennbar. Bereits jetzt entstehen zudem volkswirtschaftliche Kosten in Form von geringerem Produktivitätswachstum (weil die produktivsten Firmen ihres Vorteils beraubt werden) und hoher Sparneigung (weil ohne Zinsen mehr Kapital zur Seite gelegt werden muss). Die Rechnung dafür kommt, wenn die Inflation wiedererwacht.

Die Volkswirtschaften schalten in Folge der Nullzinsen in den Rückwärtsgang.

Gegensteuern werden die Notenbanken vorerst wohl aber nicht. Der scheidende EZB-Präsident Mario Draghi hat den Zentralbankkurs bereits bis Mitte 2020 vorgezeichnet. Kurzfristig bestehen somit wenig

Möglichkeiten für Kursänderungen. Seine Nachfolgerin, Christine Lagarde, dürfte aber auch mittelfristig an der lockeren Geldpolitik festhalten. Es ist derzeit schwer vorstellbar, wie sie den Weg in Richtung eines normalen Zinsumfeldes gehen könnte.

Macht die EZB unter Lagarde Zentralbankgelder locker?

Die größte Überraschung – und auch das größte Risiko – könnte sein, dass sie einen gewissen Willen erkennen lässt, europäische Projekte mit Zentralbankgeld zu finanzieren. Denkbar wären Infrastrukturprojekte oder die Umstellung auf eine nachhaltige Energiewirtschaft (Stichwort: Zwei-Prozent-Ziel). Dabei könnte Lagarde ihre größte Stärke (ihr politisches Know-how aus dem Internationalen Währungsfonds, IWF) einsetzen, vielleicht auch den gordischen Knoten aus restriktiver Finanzpolitik und niedriger Inflation zerschlagen. Werden viele Milliarden Euro für solche Projekte ausgegeben, könnte die Inflation deutlich anziehen. Das würde der Notenbank dann auch den Weg aus den Negativzinsen heraus ebnen.

Empfehlung für Anleihen 2020

Vor diesem Hintergrund ist die Anleihenstrategie für das nächste Jahr sehr klar. Investieren Sie in ein breit gestreutes Portfolio aus kurz- bis mittelfristigen Unternehmensanleihen und Pfandbriefen mit guten Ratings von soliden und Ihnen gut bekannten Emittenten. Sie werden damit wahrscheinlich leichte Verluste realisieren, die Sie aber hinnehmen sollten, um größere Verluste zu vermeiden.

Italien bleibt ein Hochrisiko-Land.

Spekulieren Sie in Ihrem privaten Portfolio nicht mit italienischen Staatsanleihen, auch wenn diese einen attraktiven Aufschlag zu bieten scheinen. Wenn Sie in den kommenden Monaten wieder über die italienische Farce lesen, können Sie sich entspannt zurücklehnen, weil sie nicht im Risiko sind. Sollte Italien nicht bankrottgehen (was sehr wahrscheinlich ist), ist das für Sie nicht schlimm. Bei den Anleihen werden sie dann dennoch nicht viel verpasst haben.

Um die Durchschnittsrendite Ihres Anleiheportfolios zu verbessern, können Sie einen kleinen Anteil von Anleihen in anderen Währungen ins Portfolio aufnehmen. Diese bieten in der Regel höhere Renditen als Euroanleihen. Hinzu kommt die Chance (freilich auch das Risiko) von Wechselkursgewinnen. Dabei wird das Fremdwährungsrisiko bei Anleihen meist unterschätzt und das Zinsänderungsrisiko überschätzt. Da jedoch aufgrund des Zinsumfelds der erwartete Ertrag aus dem Zinsänderungsrisiko gesunken ist (während der Ertrag aus Fremdwährungsrisiko weiter bei Null liegt), ist es mehr gerechtfertigt als zuvor, Anleihen in Fremdwährungen ins Portfolio zu nehmen.

Eine Quote von zehn bis 15% von Anleihen in Fremdwährung (ohne Währungsabsicherung, denn die würde den gesamten Zinsvorteil auffressen) ist angesichts der Umstände akzeptabel. Im Fokus sollten dabei Anleihen aus Währungsräumen stehen, die bei guter Bonität eine höhere Zinskurve bieten, z. B. in US-Dollar oder auch kanadischen oder australischen Dollars begebene Papiere. Mit einem solchen Anteil an Anleihen in Fremdwährung können Sie sich über die anhaltend traurige Situation bei Euro-Renditen hinwegtrösten ohne durch die Fremdwährungen das Risiko zu stark zu erhöhen.

Fremdwährungs-Anleihen stechen im sonst schwachen Umfeld heraus.

Mit Anleihen aus den Emerging Markets oder High-Yield-Anleihen sollten Sie dagegen vorsichtig sein. Wenn es zu einer starken Rezession kommt, können diese Anleihen genauso getroffen werden, wie in einem Umfeld, in dem die Zinsen unerwartet steigen. Überdies ist kaum zu erwarten, dass Länder aus den Emerging Markets in einem eskalierenden Handelskonflikt profitieren werden.

Fazit

Wir würden Ihnen gerne einen freundlicheren Ausblick für Ihre Anleiheveranlagung bieten. Die Politik der Zentralbanken lässt dies jedoch derzeit nicht zu. Aktuell ist es die beste Anleihenstrategie, mit Kurzläufern und Fremdwährungspapieren auf Zeit zu spielen und auf bessere Zeiten zu warten. Warten Sie nicht im Cash, bis die Bank Ihnen Negativzinsen berechnet. Wenn das soweit ist, werden viele Anleger kurzfristige Unternehmensanleihen kaufen wollen. Dann ist es besser, wenn Sie diese Papiere schon im Portfolio haben. Daneben konzentrieren Sie sich in Ihrem Portfolio auf die Aktienseite und nehmen dort gezielt Chancen wahr. Die Zeit, in der Sie wieder mehr bei Ihrer Anleiheveranlagung verdienen können, wird aber früher kommen, als viele jetzt glauben.

Die aktuelle Lage ist kniffelig, aber nicht aussichtslos.

» Mit Wandelanleihen haben Anleger die Sicherheit von Anleihen und zugleich die Chancen von Aktien. Sie sind so anpassungsfähig, dass sie in beinahe jedem Marktumfeld eine gute Figur im Portfolio machen. Denn in bestimmten Phasen entwickeln sie sich eher aktienähnlich, in anderen stehen ihre Eigenschaften als Anleihe im Vordergrund. In dieser Zeit der Zinslosigkeit und nach knapp zehn Jahren Aktienhausse bieten sie sich als Allwetter-Investment an. Denn Anleger dürfen sich darauf verlassen: Mit ihrer buchstäblichen Wandelfähigkeit stellen sie sich auch in Zukunft wie von selbst auf ihre Umgebung ein. «

Allwetter-Investment
Mit Wandelanleihen durch die Nullzinszeit

Marc-Alexander Knieß | Stefan Schauer, Lupus alpha

Wer bis Mitte 2019 gedacht hatte, die schwierigsten Zeiten für Zins-investoren seien überstanden, hatte sich getäuscht. Angesichts sich eintrübender Konjunkturaussichten und hartnäckig niedriger Inflation leitete erst die US-Notenbank Fed einen erneuten Zyklus sinkender Zinsen ein. Praktisch zeitgleich schaltete auch die EZB in ihrem Locke-rungsmodus einen weiteren Gang hoch.

Steigende Zinsen Fehlanzeige!

Der Anlagenotstand verschärft sich. Schon per Ende Juli 2019 waren weltweit negativ verzinsliche Anleihen im Volumen von 13 Billionen Euro ausstehend. 97% aller Bundesanleihen hatten eine negative Um-laufrendite. Eine österreichische Staatsanleihe mit 97 Jahren Restlauf-zeit rentierte mit gerade einmal 0,7%. Das Ausweichen auf andere An-leihensegmente ist ebenfalls schwierig. Denn selbst die Renditen von High-Yield Unternehmensanleihen rutschen allmählich ins Negative. Als Beispiel sei hier nur eine FiatChrysler-Anleihe erwähnt. Sie hat ein Rating von BB+, ist fällig im März 2021 und rentiert im August 2019 bie -0,2%. Viele ähnliche Anleihen ebenfalls.

Anpassungskünstler Wandelanleihe

Anleger werden noch eine ganze Weile mit faktischer Zinslosigkeit zurechtkommen müssen. Ein Ausweichen auf Aktienmärkte ist aber für manche Investoren keine gangbare Option mehr. Entweder weil sie grundsätzlich das Risiko scheuen. Oder weil sie ihr Risikobudget für Aktien bereits ausgereizt haben. Darum lassen wir uns von einer Erkenntnis des Wissenschaftlers Charles Darwin leiten. Der Pionier der Evolutionstheorie sagte: „Es ist nicht der Stärkste, der überlebt. Auch nicht der Intelligenteste. Sondern derjenige, der am besten auf Verän-derungen reagiert."

Nicht jeder kann und will in Aktien investieren.

In Zeiten der Unsicherheit gewinnen also die Anpassungsfähigen. Das führt uns zur Wandelanleihe. Jede Wandelanleihe kann unter vorab de-finierten Umständen in eine festgelegte Anzahl Aktien eines bestimmten Unternehmens getauscht werden. Zugleich bietet sie das Rückzahlungsrecht einer Anleihe zum Laufzeitende sowie regelmäßige, in einem Kupon festgeschriebene Zinszahlungen während ihrer Laufzeit.

Die Chancen auf Gewinne sind geringer; auf Verluste aber auch.

Weil sie Eigenschaften von Aktien und Anleihen in einem Papier vereinen, werden Wandelanleihen auch als „hybride Anlagen" bezeichnet. Die Aktienkomponente und das mit ihr verbundene Wandlungsrecht wird in Form einer eingebetteten Kaufoption abgebildet. Diese Konstruktion hat für ihre Käufer vorteilhafte Konsequenzen: Marktuntersuchungen zeigen, dass Wandelanleihen Kurssteigerungen der zugrundeliegenden Aktie in der Regel zu etwa zwei Dritteln nachvollziehen. Kursrückschläge gehen sie hingegen nur zu einem Drittel mit – diese werden durch die Anleihekomponente abgefedert. 2018 gab dafür einen starken Beleg: Während viele Aktienindizes zweistellig verloren haben, gaben globale Wandelanleihen nur um etwa fünf Prozent nach. Die eingebaute Puffer-Funktion hat verlässlich funktioniert. Investoren erhalten also ein chancenorientiertes Investment inklusive eingebautem Sicherheitspuffer.

Umschichtungen im Depot sind bei Wandelanleihen überflüssig.

Der hybride Charakter führt dazu, dass Wandelanleihen automatisch reagieren, wenn die Märkte sich verändern. Kein Vermögensverwalter muss im richtigen Moment von „Aktie" auf „Anleihe" umschichten, oder umgekehrt. Damit hat man mit ihnen in beinahe jedem Marktumfeld Renditechancen – und zumindest einen gewissen Schutz vor Verlusten. Denn fallen die Aktienmärkte, dann ist der Wert einer Wandelanleihe nach unten durch den so genannten Bond Floor geschützt. Dieser entspricht einer vergleichbaren herkömmlichen Anleihe ohne Wandlungsrecht, aber mit der gleichen Restlaufzeit und dem gleichen Zinskupon. Bei vergleichbaren Eckdaten fällt der Kurs einer Wandelanleihe nie unter diesen Wert. Zugleich profitiert die Optionskomponente von der bei Kurseinbrüchen häufig steigenden Volatilität – und kompensiert damit zum Teil den Aktienkursrückgang.

Schutz selbst bei steigenden Zinsen

Sollten die Zinsen doch einmal wieder steigen, wird es bei klassischen Rentenanlagen zu empfindlichen Kurseinbußen kommen. Allerdings haben Wandelanleihen im Durchshnitt eine kürzere Laufzeit als Unternehmensanleihen – in der Regel liegt sie bei drei bis fünf Jahren. Schon deshalb sind ihre Zinsänderungsrisiken geringer als die von reinen Unternehmensanleihen. Eine Analyse der verschiedenen Zinsanstiegsphasen seit dem Jahr 2001 zeigt, dass ein globales Wandelanleihen-

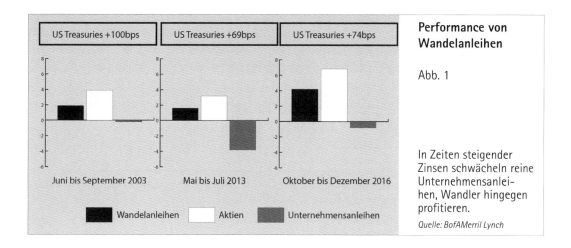

Performance von Wandelanleihen

Abb. 1

In Zeiten steigender Zinsen schwächeln reine Unternehmensanleihen, Wandler hingegen profitieren.

Quelle: BofAMerril Lynch

Portfolio in Phasen steigender Zinsen jeweils eine signifikant bessere Wertentwicklung gegenüber Staatsanleihen und Unternehmensanleihen erzielt hat. Das liegt auch daran, dass steigende Zinsen meist mit einem steigenden Aktienmarkt einhergehen (Grafik 1). In einem solchen Marktumfeld profitieren die Wandelpapiere zusätzlich von ihrer Partizipation an der Entwicklung der Aktienkurse.

So leisten Wandelanleihen im Portfolio auch einen effektiven Beitrag zur Diversifikation. Wegen ihrer hybriden Struktur sind sie selbst in der heutigen Zeit allgemein gestiegener Korrelationen nur wenig mit anderen Anlageklassen korreliert. Nur langanhaltende Seitwärtsmärkte sind für Wandelanleihen ein schlechtes Umfeld. In solchen Märkten kann ein Zeitwertverlust auftreten. In der Praxis zeigt sich aber, dass die Kuponzahlungen diesen Effekt in der Regel ausgleichen.

Das eigene Portfolio breiter aufstellen

Alternatives Investment in Nullzins-Zeiten

Mit diesen Eigenschaften bieten sich Wandelanleihen für Zinsinvestoren an, die sich aufgrund des Nullzinsumfeldes gezwungen sehen, nach Alternativen mit höherem Ertragspotenzial zu suchen, aber direkte Aktieninvestments vermeiden wollen. Sie nutzen Wandelanleihen als Ergänzung traditioneller Strategien im Rentenbereich sowie zu Unternehmensanleihen, High-Yield Bonds oder auch Emerging Markets Corporate Bonds.

Wandelanleihen sind auch für defensiv eingestellte Aktieninvestoren von Interesse, die mit Rückschlägen bei Aktien rechnen. Denn Wandelanleihen ermöglichen bei begrenztem Risiko die effiziente Implementierung von Aktienchancen. Hinzu kommt: Zinszahlungen sind für das eine Anleihe emittierende Unternehmen verpflichtend, Dividenden-zahlung an die Aktionäre sind es nicht.

Risikomanagement mit Wandlern

Aus verschiedenen Gründen sind Wandelanleihen prädestiniert für aktives Management. So lässt sich das Risikoprofil eines Portfolios passgenau steuern. Die Kennzahl „Delta" gibt an, wie stark eine Wan-delanleihe auf Änderungen des Aktienkurses reagiert. Je niedriger diese Kennzahl in einem Bereich zwischen 0 und 1 ausfällt, desto anleihe-ähnlicher reagiert die Wandelanleihe – und je höher das Delta, desto aktienähnlicher. Die Konvexität einer Wandelanleihe ist bei einem Del-ta zwischen 0,3 und 0,7 am höchsten. Aus Investorensicht ist dieser „Balanced"-Bereich besonders attraktiv. Denn hier ist das asymmetri-sche Verhalten von Wandelanleihen am stärksten ausgeprägt: Sie gehen zwei Drittel des Wegs bei steigenden Aktienmärkten mit, aber nur ein Drittel bei fallenden Kursen.

Wenn die Märkte bereits ambitionierte Bewertungen erreicht haben, ist es also sinnvoll, das Delta in Abhängigkeit von der Markterwartung zu steuern, um das Portfolio vor möglichen Korrekturen an den Ak-tienmärkten zu schützen. Dafür bietet es sich an, Wandelanleihen mit einem hohen Delta ab 0,7 in Papiere mit einem Delta im „Balanced"-Bereich umzuschichten.

Ein gut diversifiziertes Wandelanleiheportfolio weist aber auch Einzel-titel auf, die nach ihrem jeweiligen Profil als „Bond-like" oder „Equity-like" kategorisiert werden können, also außerhalb des ‚Balanced'- Berei-ches liegen. Auf diesem Weg lassen sich opportunistisch Schwerpunkte setzen. Auch über die Auswahl und Gewichtung von Restlaufzeiten, bei denen wir zwischen zwei und drei Jahren favorisieren, kann ein Wandel-anleihen-Baustein im Portfolio gut gesteuert werden.

Ineffizienzen eröffnen Renditechancen

Mit einem ausstehenden Gesamtvolumen von rund 400 Mrd. US-Dol-lar sind Wandelanleihen im Vergleich zu dem weltweiten Anleihemarkt ein Nischenmarkt. Daher gibt es in diesem Markt auch Ineffizienzen, die bei entsprechender Expertise gewinnbringend genutzt werden kön-nen. Solche Ineffizienzen auf dem Markt für Wandelanleihen ergeben sich unter anderem daraus, dass viele der ihnen zugrundeliegenden

Aktien von den Research-Abteilungen großer Banken, die vor allem die führenden Aktienindizes im Blick haben, kaum abgedeckt werden. Hinzu kommt, dass sich immer wieder auch markante Fehlbewertungen bei Einzeltiteln finden lassen.

Außerdem sind die Verkaufsprospekte wenig standardisiert. Darin finden sich häufig sehr spezifische Vereinbarungen und vertragliche Merkmale. Deshalb ist es besonders wichtig, bei Emissionen auf die Details zu achten, sämtliche Emissionsprospekte genau zu studieren und alle Details genau zu verstehen. So ermöglichen z. B. Übernahmeschutzklauseln attraktive Zusatzerträge, wenn sich im Falle einer Übernahme des Emittenten zusätzliche Ertragschancen ergeben, weil eine vorteilhafte Anpassung des Wandlungsverhältnisses vorgenommen wird oder wenn die Anleihe frühzeitig zum Nennwert zurückgezahlt wird.

Verkaufsprospekte sollten eingehend studiert werden.

Solche Szenarien sind nicht ungewöhnlich, zumal viele Emittenten Wachstumsunternehmen sind, die häufig im Fokus von Übernahmen stehen. Nicht selten handelt es sich um Weltmarktführer in ihrer Branche, die eine günstigere Form der Kapitalaufnahme als über normale Unternehmensanleihen suchen. Zwar hat das Universum der Wandelanleihen per se ein gewisses Übergewicht bei kleineren Emittenten. Zugleich aber bieten Wandelanleihen die Möglichkeit, in Wertpapiere bekannter Emittenten zu investieren, die keine klassischen Unternehmensanleihen begeben. Beispiele hierfür sind Suzuki Motors, Klöckner und Qiagen, aber auch Twitter und LinkedIn, die Ende 2016 von Microsoft übernommen wurden.

Die Krux mit der Recherche

Dennoch sind mehr als 40% des Investmentuniversums Emittenten mit einem Rating im High-Yield-Bereich. Oft fehlt das Rating des Emittenten auch komplett. Deshalb liegt eine der besonderen Herausforderungen für Anleger darin, in einem globalen Nischenmarkt Emissionen zu finden, die eine attraktive Aktienkomponente mit einer hohen Anleihequalität verbinden. Aus diesem Grund ist eine dezidierte und permanente Analyse der Emittentenrisiken (Kreditrisiko) unabdingbar.

Zugang zu einem professionellen Markt

Neben der komplexen Titelauswahl ist es für private Investoren aus einem weiteren Grund nicht einfach, selbst direkt zu investieren: Die Geschäfte werden überwiegend außerbörslich zwischen professionellen Investoren abgewickelt. Darüber hinaus liegt das Mindestinvestment für eine Emission häufig bei 100.000 Euro oder darüber.

Empfehlung: mittels Fonds in Wandelanleihen investieren

Eine gute Möglichkeit für Privatanleger bieten daher auf diese Anlageklasse spezialisierte Fonds. Sie öffnen Privatanlegern den Zugang zu diesem Markt, mitsamt der Möglichkeit, sich bereits mit geringeren Summen an einem diversifizierten Wandelanleiheportfolio zu beteiligen. Wir verfolgen dabei einen globalen Ansatz inklusive Absicherung gegen Währungsrisiken. Qualifizierte Fondsmanager verfügen neben ihrer fachlichen Expertise zudem über intensive Marktkontakte, was sich z. B. in günstigeren Transaktionskosten und einem optimierten Management von Neuemissionen niederschlagen kann. Selbst die Berücksichtigung von Nachhaltigkeitskriterien ist bei der Auswahl von Wandelanleihen übrigens machbar, obwohl der Markt insgesamt ein Nischen-Universum ist.

Fazit

Wandelanleihen kombinieren mit ihren hybriden Eigenschaften die Vorteile von Anleihen und Aktien. So können sie in beinahe jedem Marktumfeld eine zuverlässig stabilisierende Rolle in den Portfolios von Anleihe- wie auch von Aktieninvestoren spielen. Anleihe-Investoren, die sich in der Zeit der Zinslosigkeit eine neue Renditequelle erschließen wollen, finden in Wandelanleihen ein Investment, das die Chancen des Aktienmarktes nutzt, ohne auf die Pufferfunktion von Anleihen zu verzichten. Aktien-Investoren, die sich vor möglichen Kursrückschlägen absichern wollen, finden in Wandelanleihen eine stabilisierende Anlagemöglichkeit, ohne auf Kurschancen verzichten zu müssen.

Wer im Japan-Modus investiert sein möchte, der sollte sich Wandelanleihen anschauen!

» Im Kampf gegen den Klimawandel engagieren sich zunehmend auch Unternehmen. Nach dem Willen der EU soll zudem der gesamte Finanzmarkt grüner werden. Für Investoren eröffnen sich damit attraktive Anlagechancen. Keine Rüstungsgüter, keine Atomenergie, keine fossilen Brennstoffe, die die globale Klimaerwärmung befeuern, keine Umweltsünden, keine Titel von Firmen, die Probleme mit Menschen- und Arbeitsrechten haben – die Liste der Ausschlusskriterien ist lang. Wer mit gutem Gewissen investieren will, kann ab sofort auch breit gestreut auf nachhaltige Indexfonds setzen. «

Nachhaltige ETF
Indexfonds in verschiedenen Grüntönen

Barbara Sternberger-Frey, FUCHS-Team

Börsennotierte Investmentfonds, im Fachjargon Exchange Traded Funds oder kurz ETF genannt, kommen im Gegensatz zu aktiv gemanagten Fonds ohne teures Fondsmanagement und Research aus. ETF bilden den Börsenindex des jeweiligen Marktes nach, in den sie investieren. Das macht sie extrem kostengünstig und zahlt sich bei der Rendite aus – und das nicht wegen der niedrigeren Kosten. Längst ist erwiesen, dass selbst der cleverste Fondsmanager es nicht schafft, den Markt dauerhaft zu schlagen. Mit ETF verdienen Anleger zwar nur im Marktdurchschnitt. Das verspricht langfristig aber das bessere Geschäft.

Grüne ETF hatten lange Seltenheitswert

Im Bereich der nachhaltigen Geldanlage waren ETF allerdings lange Mangelware. 2015 gab es nur zwölf grüne ETF, wobei rund die Hälfte davon in Deutschland gar nicht erhältlich war. Inzwischen gibt es über 80 nachhaltige Indexfonds, die auch für heimische Anleger erhältlich sind. Insgesamt verwalten nachhaltige ETF aus Europa ein Vermögen von über 91 Milliarden Euro. „Gemessen am verwalteten Anlagevolumen machen sie damit bereits rund 15% aller Indexfonds in Europa aus", sagt Ali Masarwah vom Fondsanalysehaus Morningstar. Bei den Neuanlagen fließen sogar rund 20% der Mittel in grüne ETF.

Grüne ETF: Boom in den letzten zwei Jahren

Zunächst waren es vor allem große institutionelle Anleger, wie Stiftungen, kirchliche Investoren, Versicherungen oder Vermögensverwalter, die – angeregt von EU-Vorgaben – nach grünen ETF verlangten. Denn kaum ein Thema bewegt die Finanzbranche derzeit so sehr wie der EU-Aktionsplan für ein nachhaltiges Finanzwesen. Bis 2030 will die EU Treibhausgase um 40 Prozent im Vergleich zu 1990 senken, um die Zusagen aus dem Pariser Klimaabkommen von 2015 umzusetzen. Um diese ehrgeizigen Ziele zu erreichen, versucht sie „die gewaltige Kraft der Kapitalmärkte im Kampf gegen den Klimawandel zu mobilisieren", sagt Valdis Dombrowski, EU-Kommissions-Vize in der Ära Juncker.

EU-Vorgaben zu Klimaschutz bringen die Märkte in Zugzwang

Nachhaltigkeit wird bei Anlageberatungen obligatorisch

So sollen institutionelle Anleger künftig ausweisen, wie umweltfreundlich ihre Investitionen sind. Anlageberater müssen ihre Kunden demnächst fragen, ob und wie nachhaltig sie ihr Geld anlegen wollen. Zudem soll ein einheitliches Finanz-Klassifikationssystem (Taxonomie) festgelegt werden, das nachhaltiges Wirtschaften kennzeichnet. Auf Konferenzen wird bereits lebhaft über die ideale „ESG" diskutiert, wie die Kurzformel für Environment (Umwelt), Social (Soziales) und Governance (Unternehmensführung) im Fachjargon genannt wird. Die drei Schlüsselbegriffe bilden die Grundpfeiler der Nachhaltigkeit.

Grüner, risikoärmer, transparenter: Viel spricht für grüne ETF

Der neue Trend mobilisiert auch Privatanleger. Jeder zweite interessiert sich bereits für Nachhaltigkeits-ETF, wie eine aktuelle Umfrage von Vontobel Asset Management unter 4.600 Anlegern aus 14 Ländern ergab. Denn grüne ETF sind nicht nur wesentlich preiswerter als aktiv gemanagte Öko-Fonds, sondern bieten auch eine breite Risikostreuung. Obendrein gelten sie als transparent.

Der Markt reagiert auf die Nachfrage

Der steigenden Nachfrage kommt die Finanzbranche gern entgegen und weitet das Angebot zügig aus. Blackrock, einer der größten Vermögensverwalter der Welt, hat bereits Ende 2018 sechs neue grüne ETF aufgelegt und will mehrere Modellportfolios für Anleger zugänglich machen. Fondsgesellschaften wie die UBS, BNP Paribas, Xtrackers, Lyxor und Amundi waren bereits zuvor mit marktbreiten grünen ETF am Start. Robo-Advisor, die eine automatisierte Geldanlage auf ETF-Basis bieten, ziehen nach. Mittlerweile sind sieben Portale mit ESG-Portfolios am Markt. Rechnet man White Label Produkte und Modellportfolios hinzu, gibt es bereits zehn Anbieter, die Anlegern ein breit gestreutes und bequem verwaltetes nachhaltiges ETF-Portfolio offerieren.

Wo nachhaltig draufsteht, ist nicht immer nachhaltig drin

Allerdings setzen längst nicht alle Robo-Advisor auf grüne ETF. Vividam, seit Ende 2018 als erster komplett nachhaltiger Robo-Advisor am Markt, zieht aktiv gemanagte grüne Fonds vor. Begründung: Aufgrund der Auswahlverfahren bei grünen Indizes bestünde auch bei den darauf aufsetzenden ETF immer die Gefahr, ungewollt an fossilen Brennstoffen beteiligt zu sein. Diese Bedenken sind nicht ganz von der Hand zu weisen. Denn wie nachhaltig ein Indexfonds wirklich ist, hängt einerseits vom jeweiligen Index und andererseits von der Art und Weise ab, wie er nachgebildet wird.

Etikettenschwindel bei Nachhaltigkeits-ETF

Pleiten, Pech und Pannen sind dabei nicht auszuschließen, wie der amerikanische ETF-Anbieter Vanguard unlängst feststellen musste. Vanguard setzt bei der ETF-Erstellung auf den Indexanbieter FTSE-Russel. Doch der hatte aufgrund von Fehlern bei der Indexerstellung, – so die offizielle Begründung – auch Aktien von Waffenherstellern und Gefängnisbetreibern in seine Nachhaltigkeits-Indizes aufgenommen. Diese waren dann auch in Vanguards Nachhaltigkeits-ETF enthalten. Ein Unding, so der Vermögensverwalter. Vanguard legte kurzerhand selbst Hand an und warf die Titel aus den Portfolios. Erst danach hat auch Indexanbieter FTSE hat seine Indizes nachträglich korrigiert.

Das Beispiel macht vor allem eines deutlich: Ein wirklich sauberes Portfolio ist nicht immer garantiert. Das gilt vor allem, weil jeder Indexbieter seine eigenen Ausschlusskriterien festlegen kann. Wer als Anleger wirklich sicher sein will, einen grünen ETF zu finden, der zu seinen Anlagezielen passt, kommt daher nicht umhin, sich die einzelnen ETF und vor allem die zugrundeliegenden Indizes näher anzuschauen.

Anleger müssen selbst kritisch hinterfragen

Shades of Green

Die meisten ETF bilden ihren Index 1:1 nach. Das heißt, sie investieren genau in die gleichen Titel wie der Index selbst und geben den jeweiligen Aktien oder Anleihen auch das gleiche Gewicht. Bei dieser vollständigen Nachbildung des Index, im Fachjargon „physische Replikation" genannt, können sich Anleger zumindest darauf verlassen, dass im Fonds auch drin ist was draufsteht. Wie hell- oder dunkelgrün die Anlage ist, hängt dann vom jeweiligen Index ab.

Ähnlich sieht es aus, wenn lediglich jene Titel in den ETF kommen, welche die Wertentwicklung des Index maßgeblich ausmachen, im Fachjargon „physische Abbildung mit optimiertem Sampling" genannt. Bei diesem Auswahlverfahren sind zumindest die größten Aktien des jeweiligen Index auch im Portfolio des ETF zu finden.

Die Art der Nachbildung des Basisindex ist entscheidend.

Einige ETF bilden den Index aber lediglich synthetisch mit so genannten Swap-Tauschgeschäften nach. Dann bekommt der Anleger letztlich nur die Wertentwicklung des jeweiligen Index geliefert. An den gewünschten ethisch, ökologischen Aktien, in die er investieren möchte, ist er dagegen womöglich gar nicht beteiligt. Denn im Fondstopf selbst muss keine einziger Titel aus dem Index enthalten sein. Im Gegenteil.

Augen auf bei synthetischen ETF

Der Lyxor ETF New Energy (ISIN FR 001 052 477 7), der den World Alternative Energy Index spiegeln will, legt in ein breit gestreutes Portfolio mit Finanz- und Industrietiteln an. Mit der gewünschten Ausrichtung hat das nichts mehr zu tun. Mehr noch: Im ETF stecken sogar ökologisch höchst fragwürdige Titel, wie Royal Dutch Shell, die dem Auswahlverfahren des Index komplett widersprechen. Kurz: Synthetische ETF sind oft regelrechte Mogelpackungen. Anleger, die eine wirklich nachhaltige Geldanlage suchen, sollten davon die Finger lassen.

Bildung nachhaltiger Tochterindizes geht zu Lasten der Risikostreuung

Bei ETF, die den Index ganz oder teilweise nachbilden, hängt es von der Strenge des Auswahlverfahren ab, wie sauber der Index und damit auch das ETF-Portfolio letztlich ist. Das Gros der ESG-ETF orientiert sich an gängigen Aktien- und Rentenindizes wie MSCI oder Dow Jones. Aus den Basisindizes werden Unternehmen aussortiert, die nicht den jeweiligen ethisch-ökologischen Anlagekriterien entsprechen – fertig ist der nachhaltige Tochterindex. Doch je strenger die Kriterien, desto weniger Titel im Index-Portfolio. Die Wertentwicklung kann dann stärker vom Basisindex abweichen. Zudem sinkt die Risikostreuung

Fallstrick für institutionelle Anleger: Performance

Für institutionelle Investoren ist das oft ein Problem, da sie bestimmte Vorgaben im Hinblick auf Liquidität und Risikostreuung zu beachten haben. Nicht selten wird ihre Anlageleistung zudem an der Performance von konventionellen Indizes gemessen. Zu starke Abweichungen vom Basisindex sind bei institutionellen Anlegern nicht immer gewünscht.

Grün ist nicht gleich grün

Private Anleger müssen selbst entscheiden, welche Verfahren den eigenen Vorstellungen von einer sauberen Geldanlage entsprechen. Doch Achtung: Die großen Indexanbieter haben oft verschiedene Varianten an nachhaltigen Indizes im Angebot – und die reichen oft von hell- bis dunkelgrün.

SRI-Tochterindizes: Risikostreuung leidet

Beim MSCI gibt es die Socially Responsible Investing (SRI) Indexfamilie, die alle wichtigen Regionen und Märkten der Welt mit einem jeweils eigenen Nachhaltigkeitsindex abdeckt. Dazu gehört vor allem der MSCI World SRI Index, einer der bekanntesten grünen Indizes. Er basiert auf dem MSCI World Index, der aber um alle Unternehmen bereinigt wird, die Geschäfte in nicht nachhaltigen Sektoren machen. In einem zweiten Schritt werden aus jedem Sektor die 25% der Unternehmen mit den höchsten ESG-Noten ausgewählt. Anschließend wird geprüft, ob die Unternehmen gegen globale Normen wie den UN Global Compact verstoßen. Das strenge Auswahlverfahren führt dazu, dass von den rund 1.634 Titeln des MSCI World Index lediglich rund 400 für die Aufnahme in den MSCI World SRI-Index übrig bleiben.

Aus Sicht der Kritiker leidet also die Risikostreuung. Und weil die ESG-Noten nach dem vergleichsweise weichen Best-in-Class-Verfahren vergeben werden, ist nicht einmal ein komplett dunkelgrünes Portfolio garantiert. ETF auf diesen Index, wie der iShares MSCI World SRI UCITS ETF EUR (ISIN IE 00B YX2 JD6 9), eignen sich daher nicht für Puristen unter den Grünanlegern. Der ETF weist jedoch eine gute ESG-Bewertung auf und bietet sogar eine deutlich bessere Rendite als vergleichbare ETF auf den konventionellen MSCI World Index.

Ausgewogenes Verhältnis zwischen Nachhaltigkeit und Risiko

Ähnlich läuft das Auswahlverfahren bei den Dow Jones Sustainability Indizes, die von RobecoSAM betreut werden. Diese Indizes sollen die führenden nachhaltig operierenden Unternehmen in den jeweiligen Regionen repräsentieren. Weil auf den Ausschluss von fossilen Brennstoffen verzichtet wird, bleibt der Klimaschutz jedoch zum Teil auf der Strecke. Dennoch verfügt der iShares Dow Jones Global Sustainability Screened UCITS ETF USD (Acc) (EUR) (ISIN: IE 00B 57X 3V8 4) über eine relativ gute ESG-Bewertung. In Sachen Wertentwicklung bleibt er etwas hinter seinem konventionellen Mutterindex zurück.

MSCI-ESG-Varianten: Kein Verfahren ist perfekt

Bei der MSCI ESG-Screened Indexfamilie wird auf die Bewertung der einzelnen Unternehmen nach ESG-Kriterien dagegen verzichtet. Stattdessen werden pauschal bestimmte Bereiche ausgeschlossen. Durch dieses vergleichsweise einfache Verfahren sind ETF auf die MSCI ESG-Screened Indizes mit laufenden Kosten von 0,07 bis 0,20 Prozent des Fondsvermögens extrem günstig. Weiterer Nebeneffekt ist eine bessere Risikostreuung. Während SRI-Indizes bis zu 75 Prozent der Unternehmen vom jeweiligen Basisindex ausschließen, sind es bei ESG-Indizes nur etwa acht Prozent. Doch in den nicht ausgeschlossenen Branchen können ökologisch oder sozial fragwürdige Titel enthalten sein. MSCI betont allerdings, dass durch den pauschalen Ausschluss von Kohlekraftwerken zumindest eine deutliche Reduzierung des CO_2-Ausstoßes im Vergleich zum Basisindex erreicht werden kann.

Vor- und Nachteile unterschiedlicher Ausschlussverfahren

MSCI Select ESG Rating and Trend Leaders-Indizes verzichten ganz auf Ausschlusskriterien und nehmen nur Unternehmen in die Indizes auf, die ein gutes ESG-Rating aufweisen. Zudem muss der Trend bei der nachhaltigen Entwicklung erkennbar sein. Auf diese Weise sollen nachhaltige Unternehmen mit überdurchschnittlichem Kurspotential herausgefiltert werden. Gleichzeitig wird oft auf mehr Klimaschutz geachtet. Das gilt aber nur für ETF, bei denen als ergänzendes Kriterium eine deutliche CO_2-Reduzierung verlangt wird, wie beim DB Xtrackers ETF auf den ESG MSCI Europe (ISIN IE 00B FMN HK0 8).

Eher hellgrün: Ein bisschen nachhaltig

Bei den MSCI ex Controversial Weapons-Indizes ist schon das Auswahlverfahren so mangelhaft, dass fraglich ist, ob es sich um echte Nachhaltigkeits-Indizes handelt. Ausgeschlossen werden nur kontroverse Waffen, wie Streubomben, Landminen, Kernwaffen, chemische und biologische Waffen. Doch anderweitiges umweltschädliches Verhalten, die Verletzung der Menschen- und Arbeitsrechte sowie Verstöße gegen den UN Global Compact bleiben bei diesen Indizes außen vor.

Im Solactive Sustainablility-Index finden sich dagegen die größten Unternehmen wieder, die von ISS-Oekom Research mit einem Prime Status ausgezeichnet wurden. Daneben gilt ein Katalog von Ausschlusskriterien. Doch auch dieser strenge ESG-Filter hat Lücken. Denn im Solactive Eurozone Sustainability Index stecken mit BNP Paribas und Santander zwei Geldinstitute, die Geschäften mit klimaschädlichen fossilen Energien finanzieren. Solche Stolperfallen sollen sich künftig aber reduzieren, wenn die EU die Kriterien für ihr Ökolabel festgelegt hat.

Fazit

Viel Luft nach oben, aber der Anfang ist gemacht

Bis dahin bieten nachhaltige ETF Anlegern bestenfalls eine hell- bis mittelgrüne Geldanlage. Nach Einschätzung von Lyxor muss das aber kein Nachteil sein. Denn interessant sind nicht nur absolut vorbildliche ESG-Anlagen. Investments mit Titeln, die ihr grünes Gewissen gerade erst entdecken bieten oft die besseren finanziellen Erfolgschancen, denn Veränderungen in Bezug auf Nachhaltigkeit schlagen sich besonders stark im Börsenkurs nieder. „Titel mit durchschnittlichen ESG-Bewertungen besitzen daher das höchste Wertentwicklungspotential," sagt Heike Fürpaß-Peter, Anlageexpertin bei Lyxor. Wer eine kostengünstige, nachhaltige Anlage mit Renditepotential sucht, findet bei grünen ETF daher mittlerweile eine breite Auswahl.

FONDS	ANLAGESCHWERPUNKT	ANTEIL*	ISIN	VOLUMEN	WERTENTWICKLUNG**		
					lfd. Jahre	1 J	3 J
DEPOTABSICHERUNG							
Deutsche Börse Xetra-Gold ETC	Gold	20,00%	DE000A0S9GB0	8590,47 Mio. €	21,62	31,21	4,48
iShares Listed Private Equity UCITS ETF (EUR) | IQQL	Beteiligungen/Private Equity	10,00%	IE00B1TXHL60	450,23 Mio. $	37,06	17,99	14,5
ComStage Commerzbank Commodity ex-Agriculture EW UCITS ETF (EUR)	Rohstoffe	3,00%	LU0419741177	407,62 Mio. $	18,33	15,25	7,53
RENTENFONDS							
iShares Core Euro Corporate Bond UCITS ETF	Unternehmensanleihen	1,00%	IE00B3F81R35	12331,05 Mio. €	6,68	5,93	2,06
iShares J.P. Morgan $ Emerging Markets Bond	EM Anleihen, Euro optimiert	1,00%	IE00B2NPKV68	10317,38 Mio $	18,94	20,17	5,03
3 Banken Inflationsschutzfonds T	Inflationsgeschützte Anleihen		AT0000A015A0	101,92 Mio. €	4,2	3,25	1,24
Dimensional Euro Inflation Linked Intermediate Duration Fixed Income Fund EUR Accumulation	Inflationsgeschützte Anleihen	1,00%	IE00B3N38C44	44,69 Mio €	7,37	5,04	2,43
AKTIENFONDS							
db x-trackers MSCI World Index UCITS ETF 1C (EUR)	Aktien, Global	2,00%	LU0274208692	2674,80 Mio. $	21,84	8,99	10,85
iShares Dow Jones Global Sustainability Screened UCITS ETF USD	Aktien Global ESG	6,00%	IE00B57X3V84	217,12 Mio $	19,47	9,22	10,22
iShares Edge MSCI World Minimum Volatility UCITS ETF EUR Hedged	Aktien Global	3,00%	IE00BYXPXL17	4449,91 $	16,96	9,57	n.m.
Amundi ETF MSCI Europe ex EMU UCITS ETF (EUR)	Aktien Europa	2,00%	FR0010821819	181,84Mio $	16,77	7,6	5,91
iShares MSCI Europe UCITS ETF (Acc) (EUR)	Aktien Europa	5,00%	IE00B4K48X80	1544,11 Mio €	17,71	7,08	6,89
Xtrackers ESG MSCI Europe	Aktien Europa ESG	6,00%	IE00BFMNHK08	19,65 Mio. €	16,85	6,51	n.m.
iShares Dow Jones U.S. Select Dividend (DE) Inc (EUR)	Aktien USA	6,00%	DE000A0D8Q49	305,02 Mio $	17,59	6,15	8,21
Delaware Invmts US Lg Cp Val I USD Acc	Aktien USA	6,00%	IE00B29QBH63	15,02 Mio $	16,36	6,53	9,11
iShares Global Timber & Forestry UCITS ETF (EUR)	Aktien Rohstoffe, Holz	1,50%	IE00B27YCF74	74,44 Mio $	5,75	-21,48	7,73
Lyxor UCITS ETF World Water D-EUR	Aktien Rohstoffe, Wasser	1,50%	FR0010527275	619,81 Mio €	25,63	13,69	6,45
DJE Dividende & Substanz	Aktien Welt	6,00%	LU0159550150	1145,97 Mio. €	12,82	2,44	5,12
Wandelanleihe- und Volatilitätsfonds							
Franklin Global Convertibles Securities Funds A (acc) Eur	Wandelanleihen Welt	2,00%	LU0727123316	849,27 Mio. $	11,36	2,1	6,5
UBS (Lux) Bond SICAV – Convert Global (EUR) F	Wandelanleihen Welt	2,00%	LU0949706013	3681,95 Mio. €	9,89	2,1	5,04
Immobilienfonds							
WERTGRUND WohnSelect D	Immobilienfonds Europa	3,50%	DE000A1CUAY0	243,75 Mio €	5,67	9,55	12,48
Fokus Wohnen Deutschland Fonds	Immobilienfonds Deutschland	1,50%	DE000A12BSB8	321,92 Mio. €	2,65	2,51	1,62
SILBER		8,00%					
KUNST		2,00%					
Liquidität		0,00%					

Quelle: Morningstar; * Anteil am Fondsdepot in %, ** Stand: 14.09.2018

» Globale Erwärmung ist kein abstraktes Risiko, sondern eine Tatsache. Die einzige relevante Frage ist, wie hoch wird der Schaden für den Planten und die Menschheit sein? Die Schadenshöhe wird davon abhängen, welche Maßnahmen ergriffen werden um den CO_2- und Methanausstoß zu reduzieren und die Auswirkungen einer wärmeren Welt zu kompensieren. Selbst wenn wir den CO_2-Ausstoß massiv reduzieren, wird es trotzdem auf der Erde bis zum Jahr 2100 ein bis eineinhalb Grad wärmer. Impact Investing will durch CO_2-bewußtes Investieren Einfluss ausüben und gleichzeitig Investoren vor wirtschaftlichen Schäden bewahren. Investiert wird nur in Unternehmen, die den CO_2-Ausstoß dauerhaft reduzieren oder über die entsprechende Technologie verfügen, um andere dabei zu unterstützen. «

Klima, Kapital und CO$_2$
Wie Impact Investing die Welt verbessern kann

Nina Lagron | Ralf Droz, La Française

Das letzte Mal, dass es so heiß auf der Welt war wie heute, ist 100.000 Jahre her. Es steht somit außer Frage, dass sich das weltweite Klima verändert. Und diese Veränderung wird sich weiter beschleunigen. Die Auswirkungen werden die Menschheit, das gesamte Ökosystem, ja den ganzen Planeten über die nächsten Jahrhunderte prägen. Der Meeresspiegel wird steigen, die Polarkappen schmelzen, extreme Wetterereignisse wie Stürme, Überflutungen und Hitzewellen werden zunehmen. Es wird kein einzelnes Ereignis geben, keinen exogenen Schock, der uns zeigt – jetzt haben wir die Klimakatastrophe. Wir sind schon mittendrin. Der Prozess ist schleichend und zeigt sich in den unterschiedlichen Ökosystemen völlig verschieden.

Die Welt steht nicht vor dem Klimawandel, sie ist mitten drin.

Klimawandel betrifft jeden

Doch in einer globalen Welt ist jeder betroffen. Sei es New York, Amsterdam oder Hong Kong – denn steigende Meeresspiegel bedrohen weltweit die Metropolregionen an den Küsten. Andere Landstriche werden durch ansteigende Temperaturen und anhaltende Dürreperioden unbewohnbar werden.

Schon heute steigen die Temperaturen in Indien immer öfter über ein erträgliches Maß hinaus. Im Sommer 2019 zeigte das Thermometer in der Hauptstadt Neu-Delhi ein neues Allzeithoch von 48 Grad und ließ an manchen Stellen den Asphalt schmelzen. Namibias Präsident hat im Mai 2019 wegen der Dürre im Land den Ausnahmezustand ausgerufen. So führte Namibias größter Damm nur noch 22,5% seiner Gesamtkapazität. Andere Dämme waren nur noch zu 4% gefüllt.

Global werden Temperaturanstiege verzeichnet.

Auch wir sind in den gemäßigten Breiten durch eine beschleunigte Folge von Rekordtemperaturen, Starkregen und anderen extremen Wetterphänomenen betroffen: So kam es während des Rekordsommers 2018 wegen akutem Niedrigwasser des Rheins zeitweise zu Produktionseinschränkungen bei BASF und Thyssenkrupp. In manchen Regionen kam es zu Lieferengpässen bei Benzin und Diesel. Das Wirtschaftsministerium hatte im Oktober Teile der nationalen Ölreserven entlang der Rheinschiene freigegeben, um so eine flächendeckende Versorgung mit Treibstoff zu gewährleisten. Thyssenkrupp hatte zeitgleich nicht mehr genügend Rohstoffe für das Duisburger Stahlwerk erhalten und deshalb gegenüber Kunden einen Notstand erklärt. Dies mag nach regionalen Problemen klingen, hat aber globale Auswirkungen auf den weltweiten Handel, wenn Waren nicht mehr produziert oder transportiert werden können.

Klimawandel hat existentielle Auswirkungen

Das Konfliktpotenzial als Folge der veränderten klimatischen Bedingungen ist enorm.

Die Auswirkungen von Klimaverschiebungen und -veränderungen sind durchaus existentiell. Denn beispielsweise steigt nach Dürren die Wahrscheinlichkeit für Konflikte, in deren Folge Menschen fliehen. Klima, Konflikte und Migration gehen seit 2010 Hand in Hand. Das belegt eine aktuelle Studie vom österreichischen International Institute for Applied Systems Analysis (IIASA).

Ein Weltbankreport von 2018 (Groundswell: Preparing for Internal Climate Migration) kommt zum Schluss, dass ohne konkreten Klima- und Entwicklungsplan massive Völkerwanderungen ausgelöst werden könnten. Mehr als 143 Millionen Menschen aus der Sub-Sahara, Südasien und Lateinamerika könnten durch fortschreitende klimatische Veränderungen gezwungen sein, ihre Heimat zu verlassen. Wassermangel, Bodenerosion und sinkende Ernteeinnahmen auf der einen Seite und steigende Meeresspiegel mit einhergehenden Sturmfluten auf der anderen Seite werden Menschen aus den betroffenen Regionen in vermeintlich sicherere Regionen drängen.

Die größer werdenden Migrationsströme lassen sich auch auf den Klimawandel zurückführen.

Dies wird massive politische und gesellschaftliche Auswirkungen auch in den Zielregionen der Umweltflüchtlinge haben. Erste Auswirkungen bei signifikant niedrigem Migrationsdruck sind schon heute in Form von steigendem Populismus und Abschottungstendenzen in den unterschiedlichen Ländern zu beobachten.

Trotz der vielen Hinweise, Fakten und Beweise sind sich Wissenschaft, Wirtschaft und Politik nicht darüber einig, wie die Reaktion auf die laufende Klimaveränderung ausfallen muss. Doch der gesellschaftliche Druck steigt immer mehr, dass staatenübergreifend bei diesem Thema an einem Strang gezogen werden muss. Bereits kurz vor der Europawahl 2019 war für 34% der Deutschen der Schutz von Umwelt und Klima die größte Herausforderung der Zukunft in der EU. Diese Einschätzung wurde auch durch die Wahlergebnisse in vielen Europäischen Ländern durch ein Erstarken von Grünen Parteien bestätigt. Gleichzeitig laufen weltweit die Proteste der „Friday for Future"-Bewegung, deren Zulauf sich im Jahr 2019 kontinuierlich verstärkt hat.

Große Teile der Zivilgesellschaft wollen einen Wandel.

Schlimmer geht immer

Wie hoch der Treibhauseffekt am Ende ausfallen wird, hängt primär damit zusammen, wie schnell es die Staatengemeinschaft schafft den CO_2-Ausstoß zu reduzieren. Schaut man sich an, was bisher passiert ist, kann man getrost vom Schlimmsten anzunehmenden Szenario ausgehen. Der Grund ist nicht, dass Wissenschaft und Politik den Klimawandel verneinen. Vielmehr liegt es daran, dass die Auswirkungen sehr weit in der Zukunft liegen und unklar sind. Außerdem ist es vielmehr ein globales Problem, welches kaum auf nationaler Ebene gelöst werden kann und die zu erwarteten Kosten der Klimaneutralität sind enorm hoch. Tatsache ist, dass sich durch Lippenbekenntnisse der Politik und halbherzige nationale und internationale Regulierungsansätze während der letzten Jahre weder die Emission von Treibhausgasen noch der CO_2-Gehalt in der Atmosphäre sich stabilisiert haben, geschweige denn zurück gehen. Insofern ist ein Anstieg von drei bis vier Grad Celsius bis zum Jahr 2100 gegenüber dem Wert von 1900 nicht unwahrscheinlich.

Impact Investing als ein Lösungsmodell

Man kann jetzt den Kopf in den Sand stecken oder selbst aktiv werden – durch Handeln und Investieren. Privat kann das heißen, Flugreisen zu vermeiden oder mindestens den CO_2-Ausstoss beispielsweise über gezieltes Spenden bei entsprechenden Organisationen wie atmosfair (www.atmosfair.de) zu kompensieren. Hierbei versucht der Einzelne seinen persönlichen CO_2-Fußabdruck (carbon footprint) zu reduzieren. Oder die Menge an CO_2-Emissionen, die ein Mensch verursacht, durch Gegenmaßnahmen wieder auszugleichen. Die Größe des individuellen CO_2-Fußabdrucks ist direkt abhängig vom eigenen Konsumverhalten, der Wahl der Transportmittel, der Ernährungsweise und dem Energieverbrauch durch Strom, Wasser und Heizung. Eine Schonung von Ressourcen geht dann mit einer Verringerung des carbon footprints einher.

Jeder kann sich privat um eine Reduzierung seines CO_2-Fußabdruckes bemühen.

Aber auch Geldströme haben einen enormen Einfluss auf den CO_2-Ausstoß bzw. können diesen entscheidend beeinflussen. Aus Investorensicht kann bewusst in Unternehmen investiert werden, die eine klare Strategie zur CO_2-Reduktion verfolgen und den Carbon Footprint möglichst geringhalten (wollen) oder sogar bis zu einem bestimmten Zeitpunkt auf null zurückfahren (wollen).

Hier greift der Ansatz des Impact Investings. Darunter versteht man Investitionen in Unternehmen mit der gezielten Absicht, neben einer positiven finanziellen Rendite messbar positive Auswirkungen auf die Umwelt oder die Gesellschaft zu erzielen. Die gewünschte soziale bzw. ökologische Wirkung ist Teil der Investmentstrategie und wird gemessen. Der entscheidende Unterschied zum Social Responsible Investing sind die explizite Festlegung von Wirkungszielen und die Messung der Wirkung des Investments.

Impact Investing für Privatanleger

Investieren im Einklang mit den UN-Nachhaltigkeitszielen

Eine der wesentlichen Grundlagen für Impact Investing wurde 2015 auf der Generalversammlung der Vereinten Nationen gelegt. Zu diesem Zeitpunkt einigten sich 193 Staaten auf 17 globale Ziele, die als Sustainable Development Goals (SDGs) eine Leitlinie für den Einsatz finanzieller Mittel für soziale und ökologische Zwecke bilden. Eines dieser definierten Ziele ist, Sofortmaßnahmen zu ergreifen, um den Klimawandel und seine Auswirkungen zu bekämpfen.

Tatsächlich sind Impact Investment Strategien, die für Privatanleger zugänglich sind noch rar gesät. Ein Fonds, der eine klare Impact Investing Strategie verfolgt ist der La Française Lux – Inflection Point Carbon Impact Global. Dieser Fonds investiert weltweit in fast alle Branchen und primär in Large Caps. Ziel des Fonds ist es die Unternehmen zu identifizieren, die derzeit noch einen sehr hohen CO_2-Ausstoß haben, aber über eine klare Strategie verfügen, ihren Carbon Footprint deutlich zu reduzieren.

Die Wirkung ist noch überschaubar – das Potenzial jedoch enorm.

Damit grenzt sich der Impact-Ansatz klar von konventionellen „Clean-Tech-Fonds" ab, die in bereits „grüne", CO_2-arme Unternehmen investieren. Zwar sind die Vorreiter extrem wichtig für die weitere Entwicklung sauberer Technologien. Doch ihr Einfluss auf das Weltklima und die Kohlenstoffreduktion in der Atmosphäre ist oft (noch) äußerst gering. Schwingt aber ein globaler Player, wie z. B. Walmart auf eine Null-Emissions-Strategie um, ist die globale Wirkung enorm.

Genau das ist das Ziel eines solchen Impact Investing Fonds. Finde die Unternehmen, die das Problem und ihre Verantwortung in Sachen CO_2-Emission erkannt haben und bereit sind, über die nächsten Jahre konsequent Ihre Produktion, Distribution, Arbeitsabläufe und Einkauf CO_2-arm zu gestalten.

Dabei müssen die Unternehmen nicht unbedingt ihre Liebe zum Umweltschutz entdeckt haben. Ganz oft stehen handfeste wirtschaftliche Gründe im Mittelpunkt solcher strategischen Entscheidungen in Unternehmen. Diese Transitionsunternehmen haben erkannt, dass eine CO_2-Reduzierung einen deutlichen Vorteil gegenüber Wettbewerbern bringen kann. Denn Verbraucher achten heute stärker auf einen umweltschonenden Einsatz von Ressourcen. Ihre Kaufentscheidung wird eben auch durch Nachhaltigkeitsthemen beeinflusst – der günstigste Preis ist nur noch eine von vielen Merkmalen, die zum Kauf führen.

"Grünes" Engagement und wirtschaftlicher Profit sind kein Widerspruch.

Transitioning Companies – vom Saulus zum Paulus

Ein Paradebeispiel für solch ein Transitionsunternehmen ist Walmart. Die weltweit größte Supermarktkette steht eher für günstige Preise, Lohndumping und generell niedrige Standards für Umwelt und Soziales. Dies soll sich nun ausgelöst durch ein sich wandelndes Konsumverhalten massiv ändern. Dafür hat Walmart unter anderem vor ein paar Jahren das Projekt Gigaton gestartet. Ziel ist es, im Zeitraum 2017 bis 2030 durch die Einbindung seiner rund 100.000 Zulieferer in über 40 Ländern unter Einbeziehung der eigenen und der Zulieferer-Emissionen 1 Milliarde Tonnen CO_2 einzusparen.

Walmart wird damit einen weltweiten Standard setzen, dem auch andere Einzelhändler sich nicht werden entziehen können. Ein Nachmach-Effekt ist zu erwarten. Für zu viele Kunden ist kostengünstig allein kein Argument mehr für eine Kaufentscheidung. Auch der Einsatz von Verpackungen, Logistik und optimiertem Ressourcen zählt. Der Wettbewerb um umweltbewusste und auf sozial Standards achtende Konsumenten ist im vollen Gange.

Wo mit gutem Beispiel voran gegangen wird, ziehen andere hinterher.

Aber auch im regulatorischen Umfeld zeichnet sich heute schon ab, was morgen in der einen oder anderen Form kommen wird. Eine CO_2-Steuer oder ein erweiterter CO_2-Zertifikatehandel ist abschbar. CO_2 wird einen Preis erhalten. Schon jetzt ist der Handel mit Verschmutzungsrechten für manche ein einträgliches Geschäft.

So fürchten Fiat, Chrysler und General Motors Strafen wegen zu hohen

Emissionen. Deswegen kaufen sie bei Tesla CO_2-Zertifikate ein. Und Elon Musks Unternehmen lässt sich das gut bezahlen, dass andere Autohersteller die US-Umweltvorschriften zum Absatz von Elektroautos nicht erfüllen können. Es ist die Rede davon, dass der E-Autohersteller seit 2010 fast 2 Milliarden Dollar Umsatz mit dem Verkauf von Emissionszertifikaten erzielt hat. Das zeigt, dass Unternehmen, die schon heute mit einer Abgabe auf CO_2 rechnen und sich entsprechend positionieren in Zukunft deutlich im Umsatz und Gewinn profitieren können. Regulatorische Unsicherheiten, bzw. absehbare Entwicklungen werden so wirtschaftlich sinnvoll antizipiert.

Einfallsreichtum und Innovationen helfen bei der Reduktion.

Aber auch schon in der Gegenwart geht ökologisches Handeln Hand in Hand mit konkretem wirtschaftlichem Nutzen. Das Beispiel UPS zeigt sehr deutlich, wie dies möglich ist: Der US-amerikanische Transportkonzern ist ein weiterer typischer Emissionsdrossler. Erhöhte Margen, Effizienz, Wachstum und CO_2-Einsparungen wurden dadurch gestützt, dass die Fahrtrouten digital optimiert wurden. So wurde eine intelligente Routenplanung in den USA eingeführt, die die Fahrer so oft wie möglich rechts abbiegen lässt, da dies ohne Stopp an Ampeln möglich ist. Dadurch wurde nicht nur die Effizienz durch reduzierte Fahrzeiten deutlich gesteigert und Einsparungen von über 400 Millionen US-Dollar pro Jahr erzielt, sondern auch die Emissionen um über 10 % gesenkt. Anfang 2018 begann UPS darüber hinaus knapp die Hälfte ihrer 50.000 Lieferwagen in den USA zu elektrifizieren und so neben der CO_2-Einsparung die Städte von Lärm und Luftverschmutzung zu entlasten. Der Einfluss, den solche Maßnahme von Transitioning Companies haben können sind durchaus signifikant. Bei UPS liegt die bisherige Reduktion des CO_2-Ausstoßes bei ungefähr 100.000 Tonnen pro Jahr!

Schon fünf Unternehmen haben eine große Wirkung.

Die hier beispielhaft genannten Unternehmen sind typische Transitioners, die in einem Impact-Investing-Portfolio wie in dem Fonds La Française Lux – Inflection Point Carbon Impact Global enthalten sein können. Schaut man sich im Portfolio des Fonds die derzeit noch fünf größten Verschmutzer mit ihren Transitionsprojekten an (Stand: April 2019), wird einem bewusst wie hoch der Impact tatsächlich ist. Kumuliert man die Einsparziele von 2019 bis 2025, entsprechen diese dem jährlichen CO_2-Ausstoß des von fossilen Energieträgern abhängigen Kanada oder 175% der Treibhausgas-Emissionen einer der führenden westlichen Industrienationen wie Frankreich (siehe Abbildung).

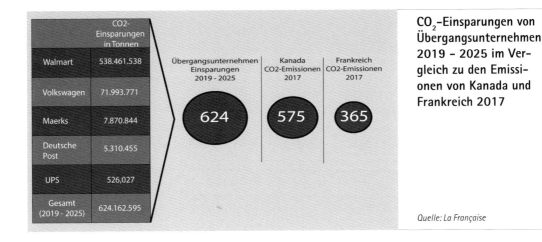

	CO2-Einsparungen in Tonnen
Walmart	538.461.538
Volkswagen	71.993.771
Maerks	7.870.844
Deutsche Post	5.310.455
UPS	526,027
Gesamt (2019 - 2025)	624.162.595

Übergangsunternehmen Einsparungen 2019 - 2025: 624

Kanada CO2-Emissionen 2017: 575

Frankreich CO2-Emissionen 2017: 365

CO$_2$-Einsparungen von Übergangsunternehmen 2019 – 2025 im Vergleich zu den Emissionen von Kanada und Frankreich 2017

Quelle: La Française

Enabler: Die Möglichmacher

Neben der Identifikation und der Investition in die Übergangsunternehmen wie Walmart, UPS, VW und die Deutsche Post gilt der zweite Investitions-Schwerpunkt den sogenannten Enablers (Wegbereitern). Das sind Unternehmen, die die nötigen Technologien bereitstellen, um den Transitionsprozess überhaupt erst möglich zu machen.

Die Produzenten grüner Technologien profitieren vom sich verändernden Konsumverhalten.

Ein klassisches Beispiel hierfür sind die Wegbereiter innerhalb der Wertkette zum Thema E-Mobility. Ohne die Forschung, den Abschluss von Patenten und die konkrete Entwicklung von Batteriekomponenten und Energiezell-Technologien wäre die konkrete Reduktion bei den Endprodukten in Form von Fahrzeugen der Elektromobilität gar nicht möglich. Aber auch Softwarelösungen, intelligente Steuerungssysteme und vernetzte Datenströme stellen eine wichtige Grundlage für den nötigen Fortschritt dar.

Hier gilt, was auch schon beim Goldboom des 20 Jahrhunderts eine Binsenweisheit war: Wer wirklich von der Entwicklung profitieren wollte, hat nicht nach Gold gegraben, sondern Schaufeln verkauft. Doch die Wertkette endet heute nicht beim fertigen Produkt. Der gesamte Rohstoffzyklus, vom Abbau der Rohstoffe bis zum Recycling der genutzten Komponenten, sollte in einer Carbon Impact Strategie abgebildet werden. Steckt doch auch hier ein enormes Renditepotential für Investoren und gleichzeitig eine Reduktionsmöglichkeit für ein umweltverträgliches Wirtschaften. So ist Umicore nicht nur einer der wichtigsten Produzenten weltweit für Batteriekomponenten, sondern auch einer der marktbestimmenden Spieler beim Recycling. Diese Positio-

Lieber Schaufeln verkaufen, als Gold graben.

nierung erlaubt sozusagen an beiden Enden der Wertschöpfungskette zu partizipieren.

Dabei verschwimmen die Grenzen zwischen Enabler und Transitioner, wie das Beispiel DHL zeigt. Bietet die Autoindustrie nicht die notwendigen Lösungen, wird ein klassischer Endabnehmer auch dank der Produzenten von vorgelagerten Antriebskomponenten selbst zum Enabler für andere. In kürzester Zeit hat die Deutsche Post DHL Group mit seinen StreetScooter-Fahrzeugen eine eigene Produktion von Elektroautos in Aachen aus dem Boden gestampft. 2019 sind schon 9.000 dieser E-Laster in Deutschland unterwegs.

Die sich daraus ergebenden Möglichkeiten für die schnellen Early Adapters sind groß – für trägere Marktteilnehmer steigen die Risiken durch Verharren in alten Strukturen. Denn warum sollte DHL nicht auch anderen Unternehmen ihre E-Mobility-Kompetenz anbieten? So wird aus dem klassischen Abnehmer von Fahrzeugen ein Konkurrent für die etablierten Fahrzeugproduzenten. Das zeigt, welche wirtschaftlichen Potentiale und Veränderungsdynamiken in dem Themenbündel Effizienzsteigerung, Wirtschaftlichkeit, gesellschaftliche Akzeptanz, Ressourcenschonung und CO_2-Reduktion liegen. Und genau auf diese Potentiale zielt eine Impact-Investing-Strategie ab.

Diese Erkenntnis wird z. B. im Carbon Impact Fonds von La Française durch eine Mischung aus Transitiong Companies und Enablers im ungefähren Verhältnis von 40 zu 60 abgebildet. Klassische CleanTech-Firmen, die bereits heute (nahezu) vollständige Lösungen zur Reduktion des CO_2-Ausstoßes anbieten, spielen mit einem Anteil an der Fondsgewichtung von ungefähr 2% des Fondsvolumens eine untergeordnete Rolle. Ihr Impact auf eine Veränderung ist in vielen Fällen schon ausgeschöpft und damit nicht im Fokus des Fonds. Hinzu kommt, dass diese Pure Players, bedingt durch ihre in der Regel niedrigere Marktkapitalisierung, oft stärkeren Kursschwankungen unterliegen als die Large Caps aus den beiden anderen Bereichen.

Die klassischen Bewertungsmechanismen von Unternehmen in einem solchen Fonds werden nicht ausgehebelt. Die üblichen Bewertungskategorien von Unternehmen für eine ausgewogene und auf Rendite abzielende Fondszusammensetzung behalten weiterhin ihren Stellenwert und werden nicht zu Gunsten einem „übergeordneten Dogmatismus" geopfert. Der CO_2-Ausstoß und der eingeschlagene Entwicklungspfad hin zu wenig beziehungsweise Null-Emission ist damit zwar eine wichtige Komponente in der Unternehmensbewertung. Aber nicht die alles entscheidende. Deshalb hat es ein Unternehmen wie Tesla bisher nicht in den Fonds geschafft: Zu Volatil ist die Kursentwicklung, zu unstetig die Umsatz- und Gewinnkennzahlen, zu erratisch die Unternehmensführung. Daran ändert in diesem Fall auch keine positive CO_2-Bilanz etwas.

Auch ein Sparschwein hat einen CO2-Fußabdruck

Entscheidend dafür, dass ein Impact Investing funktioniert, ist die adäquate Erhebung der entsprechenden CO_2-Kennzahlen. Hierzu muss ein eigenes Research aufgebaut werden, dass tatsächlich den heutigen und zukünftigen CO_2-Ausstoß von Unternehmen ermitteln und vergleichbar machen kann. Dann lässt sich zuverlässig die CO_2-Belastung messen und umrechnen. Beispielsweise den CO_2-Fussabdruck eines Investments. So liegt auf Basis der durch das eigene Research-Team für Nachhaltigkeit bei La Française ermittelte CO_2-Ausstoß pro investierte Million bei einem Investment in den MSCI World Index (AC) bei rund 132 Tonnen. Verglichen dazu kommt der Fonds Inflection Point – Carbon Impact Global auf lediglich 33 Tonnen. Dazu kommen durch den Investment-Anteil in Pure Player, die bereits heute nahezu keinen CO_2-Ausstoß mehr produzieren weitere 77 Tonnen vermiedener Kohlenwasserstoff (Stand Juni 2019).

Die Sinnhaftigkeit zeigt sich im Vergleich.

Diese Sichtweise auf ein Investment mag noch neu sein. Sie zeigt aber, wie bedeutend die Allokation eines Investments durchaus sein kann und wie viel Einfluss jeder Einzelne mit seiner individuellen Investmententscheidung hat. Einen klimapolitischen Beitrag kann somit auch im übertragenen Sinne das eigene Sparschwein leisten.

» In der Finanzindustrie bricht sich ein neues Thema Bahn: Cannabis-Investments. Die Hanf-Industrie und die in ihr tätigen Unternehmen rücken zunehmend ins Rampenlicht und werden Ziel von Investoren. Das liegt einerseits an der immer breiteren Legalisierung von Cannabis. Auch in Deutschland wird heftig darüber diskutiert. Aber auch in anderen Bereichen wird immer öfter Hanf eingesetzt. Daraus entstehen auch für Anleger Chancen. Allerdings ist es wichtig, den differnzierten Markt etwas genauer zu verstehen. Nur dann können Anleger abschätzen, in welche Unternehmen, mit welchen Geschäftsmodellen sie investieren — und welche Chancen und Risiken sich damit verbinden. «

Grünanlage
Hanf ist ein Milliarden-Dollar-Geschäft

Daniel Stehr, ws-hc Stehr & Co. Hanf Consulting UG

Die Cannabis- und Hanf-Industrie entwächst allmählich ihren Kinderschuhen. Schon im Jahr 2014 begann die Finanzindustrie zaghaft, sich mit den Chancen, Risiken und vor allem zu erwartenden Gewinnen der Industrialisierung von Cannabis zu beschäftigen. Die wesentlichen Impulse gingen dabei primär von nordamerikanischen Firmen aus. Die Wachstumsraten sind immerhin enorm. Gegenwärtig sind die Aktien der Unternehmen aus der Cannabis-Industrie mit ca. 50 Mrd. Euro kapitalisiert und die seit drei Jahren infolge am schnellsten wachsende Industrie der USA.

Der Cannabis-Markt erwacht und wächst rasant.

Hanf ist viel mehr als nur Cannabis

In der globalen Hanf-Industrie gibt es drei Wirtschaftszweige, die sich gänzlich unabhängig voneinander entwickeln und eine zukunftsweisende Perspektive haben.

Ein wichtiges Segment der Industrie ist Nutzhanf. Denn die Hanfpflanze bietet die höchste Biomasseproduktion aller bekannten Nutzpflanzen. Damit kann Hanf in vielen Industriezweigen eingesetzt werden (z. B. Dämmstoffe am Bau, Automobilproduktion) und diese Branchen essenziell nachhaltiger machen.

Die Einsatzmöglichkeiten in Industrie, Medizin und der Genussmittelbranche sind vielfältig.

Ein wesentliches Einsatzgebiet ist die Medizin. Hier werden die breiten Wirkspektren von Medical Cannabis immer öfter genutzt. Der Wirkstoff ist in der Schulmedizin z. B. eine Alternative für Opiate und Antidepressiva. Die Anwendungsbereiche sind sehr umfangreich.

Das dritte Segment ist die Genussmittelindustrie. Dieses Segment ist auch das politisch in den meisten Ländern kontrovers diskutierte und somit am präsentesten wahrgenommene. Einerseits gibt es sehr unterschiedliche Auffassungen dazu, ob Cannabis eine Einstiegsdroge ist oder nicht. Entsprechend differenziert ist die Einschätzung, ob der

Konsum legalisiert werden sollte oder nicht. Andererseits gibt es konträre Auffassungen darüber, wie eine Legalisierung auf den faktisch existierenden Schwarzmarkt wirkt. Daneben ist für die Staaten sicher ein relevantes Argument, dass eine Legalisierung von Cannabis im Genussmittelbereich neben enormen Umsätzen auch hohe Steuereinnahmen generieren wird.

Hanf als nachwachsender und nachhaltiger Bio-Rohstoff

Die Öffentlichkeit fordert verstärkt die Verwendung nachhaltiger Rohstoffe – Hanf ist einer davon.

Der Gesellschaft wird zusehends die globale klimatische Entwicklung bewusst, sodass ökologisch korrekte Investments seit Jahren an Priorität gewinnen. Dieser Trend bietet auch der Hanfpflanze große Chancen. Denn Hanf wächst hervorragend. Ursprünglich aus dem asiatischen Raum stammend, finden die heutigen Pflanzen optimale Anbaubedingungen rund um den Globus. Beim Anbau entfällt der Bedarf an Pestiziden und Herbiziden, denn die Hanfpflanze besitzt optimale natürliche Schutzmechanismen gegen Schadbefall. Noch besser wird die Öko-Bilanz dadurch, dass Hanf während des Wuchses die Agrarböden revitalisiert und durch die schnell wachsende Bio-Masse große Mengen Kohlendioxod bindet. Nach der Ernte bietet Hanf verschiedene Rohstoffe: Fasern, Schäben, Samen, Blätter und Blüten.

Lecker und gesund!

Auch in der Lebensmittelindustrie ist Hanf weit verbreitet. Hanfsamen gehören zu den ernährungsphysiologisch hochwertigsten Ölfrüchten. Hanföl, gewonnen aus Hanfsamen, ist besonders reich an mehrfach ungesättigten Fettsäuren. Hier sind besonderes die essenziellen Fettsäuren Linolsäure und Alpha-Linolensäure enthalten. Die Omega-3-Fettsäure kommt nur in sehr wenigen Speiseölen in dieser hohen Konzentration vor. Hanfprotein, ein veganes Protein aus den Hanfsamen, enthält alle 8 essenziellen Aminosäuren und ist sogar leichter verdaulich als Sojaprotein. Hanf kann also potenziell eine tragende Rolle in der zukünftigen Welternährung spielen, in der vegane Proteine tierische Proteine zunehmend ersetzen werden.

In der Baustoff-Industrie ist Hanf als nachwachsender und nachhaltiger Rohstoff sehr geschätzt – mit wachsender Bedeutung. Immerhin 97% der Pflanze können verarbeitet werden. Die Fasern sind langlebig, leicht, reißfest, diffusionsoffen und auch nach ihrer Verarbeitung resistent gegen Schädlinge und Pilzbefall sowie ungeeignet für den Nestbau durch Nagetiere. Daher wird Hanf als Bau- und Dämmstoff bereits heute sehr gern eingesetzt. Hanf-Dämmstoff erhielt bisher als einziges Material das Prädikat Natur+ von der EU.

Auch in der Automobilindustrie ist Hanf ein Rohstoff, der sich wachsender Beliebtheit erfreut. Das Material bietet als Naturfaser-Verbundwerkstoff optimale Eigenschaften für den Einsatz in Automobilen und auch der Luftfahrt. Aus dem Material werden z. B. Türverkleidungen und Dämmplatten hergestellt. Der größte Abnehmer von Nutzhanf in Deutschland ist schon heute die Automobilbranche. Es werden inzwischen sogar Karosserien aus Hanfverbundwerkstoffen gefertigt.

Hanf könnte sogar die Papierindustrie erneut revolutionieren. Papier aus Hanffasern wurde bereits vor 2000 Jahren in China erfunden und gelangte im 13. Jahrhundert nach Europa. In der industriellen Entwicklung des 19. Jahrhunderts wurde es jedoch günstiger, in Europa vorhandene Wälder zur Papierherstellung zu roden. Hanf wächst jedoch um ein vielfaches schneller als Forst und enthält deutlich mehr Zellstoff. Die Hanffaser muss zudem nicht mit Chemikalien gebleicht werden und ist wesentlich stabiler und reißfester. Darum kann Papier aus Hanffasern öfter recycled werden als die heute eingesetzen Holzfasern.

Papier aus Fasern der Hanfpflanze weisen viele Vorteile im Vergleich zu Holzfasern auf.

Hanf kann Holz- und Plastikersatz sein

Ähnlich gut schlägt sich Hanf in der Textilindustrie. Hier konkurriert die grüne Pflanze mit Baumwolle. Für die globale Baumwollproduktion werden jährlich 256 Kubikkilometer Süßwasser benötigt. Auch hier ist Hanf im Vorteil. Es bindet im Wuchs das doppelte an CO_2 und benötigt für die Herstellung einer Tonne Fasern nur ca. 500 Liter Wasser. Bei der Produktion der gleichen Mengen von Baumwollfasern werden hingegen 10.000 Liter Wasser verbraucht.

In der Chemieindustrie kann Hanf petrochemische Kunststoffarten, die bisher auf Grundlage von Erdöl hergestellt werden, ersetzen. Die Hanffasern bestehen aus ca. 77% Zellulose. Aus diesem Rohstoff lässt sich biologisch abbaubarer Kunststoff herstellen. Diese Bioplastik zersetzt sich weitergehend nicht in Mikroplastikteilchen und kann helfen, das Plastikmüllproblem zu lösen.

Die Meere sind voll mit Mikroplastik. Hanf-Plastik könnte das in Zukunft verhindern.

Hanf in der modernen Medizin

Medical Cannabis wird unter Berücksichtigung der GMP (Good Manufacturing Pratice) Richtlinien kultiviert. Unter der „Guten Herstellungspraxis" sind Richtlinien zur Qualitätssicherung der Produktionsabläufe und -umgebung in der Produktion von Arzneimitteln und Wirkstoffen zu verstehen. Diese gelten auch bei der Herstellung von Kosmetika, Lebens- und Futtermitteln.

Das qualitätskontrollierte Medical Cannabis hat ein umfassendes Wirkspektrum, das gegenwärtig in hunderten klinischen Studien erfasst und lizenziert wird. Bereits lizenziert sind Medical Cannabis-Medikamente gegen Multiple Sklerose, Epilepsie und zur begleitenden Therapie in der Onkologie (Krebsbehandlung).

In der Medizin finden die Inhaltstoffe der Hanfpflanze zahlreiche Einsatzmöglichkeiten.

Das pharmazeutische Potenzial von Cannabinoiden ist sehr breit. Neben dem bekanntesten Cannabinoid THC (Tetrahydrocannabinol) ist CBD (Cannabidiol) ein wichtiger Wirkstoff. Das nicht berauschende Bio-Präparat aus der Cannabisblüte hat beeindruckende Wirkmechanismen. So ist u. a. schmerzstillend, entzündungshemmend, krampflösend, es lindert Brechreiz und Übelkeit, ist antibakteriell, antipsychotisch, antidiabetisch und anspannungs- bzw. angstlösend. Das zeigt, dass in der Hanfpflanze ein weitreichendes Potenzial als Heilpflanze schlummert.

Die Weltgesundheitsorgnisation (WHO) hat CBD bereits als unbedenklich eingestuft. Das bedeutet, es gibt kein Missbrauchs- oder Abhängigkeitspotenzial. Eine Vielzahl von Unternehmen forscht gegenwärtig an dem Bio-Präparat. Pharmazeutisch lassen sich zahlreiche Szenarien zur Verwendung von CBD vorstellen.

Cannabis als Genussmittel für Erwachsene

Die Frage nach der Legalisierung als Rauschmittel wird hartnäckig diskutiert.

Wohl am bekanntesten sind die Wirkungen von Cannabis als Rauschmittel. Das liegt daran, dass über dieses Segment am breitesten berichtet und diskutiert wird. Schließlich löst sich die globale Prohibition von Cannabis inzwischen allmählich wieder auf. In elf Bundesstaaten der USA sowie in Kanada und Uruguay ist heute auch die Genussmittel-Anwendung von Cannabisblüten für Erwachsene legalisiert. Zuletzt legalisierte der US-Bundesstaat Illinois (12 Mio. Einwohner) Cannabis vollumfänglich. Luxemburg wird in Europa vorrausichtlich der erste Staat sein, der Cannabis gänzlich legalisiert. Und auch wenn das Land nur eine vergleichsweise kleine Volkswirtschaft ist, ist die Symbolkraft für die Legalisierungsthematik auf EU-Ebene hoch.

Die Legalisierung zeigt Wirkung und öffnet einen großen Markt. Seit Colorado als Vorreiter Cannabis im Jahr 2014 vollumfänglich legalisiert hat, wurden Cannabis-Produkte im Wert von ca. 6 Mrd. US-Dollar verkauft. Allein im Jahr 2018 wurden 1,5 Mrd. Dollar umgesetzt. Das ist übrigens mehr Geld, als die Tabak- und Alkoholindustrie gemeinsam umsetzen. Daraus resultieren Steuereinnahmen von immerhin 266,5

Mio. US-Dollar. Binnen vier Jahren sind allein in Colorado so über eine Milliarde Dollar Steuereinnahmen angefallen.

Für die Politik und die Staaten ist die Legalisierung ein zweischneidiges Schwert. Dem Vorbehalt und Einwand, Cannabis ist eine Einstiegsdroge, stehen auch Studien gegenüber, die diesen Effekt bestreiten. Hinzu kommt, dass die Legalisierung eine sprudelnde Steuerquelle werden könnte. Schätzungen gehen von einem jährlichen globalen Schwarzmarkt-Umsatz von 344 Mrd. Euro aus. Für Deutschland prognostiziert Prof. Dr. Justus Haucap bei einer Legalisierung Steuereinnahmen in Höhe von mindestens 2,66 Mrd. Euro jährlich. Außerdem könnten zehntausende legale und neue Arbeitsplätze entstehen. Zudem könnte es sein, dass dann ein beträchtlicher Aufwand für Justiz- und Polizeiapparat entfällt. Denn die Behörden müssten sich nicht mehr um Ermittlungen in diesem Milieu kümmern.

Ein staatlich geregelter Cannabishandel wäre eine lukrative Steuereinnahmequelle.

Anlagechancen in Hanf-Aktien

Anleger, die direkt in Hanf-Aktien investieren wollen, können zwischen etwa 1.000 Titeln wählen. Die Unternehmen bilden einzelne Bereiche der gesamte Wertschöpfungskette vom Anbau bis zur Verwertung in allen drei genannten Anwendungsgebieten der Pflanze ab. Insofern müssen Anleger bei der Titelwahl gut überlegen, in welchem Segment und in welche Geschäftsmodelle sie investieren wollen. Dabei sind nationale sowie internationale Lizenzen für die streng regulierten Absatzmärkte zu berücksichtigen. Anleger, die auf Einzeltitel setzen wollen, können sich die folgenden Unternehmen und Aktien genauer ansehen. Wir halten diese für langfristig sehr aussichtsreiche Investments.

Durchblick im Konzerndschungel

Aurora Cannabis Inc. (WKN: A12GS7) wurde 2013 gegründet. Das Unternehmen wächst sehr dynamisch. Aurora akquirierte in den vergangenen 24 Geschäftsmonaten 22 Unternehmen und operiert nun auf fünf Kontinenten in 24 Ländern mit 1.600 Angestellten. Das Geschäftsmodell deckt nahezu alle Facetten der Cannabis-Industrie intern ab. Aurora ist gemessen an der Marktkapitalisierung von ca. 5,8 Milliarden Euro der zweitgrößte Konzern der Branche, bislang ohne externe strategische Partnerschaften oder Investoren.

GW Pharmaceuticals (WKN: 693692) ist ein britisches biopharmazeutisches Unternehmen und Pionier der Cannabinoiden Medizin mit einer Kapitalisierung von ca. 4,5 Mrd. Euro. Bereits Ende der 90er Jahre gelang die Zulassung des ersten Medikaments aus natürlichem Cannabispflanzenderivat zur Behandlung von Multipler Sklerose. 2018/19 gelang GW die Zulassung von Epidiolex, einem rein pflanzlichen CBD-Medikament zur Behandlung von schweren Formen der Kinderepilepsie. Für Epidiolex prognostizieren Analysten allein auf dem US-Markt einen jährlichen Milliardenumsatz. Eine breite Wirkstoff-Pipeline und weitere klinische Studien rund um Cannabinoide versprechen einen positiven Ausblick.

Produkte für die alltägliche Entspannung

Neptune Wellness Solutions (WKN: A2N6DW) wurde 1998 gegründet und beschäftigt sich mit Lifestyle und Kosmetikprodukten sowie Nährmitteln für Tiere. Im Gegensatz zu der geläufigen Beschleunigung des Alltags durch Energy-Drinks bemüht sich das Unternehmen den Nerv der Zeit zu treffen um das Leben zu „entschleunigen". Neptune Wellness Solutions ist mit ca. 400 Mio. Euro kapitalisiert und hat eine breite Vertriebsstruktur im stetig und dynamisch aufstrebenden nordamerikanischen Markt.

Hempco Food and Fiber (WKN: A2ASEY) wurde erst 2007 gegründet und 2018 von Aurora akquiriert. Hempco arbeitet mit der gesamten Bio-Masse aus Nutzhanf und bedient damit u. a. die Bauindustrie, Verpackungsindustrie sowie Lebensmittelindustrie. Gering kapitalisiert mit nur 30 Mio. Euro bietet die Produktpalette noch viel Potenzial in Industriezweigen, die insbesondere die Nachhaltigkeitschancen von Hanf erkennen und nutzen wollen.

Wer Einzelinvestments scheut, der sollte einen Fonds wählen.

Neben diesen beispielhaft genannten Unternehmen gibt es noch zahlreiche weitere. Zur Risikodiversifikation einer Investition in die junge und dynamisch wachsende Hanfbranche, empfiehlt es sich aber grundsätzlich, mit einer breiten Streuung die gesamte Wertschöpfungskette (Anbau, Lizenzen & Patente, Distribution, Forschung, Technologie und Pharmazie) abzubilden. Das kann am besten mit Fonds umgesetzt werden. Ziel sollte sein, dass der Fonds möglichst umfassend das große Anlageuniversum der globalen Hanf-Industrie abbildet. Eine gute Risikodiversifikation einer Investition in die Hanfbranche wird dann erreicht, wenn eine breite Streuung die gesamte Wertschöpfungskette der Hanf-Industrie abdeckt. Diese reicht von Anbau, Lizenzen & Patente, Distribution, Forschung, Technologie bis hin zu Pharmazie. Der erste deutsche aktiv gemanagte Hanf-Aktienfonds (WKN: A2N84J) macht auch das möglich.

Fazit

Hanf ist eine Grünpflanze mit hohem Potenzial. Viele Industriezweige haben die Pflanze inzwischen entdeckt und eruieren Möglichkeiten, sie einzusetzen. Das erstreckt sich auf die Pharma-, Tabak-, Lebensmittel-, Getränke- und Distributionsindustrie. Die Unternehmen der Branche professionalisieren und internationalisieren sich zunehmend und erschließen langsam den Weltmarkt. In den vergangenen Jahren haben dutzende Nationen Cannabis voll- oder teillegalisiert. Vieles deutet darauf hin, dass sich der „Green Rush" mit weiteren Legalisierungen fortsetzt. Es ist auch zu erwarten, dass sich die Branche noch stark konsolidieren wird. So sind sowohl Akquisitionen und Joint Ventures der führenden Unternehmen der Cannabis-Industrie, als auch durch Unternehmen der Pharma-, Lebensmittel-, Tabak- oder Spirituosenindustrie wahrscheinlich.

Der Super-Pflanze Hanf steht eine aussichtsreiche Zukunft bevor.

Das wird nicht spurlos an den Finanzmärkten und Hanf-Aktien vorbei gehen. Für Anleger, die an eine "grüne" Zukunft glauben, kann ein frühzeitiges Investment aussichtsreich sein. Gegenwärtig sollten Investoren auf kanadische, mittelfristig aber auch auf US-amerikanische Firmen fokussieren. Diese sind bereits am besten etabliert und den Kinderschuhen schon längst entwachsen.

» Die Zinsen sind extrem niedrig, viele Anleihen zu hoch bewertet und die Volatilität an den Aktienmärkten steigt. Das macht Immobilien zur begehrten Anlageklasse. Doch die Immobilienpreise sind schon kräftig gestiegen – zumindest mancherorts. Wohnimmobilien bleiben dennoch ein lukratives Invetsment – vorausgesetzt, Anleger sind bereit, sich vom lange gültigen „Lage, Lage, Lage"-Diktat zu verabschieden und stärker auf Substanz sowie Entwicklungspotenzial einer Wohnlage bzw. Immobilie zu setzen. Die Aufwertung von Wohnraum ist im aktuellen Marktumfeld ein größerer Rendite-Garant als die Top-Lage. «

Wohnraum aufwerten
Investieren in Wohnimmobilien

Frank Donner | Hagen Lehmann, Immoscoring GmbH

Wegen der Niedrigzinspolitik der Notenbanken ist es für Investoren schwierig geworden, lukrative Anlagemöglichkeiten zu finden. Relativ sichere Anleihen werfen keine Zinsen ab. Fast drei Viertel aller europäischen Staatsanleihen bieten nur noch negative Renditen. Für Bundesanleihen zahlen Anleger kräftig drauf. Das ist historisch einmalig. Außerdem erscheinen viele Aktienmärkte hoch bewertet, und sie sind schwankungsanfällig.

Das Marktumfeld macht viele Anleihen unattraktiv und Aktien zu volatil und teuer

Mittelfristig wird sich an dieser Zins-Situation nichts ändern. Die US-Notenbank Fed hat eine erneute Zinswende nach unten vollzogen. Die Europäische Zentralbank (EZB) wird mit den angekündigten Anleiheaufkäufen und einer Verschärfung der Negativverzinsung für Bankeinlagen für noch mehr Renditedruck an den Rentenmärkten sorgen. Negativzinsen für private Spareinlagen werden schon längst öffentlich diskutiert. Dabei ist noch nicht einmal die Frage gestellt, ob sich Zinsverluste steuerlich mit Gewinnen verrechnen lassen.

Immobilien bieten positive Renditen

In diesem Umfeld bleiben Immobilien en vogue. Im Gegensatz zum mauen Zinsmarkt, in dem selbst bulgarische oder rumänische Staatsanleihen kaum mehr als null Prozent Rendite bieten, finden sich in Deutschland immer noch Immobilien, die nachhaltig Renditen bringen. Wir sehen insgesamt am Markt auch keine Preisblase. Zwar sind die Preise in einigen Großstädten wie München oder Hamburg stark gestiegen. Sie haben zum Teil auch ein Niveau erreicht, das für Investoren, die Rendite erzielen wollen, zu hoch ist. Mancherorts ist das Chance-Risiko-Verhältnis nicht mehr sonderlich attraktiv.

Immobilien erzielen gute Renditen – aber wo sollte man noch investieren?

Für ganz Deutschland eine Immobilienblase zu konstatieren, wäre aber übertrieben. Erstens ist der Immobilienmarkt in Deutschland nicht homogen. Es gibt Wachstums- und Schrumpfungsregionen. Und auch innerhalb dieser Regionen gibt es attraktivere und weniger attraktive Gebiete. Zweitens spielen Bausubstanz, Entwicklungsfähigkeit und Management einer Immobilie eine sehr große Rolle in Hinblick darauf, ob sie sich unter Renditegesichtspunkten lohnt. Das gilt über alle Marktphasen hinweg.

Lage, Lage, Lage?

Die Lage ist nicht mehr allein der entscheidende Renditefaktor

Der Immobilienmarkt in Deutschland ist komplizierter geworden. Die beste Lage garantiert längst nicht mehr die höchste Rendite. Denn in begehrten Innenstadtlagen sind die Grundstückspreise in den vergangenen Jahren stark gestiegen. Ein Renditekiller sind die Baukosten. Sie sind mittlerweile zum größten Preistreiber im Immobilienmarkt geworden. Laut Empirica ist die relative Preiskluft zwischen den Kaufpreisen für Eigentumswohnungen und den Mieteinnahmen in den sieben größten deutschen Städten (Berlin, Düsseldorf, Frankfurt am Main, Hamburg, Köln, München und Stuttgart) im zweiten Quartal 2019 auf 37% gestiegen. Die Neuvertragsmieten für Wohnungen stiegen in diesen Städten aber so langsam wie seit fünf Jahren nicht mehr. Die Schere zwischen den Kaufpreisen und Mieteinnahmen geht in diesen großen Städten weiter auf. Neubauten rechnen sich dort kaum noch. Anders sieht es bei Bestandsimmobilien aus. Hier gibt es immer noch Perlen.

Viele Kennzahlen entscheiden über den Wert einer Immobilie.

Investoren sollten allerdings nicht nur auf den aktuellen Mietzins schauen. Auch das Potenzial des Gebäudes ist relevant. Dazu zählen die Lage, der Zustand, die Substanz und die Entwicklungsfähigkeit der Immobilie. Für den Wert der Lage zählt im Übrigen weniger der Ist-Zustand als die Perspektive für eine Gegend. Eine 1A-Lage ist bekanntermaßen teuer. Entsprechend niedrig ist das Entwicklungspotenzial meist. Spannender sind Stadtteile, die gerade erst aufblühen. Wo Infrastruktur entsteht, wo sich Geschäfte und neue Mieter ansiedeln, wo die Mieterstruktur eher urban und jung ist, wo sich erste kleine Unternehmen ansiedeln – da ist in den kommenden Jahren Rendite zu holen.

In solchen Stadtteilen lohnt es sich zuweilen sogar, Immobilien zu kaufen, die innerhalb dieser Gegend gut liegen, die aber auf den ersten Blick nicht in bestem Zustand sind. Wenn aber deren Bausubstanz gut genug ist, ist ein Investment aussichtsreich. In solchen Objekten steckt erhebliches Entwicklungs- und Renditepotenzial.

Solche Objekte lassen sich durch gezielte Maßnahmen aufwerten, um Menschen das Wohnen in einem Gebäude angenehmer zu gestalten.

Es gibt zahlreiche Möglichkeiten dafür, die weit über Standards wie zeitgemäße Sanitäranlagen hinausgehen. Hohes Potenzial steckt in der Erhöhung des Wohnwertes. Energetische Sanierungen oder der Anbau von Balkonen steigern nicht nur die Wohnqualität für die Mieter, sondern auch signifikant die Rendite. Menschen sind gerne bereit, pro Quadratmeter auch einen Euro mehr an Miete zu zahlen, wenn sie sich in einer Wohnung und/oder dem Gebäude wohl fühlen und wenn sie sich mit den Nachbarn verstehen. Deshalb ist übrigens auch die Mieterstruktur wichtig. Grundsätzlich gilt heute mehr denn je: Atmosphäre schafft Wohnraum – und steigert die Rendite.

Sonderkonjunktur für Modethemen

Es gibt immer wieder Nischen, die Investoren als besonders rentabel angeboten werden. Das können Seniorenheime sein oder auch Ferienwohnungen. Die Argumente für diese Immobilien ähneln einander. Gemeinsam ist ihnen, dass es sich oft um Moden mit einem Aufpreis für die gute Geschichte dahinter handelt.

Manchmal sind die Objekte tatsächlich gut durchdacht und kalkuliert. Das wird z. B. an Studentenappartements deutlich, die in den vergangenen beiden Jahren vermehrt als Renditeobjekte angeboten werden. Kleine Wohneinheiten werfen überdurchschnittlich hohe Renditen ab und sind auch für Anleger mit etwas schmalerem Portemonnaie leichter zu finanzieren. Die systembedingt hohe Fluktuation bei den Mietern sorgt zudem dafür, dass die Mieten mit dem Trend atmen können.

Die Zielgruppe Studierende im Blick haben

An dem Konzept gibt es im Grundsatz nichts zu kritisieren. Für die Rendite kommt es aber stark auf das jeweilige Objekt an. Die Substanz zählt. So sind altbackene Studentenbunker nicht mehr zeitgemäß. Wer sich mit einer Immobilie am Markt behaupten möchte, muss mehr bieten. Im Trend liegen derzeit WG-fähige Wohnungen mit get-together-Räumen und eventuell einem Fitnessbereich für das gesamte Gebäude. Gleichzeitig muss jeder Bewohner seinen eigenen Rückzugsbereich haben. Das Gebäudemanagement sollte zudem vor Ort sein, um schnell handeln zu können. Schließlich bedeutet bei Studentenwohnungen die vergleichsweise hohe Mieter-Fluktuation auch einen höheren Aufwand bei der Instandhaltung. Unterm Strich muss der Kosten-Nutzen-Rahmen stimmen – sowohl für die Studenten, die einziehen sollen, als auch für Eigentümer und Vermieter. Das zu kalkulieren, bedarf einiger Erfahrung im Immobilien-Management. Faustregel: Je komplexer ein Mietobjekt ist, desto wichtiger wird das Management am Platz.

Gestiegene Anforderungen an Studentenwohnungen

Trends mit Einfluss auf die Immobilienpreise

Die Politik mischt sich in den Wohnungsmarkt ein.

Es gibt verschiedene Faktoren, die Einfluss auf die Immobilienpreise in Deutschland haben. Ein Faktor ist die Diskussion um die Deckelung der Mieten (Mietpreisbremse). Denn Immobilienbesitz ist zum Politikum geworden. Spätestens, seit in Berlin die Einführung eines verbindlichen Mietendeckels geplant ist, haben Politiker auch in anderen Städten das Thema für sich entdeckt, um damit auf Wählerfang zu gehen.

Der diskutierte Mietendeckel zeigt bereits Wirkung am Immobilienmarkt. So manch ein Investor überlegt sich bereits, ob er noch Immobilien bauen oder erwerben soll. Beispielhaft zeigt sich das an den Ankündigungen des größten privaten deutschen Wohnungskonzerns Vonovia, der einen großen Teil der für Berlin geplanten Investitionen in andere Standorte umleiten will. Einer Umfrage unter Bau- und Immobilienunternehmen in Berlin und Brandenburg zufolge wollen 72% der Firmen in Berlin geplante Investitionen stoppen oder ganz aufgeben. Fast zwei Drittel der befragten Firmen verzichten auf „dringend erforderliche Sanierungen". Die Hälfte hat geplante Modernisierungen bereits gestoppt. Das Ergebnis wird sein, dass die Politik das Gegenteil des angestrebten Ziels erreicht. Denn Knappheit ist niemals preiswert.

Große Immobilienkonzerne überlegen bereits zu verkaufen.

Immobilienunternehmen wie Vonovia oder Deutsche Wohnen denken sogar schon über Wohnungsverkäufe nach. Wenn durch gedeckelte Mietsteigerungen kein ausreichender Renditezuwachs mehr möglich ist, ist es für die Unternehmen besser, durch Verkäufe hohe Gewinne zu realisieren, die bisher nur in den Büchern stehen. Es ist also möglich, dass eine größere Zahl an Bestandsimmobilien auf den Markt kommt. Das könnte kurzfristig die Preise drücken. Für renditeorientierte Investoren wäre dies eine Chance, vergleichsweise preiswert einzukaufen. Denn Grundbuch schlägt Sparbuch. Und wenn demnächst sogar Negativzinsen auf Sparguthaben fällig werden, ist diese Regel doppelt gültig. Wer als privater Anleger deshalb darüber nachdenkt, jetzt seine Immobilie zu verkaufen, sollte sich vorher ernsthaft fragen, in welche Anlageklasse er den Erlös investieren möchte.

Demographie strahlt auf Immobilienmarkt aus

Der Anteil der vererbten Immobilien am Markt wächst.

Ein weiterer Faktor, der in den kommenden Jahren zunehmend Einfluss auf den Immobilienmarkt haben dürfte, sind Erbschaften. In Deutschland werden bis 2024 Immobilien im Wert von etwa 664 Mrd. Euro vererbt. Das ergab eine Untersuchung des Deutschen Instituts für Altersvorsorge (DIA). Noch nicht gerechnet sind hier die Immobilienvermögen der zwei Prozent einkommensreichsten Haushalte.

Für den Immobilienmarkt könnte diese Erbschaftswelle zu einem Problem werden. Die Argumentation geht so: Wenn die Erbengeneration die geerbten Immobilien auf den Markt wirft, weil sie die „Elternhäuser" nicht selber nutzen will oder kann, dann sinken die Preise. Diese sehr einfache Argumentation blendet aber zwei wichtige Aspekte aus.

Zum einen ist für die Preisentwicklung wichtig, um welche Art von Immobilien es sich handelt. Laut einer DIA-Studie handelt es sich bei den meisten zu vererbenden Immobilien um „Oma ihr klein' Häuschen", wie es in der Studie heißt. Bundesweit sind rund 47% aller vererbten Immobilien klassische Einfamilienhäuser, 26% der Immobilien sind Zweifamilienhäuser. Nicht einmal jede zehnte Immobilie ist ein Mehrfamilienhaus oder eine Eigentumswohnung. Der Rest sind unbebaute Grundstücke und sonstige Gebäude. Daher ist es wahrscheinlich, dass insbesondere die Preise klassischer Zinshäuser kaum unter Druck geraten werden. Es werden schlicht zu wenige Immobilien in dieser Kategorie vererbt. Bei Einfamilienhäusern auf dem Land ist das Bild anders. An ihnen haben die Erben oft kein Eigennutz-Interesse und verkaufen tendenziell eher.

Das klassische Einfamilienhaus ist der am häufigsten vererbte Immobilientyp.

Und zum zweiten spielen die Regionen eine Rolle, in denen vererbt wird. Im Durchschnitt liegen vier von zehn zu vererbenden Immobilien in Regionen mit stagnierender oder wachsender Einwohnerzahl (z. B. in Berlin, München, Stuttgart oder Hamburg). Hier kann man mit stabilen oder sogar steigenden Preisen rechnen. Jede fünfte Immobilie steht in einer Region mit schrumpfender Einwohnerzahl (insbesondere in ländlichen Gebieten und Ostdeutschland). Für diese Immobilien ist insbesondere bei den rund 406.000 Einfamilienhäusern und 110.000 Eigentumswohnungen, die vererbt werden, eine negative Wertentwicklung zu erwarten.

Die Auswirkungen der „Erbschaftswelle" werden wahrscheinlich überschätzt.

Fazit

Immobilien bleiben eine wichtige Anlageklasse, wenn es darum geht, Geld langfristig anzulegen. Allerdings ist der Markt komplizierter geworden. Wer jetzt nach Wohnimmobilien Ausschau hält, sollte insbesondere auf Substanz und Entwicklungsfähigkeit eines Objekts achten. Es lohnt sich, sich hier fachmännischen Rat einzuholen. Erfahrung zahlt sich in diesem Business im wahrsten Sine des Wortes aus.

» Die Preise für viele Anlageklassen steigen seit Jahren an. Die Niedrigzinspolitik der Notenbanken treibt die Preise für Aktien, Anleihen, Gold und Immobilien in die Höhe. Mancherorts gilt der Immobilienmarkt in Deutschland sogar bereits als überhitzt. Aber deutsche Wohnimmobilien werden auch im nächsten Jahr eine solide und ertragreiche Anlage sein. Zudem hilft das Betongold, das Vermögen zu diversifizieren, also Risiken zu streuen. Diese Anlagemöglichkeit wird aber von vielen Investoren ganz zu Unrecht vernachlässigt. «

Betongold glänzt weiter
Wohnimmobilien besser im Fonds kaufen

Bernd Heimburger, Gies & Heimburger GmbH

Die Nachfrage nach Immobilien in Deutschland steigt seit Jahren an. Sie wird angefacht vom niedrigen Zinsniveau. Das hat einerseits zur Folge, dass Finanzierungen für Immobilien deutlich preiswerter geworden sind. Hypotheken mit einer Zinsbindung von 10 Jahren gibt es im Herbst 2019 für unter 0,5% Zinsen p. a. Das gab es in der Geschichte der Bundesrepublik noch nie. Außerdem rücken Immobilien bei Investoren auf den Schirm. Denn die risikoarmen Anleihen werfen keine Rendite mehr ab, teilweise ist die Verzinsung sogar negativ. Aber auf der anderen Seite kann oder will nicht jeder Investor die Wertschwankungen von Aktien aushalten. Folglich strömt auch wieder mehr Geld in den Immobilienmarkt.

Die Notenbankpolitik führt dazu, dass der Immobilien-Boom nicht abreißt.

Aus Fehlern gelernt

Viele Anleger scheuen Investmens in Immobilienfonds, weil sie sich noch an die negativen Beispiele der Historie erinnern. Schiffsbeteiligungen, deren Renditeprognosen stark auf Steuerersparnissen fußten, und wirtschaftlich fragwürdige Immobilienfonds in den neuen Bundesländern nach der Wiedervereinigung lieferten Beispiele. In einigen dieser Fälle haben Anleger nicht nur ihr Kapital verloren, sondern wurden auch noch mit Nachschussforderungen konfrontiert. Auch in der Finanzkrise 2008/09 gab es mit den Fonds Probleme. Damals wollten viele Anleger zugleich verkaufen, die Fonds konnten aber nicht so schnell das Kapital dafür bereitstellen. Etliche offene Immobilienfonds mussten geschlossen werden.

Die Finanzkrise 2008 / 2009 hat das Vertrauen in Immobilienfonds nachhaltig beschädigt.

Aus diesen schlechten Erfahrungen wurden Lehren gezogen und Gesetze gemacht, die Anleger schützen sollen. Ganz wesentlich für Investoren ist hierbei die Reform das Kapitalanlagegesetzbuches (KAGB) im Jahr 2013. So gibt es im Bereich der Investmentsfonds zwei Kategorien. Erstens die herkömmlichen Investmentfonds (z. B. auf Aktien) und zweitens die Alternativen Investmentfonds (AIF). Dazu zählen auch KG-Beteiligungen. In dieser Gruppe der AIF gibt es sowohl offene als auch geschlossene Fonds. Einige von ihnen sind auch für Privatanleger geeignet, das sind die sogenannten Publikums-AIF. In der AIFM-Richtlinie hat der Gesetzgeber im Juli 2013 die Grundlage dafür geschaffen, dass die Anlageklasse Wohnimmobilien über das Vehikel der geschlossenen Fonds den Weg in den regulierten Markt der Finanzinstrumente schaffte und dem Kapitalanlagegesetzbuch unterliegt.

Immobilienfonds nur noch mit KVG-Zulassung

Seitdem müssen Anbieter die Zulassung als Kapitalverwaltungsgesellschaft (KVG) vorweisen. Damit gehen hohe Eigenkapitalanforderungen einher. Eine KVG verantwortet die professionelle Verwaltung des Kommanditkapitals, die Umsetzung der Anlagestrategie, insbesondere die Auswahl der Anlageobjekte.

Außerdem muss eine zugelassene Verwahrstelle (analog der Depotbank bei herkömmlichen Investmentfonds) in jeden Publikums-AIF als Kontrollinstanz integriert werden. Sie kontrolliert alle wichtigen Geschäftsabläufe der Fondsgesellschaft. Die Verwahrstelle überwacht die Zahlungsströme und stellt dadurch sicher, dass das Geld der Anleger und die Mittel der Fondsgesellschaft ordnungsgemäß verwendet werden. In der Praxis werden hier auf Immobilien spezialisierte Anwaltskanzleien als Treuhänder ausgewählt.

Die jährliche Bewertung durch einen Gutachter erhöht die Sicherheit.

Darüber hinaus ist eine jährliche Bewertung der Fondsanlagen durch einen Gutachter Pflicht. Ein Testat eines externen Wirtschaftsprüfers ist erforderlich und der Fremdkapitalanteil auch für Wohnimmobilienfonds ist nur noch bis 60% zulässig. Diese gesetzlichen Vorgaben verursachen zwar einerseits zusätzliche Kosten, dienen aber auch in starkem Maße dem Anlegerschutz.

Die Vorteile der kleinen Fonds

Trotz dieser verschärften gesetzlichen Regelungen lastet die Skepsis noch immer auf den Investmentfonds. Dabei bieten diese Fonds ihren Anlegern gute Chancen bei vertretbaren Risiken. Insbesondere die Nische der deutschen Wohnimmobilien halten wir für aussichtsreich. Gerade etwas kleinere AIF bieten einige Vorteile gegenüber den großen Flagschiff-Fonds.

Sie finden in attraktiven B- und C-Standorten bei Wohnimmobilen interessante Investitionsmöglichkeiten. Eine Immobilienblase ist an diesen Standorten bei weitem nicht in Sicht. 1A-Lagen in den Ballungszentren wie in München, Hamburg oder Frankfurt werden darum gemieden. Dort sind die Neubaupreise teils dramatisch gestiegen.

Laufende Mieterträge finanzieren die Bewirtschaftungskosten und auch die Erhaltungsinvestitionen. Darüber hinaus entstehen Liquiditätsüberschüsse, die das laufende Ertragspotential von festverzinslichen Wertpapieren deutlich übersteigen.

Mieterträge sichern Instandhaltung und generieren Liquidität.

Dieses Segment des Immobilienmarktes ist also aus Risiko- und Ertragsgesichtspunkten, aber auch im Hinblick auf die Gesichtspunkte Wertsicherung, Volatilität und stabile Ausschüttungen attraktiv. Renditen von 5% bis 10% pro Jahr sind keine Seltenheit.

Kleinere Fonds werden auch während der Bewirtschaftung der Immobilien bestens von der Fondsgesellschaft betreut. Aktives Mietenmanagement, Sanierungsmaßnahmen und Instandhaltung stehen dabei im Fokus. Die Systematik, dass die Fondsgesellschaft am Erfolg oberhalb einer Mindestverzinsung für die Kommanditisten beteiligt wird, sorgt dafür, dass die Interessen der Anleger und der Fondsgesellschaft gleichgerichtet sind.

Die Konzentration auf Wohnimmobilien schließt das Risiko des stark schwankenden Mietmarktes bei Gewerbeimmobilien aus. Das ermöglicht langfristig stabile und nachhaltig steigenden Mieteinnahmen.

Gewerbeimmobilien schwanken stärker

Von Vorteil für Investoren ist auch, dass jeder die passende Investitionshöhe wählen kann. Im Rahmen dieser Investorengemeinschaft profitiert jeder Investor auch schon mit verhältnismäßig geringen Anlagesummen (z. B. 10.000 Euro) vom Know-how einer spezialisierten Fondsgesellschaft.

Im Fonds in Wohnimmobilen investieren

Wer in Immobilienfonds investieren will, hat die Wahl zwischen offenen und geschlossenen Fonds. Ein Blick auf die Renditen der vergangenen Jahre zeigt, dass die geschlossenen Wohnimmobilienfonds den großen offenen Immobilienfonds (Fondsvolumen größer 1 Mrd. Euro) deutlich überlegen sind. Diese rentierten in den vergangenen drei Jahren mit 2% bis 4% p. a. Fonds in der Nische der geschlossenen Wohnimmobilienfonds weisen dagegen seit 2013 Renditen von 5% bis 10% aus.

Das Investment in einen Fonds hat für Kapitalanleger einen großen Vorteil. Statt eine einzelne Mietwohnung zu kaufen, können Anleger besser in einen Fonds investieren. Eine Mietwohnung verursacht immerhin einen respektablen Verwaltungsaufwand. Zudem stellt ein solches Einzelinvestment ein hohes Klumpenrisiko dar. Ein Wohnimmobilienfonds streut das Anlagekapital über diverse Objekte, und Anleger sparen sich den Verwaltungsaufwand eines privat geführten Einzelobjektes.

Die nicht tägliche Verfügbarkeit ist ein eher theoretisches Problem.

Den Nachteil einer „nicht täglichen Verfügbarkeit" sehen wir aus unserer Praxis heraus sehr entspannt. In den vergangenen 20 Jahren ist es uns stets gelungen, jeden Verkaufswunsch in einem Zeitrahmen von ca. vier Wochen zu befriedigen. Solche kurzfristigen Notverkäufe können aus unvorhergesehenen Liquiditätsanforderungen heraus entstehen (z.B. Scheidung). In der Regel gibt es immer wieder Investoren, die solche frei werdenden Fondsanteile gern übernehmen. Angesichts der fortbestehenden Nullzins-Zeit und des damit einhergehenden Anlagenotstandes dürfte sich daran nichts ändern.

Chancen für Anleger

Auch aktuell sehen wir zwei oder drei Wohnimmobilienfonds in Deutschland, die für Privatinvestoren interessant sind. Wer auf Sachwertinvestitionen in Bestands-Wohnimmobilien als stabile Bausteine im Kapitalanlage-Mix setzen will, trifft sicher eine gute Wahl. Der Anteil am Gesamtportfolio kann zwischen 10% und 20% liegen. Fokussieren sollten Anleger auf Fonds mit einer Diversifikation, die durch Investition in verschiedene Regionen Deutschlands in mehrere Wohnimmobilien und Wohn- und Geschäftshäuser erreicht wird. Zudem sollte auf eine sicherheitsorientierte Kalkulation über die gesamte Fondslaufzeit geachtet werden. Von Vorteil ist, wenn die Fondsgesellschaft bereits bewiesen hat, dass sie auch in einem schwierigen Marktumfeld passende Bestandsimmobilien mit Wertsteigerungspotential erwerben kann. Außerdem sollte die KVG in der Vergangenheit schon erfolgreich Paketverkäufe durchgeführt haben.

Eine gute Lage ist entscheidend. Beispiel: Wilhelmshaven

Ein Beispiel für einen aussichtsreichen Investitionsstandort eines von uns präferierten Fonds ist Wilhelmshaven. An der Nordwestküste des Jadebusens wächst die Stadt seit 2014. Sie hat den einzigen tideunabhängigen Tiefwasserhafen und ist der größte Erdölumschlaghafen

Deutschlands. 2012 wurde der JadeWeserPort eröffnet. Das Container-terminal, dass im Gegensatz zu Hamburg die größten Containerschiffe voll beladen abfertigen kann, hat acht Containerbrücken mit einer Auslegerlänge von 69 Metern. Damit sind sie die größten Ladebrücken der Welt. Wilhelmshaven ist auch der größte Marine-Standort der Bundeswehr. In den vergangenen zwei Jahren haben sich viele namhafte Unternehmen einen Standort auf dem neuen Hafengelände gesichert. So werden die weltweiten Produktionsstandorte von VW und Audi von dem Standort aus beliefert. 500 neue Mitarbeiter müssen gewonnen werden. Das Land Niedersachsen plant Investitionen von ca. 1,9 Mrd. in den nächsten Jahren, sowie 400 Mio. Euro in hafennahe Dienstleistungen. China Logistics aus Peking, eines der größten Logistikunternehmen der Welt, hat ebenfalls Verträge für den Standort abgeschlossen. Es werden zahlreiche gut bezahlte Arbeitsplätze geschaffen, die nur durch qualifizierten Zuzug zu decken sind. Darüber hinaus ist die Nordseestadt Standort der Jade-Hochschule und einiger wissenschaftlicher Forschungseinrichtungen. Wohnimmobilien an diesem Standort dürften ein langfristig erfolgreiches Investment sein.

Fazit

Immobilien sind und bleiben eine wichtige Anlageklasse und sind auch in Deutschland nicht zu teuer. Das gilt vor allem dann, wenn Anleger in Wohnimmobilien investieren und als Vehikel kleine spezialisierte Fonds nutzen. Diese vereinfachen das Investment, streuen das Risiko gegenüber einem Einzelinvestment und bieten Anlegern eine wertstabile und schwankungsfreie Anlage mit einer langfristigen Rendite von durchschnittlich 5% pro Jahr. Wer also in Immobilien investieren, sich aber nicht um Vermietung und Sanierung kümmern will, der kann mit einer Investition in einen Wohnimmobilien-AIF einen guten und pflegeleichten Baustein in seiner Vermögensanlage nutzen.

Immobilienfonds haben zu Unrecht einen schlechten Ruf.

» Der Erfolg des deutschen Wirtschaftsmodells basiert zu einem ganz wesentlichen Teil auf der Stärke unseres Mittelstands. Nicht ohne Grund werden wir international um unseren „German Mittelstand" beneidet, der langfristig Stabilität, Wachstum und Beschäftigung sichert. Eine der großen Herausforderungen der kommenden Jahre stellt jedoch der Generationenwechsel dar, da einer Vielzahl an zu übergebenden Unternehmen nur eine begrenzte Zahl an geeigneten Nachfolgern gegenübersteht. Für Investoren ist diese Situation eine große Chance, attraktive Renditen zu erwirtschaften. Durch den Erhalt von Arbeitsplätzen sowie der regionalen Wirtschaftsstruktur, stiftet das investierte Kapital in den richtigen Händen zudem noch einen volkswirtschaftlichen und sozialen Mehrwert. «

German Mittelstand
Anlagechance Unternehmensnachfolge

Torsten Lucas, realkapital Mittelstand KGaA

Für die Zugehörigkeit eines Unternehmens zum Mittelstand gibt es keine einheitliche Definition. Überwiegend wird mittels der quantitativen Kriterien für die kleinen und mittleren unabhängigen Unternehmen (KMU) mit einem Jahresumsatz kleiner 50 Mio. Euro und einer Beschäftigtenzahl von unter 500 Mitarbeitern eine Abgrenzung zu den Großunternehmen vorgenommen. Daneben werden die mittelständischen Unternehmen in Deutschland oft aber auch über qualitative Kriterien definiert. Danach gilt ein Unternehmen als Mittelständler, wenn Leitung, Haftung und Risiko beim Inhaber liegen – was in der Regel bei Familienunternehmen der Fall ist. Dieser Definition folgend zählen auch Großunternehmen wie Schaeffler, die Würth-Gruppe, Sixt, Fielmann, etc. zum Mittelstand.

Was ist eigentlich ein Mittelstandsunternehmen?

Der „normale" inhabergeführte Mittelstand ist ein besonders attraktives, gleichzeitig jedoch auch schwer zugängliches Anlagesegment. Große börsennotierte Gesellschaften folgen ganz anderen Gesetzmäßigkeiten als der inhabergeführte Betrieb mit 50 Mitarbeitern. Zudem weisen auch die Investitionen in das eine oder das andere Segment stark unterschiedliche Chance-Risiko-Profile auf.

Gelebte Werte – Erfolgsfaktoren im Mittelstand

Entscheidender als die Frage nach der definitorischen Zusammensetzung ist das Vorhandensein typischer Mittelstandseigenschaften, auf denen die Stärke des Mittelstands beruht. Ein spezialisiertes Geschäftsmodell, die gelebte Kundennähe, flache Hierarchien, hohe Anpassungsfähigkeit und Innovationsfähigkeit sind nur einige der Erfolgsfaktoren. Zudem lebt der klassische mittelständische Unternehmer in seinem Unternehmen vor, wie man sich gegenüber seinen Lieferanten und Kunden verhält, ohne dass es dazu einer ausformulierten und implementierten Corporate Governance Struktur bedarf. Er ist dadurch intern und extern ein verlässlicher und berechenbarer Partner. Damit

Kundennähe, Flexibilität, Verlässlichkeit – all das zeichnet Mittelständler aus.

gelingt es ihm auch, qualifizierte Mitarbeiter an das Unternehmen zu binden, obwohl der benachbarte Großkonzern möglicherweise mit höheren Gehältern lockt.

Mittelständler denken und agieren langfristig.

Mittelständler sind aufgrund ihrer Gesellschafterstruktur sowie der persönlichen Beteiligung und Haftung der Geschäftsführungsorgane meist langfristig orientiert und richten ihre Geschäftspolitik nicht nach kurzfristigen Berichtszyklen aus wie viele börsennotierte Unternehmen. Aus diesem Grund kommen Studien zu dem Ergebnis, dass sich familiäre bzw. inhaberfokussierte Unternehmensstrukturen positiv auf langfristige Renditen und Stabilität auswirken.

Mittelstandsinvestments mit Licht und Schatten

Die Investitionsmöglichkeiten in den deutschen Mittelstand sind dünn gesät. Family Offices, die primär das Vermögen von Unternehmerfamilien bündeln, haben aufgrund der gegenüber klassischen Anlageklassen höheren Renditeerwartungen großes Interesse an direkten unternehmerischen Beteiligungen. Sie verfügen neben den ausreichenden finanziellen Mitteln in manchen Fällen auch über die personellen Ressourcen und das betriebswirtschaftliche Know-how für die Beurteilung der Unternehmenszahlen und das dauerhafte Beteiligungscontrolling. Für den normalen Kapitalanleger sind solche Direktbeteiligungen meist nicht zu empfehlen oder umsetzbar.

Mittelstandsinvestments über Beteiligungsgesellschaften

Börsennotierte Beteiligungsgesellschaften bieten hingegen die Möglichkeit, ohne nennenswerte Mindestanlagesummen und bei börsentäglicher Handelbarkeit in ein bereits vorhandenes, diversifiziertes Portfolio an Unternehmen zu investieren. Die Renditevorteile bleiben angesichts der Aktienmarktbewertungen, eher hoher Kaufpreise für die Beteiligungen sowie einem nennenswerten Kostenblock in den börsennotierten AGs allerdings oftmals auf der Strecke.

"Black Box" Private Equity-Fonds

Private Equity Fonds sind vom Anlagevolumen her am weitesten verbreitet. Sie werden meist als Blind-Pools konzipiert, bei denen die Zielunternehmen noch nicht feststehen. Da die meisten Emissionshäuser nicht über ausreichende Ressourcen verfügen, Unternehmensbeteiligungen zu selektieren und zu bewerten, handelt es sich zudem überwiegend um Dachfondskonstruktionen, bei denen der Fonds des Anlegers wiederum in Zielfonds großer internationaler Private Equity Häuser investiert. Angesichts des hohen Anlagedrucks und des eher angekratzten „Heuschrecken-Images" sind die Kaufpreise, die Private

Equity Gesellschaften für Zielunternehmen bezahlen müssen, heute alles andere als günstig. Kaufen, umstrukturieren, verkaufen oder „filetieren" gehört daher nach wie vor zum erforderlichen Geschäftsmodell. Nur so kann trotz hoher Kosten des Geschäftsmodells und Exit-Druck snoch eine vertretbare Rendite erzielt werden. Mit dem inhabergeführten Mittelstand und einer „sozialen Rendite" durch den Erhalt von Arbeitsplätzen haben diese Beteiligungen meist wenig zu tun.

Die außerbörsliche Form der Unternehmensbeteiligung wird schon seit vielen Jahren von institutionellen Investoren wie Pensionskassen und Versicherungen zur Diversifikation ihrer Portfolios genutzt. Private Equity bietet Investoren, gerade im aktuellen Niedrigzinsumfeld, zahlreiche Vorteile. Als alternative Ertragskomponente verfügt die Beteiligung über eine überdurchschnittliche Renditeperspektive, erwirtschaftet für langfristige Investoren eine angemessene Illiquiditätsprämie und trägt gleichzeitig zur Diversifizierung, Stabilisierung und Reduzierung der Portfolio-Volatilität bei.

Investitionschance Generationenwechsel

Nach Analyse der Kreditanstalt für Wiederaufbau (KfW) streben 2019 und 2020 ca. 250.000 mittelständische Unternehmer eine Unternehmensnachfolge an. Angesichts der demografischen Entwicklung sind weiter steigende Zahlen programmiert. Allerdings stehen diese Unternehmer einer stetig schrumpfenden Zahl an potenziellen Unternehmensnachfolgern gegenüber. Während in der Vergangenheit mehr als die Hälfte der Unternehmen an Familienmitglieder übergeben wurde, verliert die familieninterne Nachfolge immer mehr an Bedeutung. Hinzu kommt, dass es geeigneten externen Nachfolgern oft an ausreichendem Eigenkapital oder Finanzierungsmöglichkeiten mangelt, um die Nachfolge antreten zu können.

Der skizzierte Nachfolgermangel hat bereits heute zu einem Käufermarkt bei Unternehmen geführt. Während sich große und mittlere Unternehmen schon seit längerer Zeit im Zielfokus institutioneller Beteiligungsgesellschaften befinden und mittlerweile auch zunehmend ausländische Investoren als Käufer auftreten, steht der inhabergeführte kleinere Mittelstand immer mehr vor einer Angebotslücke. Für den typischen mittvierzigjährigen Nachfolger sind Kaufpreise von 2,5 oder 10 Millionen Euro kaum allein zu bewältigen. Für die am Markt aktiven Private Equity Gesellschaften sind die Investitionsbeträge hingegen noch zu gering.

Diese Marktineffizienz drückt sich auch in besonders attraktiven Unternehmenskaufpreisen aus. Ein gängiges Mittel zur überschlägigen Berechnung von Firmenwerten sind EBIT-Multiples, die den Ergebnismultiplikator je nach Branche und Größe des Unternehmens ausweisen. Eine Betrachtung über die Größenklassen der Unternehmen zeigt, dass insbesondere die Renditeperspektive der Unternehmen mit einem Umsatz von unter 20 Mio. Euro deutlich attraktiver ist als bei den größeren Unternehmen. Renditen auf das eingesetzte Kapital von 15% bis 25% p. a. wirken in den heutigen Zeiten der Null- bzw. Negativzinspolitik zwar etwas unwirklich und unseriös. Im KMU-Bereich sind sie jedoch durchaus Normalität und kein Ausdruck eines außergewöhnlich hohen Risikos.

Mittelstandsbeteiligungen bieten ein attraktives Chance-Risiko-Verhältnis.

Was sind die Gründe für diese Renditeanomalie? Renten-, Aktien-, Rohstoff- und Immobilienmärkte sind für Anleger gut zugänglich, liquide und weitgehend effizient. In den vergangenen Jahren ist viel Kapital in diese Märkte geflossen und hat die Bewertungen in die Höhe getrieben. Im Gegensatz dazu gibt es keinen transparenten, geregelten Markt für Mittelstandbeteiligungen. Die Einstiegshürden sind angesichts nennenswerter Investitionsbeträge und erforderlicher betriebswirtschaftlicher Kenntnisse besonders hoch. Für Investoren, die über einen guten Zugang zu mittelständischen Zielunternehmen verfügen und derartige Beteiligungen managen können, besteht ein besonders attraktives Chance-Risiko-Verhältnis bei Firmenwerten im Bereich von zwei bis 15 Mio. Euro.

Privates Kapital für den inhabergeführten Mittelstand

Aktives Kapital für den Mittelstand

Neben herkömmlichen Beteiligungsgesellschaften und Private Equity-Fonds gibt es mittlerweile Anlagelösungen, die zielgerichtet in das renditeträchtige kleinere Unternehmenssegment investieren. Die Voraussetzungen für den wirtschaftlichen Erfolg in diesem Segment sind schlanke Kostenstrukturen sowie ein guter Zugang zu potenziellen Übernahmekandidaten.

Die Unternehmensnachfolge stellt eine der hauptsächlichen Investitionsgelegenheiten für eine Beteiligung dar. Investitionen werden mit einem aktiven unternehmerischen Ansatz getätigt. Als strategischer Sparringpartner der operativen Geschäftsführung stellt die Beteiligungsgesellschaft sicher, dass die gemeinsam definierten strategischen und operativen Maßnahmen durchgeführt und die notwendigen Strukturen im Unternehmen geschaffen werden. Den Unternehmen bietet der Investor weitere strategische Synergien in Form von Netzwerken, Kooperationen und betriebswirtschaftlichem Know-how. Zudem können Aufgabenbereiche, für die kleinere Mittelständler oft keine ausreichenden Ressourcen haben (z. B. Personalmanagement, Buchhaltung, Controlling, Bankenkommunikation) durch Auslagerung auf die Beteiligungsgesellschaft professionalisiert werden. Neben dem Zugewinn an Qualität führt die Auslagerung auch dazu, dass sich die Gesellschaften auf die operativen Kernthemen konzentrieren können. Gerade im kleineren Mittelstand ist dieser aktive Ansatz von großer Bedeutung für die langfristige Unternehmensentwicklung und -sicherung.

Neben Beteiligungsgesellschaften und Private Equity-Fonds gibt es auch noch andere Beteiligungsmöglichkeiten für Investoren. So können Anleger z.B. auch über Kommanditgesellschaften auf Aktien (KGaA) in Mittelständler investieren. Anleger können sich mit Eigenkapital an KGaA beteiligen. Die Gesellschaft poolt das Kapital und übernimmt das Geschäft. Sie beteiligt sich an aussichtsreichen Mittelständlern und strebt die Fortführung und Weiterentwicklung der jeweiligen Unternehmen an. Die Zielrendite liegt dabei deutlich oberhalb der am Kapitalmarkt üblichen Werte.

Vielfältige Beteiligungsmöglichkeiten

Im Kern spricht dieses Konzept drei Interessengruppen an: den Unternehmer, der den Generationenwechsel anstrebt, den potenziellen Unternehmensnachfolger, der monetär und mit Know-how unterstützt wird, und Investoren, die Zugang zu einer bisher verschlossenen oder mit hohen Hürden versehenen hoch lukrativen Kapitalanlage suchen. Für potenzielle Unternehmensnachfolger ist das Konzept besonders interessant, wenn sie nicht über das ausreichende Eigenkapital verfügen, um eine Unternehmensübernahme vollziehen zu können.

Fazit

Für den unternehmerisch denkenden langfristigen Investor ist der deutsche Mittelstand eine echte Anlageopportunität. Zweistellige Renditen sind dank günstiger Kaufpreise, insbesondere im Rahmen von Unternehmensnachfolgen mittelständischer Unternehmen, nachhaltig realisierbar. In Kombination mit einem professionellen, aktiven Management verfügen insbesondere kleine und mittlere Unternehmen über ein besonders attraktives Chance-Risiko-Profil.

Investitionen in den deutschen Mittelstand sind vielversprechend.

» Früher stand auf einem Dollarschein: „Gegenwert auszahlbar in Gold“. Heute steht dort: „Wir vertrauen auf Gott“. Genau dieser Maxime scheinen die Notenbanken mit ihrer seit Jahren betriebenen Politik des billigen Geldes zu folgen. Ob sich das Gottvertrauen auszahlt, bleibt allerdings fraglich. Die historische Erfahrung zeigt, dass solche Geldschwemmen immer zu massiver Entwertung führen. In solchen Phasen werden Edelmetalle regelmäßig zur Lebensversicherung für Vermögen. Nach Abwärtstrend und Bodenbildung wird Gold bereits wieder teurer. Doch mit der Aussicht auf eine länger andauernde Aufwärtsbewegung und einem weiteren Vertrauensverlust in Politik und Notenbanken sollten Vermögende jetzt auf Gold setzen. «

Goldvertrauen
Auf das Zinsende folgt die Goldhausse

Rolf Ehlhardt, I.C.M. Independent Capital Management

Um Währungen kümmern sich Notenbanken – weltweit. Sie drucken auch im Herbst 2019 fleißig neue Geldscheine, ohne dass diese mit viel Substanz unterlegt sind. Mathematisch müsste darum der Wert der Währungen sinken. Aber wehe, wenn er es wirklich tut und die Inflation kräftig anzieht.

Die Notenbanken erhöhen fleißig die Geldmenge.

Noch ist es nicht soweit, und oft lautet das Argument, dass die Nullzinspolitik in Japan seit Jahren funktioniert. Bislang hat die Geldschwemme dort den Systemzusammenbruch verhindert. Aber auch, wenn das der Welt unter dem Fachbegriff „Modern Monetary System" mit einem fachmännisch klingenden Namen versehen wird, unterschlagen wird dabei immer, dass solche Versuche in der bisherigen Geschichte immer fehlgeschlagen sind. Noch glauben die meisten Marktteilnehmer aber, dass sich durch die Rückendeckung der Notenbanken (Postulat: „whatever it takes") alles zum Guten wenden wird. Das aber ist eine gefährliche „Wohlstandsillusion". Der Chefvolkswirt der Commerzbank hat dies als „Voodoo-Ökonomie" bezeichnet.

Geldsystem basiert auf Vertrauen

Unser Geldsystem ist auf Vertrauen aufgebaut. Der Bürger glaubt fest daran, dass sein 10- oder 20-Euro Schein von jedem anderen zur Bezahlung einer Ware oder Dienstleistung akzeptiert wird. Wer einem anderen Geld leiht, glaubt daran, dass der es auch zurückzahlt. Deshalb nennt man ihn Gläubiger. Solange der Schuldner in vernünftigem Maße (prozentual im Verhältnis zum Einkommen) mit seiner Verschuldung umgeht, ist die Wahrscheinlichkeit dafür auch groß.

Unser Geldsystem basiert auf dem Prinzip des gegenseitigen Vertrauens.

Eine Folge der Nullzinspolitik der Notenbanken ist aber ein weltweit massiv steigendes Schuldenniveau – vor allem bei den Staaten. Was in der Krise 2008/09 ein richtiges Mittel zur Erhaltung der Liquidität an den Kapitalmärkten war, wurde inzwischen zur Droge, die nicht mehr abgesetzt werden kann. Fast alle wirtschaftlich relevanten Staaten haben sich in eine nahezu aussichtslose Situation manövriert. Sie haben die Niedrigzinsphase nicht genutzt, um Schulden abzubauen, sondern im Gegenteil weitere Schulden aufgebaut. Durch den enormen Zinsrückgang hat sich das sogar gerechnet. Trotz eines höheren Schuldenberges haben sich die Zinskosten nicht erhöht, sondern teilweise sogar gesenkt.

Der Staatsschuldenstand hat eine historische Höchstmarke überschritten.

Die Staatsschulden haben längst verantwortbare Höhen überschritten. Bei ihnen misst man dies am Verhältnis der Schulden zum BIP. In den meisten Ländern übersteigen die Schulden das jährliche Inlandsprodukt mittlerweile. In Japan liegt die Quote bei 236%, in Singapur bei 111%, die USA weisen um 108% aus. In Europa sind Griechenland mit 181%, Italien mit 131% und Portugal mit 126% die schwarzen Schafe. Frankreich, Spanien und Zypern sind kurz vor der 100%-Schwelle. Deutschland ist dagegen mit 64% ein Waisenknabe, liegt aber immer noch über den Kriterien von Maastricht. Sensationell gut dagegen das viel gescholtene Russland mit 17%.

US-Schulden sind Grund zur Sorge und Vorsicht

Sorgen bereitet der Weltmarktführer USA. Nicht nur die absolute Höhe der Schulden (ca. 22,5 Bill.), die irgendwann bei der Refinanzierung ein Problem darstellen könnte. Auch die Geschwindigkeit, mit der die Verbindlichkeiten wachsen ist enorm. Das im Halbjahresbericht 2019 ausgewiesene Defizit war mit 691 Mrd. Dollar deutlich (16,45%) höher als im Vorjahr (599 Mrd. USD). Die USA zahlen aktuell schon über 500 Mrd. USD an Schuldzinsen. Selbst Alan Greenspan kommentierte einst: „Die Behörden veröffentlichen riesige Defizite und niemand kümmert es. Es wird sie kümmern, wenn der Zahltag kommt." Jedes Prozent Zinssteigerung würde den US-Haushalt inzwischen um weitere 225 Mrd. Defizit belasten. Wer kann jetzt noch immer an die Zinswende glauben? Wir leben in der Zwanghaftigkeit permanenter Nullzinsen und Schuldenerhöhungen.

Die Märkte sind aufgebläht.

Die Nebenwirkungen einer solchen Politik sind Blasenbildung (Aktien, Immobilien, Kunst u.ä.), Fehlinvestitionen, Erhaltung von maroden Unternehmen und der Anreiz, sich immer mehr zu verschulden (wer spart ist dumm). Je stärker diese Nebenwirkungen werden, umso weniger sind die Notenbanken in der Lage, ihre Zinspolitik umzukehren. Um den Kapitalmarkt nicht zu destabilisieren, muss immer mehr Geld gedruckt werden.

Deshalb werden die Notenbanken keine Zinserhöhungen mehr durchsetzen – erst recht nicht, wenn die Weltwirtschaft schwächelt. Zinsen auf Anleihen von Emittenten guter Qualität wird es auf absehbare Zeit nicht mehr geben (können). Über 750 Mrd. sind den deutschen Anlegern in den letzten Jahren durch die Notenbank-Manipulation der Zinsen schon verloren gegangen. Bundesanleihen bringen bis zu 30 jährigen Laufzeiten Minusrenditen. Der Geldwertverlust ist für die kommenden Jahre als sicher anzusehen. Die „gelebte", nicht die offizielle Inflation, wird über die Höhe entscheiden. Die Folgen werden auch Einbußen beim Lebensstandard und eine deutlich erschwerte Altersversorgung sein. Soziale Unruhen sind langfristig denkbar.

Obwohl den Notenbanken allmählich klar wird, dass dieses Finanzexperiment, das nichts anderes ist als Finanzplanwirtschaft, dauerhaft nicht funktionieren wird, müssen sich Marktteilnehmer auf weitere „geldpolitische Erleichterungen" einstellen. Denkbar sind diverse Szenarien, z. B. Minuszinsen von 5% auf alle Geldkonten. Das dürfte ohne das Risiko eines „Bankenruns" nur mit flankierenden Maßnahmen durchzusetzen sein. Auch eine Sondersteuer für Bargeld (bei Barzahlung hat es nur noch 95% Wert) oder Einschränken der Bargeldverfügung (z. B. 1.000 Euro pro Monat) wurden in den höchsten Etagen der EZB und IWF bereits „durchgespielt". Nach der jüngsten Erhöhung der Strafzinsen für Banken dürfte die Weitergabe an die Anleger nur noch eine Frage der Zeit sein. Die Mainstreampresse bereitet uns seit Wochen darauf vor. Wie die Menschen dann reagieren, steht allerdings in den Sternen.

Der Notenbank-Sozialismus wird auf Dauer nicht funktionieren.

Für Anleger stellt sich daher dringender denn je die Frage, wie ein möglichst großer Teil ihres Vermögens geschützt werden kann. Wenn die Schuldenblase platzt, sollte man möglichst keine Schulden haben. Die eigengenutzte, bezahlte Immobilie, Liquidität, Qualitätsaktien und Edelmetalle sind dann die wichtigsten Vermögensbausteine.

Insbesondere Gold und Silber sollten Anleger ins Portfolio aufnehmen. „Die meisten Anleger werden den ersten Teil des Goldpreisanstiegs verpassen." Das haben wir vor einem Jahr an dieser Stelle geschrieben. Damals lag der Goldpreis um 1.230 US-Dollar je Feinunze. Aktuell sind es 1.500 US-Dollar je Feinunze.

Edelmetalle, allen voran die Klassiker Gold und Silber, sichern das Portfolio ab.

Der Goldpreis hat inzwischen seinen Abwärtstrend beendet und auch die sechsjährige Bodenbildungsphase abgeschlossen. Das bedeutet, dass eine längere Aufwärtsbewegung bevorsteht, die über einige Jahre laufen dürfte. Diese könnte sogar zu neuen Höchstkursen führen. Die bisherigen Höchstmarken von 1.920 US-Dollar je Feinunze aus dem Jahr 2011 sollten deutlich überschritten werden. Tagessprünge von 100 Dollar und mehr wären keine Überraschung.

Edelmetalle als Versicherung kaufen

Die Geschichte zeigt, dass Gold ein wertschützender Sicherheitsfaktor ist.

Für Anleger sollten Edelmetalle die Funktion einer Versicherung für das Gesamtvermögen erfüllen. Denn Gold hat alle schweren Krisen und Kriege überlebt. Seit mindestens 5.000 Jahren. Noch heute werden viele Dinge, die etwas wert sind, mit dem goldigen Attribut ausgezeichnet. Der Nachteil, dass es für in Gold angelegtes Geld keine Zinsen gibt, wiegt angesichts der Nullzinspolitik auch immer weniger. Darum wird Gold als Versicherung gegen Geldwertverluste (negative Realzinsen) immer wichtiger. Je höher die realen Geldwertverluste werden, desto höher wird der Goldpreis steigen.

Große Käufer sind übrigens die Notenbanken. Sie haben noch nie so viel gekauft wie im Jahr 2019. Ganz vorn mit dabei sind die Geldhüter Russlands und Chinas. Diese Bestände werden auch nach einem großen Kurssprung nicht auf der Verkäuferseite stehen. Mittelfristig trocknet der Markt damit aus. Die Produktion kann jedenfalls nicht schnell gesteigert werden. Langfristig dürfte der Produktions-Peak sogar bereits hinter uns liegen.

Physisches Gold: Der Klassiker ist immer noch sinnvoll

Wer sich für Gold als Absicherung entscheidet, kann physisches Gold kaufen. Je nach Größenordnung der Anlage sollten Barren oder gängige Münzen (Krügerrand, Maple Leaf) favorisiert werden, die bei seriösen Händlern gekauft werden. Zuvor muss die Lagerung (eigener Safe oder bei der Bank) geklärt sein. Das Handling (z. B. bei Verkauf) ist etwas umständlich. Trotzdem ist es langfristig sinnvoll, einen Teil der Anlage in Edelmetallen auch physisch zu tätigen.

Papiere mit Anrecht auf Auslieferung des Goldes kaufen

Schnell handelbar sind Gold-Wertpapiere an den Börsen. Um auch hier den Gedanken der Absicherung aufrecht zu erhalten, eignen sich goldhinterlegte Papiere (z.B. Xetra-Gold, Zertifikate der ZKB), mit dem Recht auf Auslieferung des Goldes. Vor diesem Hintergrund relativ ungeeignet sind reine ETF auf Gold, wenn sie als Schuldverschreibung mit Abbildung des Goldpreises durch Derivate ausgegeben werden. Im Falle des Konkurses des Emittenten (wie Lehman Brothers) wird die

Anlage wahrscheinlich wertlos. Speziell bei einer Bankenkrise würde die Versicherungsidee dann nicht funktionieren – genau dann, wenn sie besonders benötigt wird.

Einen Hebel (gilt für beide Seiten) auf den Goldpreis stellen die Aktien der Goldproduzenten dar. Um auch hier die Philosophie der Vermögensabsicherung aufrecht zu erhalten, sollte in diesem Segment in die großen Produzenten investiert werden. Alternativ in entsprechende Goldfonds (z.B. Bakerstreet, Stabilitas, BGF). Juniors oder gar Explorationsgesellschaften können nur Beimischung sein und sind eher eine Spekulation auf einen steigenden Goldpreis. Einige Goldaktien werfen sogar eine kleine Dividende ab.

Alternative zum physischen Gold: Gold-Aktien

Auch Silber sollten Anleger in den Fokus nehmen. Der kleine Bruder des Goldes scheint derzeit billig zu sein. Der Gold/Silber-Index liegt aktuell knapp unter der 90er-Marke. Der Index drückt aus, wieviele Unzen Silber man für eine Unze Gold bekommt. Der langjährige Durchschnitt liegt bei unter 60. Wegen der höheren Volatilität eignet sich Silber als Beimischung für den Edelmetallanteil und bietet auch Handelsopportunitäten.

Die Schere zwischen Gold- und Silberpreis ist noch weit geöffnet

Fazit

Der Gesamtanteil der Edelmetall-Absicherung sollte nach unserer Auffassung bei 15% bis 20% des Gesamtvermögens liegen. Das erscheint dem einen oder anderen eventuell etwas hoch gegriffen. In einem Szenario, in dem das Vertrauen in die Notenbanken und die Politiker erodiert, in dem die Zinsen bei oder unter Null (Minuszinsen) liegen, in dem die Weltwirtschaft immer schwächer wird, war Gold in der Vergangenheit für Anleger aber immer eine gute Option. Angesichts der Aussichten einer langfristigen Vermögensvernichtung im Japan-Modus und bei wachsenden Systemrisiken könnte sogar dieser Anteil als zu gering erachtet werden. Die Zeit für Gold ist gekommen.

Im aktuellen Umfeld sind Edelmetalle als Absicherung buchstäblich Gold wert.

» Die meisten Anleger haben sicherlich noch nie von Osmium gehört. Das sollte sich ändern, denn Osmium ist das achte Edelmetall und bietet interessante Anlagechancen. Inzwischen ist das Metall am Anlagemarkt angekommen. Längst gibt es Anleger, die in Osmium investieren. Aus dem einstigen Geheimtipp für Uhrenhändler und Juweliere ist eine echte Anlagemöglichkeit geworden. «

Selten, seltener, Osmium
Anlegen im achten Edelmetall

Ingo Wolf, Osmium Institut

Osmium wurde lange Zeit überhaupt nicht beachtet. Denn das 1804 von *Smithson Tennant* entdeckte Edelmetall ist als Rohosmium durch die Bildung von Osmiumtetraoxid giftig. Vermutet wird auch, dass Schmelzperlen aus Osmium ebenfalls dieses gesundheitsschädliche Oxid bilden. Erst seit 2013 kann Osmium kristallisiert werden – und das macht es ungiftig und zugleich zu einem lukrativen Investment-Edelmetall. In der kristallinen Version ist es seit 2014 auf dem Markt.

Osmium kann nach langer Zeit endlich für den Markt nutzbar gemacht werden.

Woher kommt das seltene Metall?

Osmium kommt in der Erdkruste vor, aber es ist unfassbar knapp. Man könnte die gesamte Menge Osmium, die aus der Erdkruste gewonnen werden kann, in einen einzigen kleinen LKW laden. Die global verfügbare Menge an Osmium passt in einen Würfel mit einer Kantenlänge von nur 2,1 Metern. Es existieren auf der Welt also nur gut 9 m³ Osmium im Vergleich zu circa 13.800 m³ Gold.

Damit ist Osmium viel seltener als Gold. Vom gelben Edelmetall wurde bisher insgesamt schon so viel gefördert, dass es in einen Würfel mit einer Kantenlänge von 24 Metern passen würde. In Volumina gerechnet, ist Gold damit 1.500-fach häufiger in der kontinentalen Erdkruste enthalten als Osmium. Im Jahr 2018 wurden insgesamt nur circa 1.200 kg Osmium weltweit gewonnen. Davon wurde ein Teil kristallisiert und ein Teil in medizinischen und chemischen Anwendungen eingesetzt.

Vorkommen und Fördermenge sind verschwindend gering.

Das verwandteste Element von Osmium ist das unscheinbare Iridium, mit dem es im Platinerz als Osmiridium gewonnen und von dem es dann getrennt wird. Allerdings gibt es einen deutlichen Unterschied zwischen den beiden Metallen. Iridium ist in größeren Mengen vorhanden. Und es kann aus seinen Anwendungen z. B. in Smartphones recycelt werden. Diesen Effekt gibt es bei Osmium aus zwei Gründen nicht. Erstens müsste es für ein Recycling aufwendig neu kristallisiert werden. Zweitens ist nicht zu vermuten, dass ein Eigentümer seine 100.000 Euro-Armbanduhr zum Recycling abgibt.

Steigendes Interesse an Osmium

Lange Zeit galt Osmium als Geheimtipp unter Uhrenhändlern, Juwelieren und wenigen, sehr gut informierten Anlageberatern. Inzwischen bauen aber die großen Marken wie Hublot oder Ulysse Nardin besonders exklusive Armbanduhren aus Osmium. Internationale Designer versuchen sich an spektakulären Schmuckstücken. Allmählich wird Osmium also populärer.

Im August 2019 beschrieb die Bloomberg Businessweek in New York in einer Sonderausgabe Osmium sogar als das „Jewelry Chameleon" und vermutet Osmium als den „next generation diamond".. Die einzelnen Kristalle im Osmiumkristallverbund sind perfekte Spiegel, die das Sonnenlicht, welches parallel auf der Erde ankommt, auch parallel weitersenden. Da die Flächen das Licht nicht wie Diamanten brechen, wird es im Auge dieselbe Wirkung erzielen, als wenn man direkt in die Sonne schaut. Aus diesem Grund liegt das Licht auch bei weiten Distanzen innerhalb der Wahrnehmungsschwelle der Rezeptoren im Auge. Damit lässt sich Osmium perfekt als Schmuck verarbeiten und jeden Diamanten im Sonnenlicht langweilig aussehen. Zudem werden Diamanten mittlerweile künstlich hergestellt und sind dann oft schlichtweg sogar reiner als die in der Natur gefundenen Diamanten. Parallel dazu verfallen die Preise der Kunstdiamanten angesichts der riesigen Produktionskapazitäten rapide. Das schmälert auch das Interesse an echten Diamanten. Davon kann Osmium profitieren.

Juweliere und Verarbeitungsbetriebe setzen Osmium zunehmend in der Produktion von Schmuck ein. Dabei wird Osmium wie ein Diamant oder ein Edelstein in Ringe, Broschen, Ohrhänger oder Halsketten eingebracht. Jeder Juwelier und Hersteller hat die Möglichkeit, fast beliebige Formen zu bestellen, um sie in seiner Designlinie zu verwenden. Tatsächlich ist dieses Angebot noch recht jung am Markt, da die Kapazitäten zur Verarbeitung in den Drahterodierbetrieben erst aufgebaut werden. Inzwischen können aber auch Juweliere Osmium mit relativ kurzen Vorlaufzeiten erwerben und schneiden lassen.

Osmium gibt es mittlerweile auch als Boxen, die für jeden Geldbeutel geeignet sind und als einzelne Formen in vielen Shops im Internet. Die üblichen Formen sind flächige Anlagebarren oder kleine, kreative, ebenfalls aus der Fläche geschnittene Objekte. Zudem wird Osmium in Form von Starrows veräußert. Diese Rows stellen im Osmiummarkt das Pendant zu Tafelbarren dar, die durch Abbrechen von Segmenten, in kleinen Stücken verkauft oder genutzt werden können.

Osmium im Portfolio

Osmium bietet sich als kleine Portfoliobeimischung an. Interessant ist, dass es in Gold, Silber, Bitcoin, Etherium und verschiedenen Währungen bezahlt oder getauscht werden kann. Allerdings wird Osmium nicht an Börsen gehandelt und durch einen stets aktuellen Kurs bewertet. Für Osmium gibt es nur einen Preis, der täglich aktualisiert wird. Er hängt von der Nachfrage und der sogenannten Ernterate ab. Darunter versteht man den Quotienten aus eingesetztem Osmium im Kristallisationsprozess und dem tatsächlich gewonnenen und schneidbaren Osmium in kristalliner Form. Zudem unterliegt Osmium einem Monopol. Nur Osmium-Institute sind berechtigt, kristallines Osmium in den Verkehr zu bringen, bevor es von Händlern auf der gesamten Welt weiterverkauft wird. Das Monopol mag auf der einen Seite eine Einschränkung darstellen. Auf der anderen Seite sorgen die Institute auch für Sicherheit in Bezug auf Echtheit und Verfügbarkeit.

Osmium bietet sich als Portfolio-Beimischung an.

Die Osmium-Investoren-Disk

Der aktuelle Erfolg von Osmium ist tatsächlich nur darauf zurückzuführen, dass es gelungen ist, Produkte herzustellen, die für den Schmuckmarkt als Halbzeug dienen können. In diese sogenannten Disks oder Barren können Anleger investieren. Jede Art von Disk oder Barren ist beim Kauf durch einen Investor noch als neutral zu sehen. Ihr Wert ist nicht abhängig vom Schmuckgeschmack oder von der Mode eines bestimmten Jahres. Die Disk wird erst dann verarbeitet, wenn der Schmuck wirklich hergestellt wird. So manche Disk wird aber wohl für lange Zeit in Tresoren verschwinden. Sie dienen dann als Wertaufbewahrungsmittel.

Wie andere Edelmetalle kann Osmium im Tresor gelagert werden.

Einige dieser Disks werden es also niemals auf den Schmuckmarkt schaffen. Auch Osmium, das von Juwelieren verarbeitet und von Kunden gekauft wird, verschwindet zum Teil ganz aus dem Markt und findet seine endgültige Bestimmung bei den privaten Kunden. Es wird als Schmuck getragen oder befindet sich gut aufbewahrt daheim. Auch darin unterscheidet sich Osmium von Diamanten. Diese können Schmuckstücken problemlos und unverändert wieder entnommen werden. Osmium wird oft aber nicht in den Rohstoffmarkt zurückgeführt, da es nicht einfach wie Gold oder Silber eingeschmolzen werden kann.

Der Osmium-Bigbang

Wenn alle Bestände am Mann sind, folgt der große Preis-Boom.

Bei Osmium spricht man übrigens nicht von einer Verknappung oder dem Suchen neuer Lagerstätten, sondern von einer möglichen Nichtverfügbarkeit, wie es sie bei noch keinem anderen Element jemals gegeben hat. Dieses Phänomen wird von Experten intensiv diskutiert und besitzt sogar einen eigenen Namen: der Osmium Bigbang. Der Vergleich mit dem Urknall soll eine Preisentwicklung andeuten, bei der es zu einer schnellen Vervielfachung des Preises kommen könnte. Auf Basis des mittleren Osmium Preises des Jahres 2019 müssten auf dem Weltmarkt über 50 Milliarden Euro in Osmium angelegt oder Osmium in diesem Volumen verkauft worden sein, damit zunächst das förderfähige Osmium aus dem Markt ist. Bei Gold würde das einem Investitionsvolumen von 6,6 Billionen Euro entsprechen.

Wie funktioniert der Privatverkauf von Osmium?

Einfache Kaufmöglichkeit über die Internetseiten zertifizierter Verkäufer

Osmium kann in kristalliner und zertifizierter Form einfach über das Internet gekauft werden. Jeder Käufer sollte seinen Verkäufer nach dem Originalzertifikat in Form des OIC fragen. In der Regel ist der achtstellige Buchstaben- und Zahlencode auf der Verpackung aufgedruckt oder in einem mitgelieferten Acrylbarren eingelasert. Durch die Eingabe des OIC auf der Seite www.Osmium-Identification-Code.com kann der Barren genau identifiziert werden. In der über den Code einsehbaren Datenbank ist die kristalline Oberfläche zum Vergleich mit dem vorliegenden Stück hochauflösend als Scan gespeichert. Die Genauigkeit der Wiedererkennung übersteigt die eines Fingerabdrucks um mehr als das 10.000-fache. Auf keinen Fall sollten Anleger kristallines Osmium ohne einen OIC kaufen.

Ein wichtiger Aspekt beim Kauf von Osmium ist die sogenannte Wertdichte. Die Wertdichte ist der Quotient aus Geld und Volumen. Bei Osmium liegt diese Wertdichte bei circa 40.000 Euro im Volumen eines Zuckerwürfels. Ein größeres Vermögen passt also ziemlich einfach in die Hosentasche. Osmium kann in Zollfreilagern eingelagert werden. Jedoch tendieren die meisten Eigentümer dazu, Osmium in den eigenen vier Wänden aufzubewahren, um jederzeit Zugriff darauf zu haben.

Fazit

Osmium ist ein extrem seltenes Edelmetall. Es hat faszinierende phy-
sikalische Eigenschaften, macht Diamanten Konkurrenz und ist extrem
viel seltener als z. B. Gold. Darum hat Osmium einen sehr hohen und
vermutlich langfristig stark steigenden Wert. Die Beimischung eines
Osmium-Investments ist daher eine gute Möglichkeit, um langfristig
eine sehr hohe Rendite zu erzielen.

Das Geheimtipp-Investment

» Digitalisierung ist das neue Schlagwort auch in der Diamantenbranche. In dem sehr traditionellen Markt soll die durchgängige und umfassende Umwandlung der analogen in digitale Prozesse zu schnelleren und kostengünstigeren Abwicklungen der Abläufe führen. Die Computer haben in den vergangenen Jahren einzelne Bereiche der Diamanten-Lieferkette durchdrungen. Es gilt auch in der Diamantenbranche, die Kosten und Handelsmargen zu reduzieren. Was bedeutet das für Anleger? «

Diamanten werden digital
Technologische Entwicklungen

Alexander Fuchs, FUCHS-Team

Der Diamantmarkt kämpft mit anhaltend schwacher Nachfrage nach natürlichen Steinen und fallenden Preisen. Der schwelende Zollkonflikt zwischen den USA und China verdirbt potentiellen Kunden seit geraumer Zeit massiv die Kauflust. Im asiatischen Raum bleiben die Verkaufszahlen der natürlichen Diamanten deutlich hinter den Erwartungen zurück. Dagegen steigen die Umsätze von Schmuck mit synthetischen Diamanten bis 0,50 Karat steil an. China ist einer der größten Produzenten im Labor gezüchteter Diamanten. Die Laborsteine werden in High Tech-Maschinen hergestellt, die permanent von Programmen überwacht und gesteuert werden.

Schwere Zeiten im Diamantenhandel

Digitalisierung der Diamant-Produktion

Die Digitalisierung ist im Bereich der Produktion von künstlichen Diamanten bereits weit fortgeschritten. Auch synthetische Diamanten werden zu funkelnden Steinen geschliffen. Die Arbeitsschritte des Schleifens sind zurzeit noch überwiegend manuell. Da die Lohnkosten für Schleifer in China noch niedrig sind, lohnt sich der Einsatz von Schleifrobotern dort noch nicht.

Nach dem fertigen Schliff kommen die künstlichen Steine direkt in den Handel. Der Laborstein hat es – ganz anders als echte Diamanten -– nicht nötig, seine saubere Herkunft zu dokumentieren. Daher ist auch nicht geplant, die Daten der Steine zukünftig in einer Blockchain zu hinterlegen. Da die Produktionsmengen steigen, werden die Produktionsverfahren günstiger. Das wird zu weiter sinkenden Preisen für die Kunst-Diamanten führen, zumal das wachsende Angebot auf eine noch konstante Nachfrage trifft. Diese Prognose gilt aus heutiger Sicht für geschliffene Laborsteine bis fünf Karat. Technisch gesehen können zwar deutlich größere Steine produziert werden, dies erfordert jedoch Umrüstungen der bisherigen Produktionsanlagen.

Laborsteine verschärfen den Preisdruck am Markt.

Die Wertschöpfungskette natürlicher Diamanten bietet dagegen viel Potenzial, um die Werthaltigkeit der Steine mittels durchgängiger Digitalisierung festzuhalten. Dazu ist es erforderlich, dass alle Informationen und die Historien über lohnenswerte Diamanten (ab ca. 0,50 ct) in der Diamant-Pipeline lückenlos festgehalten werden. Es gilt zudem durch Informationsmanagement den bislang intransparenten Diamantmarkt umzukrempeln. Die Kosten der Produktion sind zurzeit noch recht hoch. Außerdem verteuern die Handelsspannen den Diamanten auf seinem Weg von der Mine bis zum Endkunden sehr.

Diamond supply chain

Effizienzsteigerung bei der Förderung natürlicher Diamanten

Die Lieferkette des natürlichen Diamanten beginnt bei der Förderung in Übertage- und Untertageminen, alluvialen Gebieten oder im Meer. Das abgebaute Gestein, der Sand oder Kies wird in Sortieranlagen gegeben. Dort wird das wertlose Gestein von den Roh-Diamanten getrennt. Dazu werden schon seit vielen Jahrzehnten spezielle Röntgenverfahren eingesetzt. Der technische Fortschritt verbesserte in den vergangenen Jahren Röntgenverfahren zur Auslese der Diamanten. Größere Rohdiamanten werden somit früher im Gestein erkannt, bevor es zerkleinert wird. Darum wächst die Anzahl gefundener Rohsteine über 50 Karat deutlich an. Mit der verfeinerten Sortiertechnik werden sogar die kostbaren Abraum- und Schuttberge der vergangenen Jahrhunderte beim sogenannten Halden-Recyling mit neuen Sortiermaschinen nochmals durchforstet. Die Ausbeute ist anscheinend rentabel für den Einsatz der teuren Technik.

Die aussortierten Gesteinsbrocken werden im Anschluss gereinigt. Die geförderten Rohdiamanten werden dann in Industrie- und Schmuckdiamanten getrennt. Nur ein kleiner Teil (ca. 15% bis 20%) der gewonnenen Steine eignet sich für den Schmuckbereich. Die Sortierung dieser schmucken Rohsteine ist eine hohe Kunst. Für die Einordnung in mehr als 11.000 Kategorien benötigen die ausgesuchten Mitarbeiter geschulte Augen und jahrelange Erfahrung.

Der Sortierprozess erfolgt noch ganz klassisch ohne Maschinen.

Diese Sortierung erfolgt ebenfalls noch händisch. Zukünftig werden solche Arbeiten aber verstärkt durch computergestützte Maschinen erledigt werden. Die Rohsteine werden ähnlich den Kriterien der 4Cs bei geschliffenen Steinen nach Farbe, Form und Reinheit unterschieden. Auch für die Technik wird es nicht einfach sein, die vielfältigen Ordnungskriterien, die der geschulte Mensch beherrscht, automatisch zu erkennen. Daher wird an der maschinellen Sortiertechnologie intensiv geforscht. Ziel ist es, die Steine ab einer bestimmten Größe in absehbarer Zeit automatisch zu klassifizieren und gleichzeitig in eine Blockchain aufzunehmen.

Im nächsten Arbeitsgang erfolgt zurzeit die manuelle Wertbestimmung des Rohdiamanten. Auch diese Festlegung des Wertes soll künftig automatisiert werden. Schon heute werden Rohdiamanten ab 10 Karat maschinell gescannt, um den Wert des zukünftigen geschliffenen Steins zu schätzen. Ein Computerprogramm ermittelt die optimalen Schliffformen und visualisiert auf dem Monitor beispielsweise die Formen Smaragd-, Herz-, Tropfen- oder Brillantschliff in 3D, die sich aus dem Rohdiamanten schneiden lassen. Ideal wäre es, wenn die Informationen, die elektronisch vorliegen, direkt an die nächste Bearbeitungsstufe, die Schleifereien, weitergeleitet würden. Damit würde der Lieferant aber auch seinen Wissensvorsprung, der Basis des Handels ist, aufgeben.

Der Wert größerer Diamanten kann bereits digital bestimmt werden.

Digitalisierung des Schleifprozesses rückt näher

Der anschließende Schleifprozess gliedert sich in vier Schritte: Spalten & Sägen, Reiben, Schleifen und Polieren. Hier dominiert noch die klassische Handarbeit. Schleifroboter unterstützen die einzelnen Schritte des Schleifers zwar. Die Maschinen sind jedoch noch nicht vernetzt und geben ihre Daten noch nicht von einer Arbeitsstation an die nächste weiter. Auch in diesem Bereich wird intensiv geforscht, um Vollautomaten zu entwickeln, die alle Schritte des Schleifens in hintereinander geschalteten Maschinen oder sogar in nur einem Gerät bewerkstelligen. Der Ablauf soll dann ähnlich wie beim 3D-Druck funktionieren. Die Daten des gescannte Rohsteins werden vom Computer direkt an die Bearbeitungsmaschinen übergeben. Die Vorstellung ist, dass in den Schleifroboter ein Rohdiamant eingespannt wird und nach dem Schleifprozess ein perfekt geschliffener Diamant vorliegt. Dabei soll der Rohdiamant optimal ausgenutzt und der Schleifverlust minimiert werden. Die Daten des geschliffenen Diamanten werden dann in der Blockchain fortgeschrieben.

Im Schleifprozess ist die Digitalisierung auf dem Vormarsch.

Die Schleifereien geben die geschliffenen natürlichen Diamanten dann in den Handel. Die größten Handelsplätze sind die weltweiten Diamantenbörsen. Dort werden Partien kleinerer Steine und einzelne Steine gehandelt. Die Börsen sind geschlossene Institutionen, an denen nur Mitglieder Handel betreiben dürfen. Die Geschäfte werden nach althergebrachter Methode über Makler abgewickelt. Dieses aufwändige und kostentreibende Verfahren ließe sich durch eine Datenbank transparenter gestalten. Der Handel ist jedoch noch weit davon entfernt, Systeme einzuführen, die für zu viel Transparenz sorgen. Denn ein Großteil der Händler würde damit überflüssig gemacht. Dabei bieten sich Diamanten an, computergestützt gehandelt zu werden. Jeder Stein ist einmalig, und alle Steine lassen sich gut klassifizieren.

Noch dominiert auch in den Laboren die Handarbeit

Auch die Diamantlabore werden zunehmend digitalisiert. In ihnen werden Steine ab 0,30 ct auf Wunsch der Händler untersucht und in die 4Cs (Carat, Color, Clarity, Cut) klassifiziert. Die Arbeitsschritte der Graduierung sind noch weitgehend manuelle Tätigkeiten. Einzig das Gewicht lässt sich maschinell ermitteln. Die Feststellung der Farbe, der Reinheit und der Schliffausführung basieren auf den Erfahrungen der Diamantgutachter.

Die maschinelle Graduierung wird in den kommenden Jahren den Markt revolutionieren. KI spielt dabei eine entscheidende Rolle. Die Systeme werden mittels deep learning-Software trainiert. Dazu stehen Datenbanken mit den Daten mehrerer Millionen Diamanten bereit. Die Aufgabe der fortentwickelten Geräte ist es, die Unvollkommenheit des Menschen zu beseitigen. Die geschliffenen Diamanten werden automatisch gewogen und komplett gescannt.

Die Klassifizierungs-Software steht in den Startlöchern

Die Software ist in der Lage, den weiteren Prozess der Graduierung eigenständig durchzuführen. Die Schliffform, ob Brillantschliff, Tropfenschliff, Navetteschliff oder einer der weiteren Schliffe, wird erkannt. Ebenso wird festgestellt, welche Farbe der Diamant besitzt und innerhalb der sogenannten Gelbreihe, welcher Farbgrad – D, E, F, G, usw. – zuzuordnen ist. In den weiteren automatischen Untersuchungen werden Reinheitsgrad und Schliffausführung – Proportionen und Symmetrie – festgestellt. Zudem verfügen die Programme über eingebaute Verfahren, die es ermöglichen zu erkennen, welches zusätzliches Schleifen oder Umschleifen notwendig sein könnte, um die Schliffqualität des Steins zu verbessern. Gleichzeitig können die Daten des Diamanten unmittelbar in einer Datenbank und seiner Blockchain gespeichert werden. Noch stecken solche Multifunktionssysteme in den Kinderschuhen, doch es ist abzusehen, wann sie den Markt erobern werden.

Die Folgen für die Diamantenlabore sind noch nicht abzusehen. Zum einen werden weniger Diamantengutachter benötigt. Die Anzahl der unterschiedlichen Diamantlabore wird sinken, und die sogenannten „Gefälligkeitsgutachter" werden vom Markt verschwinden. Gegebenenfalls wird sich ein Teil der Gutachtertätigkeit auf die Stufe der Einzelhändler verlagern. Mit dem Komplettsystem kann der Juwelier die bisherige Arbeit der Diamantlabore übernehmen und die Steine, die ihm – von Händlern und Privatpersonen – angeboten werden, eigenständig begutachten.

Die bisher beschriebenen maschinellen Systeme sind Schritte auf dem Weg zur Digitalisierung des Diamantmarktes. Es fehlt noch die Vernetzung der Daten, um Transparenz zu schaffen. Mit Eifer wird bereits an Online-Plattformen gearbeitet, die alle relevanten Daten der natürlichen Diamanten sammeln und einem breiten Publikum zur Verfügung stellen. Ziel ist es, dem Kunden eine KI-gestützte Lieferantensuche zu bieten. Käufer sollen eine Abfrage online abgeben und dann die passenden Steine oder Schmuck mit Angabe des Lieferanten und der Historie des Diamanten erhalten. Die Software sucht dann über alle zugänglichen Plattformen, verknüpft alle wesentlichen Informationen aus den Gutachten, Preisspannen, Angaben in der Blockchain und den Lieferzeiten.

Die Grundlagen sind vorhanden, jetzt fehlt noch die entsprechende Vernetzung.

Eine dieser Plattformen könnte auch die Wiederverkaufsdatenbank von Steinen aus Privatbesitz sein. In Deutschland gibt es z. B. die Plattform www.topdiamanten.de. Dort werden jedoch erst 80 Steine angeboten. Eine höhere Transparenz im Diamantmarkt hätte auch zur Folge, dass die Handelsspannen deutlich fallen, Handelsstufen würden entfallen und unseriöse Händler hätten es deutlich schwerer, Diamanten zu „Mondpreisen" loszuschlagen.

Der Preisdruck bleibt hoch

Insgesamt sind die Preise für geschliffene, farblose Diamanten weiter im Sinkflug. In den USA, dem immer noch größten Absatzmarkt für Schmuckdiamanten, fielen die Diamantenpreise in US-Dollar zuletzt um weitere 3% bis 5%. Einkarätige Anlagediamanten sind sogar 9% günstiger als vor einem Jahr.

Echte vs. synthetische Diamanten

Die Produzenten erwarten sinkende Verkaufszahlen im Schmuckmarkt. Die verpflichtenden Abnahmemengen auf den Sights (Termine für die akkreditierten Rohwarenhändler und Schleifer) wurden um fast 30% gesenkt. Deren Lager sind noch aus den früheren Verkaufsveranstaltungen gefüllt. Diese Steine sollen aber nicht zu Dumpingpreisen verkauft werden. Und De Beers hat nach nur wenigen Monaten den Versuch beendet, Diamanten von Privat zurückzukaufen. Der Diamanthandel hat Rezessions-Sorgen, die Preise im Endkundengeschäft fallen weiter. Als Anlageobjekt eignen sich die besten Freunde der Frauen aktuell kaum. Der Handel versucht zwar mit verschiedenen Konzepten, der sinkenden Kauflust zu begegnen. Brillanten mit optimalem, symmetrischem Schliff (Hearts and Arrows) werden als seltene Besonderheiten beworben und oft sogar zu höheren Premiumpreisen an den Käufer gebracht.

Snythetiksteine punkten mit ethischem Reinheitsvorteil

Aus ethischen Erwägungen heraus ziehen viele Käufer inzwischen Kunstdiamanten vor – mag der Handel auch noch so sehr mit Nachweisen werben, dass Steine aus konfliktfreien Gebieten stammen. Erstens werden diese mit Aufpreis angeboten, zweitens finden Diamanten aus Konfliktgebieten immer wieder ihre Wege in den Handel. Legal dürfen nur Steine gehandelt werden, für die offizielle Herkunftszertifikate des Ursprungslandes vorliegen. Private Verkäufer können die Herkunft oft nicht lückenlos belegen. Daher stehen die Ankaufspreise für die Steine von Privatpersonen kräftig unter Druck.

Die Hersteller im Labor haben dagegen keine Schwierigkeiten, mit einer „sauberen Herkunft" zu werben. Daher gewinnen die künstlich erzeugten Steine weiter Marktanteile. Selbst namhafte Juweliere bieten Schmuck mit den „jungen" Diamanten an – wie die Brachen die Künstlichen inzwischen nennt. An der Transparenz der Preise für die im Labor erzeugten Diamanten wird engagiert gearbeitet, um in naher Zukunft Preislisten für synthetische Diamanten zu veröffentlichen. Kunstdiamanten haben neben dem finanziellen also auch noch einen „politischen" Reinheitsvorteil.

Fazit

Der Diamantmarkt ist einem massiven und schnellen Wandel unterworfen. Der wird insbesondere durch die scharfe Preiskonkurrenz künstlicher Diamanten ausgelöst. Diese synthetischen Steine sind ein sogananter Game-Changer für die gesamte Branche. Darum muss sich der klassische Diamanthandel neu erfinden, um – mit echten Steinen als Schmuck oder Vermögensanlage – gegen die Konkurrenz bestehen zu können.

In der Digitalisierung vieler Arbeitsschritte und der Dokumentation in der Blockchain liegt eine große Chance für klassische Diamanten. Mit zunehmender Transparenz in der Verwertungskette und im Markt wird allerdings der Druck auf die Margen noch weiter zunehmen.

Aktuelle Diamantenpreise in Euro per Karat inkl. MwSt.

0.25 ct	IF	VVS 1	VVS 2	VS 1	VS 2	SI 1	SI 2	P 1	P 2
E	2.820 €	2.450 €	2.210 €	2.010 €	1.830 €	1.680 €	1.440 €	1.170 €	710 €
F	2.630 €	2.300 €	2.070 €	1.880 €	1.710 €	1.540 €	1.300 €	1.050 €	630 €
G	2.540 €	2.210 €	1.990 €	1.820 €	1.660 €	1.480 €	1.250 €	1.010 €	610 €
H	2.350 €	2.050 €	1.840 €	1.670 €	1.520 €	1.370 €	1.160 €	940 €	560 €
I	1.970 €	1.720 €	1.550 €	1.410 €	1.290 €	1.160 €	970 €	780 €	480 €
0.50 ct									
D	7.070 €	6.030 €	5.430 €	4.870 €	4.380 €	3.680 €	2.980 €	2.300 €	1.400 €
E	5.540 €	4.870 €	4.390 €	4.070 €	3.710 €	3.220 €	2.680 €	2.120 €	1.270 €
F	5.030 €	4.640 €	4.180 €	3.880 €	3.530 €	3.070 €	2.580 €	2.030 €	1.250 €
G	4.350 €	3.820 €	3.510 €	3.290 €	2.990 €	2.600 €	2.230 €	1.790 €	1.070 €
H	4.090 €	3.780 €	3.480 €	3.250 €	2.990 €	2.600 €	2.210 €	1.780 €	1.070 €
I	3.670 €	3.360 €	3.080 €	2.940 €	2.730 €	2.390 €	2.090 €	1.710 €	1.030 €
0.75 ct									
D	9.290 €	7.920 €	7.120 €	6.390 €	5.740 €	4.820 €	3.270 €	3.020 €	1.840 €
E	7.500 €	6.600 €	5.940 €	5.500 €	5.010 €	4.350 €	2.920 €	2.850 €	1.710 €
F	6.730 €	6.220 €	5.600 €	5.190 €	4.720 €	4.110 €	2.840 €	2.720 €	1.670 €
G	6.220 €	5.470 €	5.020 €	4.690 €	4.270 €	3.710 €	2.490 €	2.560 €	1.530 €
H	5.620 €	5.200 €	4.770 €	4.470 €	4.110 €	3.560 €	2.440 €	2.440 €	1.470 €
I	4.770 €	4.370 €	4.010 €	3.820 €	3.550 €	3.110 €	2.280 €	2.240 €	1.340 €
1.00 ct									
D	17.400 €	13.900 €	12.000 €	10.700 €	9.400 €	7.400 €	5.800 €	4.500 €	2.800 €
E	14.100 €	12.200 €	10.800 €	9.500 €	8.300 €	6.800 €	5.300 €	4.100 €	2.400 €
F	12.300 €	10.700 €	9.400 €	8.300 €	7.300 €	6.000 €	4.700 €	3.600 €	2.100 €
G	10.400 €	9.100 €	8.100 €	7.200 €	6.500 €	5.500 €	4.300 €	3.400 €	2.000 €
H	8.800 €	7.700 €	6.800 €	6.000 €	5.500 €	4.700 €	3.800 €	3.000 €	1.800 €
I	7.400 €	6.500 €	5.800 €	5.300 €	4.800 €	4.200 €	3.400 €	2.700 €	1.600 €
2.00 ct									
D	34.200 €	27.000 €	23.000 €	20.900 €	17.300 €	13.300 €	9.700 €	6.800 €	3.900 €
E	27.800 €	24.100 €	20.700 €	18.700 €	15.900 €	12.200 €	8.700 €	6.100 €	3.400 €
F	25.000 €	21.700 €	18.700 €	17.000 €	14.500 €	11.200 €	8.000 €	5.600 €	3.100 €
G	20.400 €	17.900 €	15.400 €	14.000 €	12.200 €	9.600 €	6.900 €	4.900 €	2.800 €
H	15.700 €	14.000 €	12.000 €	10.900 €	9.600 €	7.600 €	5.700 €	4.100 €	2.300 €
I	12.000 €	10.600 €	9.200 €	8.500 €	7.400 €	6.100 €	4.500 €	3.200 €	1.800 €
3.00 ct									
D	58.300 €	45.400 €	38.600 €	34.000 €	26.200 €	19.300 €	13.300 €	8.200 €	4.700 €
E	43.900 €	38.200 €	32.400 €	28.200 €	22.800 €	17.400 €	12.200 €	8.000 €	4.500 €
F	39.800 €	34.600 €	29.400 €	25.800 €	20.900 €	15.900 €	11.300 €	7.400 €	4.100 €
G	31.500 €	27.600 €	23.500 €	20.600 €	17.000 €	13.300 €	9.500 €	6.300 €	3.600 €
H	24.100 €	21.300 €	18.200 €	16.000 €	13.300 €	10.500 €	7.800 €	5.200 €	3.000 €
I	19.000 €	16.800 €	14.500 €	12.800 €	10.700 €	8.600 €	6.400 €	4.300 €	2.400 €

FARBE:
D = River (hochfeines Weiß +)
E = River (hochfeines Weiß)
F = Top Wesselton (feines Weiß +)
G = Top Wesselton (feines Weiß)
H = Wesselton (Weiß)
I = Top Crystal (leicht getöntes Weiß)

REINHEIT:
IF = lupenrein
VVS = sehr, sehr kleine innere Merkmale
VS = sehr kleine innere Merkmale
SI = kleine innere Merkmale
P = deutliche Einschlüsse

Durchschnittliche Endverkaufspreise im deutschen Einzelhandel für Brillanten mit sehr gutem Schliff. Die aktuellen Marktpreise können auf Grund kurzfristiger Marktbewegungen von den Angaben abweichen.

Quelle: FUCHSBRIEFE

» Der Kunstmarkt scheint seinen Höhepunkt überschritten zu haben. Zwar gibt es immer wieder Meldungen über Rekordauktionspreise. Diese sind aber die Ausnahme. In vielen Segmenten stagnieren die Preise oder sind sogar rückläufig. Die Preise in den einzelnen Kunstsegmenten entwickeln sich weiter auseinander. Kunstrichtungen, die in den vergangenen Jahren vernachlässigt wurden, rücken nun wieder stärker in den Fokus von Kaufinteressenten. Uhren und Schallplatten sind gefragt. Und bei den Oldtimern verschiebt sich die Nachfrage in das junge Segment der Emerging Classics. «

Jenseits des Mainstream
Kunstmarkt und Liebhabereien

FUCHS-Team

Die bisherige Fokussierung auf Spitzenkunst wird durch die großen Akteure des Kunstmarktes ausgelöst. Die Konzentration der wichtigen internationalen Sammler, Kuratoren und Museumsleute auf Werke international agierender, global bedeutsamer Künstlerpersönlichkeiten treibt deren Preise in bisher unbekannte Höhen. Allerdings zeichnen sich die Grenzen allmählich ab. So blieben 2018 z. B. *Pablo Picassos* „Femme au chat…." mit einer Schätzung von 22 bis 28 Mio. USD oder auch *Gerhard Richters* „Schädel" mit geschätzt 15 bis 23 Mio. USD unangetastet liegen.

Auf dem Kunstmarkt lassen sich erste Sättigungserscheinungen erkennen.

Eine Handvoll Künstler dominiert das Spitzensegment

Ein Dutzend Künstler dominiert bislang Markt und Berichterstattung. Die international tätige Datenbank artprice.com ermittelte *Picasso*, *Monet*, *Zao*, *Basquiat*, *Warhol*, *Hockney*, *Zhang*, *Modigliani*, *Matisse* und *DeKooning* als die zehn Top-Künstler der Welt 2018. Alle vereint ein überaus hohes Preisniveau im Auktionsmarkt, eine überdurchschnittliche Zuschlagsquote und ihre Omnipräsenz in Ausstellungen der Museen. Für Privatanleger sind solche Preise eher unerschwinglich. Interessenten versuchen daher oft, Zeichnungen oder Druckgrafiken von diesen berühmten Künstlern zu erwerben. Das ist oft eine gute Alternative.

Für Private sind Gemälde der Top-Künstler meist zu teuer.

Doch auch abseits des Mainstream gibt es gute Investitionsmöglichkeiten, etwa Werke regionaler Künstlergruppen, thematische Schwerpunkte oder einzelne Künstler mit besonderer Handschrift.

Spezialthemen punkten bei Sammlern und Anlegern

Längst haben sich kleinere Auktionshäuser erfolgreich auf Spezialthemen fokussiert. Die Ahrenshooper Kunstauktionen sind eine international beachtete Adresse für Kunst des Ostseeraums. Das Preisniveau für Werke aus den Künstlerkolonien Ahrenshoop, Hiddensee etc. stieg über die Jahre signifikant, und knapp 95% der angebotenen Bilder finden einen Käufer.

Das Berliner Auktionshaus *Irene Lehr* ist ebenfalls durch die kluge Schwerpunktsetzung auf Kunst des 20. und 21. Jahrhunderts mit Werken der klassischen Moderne sowie der ostdeutschen Avantgarde zu einer erfolgreichen Adresse avanciert. Auch hier sprechen Preisentwicklung und Zuschlagsquote für den Erfolg dieser Ausrichtung. Gerade im Skulpturenangebot überraschen immer wieder Arbeiten höchster Qualität z. B. von *Renée Sintenis*, *Georg Kolbe* oder *Gerhard Marcks*. Im Bereich der Malerei laden Arbeiten von *Paeffgen*, *Beuys*, *Hassebrauk*, *Hegenbarth*, *Glöckner* oder *Altenbourg* zur Gebotsabgabe ein.

Stets spannend sind die Berlinauktionen des Kölner Auktionshauses Lempertz. Für Freunde alten KPM-Porzellans, historischer Münzhumpen bis hin zu Künstlern des Berlin-Brandenburgisch-Preußischen Kulturraumes findet sich ein qualifiziertes Angebot. Gerade seltene Einzelstücke, wie Prunkvasen mit Vedutenmalerei oder auch Tabatieren, sind stets gefragt.

Rendite mit politischer Kunst

Mit den zunehmenden weltpolitischen Turbulenzen ist auch wieder eine stärkere Politisierung der Kunst zu beobachten. Künstler, Ausstellungsmacher und Museen beziehen wieder öfter und verstärkt Position zu gesellschaftspolitischen Fragestellungen. Politische Kunst ist natürlich kein neues Phänomen. Über Kunstrichtungen hinweg wurden Krieg und Frieden, die Kluft zwischen Arm und Reich oder auch nationale Anliegen thematisiert. Künstler wie *Ludwig Meidner*, *John Heartfield*, *George Grosz*, *Franz Radzivill*, *Anselm Kiefer*, *Pablo Picasso*, *Werner Tübke* oder auch *Ai Weiwei* sind nur einige Vertreter.

Ist ein Kunstwerk zeitlos, hat es also ein universelles Thema, das auch in Jahrzehnten noch von Relevanz ist, sind die Chancen auf Wertsteigerung gut. Dafür ist Goyas Grafikfolge „Schrecken des Krieges" ein gutes Beispiel.

Bauhaus: quadratisch, praktisch, gut

Das Weimarer Bauhaus setzte Maßstäbe in Kunst, Design und Architektur. Die Idee der Verknüpfung des Handwerklichen mit dem Ästhetischen wirkt bis heute nach und war mit der durch die Nazis erzwungenen Selbstauflösung der Bauhausschule nicht beendet. Im Gegenteil, die Vertreibung der wichtigen Bauhauskünstler in alle Welt trug sogar zur internationalen Verbreitung der Stilrichtung „Bauhaus" bei. Architekten wie *Walter Gropius* und *Ludwig Mies van der Rohe*, Künstler wie *Wassily Kandinsky* oder *Lyonel Feininger* und Designer wie *Marcel Breuer* verließen Deutschland und nahmen ihre Ideen mit. Auf dem Kunstmarkt sind Originalarbeiten dieser Künstler eine feste Größe und von hoher Wertstabilität. Das macht sie auch für Anleger interessant.

Die ungebrochene Beliebtheit des Bauhauses gerade im Designbereich zeigt die hohe Anzahl neu aufgelegter Serien. Ein gutes Beispiel ist die legendäre Tischlampe von *Wilhelm Wagenfeld* von 1924. Die Preise für Nachschöpfungen schwanken je nach Qualität zwischen 50 bis 500 Euro. Damit liegen sie aber deutlich unter den Preisen für Originalstücke aus der Bauhauszeit.

100 Jahre nach seiner Gründung erfreut sich das Bauhaus großer Beliebtheit.

Interessant für Sammler ist auch Originalgeschirr aus der Bauhaus-Zeit. So sind Silberarbeiten (Kaffeeservices) von *Naum Slutzky* aus den Jahren 1925-1930 nicht unter 150.000 Euro zu haben. *Trude Petry* schuf mit der Serie „Urbino" 1931 ein Porzellanservice für die Königliche Porzellanmanufaktur Berlin (KPM), das bis heute als wegweisend für modernes Design gilt.

Ebenfalls lukrativ sind Zeichnungen. Je nach Geldbeutel können Liebhaber z. B. kleine graphische Arbeiten von Feininger für einige wenige hundert Euro erwerben. Dem stehen Papierarbeiten von *Paul Klee* schnell mit fünf- bis sechsstelligen Preisen gegenüber.

Briefmarken: Kleine Bilder, großes Geld

Die Versteigerung der Sammlung des verstorbenen Tengelmann-Chefs *Erivan Haub* hat dem Briefmarken-Sammeln neuen Schwung verliehen. Besonders Aufsehen erregend war eine einzelne Marke der Sammlung. Zum Auktionsaufruf kam eine 9 Kreuzer Baden aus dem Jahr 1851, ein Fehldruck in grün statt in rosa. Bei einem Erstaufruf von 800.000 Euro wechselte die Briefmarke nach einem heftigem Bietergefecht für 1,26 Mio. Euro den Besitzer.

Briefmarken haben sich zu einer lukrativen Nische am Kunstmarkt entwickelt.

Kenner wissen: Diese kleine Rarität ist längst nicht die teuerste auf dem Markt. Die „British Guiana 1c Magenta" hat einen Wert von 9 Mio. US-Dollar. Zwischen diesen beiden Beispielen liegen weitere werthaltige Stücke, etwa die bekannte „Blaue Mauritius".

Bei den kleinen Papierbildern kann es schnell um große Summen gehen. Eine einzelne „Super-Marke" zu erwischen, ist allerdings extrem unwahrscheinlich. Aussichtsreicher ist es, gezielt eine Sammlung mit thematischem Schwerpunkt, etwa einem Länderfokus, aufzubauen. Marken aus den kleineren deutschen Staaten bis 1870 und dem Deutschen Reich zwischen 1871 bis 1918 sind bspw. lohnende Sammelobjekte.

Weitere gefragte Regionen sind Marken aus Österreich, der Schweiz und dem Vatikan. Auch England mit seinen früheren Kolonien kann ein werthaltiges Engagement sein, ebenso chinesische Briefmarken aus den fünfziger und sechziger Jahren. Motive eignen sich dagegen nicht als Schwerpunkt. Blumen- und Vogelsammlungen bringen nichts.

Fehldrucke (falsche Farben oder Druckbilder, Plattenfehler) und seltene Farben können sich dagegen als wahre Renditewunder erweisen. So kann eine Briefmarke, die für 20 Euro erworben wurde, durch einen solchen Fehler schnell das Hundert- oder gar Tausendfache wert sein.

Oldtimer: Außerhalb bekannter Pfade

Wer am Markt für historische Automobile noch Fahrzeuge mit Wertsteigerungspotenzial sucht, muss sich außerhalb der eingetretenen Pfade umtun. Denn am klassischen Markt für historische Automobile zeigen die Preise südwärts. So gut wie alle Markenindizes der HAGI TOP Index-Familie verloren seit Jahresanfang zwischen 4% und 8%. Nur eine Marke hält dagegen: Um 0,9% stiegen die Preise für klassische Lamborghini, die im HAGI LPS-Index gemessen werden.

Es gibt noch weitere Ausnahmen vom Trend. So sind deutliche Preissteigerungen abseits der Indizes zu verzeichnen, die den Kriterien der HAGI-Familie noch nicht entsprechen. Von ihnen wurden nach den Index-Kriterien meist zu viele Fahrzeuge gebaut, und die Preise verharren meist noch unter 100.000 Euro.

Einzelmodelle mit signifikantem Wertzuwachs

Hier ist insbesondere auf die einstigen „Aufsteigermarken" Audi und BMW hinzuweisen. Hier haben einzelne Modelle in den letzten Jahren Preissteigerungen von bis zu 50% hingelegt. Bei BMW rücken die Coupés der Modellreihen E3 (2.5 CS-3.0 CSL) verstärkt in den Focus. Bis auf den CSL (siehe Bild auf S. 239) sind sie noch unter 100.000 Euro zu haben. Die bei Karmann gebauten Karossen fuhren allerdings auf offenen Eisenbahnwaggons zum Montagewerk in Dingolfing. Da hatte der Rostteufel schon vor der Lackierung insbesondere in den Hohlräumen zugeschlagen. Und der kann den Wert buchstäblich zerbröseln.

Bei Audi ist allerdings auch bei jüngeren Modellen einiges drin. So ist alles, was aus den frühen Achtzigern stammt und den Namen Quattro trägt, einen näheren Blick wert. Hier droht dank Vollverzinkung nämlich auch so gut wie nie ein Rostproblem. Seltene Sport-Quattro erzielen Preise von über 250.000 Euro. Aufgrund der Rarität besteht hier ein ordentliches Wertsteigerungspotential.

Käufer finden Einstiegsgelegenheiten

Ein Marktsegment, das seit Jahresbeginn durchgehend positiv notiert, sind klassische Lamborghini. Deren Preise sind um 2% gestiegen. Das weist der aktuelle HAGI LPS Index aus. Alle anderen Marktsegmente (HAGI TOP Index, HAGI Porsche, HAGI Ferrari) aber liegen im Moment etwa 5% im Minus. Die Preise für historische Autos sind weitgehend ausgereizt, Verkäufer sind immer öfter zu Nachlässen bereit.

Nur klassische Lamborghinis wiesen zuletzt ein Wertsteigerungspotenzial auf.

So entwickelt sich der Markt für historische Fahrzeuge allmählich zum Käufermarkt. Der bietet Interessenten insbesondere dann gute Einstiegschancen, wenn sie nicht zu ungeduldig sind. Käufer können in aller Ruhe den Markt durchforsten, benötigen allerdings auch Zeit und Muße für umfassende Recherchearbeiten.

Der BMW 3.0 CSL mit seinem Leichtbaukonzept und starkem Reihensechszylinder dominierte fast ein Jahrzehnt den Tourenwagensport.
110 Stück des "Batmobil" mit Kriegsbemalung und riesigem Heckspoiler waren die letzte Evolutionsstufe mit 3,2 Liter und 206 PS.

Viele Angebote bleiben verborgen

Nur wenige Verkäufe finden auf dem freien Markt statt.

Denn Einsteigern bleibt ein Großteil des Marktes verborgen. Das Oldtimer-Angebot im Internet ist bei Weitem nicht vollständig. Eine Vielzahl renommierter Händler stellt Angebote erst gar nicht mehr ins weltweite Netz ein, weil sich dort zu wenig echte Kaufinteressenten finden. Die meisten Verkäufe laufen von privat zu privat. Eine Umfrage unter den Nutzern des Internet-Angebots der Historic Automobile Group International ergab im Oktober 2018, dass 70% ihr letztes Automobil von einem Freund erworben hatten. Eine zweite bewährte Quelle sind Händler, die im Grunde Agenten sind, die ihre Kunden über mehrere Jahre betreuen. Daneben tauchen immer öfter ambitionierte Sammler mit neuen Ideen und Angeboten auf.

Auch Auktionen sind ein Weg, ein historisches Auto zu kaufen. Allerdings müssen zuvor unbedingt Seriosität und Expertise des Auktionshauses umfassend geprüft werden, um später unangenehme Überraschungen zu vermeiden. Denn angebotene Wagen können zwar grundlegend besichtigt, aber nicht probegefahren werden. Käufer können in ruhigen Zeiten durchaus ein Schnäppchen machen, sollten sich aber ein klares Limit setzen, um nicht im „Auktionsfieber" überhöhte Preise zu bezahlen.

Fazit

Wer Wertsteigerung will, muss neue Pfade beschreiten.

Wer in den momentanen Marktsituationen in Gemälden, Designobjekten, Briefmarken, Diamanten oder Vintage-Autos nicht nur nach einer „ästhetischen Dividende", sondern auch ein Anlageobjekt mit Wertsteigerungspotenzial sucht, muss öfter mal ungewöhnliche Wege gehen und Mut zur Suche jenseits des Mainstream beweisen. In dem Maß, wie traditionelle Investitionen unter Druck geraten, tun sich abseits der bewährten Pfade überraschende Aussichten bei Einzelobjekten auf. Gemeinsam ist Kunstinvestitionen und Liebhabereien, dass sie sich nicht für schnellen Gewinn eignen. Wer sich in diesen Bereichen engagiert braucht Geduld, einen langen Atem und die Bereitschaft, lange und mit viel Aufwand nach dem richtigen Kaufobjekt zu suchen.

IV. Ihr Vermögen

» *Anleger sind nicht zu beneiden. Täglich gibt es Neuigkeiten, die (angeblich) irgendetwas mit dem eigenen Vermögen zu tun haben. Nachrichten, Werbebotschaften, kritische Stimmen in Funk und Fernsehen, die Tagespolitik und „Crash-Propheten" bitten um Gehör. Bankberater und unabhängige Vermögensverwalter erheben ebenso ihre Stimme, genauso wie der „Unternehmerfreund" vom Golfplatz, der einen grandiosen Geldanlage-Tipp hat. Gut ist es, wieder auf den Boden der Tatsachen zu kommen und Fakten zu benennen, wenn es um Geldanlagen geht.* «

Drei Fakten für Anleger
Was nicht zu diskutieren ist

Jörg Richter, Dr. Richter | Kanzlei für Vermögen GmbH

Anleger erinnern sich gern an Jahresrenditen in Höhe von 4% bis 5% – ganz „sicher", wie sie betonen. Solche Werte sind weit ab der heutigen Realität. Problematischer noch: Solche Renditen sind dauerhaft Geschichte. Der Grund: Die Rendite(erwartung) einer Kapitalanlage ergibt sich aus der Addition des sog. „risikolosen Zinses" plus einer Renditeprämie (die Fachwelt nennt sie „Risikoprämie"). Diese Prämie belohnt den Anleger für das Akzeptieren von Unsicherheiten und bleibt – zumindest bei Aktien – über einen langen Anlagehorizont konstant. Für eine breite internationale Aktienanlage dürfen dafür 6,5% Risikoprämie angenommen werden. Wer stärker das Risiko sucht und Schwellenländer-Aktien wählt, kann eine Risikoprämie in Höhe von ca. 8 bis 9% p. a. erwarten. Auch bei Anleihen sind Prämien für das Eingehen von Verlust- und Zinsänderungsrisiken zu erzielen. Durch die Eingriffe der Notenbanken sind die Werte aber nicht konstant. Wer eine Hochzinsanleihe kauft, die früher 10% Risikoprämie einbrachte, muss sich heute mit Werten um 1 bis 3% zufriedengeben.

Wer heute Renditen "wie früher" erzielen will, muss ins Risiko gehen.

Faktum Nr. 1: Renditen wie früher sind passé

Der Schlüssel zur Rendite ist also der „risikolose Zins". Bei einem 10-Jahres-Anlagehorizont ist die 10-Jahres-Bundesanleihe dafür die Benchmark. Das Dilemma ist, dass die Rendite seit 20 Jahren im Abwärtstrend ist. Und mittlerweile ist der Zins negativ.

Die Krux mit den Anleihen

Da es im Jahr 1999 noch 4% auf Bundespapiere gab, waren 6% jährlicher Ertrag für ein relativ konservatives Portfolio kein Problem. Heute ist dies anders. Leider gibt keinen Grund für die Annahme, dass die Zinsen auf alte Niveaus steigen werden. Wenn nun die Rendite für Bundesanleihen mit zehn Jahren Laufzeit bei minus 0,5% liegt, dann lässt sich recht einfach errechnen, wie hoch die entsprechende Renditeerwartung für ein Portfolio aus internationalen Aktien plus einem nicht zu risikoreichen, auch weltweit streuenden Anleihenportfolio ausfällt. Dabei wird ein internationales Aktienportfolio mit einer Renditeerwartung von 6,0% (- 0,5% + 6,5% Risikoprämie) mit einem Anleihenportfolio mit (überschaubaren) Ausfall- und Zinsänderungsrisiken in Höhe von 1,0% (-0,5% + 1,5% Risikoprämie) berechnet. Für 11 Mischungsverhältnisse aus Aktien und Renten sind die jeweiligen Renditeerwartungen vor und nach Inflation abzulesen (vgl. Tabelle).

Wer einen realen Vermögenserhalt will, darf nicht zu konservativ anlegen

Wer „konservativ" anlegen will und nur 10% Aktien zulässt, schafft es knapp, sein Vermögen nach Kosten und Steuern zu erhalten. Allerdings nur nominal. Die Kaufkraft geht kontinuierlich verloren. In unserem Beispiel liegt der reale Verlust bei 1,7%. Nach 10 Jahren hat der Anleger – vereinfacht gerechnet – 17% seines Vermögens verloren. Ziel vieler Anleger ist es, das Vermögen real, also kaufkraftmäßig zu erhalten. Dafür sind – dies zeigt die Tabelle – knapp 60% Aktienquote nötig. Erst bei höheren Anteilen ist auch ein realer Vermögenszuwachs realistisch. Vermögensverwalter, die mehr versprechen, spielen mit dem Feuer, weil das Enttäuschungspotenzial für deren Kunden groß ist. Denn alle Profis haben denselben Kapitalmarkt zur Verfügung.

Aktienquote erhöhen

Eine Schlussfolgerung könnte sein, die Aktienquote deutlich zu erhöhen. Doch dann kommt das Thema „Angst ums Geld" hinzu. Denn die neue „Renditewelt" hat nicht zugleich das Schwankungsrisiko reduziert. Die Faustformel bleibt bestehen: Im Fall schwerer Systemkrisen (z. B. Jahre 2007 / 2008) ist bei Aktien ein Vermögensrückgang von 50% und mehr denkbar.

Die Nachrichtenlage verunsichert viele Anleger

Viele Anleger machen sich gerade wegen dieser Schwankungsrisiken große Sorgen. In der Beratungspraxis zeigt sich, dass sich Anleger von dem Mix aus wichtigen Nachrichten und tendenziösem „Informationsmüll" emotional vereinnahmen lassen und Angst bekommen. Damit geht ein Unsicherheits-Reflex einher: In Krisen schnell raus aus den Aktien! Aber:

Faktum Nr. 2: Emotionen kosten Geld – in den meisten Fällen

Auf der Anleger-Wunschliste weit oben steht das Ziel, bei einer schlechten Börsenphase kein Geld zu verlieren. Das Traumbild lautet: „Rechtzeitig aus dem Markt raus und wenn's wieder hoch geht, wieder rein". Doch das ist eine Illusion. Die Kursentwicklung lässt sich von keinem Menschen vorhersagen. Hinterher ist man bekanntlich immer klüger und diejenigen, die zufällig richtig lagen, haben schlicht Glück gehabt.

Realistische Renditeerwartungen am derzeitigen Kapitalmarkt

Sicherer Zins Bundesanleihe	-0,50% 10 Jahre								
Renditeerwartung Aktien 10 Jahre	6,00% vor Kosten der Vermögensverwaltung und Steuern, nach Instrumentenkosten								
Renditeerwartung Renten 10 Jahre	1,00% vor Kosten der Vermögensverwaltung und Steuern, nach Instrumentenkosten, (ohne Währungsabsicherung)								
Kosten	0,80% p. a.								
Inflation	2,00% p. a.								
Aktien	0,0%	20,0%	30,0%	40,0%	50,0%	60,0%	70,0%	80,0%	100,0%
Anleihen	100,0%	80,0%	70,0%	60,0%	50,0%	40,0%	30,0%	20,0%	0,0%
Renditeerwartung (brutto, vor Kosten, Steuern, Inflation)	1,00%	2,00%	2,50%	3,00%	3,50%	4,00%	4,50%	5,00%	6,00%
abzüglich Kosten	-0,80%	-0,80%	-0,80%	-0,80%	-0,80%	-0,80%	-0,80%	-0,80%	-0,80%
abzüglich Steuern	-0,26%	-0,53%	-0,66%	-0,79%	-0,92%	-1,06%	-1,19%	-1,32%	-1,58%
Renditeerwartung vor Inflation	-0,06%	0,67%	1,04%	1,41%	1,78%	2,15%	2,51%	2,88%	3,62%
abzüglich Inflation	-2,00%	-2,00%	-2,00%	-2,00%	-2,00%	-2,00%	-2,00%	-2,00%	-2,00%
Renditeerwartung nach Inflation (Werte größer Null reale Vermögensmehrung)	-2,06%	-1,33%	-0,96%	-0,59%	-0,22%	0,15%	0,51%	0,88%	1,62%

Quelle: Dr. Richter | Kanzlei für Vermögen GmbH

Lesehilfe: Wer 40% Aktien und 60% Anleihen ins Portfolio nimmt, darf langfristig 3,0% pro Jahr erwarten. Leider gehen dann noch Steuern und Kosten ab. So bleiben nur noch 1,41 %. Das ist ein Plus, aber nur auf dem Papier. Denn die Inflation sorgt dafür, dass am Ende das Vermögen schrumpft. Hier um jährlich 0,59%.

Deshalb ist die nüchterne Betrachtung hilfreich. Die entscheidende Frage lautet: Wann verliert ein Anleger wirklich Geld? Vereinfacht gesagt ist das in zwei Fällen so:

1. Er investiert in ein Unternehmen als Eigenkapitalgeber (Aktie) oder Darlehensgeber (Anleihe) und dieses Unternehmen (oder der Staat) geht insolvent. Dann ist das Geld endgültig verloren.
2. Er benötigt sein Geld zu einem bestimmten Zeitpunkt und muss gerade dann verkaufen, wenn die Kurse stark gefallen sind. Dann realisiert er einen Verlust.

Wer breit streut, ist gegen Einzelausfälle gewappnet.

Im ersten Fall lässt sich das Risiko durch möglichst breite Diversifikation, also die Verteilung z. B. des Kapitals für Aktien in 3000 statt 15 verschiedene Aktien reduzieren. Darüber hinaus können Anleger als Darlehensgeber auf gute Bonitäten setzen und Risikokapital (sog. „Non-Investmentgrad"-Anleihen) vermeiden.

Im zweiten Fall muss er sich klar sein, wann er sein Geld benötigt. Bezogen auf dieses Datum muss er sein Kapital in ruhige Gewässer bringen und am Ende in Cash sein (wohl wissend, dass dies Geldwertverlust durch Inflation bedeutet). Die Fristigkeit der Anlage spielt also eine große Rolle. Und das eigentliche Problem „nervöser" Anleger ist, dass die emotionale Fristigkeit von der objektiven Fristigkeit abweicht. Darum fahren Anleger am besten, wenn sie nur Geld investieren, das sie nie mehr benötigen und in ihrem Leben nicht mehr ausgeben wollen, das sich nur noch mehren und in der Familie bleiben soll.

Wer Teile des Vermögens zur Finanzierung seines Ruhestands verwenden will, definiert damit eine Fristigkeit. Ein 60-Jähriger, der weiß, dass er im späteren Ruhestand jeden Monat 5.000 Euro benötigt, braucht Teile seines Vermögens auch erst mit 75 oder 80 Jahren. Er hat also für diesen Vermögensteil eine objektiv lange Fristigkeit. Die emotionale ist allerdings häufig niedrig. Solche Nervosität kostet am Ende Rendite!

Ruhe ist die erste Anlegerpflicht – auch wenn das nicht immer leicht fällt.

Manche Anleger werden allerdings bereits unruhig, wenn der Depotwert in einem Monat um zwei bis drei Prozentpunkte sinkt. Für Vermögende ist dies ohne Frage eine Herausforderung. Denn wer 10 Mio. Euro anlegt, der erlebt innerhalb von wenigen Tagen, dass 200.000 oder 300.000 Euro weniger auf dem Depotauszug stehen. Das ist die Krux, wenn absolute Beträge betrachtet werden und die Relation nicht im Fokus steht.

Zudem vergessen Anleger schnell, dass eine solche Schwankung z. B. für ein Depot mit 60% Aktien ein völlig normales Verhalten ist. In 6% aller Monate kommt dies vor. Anders formuliert: Innerhalb von 3 Jahren Anlagedauer wird in (statistisch etwas mehr als) 2 Monaten ein Verlust in Höhe von 2% bis 3% eintreten. Die gute Nachricht: Positive Renditen von 2% bis 3% kommen mit einer Häufigkeit von 9% vor. Dass mehr positive als negative Monate vorhanden sind, ist logisch: Denn langfristig wird der kluge Anleger für das Eingehen von Risiken mit einem positiven Ertrag (Risikoprämie) belohnt – zumindest solange der Kapitalismus existiert.

Die Informationsdichte mit vielen schlechten und wenig guten Nachrichten ist ein zusätzlicher Grund für Anleger-Nervosität. Deshalb sollten sich Investoren ein „dickes Fell" zulegen. Zumal die wirklichen Krisen (wie die Finanzkrise 2008) meist aus dem Nichts kommen. Sie sind vorher nicht zu erkennen, nur hinterher ist „alles klar". Dann werden Phänomene, die schon zu sehen waren, neu bewertet und alles ist irgendwie erklärbar.

Schlechte Nachrichten muss man aussitzen.

Faktum Nr. 3: Der Markt ist nicht zu schlagen

Dennoch ist es das Bestreben vieler Anleger, den Kapitalmarkt zu schlagen. Sie sind getrieben von der Idee, die beste Aktie oder Anleihe zu finden und schlechte Werte rechtzeitig aus dem Depot zu nehmen. In Einzelfällen mag das sogar gelingen. Im Gesamtportfolio und über lange Zeit ist das nicht möglich. Denn in den Wertpapierkursen sind alle verfügbaren Informationen sofort im Preis berücksichtigt. Dies hat die Wissenschaft ausführlich erforscht. Für diese Erkenntnis gab es sogar einen Nobelpreis. Nur echte Unternehmensinsider können systematisch Vorteile generieren, doch denen ist es aus gutem Grund verboten.

Zudem gibt es diverse Studien, die belegen, dass die Suche nach dem „Alpha" – so nennt die Fachwelt das Renditeplus gegenüber dem Gesamtmarkt – nicht erfolgreich ist. In einer aktuellen US-Untersuchung wurden mehrere tausend Fonds mit unterschiedlichen Investmentstrategien, Algorithmen und anderen Verfahren analysiert. Das Ergebnis: Die Mehrzahl der Fondsmanager bleibt hinter ihrer eigenen Messgröße, der „Benchmark" zurück. Sie schaffen es vielleicht, bei der einen oder anderen Transaktion gut zu liegen, aber wenn ihre Kosten für den Such- und Managementprozess abgezogen werden, bleibt nichts mehr übrig. Im Gegenteil: Die Fehlentscheidungen führen zu einer schlechte-

Die wenigsten Fondsmanager schaffen es, den Markt outzuperformen.

ren Performance als der Markt bietet. Auch in den Performanceprojekten der FUCHS | RICHTER PRÜFINSTANZ finden wir das bestätigt (vgl. „Besser als die Benchmark", ab S. 251).

Langfristbeobachtungen beinhalten oftmals nur die gut gelaufenen Fonds.

Die aktuelle US-Studie legt noch etwas offen: 20 Jahre nach ihrer Auflegung sind mehr als die Hälfte der Aktien- und Anleihenfonds nicht mehr verfügbar. Produkte, die schlecht performen, verschwinden schnell vom Markt. Aufgrund des großen Fondsangebots fällt nicht immer auf, dass jedes Jahr viele Fonds aufgelöst werden, oft wegen schlechter Renditen. Diese schlechten Ergebnisse fehlen also auch in den langfristigen Vergleichen.

Stattdessen legen die Häuser neue Fonds mit einer neuen Idee auf. Motto: „Neues Spiel – neues Glück". Alles das geschieht, damit der Anleger diese Profis wieder engagiert und somit auch wieder neue Gebühren generiert werden. Doch diese sind so hoch, dass der Erfolg sich mit hoher Wahrscheinlichkeit nicht einstellen wird.

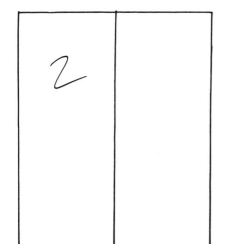

„Also, ich weiß nicht so recht..."

Eine weitere Erkenntnis ist: Nur wenige Fonds, die in den ersten fünf Jahren zu den besten 25% gehörten, halten diese Position. Die Mehrzahl rückt ins Mittelfeld oder sogar in die untere Hälfte der Vergleichsfonds ab. Gute Ergebnisse sind unbeständig, weil sie meist zufällige, also nicht systematisch erzeugte Performanceleistungen sind. Der Versuch, besser als der Markt sein zu wollen, ist in der Regel also nicht von Erfolg gekrönt. Dennoch ist er natürlich legitim, vor allem wenn es Anlegern darum geht, sich selber mit der Kapitalanlage und Börse zu beschäftigen und dabei auch Spaß zu haben.

Fazit

Investoren müssen realisieren, dass Vermögensverwaltung eine Dienstleistung ist, die Geld kostet. Das ehrliche Leistungsversprechen ist aber nicht, eine bessere Performance zu liefern, sondern das für die Kundensituation passende Portfolio treffsicher zu entwickeln und zu managen. Das ist selbstverständlich nicht trivial. Natürlich könnten Anleger ihre Wertpapieranlage auch eigenständig gestalten. Die „Indexfonds-Industrie" hat dazu einen großen Beitrag geleistet. Mit einem einzigen Wertpapier kann zu sehr geringen Kosten das gesamte Aktienuniversum gekauft werden – mehr Risikostreuung geht im Aktienbereich nicht. Dennoch wünschen sich Anleger oft jemanden an ihrer Seite, weil sie z. B. in unruhigen Zeiten einen erfahrenen Partner als Begleitung schätzen.

Vermögensverwalter kosten. Nur einige sind ihr Geld auch wert.

Auch die Ruhestandsplanung ist komplex, ebenso die Strukturierung großer Familienvermögen. Hier sollten Profis ans Werk, die alles durchrechnen und die richtigen Vermögensbausteine benennen. Auch bei Gestaltungen der Vermögensnachfolge oder bei der Verteilung des Gelds nach einer Erbschaft oder einem Unternehmensverkauf ist Expertenwissen notwendig. Auch dafür bedarf es Experten aus der Zunft der Finanzplaner.

» Erst kamen die kostengünstigen börsengehandelten Fonds auf den Markt, die einen Index wie den DAX 30 oder den Dow Jones Industrial Average abbilden. Jetzt sind es die sogenannten Robo-Advicer, die auf Basis von Algorithmen Musterdepots für Vermögensinhaber aussuchen, die zu deren Renditeprofil und Risikowunsch passen. In den Performance-Projekten der Prüfinstanz können aktive Vermögensverwalter zeigen, dass sie dennoch eine Existenzberechtigung haben. Dabei kommt es nicht nur auf den Wertzuwachs an. «

In schwierigen Zeiten
Vermögensverwalter im Wettbewerb 2019

Ralf Vielhaber, FUCHSBRIEFE

Das 4. Quartal 2018 hat zahllose Depots von Vermögensverwaltern durchgerüttelt. Und etliche sind mit Blessuren aus dieser Phase herausgekommen. Obwohl die US-Notenbank im ersten Quartal 2019 den Zinshebel erneut umlegte und den Börsen zu einer fulminanten Rally verhalf, haben zahlreiche Depots bis zum Sommer 2019 ihre vorherige Wettbewerbsposition nicht wieder erreicht. Die aus ETFs bestehenden Benchmark-Portfolios der FUCHS|RICHTER PRÜFINSTANZ haben viele Vermögensverwalter-Portfolios in der Performance überholt.

Depots der Vermögensverwalter zum Jahresende 2018 durchgerüttelt

Performance-Projekt 3: Stiftungsdepot

Gestartet ist das 3. Performance-Projekt am 1. November 2014. Die teilnehmenden 51 Banken und Vermögensverwalter sind aufgerufen, das flüssige Vermögen der gemeinnützigen Stiftung eines aktienaffinen Stifters über fünf Jahre zu managen. Als Startkapital standen 5 Millionen Euro zur Verfügung.

Jährlich sollen 2% Ausschüttungen, also 100.000 Euro, aus ordentlichen Erträgen erfolgen. Dies sind Dividendenzahlungen von börsennotierten Unternehmen sowie Zinsen von Staats- oder Unternehmensanleihen. Außerordentliche Erträge (aus Wertsteigerungen der Wertpapiere) sind zu thesaurieren, also anzusparen. Der Stifter wünscht sich den nominalen Vermögenserhalt nach einer Laufzeit von fünf Jahren, nachdem Kosten und Entnahmen bereits abgezogen sind.

Naiv zusammengestelltes ETF-Portfolio als Messlatte

Der Stifter ist bei der Zusammenstellung „seines" Portfolios wie ein naiver Anleger vorgegangen. Er hat zwei kostengünstige ETF – börsengehandelte Indexfonds – gekauft. Einmal mit 60% europäischen Staatsanleihen als defensivem Baustein; einmal mit 40% internationalen Dividendentiteln für die Aktienkomponente. Das Portfolio wird – je

Ein ganz einfaches ETF-Depot ist unsere Benchmark

nach Wertentwicklung der Komponenten – vierteljährlich angepasst. Als Depotbank wählt der Stifter eine Direktbank. Er rechnet mit jährlich acht Transaktionen (Anfangsinvestition bzw. 4 x Rebalancing). Als Transaktionsgebühren fallen 0,01% p. a. (ca. 25 Euro fix je Transaktion) an. Eine Depotgebühr fällt nicht an.

Die Vermögensverwalter können eine individuelle Pauschalgebühr (all-in-fee inkl. Umsatzsteuer) ansetzen. Sie wird vierteljährlich belastet. Bemessungsgrundlage ist das jeweilige Vermögen der Stiftung einschließlich Liquiditätskonto.

Projekt 3 ist auf der Zielgeraden

Wir betrachten den Projektstand nach 19 von 20 Quartalen Laufzeit. Das Performance-Projekt 3 geht damit in die Zielgerade. Noch bis zum 31.10.2019 konkurrieren die 51 Teilnehmer um Punkte und Performance. Waren vor einem Jahr noch 17 Wettbewerber (33%) besser als die Benchmark, sind es in diesem Jahr lediglich zehn (19%) und bei der Betrachtung der Wertentwicklung sogar nur sieben Anbieter (13%).

Die Besten im Projekt 3 auf der Zielgeraden

Kaum noch einzuholen sein dürfte die Freie Internationale Sparkasse, die mit einem Punktestand von 497 vorne liegt, gefolgt von der Berliner Sparkasse mit 481 Punkten sowie den Vermögensverwaltern Früh & Partner und der Haser Vermögensverwaltung (jeweils 478 Punkte).

Auch bei der Wertentwicklung liegt die F.I.S. mit weitem Abstand vorne. Das Vermögen per 31. Juli betrug 7.204.043,69 EUR, die Wertentwicklung 44,08 %.

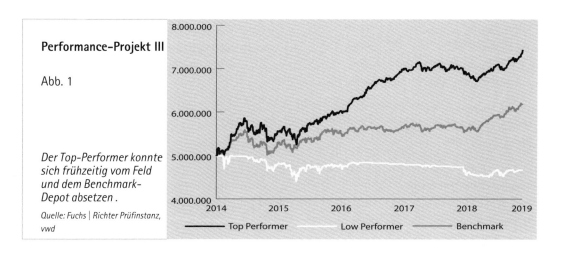

Performance-Projekt III

Abb. 1

Der Top-Performer konnte sich frühzeitig vom Feld und dem Benchmark-Depot absetzen .

Quelle: Fuchs | Richter Prüfinstanz, vwd

Top Performer   Low Performer   Benchmark

Performance-Projekt 4: Private Banking Depot

Gestartet ist das 4. Performance-Projekt am 1. Januar 2016. 3 Mio. Euro hat unser »Private Banking-Kunde« als Anlagebetrag zur Verfügung. Sein Geld würde er nur dann zu einem Vermögensmanager bringen, wenn dieser – nach den Vermögensverwalter-Kosten – mindestens so gut ist, wie „sein" selbst gebautes Portfolio. Die Höhe der Aktienquote richtet sich nach seinem maximalen Verlustziel von 15% vom erreichten Höchststand im Gesamtdepot. Danach darf die Aktienquote rechnerisch 30% betragen, wenn man von 50% maximalem Verlust in der Anlageklasse Aktien ausgeht.

Vermögensverwalter muss das Benchmark-Depot übertreffen

„Messlatte" für die Berechnung der Bewertungspunkte ist eine (kostengünstige) Depotstruktur, die sich ein Vermögender mit fachlichen Vorkenntnissen ohne Hilfe eines Experten zusammenstellen könnte. Diese ETF bilden die Benchmark:

- 35% Staatsanleihen-ETF: db x-trackers II Global Sovereign UCITS ETF 1D, ISIN LU 069 096 409 2

- 35% Unternehmensanleihen-ETF: iShares Core Euro Corporate Bond UCITS ETF, ISIN IE 00B 3F8 1R3 5

- 15% MSCI World: ISIN UBS-ETF SICAV - MSCI World UCITS ETF (USD) A-dis, LU 034 028 516 1

- 15% Dividenden-ETF - Weltweit: iShares STOXX Global Select Dividend 100 UCITS ETF (DE), DE 000 A0F 5UH 1

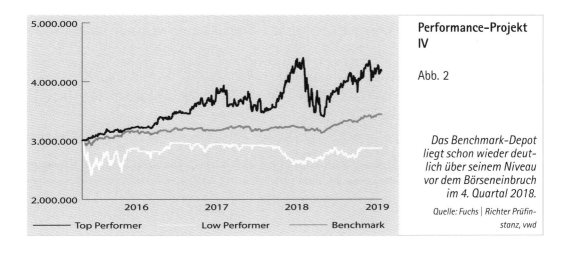

Performance-Projekt IV

Abb. 2

Das Benchmark-Depot liegt schon wieder deutlich über seinem Niveau vor dem Börseneinbruch im 4. Quartal 2018.

Quelle: Fuchs | Richter Prüfinstanz, vwd

Die Benchmark wird einmal jährlich im Januar rebalanciert. Die Punkte-Berechnungen erfolgen quartalsweise. Nach 20 Quartalen (= 5 Jahren) ist der Teilnehmer der beste Vermögensmanager, der die meisten Punkte erzielt hat.

Projekt 4: Dr. Kohlhase hält die Spitzenposition

Marktkorrektur zum Jahreswechsel zieht Performance nach unten

Wir betrachten den Projektstand nach 14 von 20 Quartalen Laufzeit. Auch hier zeigt sich, wie stark das Teilnehmerfeld im 4. Quartal 2018 gelitten hat. Übertrafen vor einem Jahr noch 33 Teilnehmer nach Punkte die Benchmark (45%), sind es im Sommer 2019 lediglich 19 (26%), nach Vermögensentwicklung sogar nur zehn.

Die Liste der 19 Besten führt weiterhin die Dr. Kohlhase Vermögensverwaltung mit 1.718 Punkten an (Benchmark: 1.400 Punkte). Auf dem 2. Rang folgt ein anonym geschalteter Teilnehmer, Rang 3 belegt die Dahl & Partner Vermögensverwaltung. Dahl führt zugleich mit einem Zuwachs von 36% die Performance-Rangliste im Projekt an. Überhaupt nur zehn Häuser haben einen höheren Vermögensstand als das Benchmark-Depot (3.270.012,43 EUR).

Zu den 19, die besser sind als die Benchmark, zählen außerdem die Wiener Privatbank, Klingenberg & Cie., die Früh & Partner Vermögensverwaltung, die Capital Bank, die Raiffeisen-Landesbank Steiermark, die von der Heydt & Co. AG, Concept Vermögensmanagement, Kathrein Privatbank, die Freie Internationale Sparkasse, die DekaBank Deutsche Girozentrale Luxembourg und die Privatbank Donner & Reuschel. Weitere sechs Teilnehmer, die mehr Punkte haben als das Benchmark-Depot, wollen anonym bleiben.

Performance-Projekt 5: Vermögensverwaltende Fonds

Eine Million Euro anlegen, um gut in den Ruhestand zu gehen

Gestartet ist das 5. Performance-Projekt am 1. Januar 2017. Ein vermögender Privatkunde legt 1.000.000 Euro an, um für den Ruhestand vorzusorgen. Er wurde am 1. Januar 2017 45 Jahre alt und plant, in 20 Jahren in den Ruhestand zu gehen. Die Anlagedauer beträgt 15 Jahre. Erst dann will er das Vermögen defensiver anlegen.

Als maximalen Verlust für die nächsten 15 Jahre sind 25% vom jeweiligen Höchststand für ihn akzeptabel. Die Anlage erfolgt in ein bis drei hauseigenen vermögensverwaltenden Fonds, die von der teilnehmenden Bank, dem Konzernverbund oder dem Vermögensverwalter beraten oder gemanagt werden. Einmal jährlich zu Jahresbeginn werden die Depots reallokiert, also die Anteile der Anlageklassen angepasst.

Die „Messlatte" ist ein Portfolio, das aus wenigen kostengünstigen ETF gebildet wird, die sich der Anleger selbst zusammenstellen könnte. Konkret handelt es sich um folgende Wertpapiere:

Alternative Ruhestands- vorsorge mit drei ETF

- 25% globale Staatsanleihen: db x-trackers II Global Sovereign UCITS ETF 1C (in Euro währungsgesichert), WKN DBX0A8

- 25% europäische Unternehmensanleihen: iShares Core Euro Corporate Bond UCITS ETF, WKN A0RGEP

- 50% weltweite Aktien der entwickelten Länder: Comstage MSCI World, WKN ETF110

Am Projekt nehmen aktive und passive Teilnehmer teil. Aktive haben ihr Portfolio aus hauseigenen Fonds selbst gestaltet. Bei passiven hat die Prüfinstanz ein passendes Portfolio aus Fonds der jeweiligen Anbieter zusammengestellt.

Nur vier von 74 Teilnehmern (5%), die Vermögensverwaltende Fonds betreuen, sind per 30.6.2019 nach Punkten besser als die Benchmark. Dies sind Volksbank Liechtenstein Private Banking, ODDO BHF, Berliner Sparkasse und die Globalance Bank. Vor einem Jahr, im Sommer 2018, waren es noch 18 (24%). Nimmt man allein die Wertentwicklung als Maßstab, schlägt nur ODDO BHF mit einem Vermögensstand von 1.137.339,81 EUR das Benchmark-Depot (1.128.847,54 EUR).

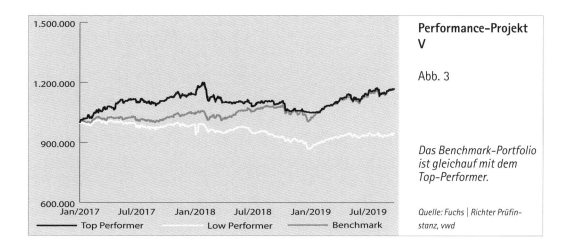

Performance-Projekt V

Abb. 3

Das Benchmark-Portfolio ist gleichauf mit dem Top-Performer.

Quelle: Fuchs | Richter Prüfinstanz, vwd

» Eigentlich ist an der Börse immer etwas los. Aber passiert tatsächlich einmal vergleichsweise wenig, beschäftigen sich Anleger, Marktbeobachter und Kommentatoren oft mit Fragen, die Kursverläufe vermeintlich erklären können. Dann wird über Saisonalitäten debattiert (sell in May) oder es wird die Wahrscheinlichkeit einer Jahresendrally diskutiert. Im Jahr 2020 dürften solche Fragen in den Hintergrund treten. Denn es könnte durchaus spektakulärere Börsenentwicklungen geben. Teilweise zeichnen sich diese Entwicklungen bereits jetzt ab – und kulminieren vielleicht im kommenden Jahr. «

Flexibel bleiben
Alles ist möglich – auch das Gegenteil

Rafael Neustadt, FXFlat Wertpapierhandelsbank GmbH

Die Vorboten spektakulärer Börsenentwicklungen sind selten gut sichtbar. Aber oft gibt es bei einigen Marktteilnehmern Vorahnungen. Sie beginnen umzuschichten. Erfahrene Börsianer wissen, dass vor größeren Ereignissen und bei der Möglichkeit von Trendwechseln die Nervosität der Marktteilnehmer an den Börsen oft ansteigt. Diese „Unruhe" lässt sich sogar visualisieren.

Vor großen Börsenereignissen spürt man schon das Zittern der Marktteilnehmer.

Denn die Unsicherheit am Kapitalmarkt lässt sich messen. Die bekannteste und womöglich auch aussagekräftigste Größe ist die Volatilität. Damit ist die Schwankungsbreite von Notierungen, sei es von Aktien, Anleihen oder anderen Anlageklassen, gemeint. Hohe Schwankungen sind ein deutliches Indiz dafür, dass die Marktteilnehmer sich über die zukünftige Entwicklung nicht einig sind und die grundsätzliche Unsicherheit groß ist – selbst wenn der Markt (noch) einem übergeordneten Trend folgt. Mit ihren mitunter hektischen Käufen auf der einen und Verkäufen auf der anderen Seite sorgen die Marktteilnehmer für ein heftiges Zickzack der Kurse.

Zur Darstellung des Nervositätsgrades gibt es zwei Arten von Volatilität. Die eine ist die historische (explizite) Volatilität. Sie ist eine Größe, die sich aus der historischen Schwankungsbreite von Kursen ergibt. Die andere ist die implizite oder auch erwartete Volatilität. Sie stellt dar, mit welchen Kursschwankungen der Markt rechnet. Abgebildet wird sie in den jeweils aktuellen Optionspreisen, beispielsweise auf Aktien.

Die zwei Möglichkeiten der Volatilitäts-Darstellung

Die Angstbarometer schlagen wieder aus

Ablesen lässt sich die Volatilität sogar an speziellen Indizes. Der VDAX bzw. der VDAX New etwa stellt die implizite Volatilität der Werte im wichtigsten deutschen Börsenbarometer DAX dar. Der VSTOXX wiederum leistet Gleiches für den EURO STOXX 50, also den europäischen Aktienmarkt. Der VIX (Chicago Board Options Exchange Market Volatility Index) wiederum, der „Pionier" aller Vola-Indizes, misst die Nervosität für den US-amerikanischen S&P 500. Gerade an der Chicagoer Börse lassen sich auch Volatilitätsindizes zu anderen Anlageklassen wie etwa Gold und Silber abrufen. Sie geben einen guten Überblick, in welchen Anlageklassen die Nervosität groß oder wo sie eher verhalten ist. In den vergangenen Jahren lagen sie fast überall auf niedrigem Niveau. Auffällig ist aber, dass im Herbst 2019 viele der Indizes wieder zugelegt haben. Die Schwankungen ihrer Basiswerte haben also deutlich zugenommen.

Ungewöhnlich niedrige Angstbarometer, trotz holpriger Börsenzeiten

Die sogenannten Angstbarometer zeigen etwa für den Aktienmarkt die Korrelation zwischen Unsicherheit und Kursrückgängen an. So nahm die Volatilität im DAX im Zuge der Finanzkrise 2008 deutlich zu. Analog dazu gaben die Kurse nach. Ähnliches war auch im Anschluss an das Brexit-Referendum zu beobachten. Es mag daher etwas verwirren, dass die Volatilität im Aktienmarkt in den vergangenen Jahren überdurchschnittlich niedrig war. Schließlich waren die Zeiten an der Börse nicht gerade ruhig.

Eine moderate Schwankungsbreite ist in kontinuierlich steigenden Märkten aber nichts Ungewöhnliches, sondern eher die Regel. Daher ist die geringe Nervosität auch erklärbar – immerhin haben wir von 2011 bis 2017 eine lupenreine und von den Notenbanken massiv abgesicherte Hausse erlebt. Je länger diese Phase dauert und je mehr Marktteilnehmer auf die Unterstützung der Notenbanken vertrauen, desto geringer wird die Volatilität. Genau darum hat sie jetzt aber auch mehr Luft nach oben als nach unten. Hinzu kommen fundamentale Faktoren, die dafür sprechen, dass am Aktienmarkt die Schwankungen zunehmen dürften.

Kombination von Unsicherheitsfaktoren

Die globalen Unsicherheitsfaktoren nehmen zu.

Es gibt diverse Unsicherheitsfaktoren, die eine höhere Volatilität zur Folge haben können. Im Herbst 2019 kommen davon einige zusammen. Der wohl wichtigste Faktor ist die grundlegende ökonomische Situation. Angesichts der globalen Wachstumsverlangsamung und einiger dunkler Wolken am Konjunkturhimmel (z. B. Zollstreit) erscheint eine Korrektur am Aktienmarkt möglich. Zusätzlich angefacht wird die Unsicherheit noch von einer weiteren Komponente: der globalen Politik. Diese hat gleich mehrere Facetten. So haben jüngst die USA und Russland den INF-Abrüstungsvertrag aufgekündigt. Das Ende der Übereinkunft, die von *Michail Gorbatschow* und *Ronald Reagan* getroffen wurde, ein Pakt historischen Ausmaßes, bringt womöglich nicht zwingend zeitnahe Konflikte mit sich. Doch erste Anzeichen eines Wettrüstens zwischen beiden Großmächten lassen sich bereits ausmachen und erinnern an den Kalten Krieg längst vergangener Tage. Für ein verstärktes Gefühl der Sicherheit sorgt das nicht gerade. Zumal die USA schon mit Nordkorea ein sehr ambivalentes Verhältnis pflegen und mit ihren Aktivitäten am Golf auch nicht gerade den Eindruck vermitteln, als würden sie mit Samthandschuhen vorgehen.

Einfacher wird es auch nicht dadurch, dass in den USA im Jahr 2020 Präsidentschaftswahlen anstehen. *Donald Trump* wird seinen Wahlkampf auf die ihm eigene Art und Weise führen und auch vor rhetorischen Zündeleien nicht Halt machen. Dass er dabei auch den Handelskonflikt mit China und anderen Partnern anfeuern könnte, darf nicht ausgeschlossen werden. Wenn die davon Betroffenen entsprechend radikal reagieren – wie zuletzt China mit seinem Konter über die Yuan-Abwertung –, stehen den Aktienmärkten wieder sehr unsichere Zeiten bevor. Die Volatilität wird zurückkehren.

Der US-Wahlkampf wird der politische Taktgeber der Börsen 2020 sein.

Politisierte Zinspolitik

Zwar haben politische Börsen bekanntlich kurze Beine und es gibt Beobachter, die meinen, dass diese Risiken und Entwicklungen längst in den Kursen an den Märkten eingepreist sind. Problematisch ist dabei allerdings, dass die Politik immer öfter die Grenzen zur Geld- und Zinspolitik verwischt. Trump hat vermehrt versucht, Einfluss auf die US-Notenbank Fed zu nehmen. Auch in anderen Ländern sind die Geldhüter längst nicht mehr unabhängig. Ihre Politisierung nimmt permanent zu. Genau damit steigt aber die Unsicherheit. Das wird gut am Beispiel der US-Notenbank Fed sichtbar. Zwar gehen mittlerweile fast alle Beobachter davon aus, dass die Fed im Herbst 2019 wieder in den Zinssenkungszyklus geschaltet hat. Allerdings muss sie behutsam agieren, um nicht den Eindruck zu vermitteln, sie handele auf Druck von Trump – und gebe womöglich noch Wahlkampfhilfe. Solche taktischen Implikationen machen auch die Maßnahmen der Notenbank unberechenbarer – und damit zu einem potenziellen Unruheherd für die Aktienmärkte.

Die US-Notenbank steht politisch unter Druck.

Es ist aber nicht nur die Personalie Trump, die die Welt etwas schwerer kalkulierbar macht. Es gibt in der Führung auch anderer Staaten Populisten, die ihre Gegner verbal auszutesten versuchen. Insgesamt mehren sich weltweit Persönlichkeiten in der Regierungsverantwortung, die Protektionismus fördern und mitunter wie Diktatoren agieren. Die Jahrzehnte lang von Politikern weltweit praktizierte Diplomatie, die die eine oder andere heikle Angelegenheit in ihrer Brisanz entschärfen konnte, scheint Vergangenheit. Nicht selten sind es mittlerweile diese Politiker selbst, die Konflikte erst so richtig anheizen. Das erschüttert Vertrauen – und schürt weitere Unsicherheiten.

Notenbanken schalten Anleihen aus

Im Nullzinsumfeld fallen Anleihen als Renditequelle de facto aus.

Eine Folge der Nullzinspolitik der großen Notenbanken ist, dass eine ganze Anlageklasse ausfällt, die oft ein Ausgleichsmechanismus bei anziehender Volatilität war. Aufgrund der jahrelangen Niedrigstzinspolitik sind auch die Renditen etlicher Anleihen in den negativen Bereich gerutscht. Für Bondinvestoren, die bisher eine Anleihe kauften, um diese bis zur Fälligkeit im Depot zu behalten und über die gesamte Laufzeit Zinsen zu kassieren, war es bereits ein Einschnitt, als es erstmals Negativzinsen auf Staatsanleihen gab. Seit Anfang August 2019 notiert nun auch die Rendite der dreißigjährigen Bundesanleihen im Minus – ein historisches Novum. Das Phänomen ist nicht nur auf Deutschland beschränkt. Der Finanzdienst Bloomberg hat errechnet, dass globale Anleihen mit einem Gesamtvolumen von über 14 Billionen Dollar Negativzinsen ausweisen. Das entspricht immerhin dem Bruttoinlandsprodukt von China (13,4 Bio. Dollar), der zweitgrößten Wirtschaft der Welt.

Da es bei Anleihen kaum Rendite gibt, versuchen Anleger ihr Glück mit Aktien.

Der Effekt wirkt doppelt. Einerseits werden bisherige Anleiheinvestoren darüber nachdenken, sich verstärkt am Aktienmarkt zu engagieren. In dem lassen sich noch nennenswerte Renditen erzielen, wenn auch unter deutlich höheren Schwankungen als am Anleihenmarkt. Das dürfte die Aufwärtsdynamik des Aktienmarktes erhöhen. Im Falle einer Korrektur wird aber auch der Verkaufsdruck höher sein. Und dass ausgerechnet diese „neuen" Marktteilnehmer, die eher kleine Schwankungen gewöhnt sind, genau dann die Ruhe bewahren, wenn es am Aktienmarkt turbulent wird, darf bezweifelt werden.

Auf der anderen Seite war der Anleihenmarkt immer ein guter Ausgleichsmarkt, wenn es bei den Aktien unruhig wurde. Dann haben Marktteilnehmer in die Bonds umgeschichtet, um mehr auf der sicheren Seite zu stehen, für die Phase der Unsicherheit noch Zinsen zu bekommen und die Aktienschwankungen auszusitzen. Das funktioniert unter den gegebenen Umständen nicht mehr gut und dürfte negativ auf den Aktienmarkt zurückwirken.

Letztlich wird der viel größere und historisch viel weniger volatile Anleihenmarkt selbst zum Risiko. Denn dort ziehen die Anleihenkurse seit Jahren steil an. Sollte es am Anleihenmarkt zu einem grundlegenden Richtungswechsel kommen, die Kurse fallen und die Renditen steil steigen, dürfte das enorme Unruhe auslösen und zu massiven Umschichtungen führen. Von solchen Turbulenzen dürften dann auch die Aktienmärkte negativ betroffen sein. Denn das Geld wird nicht sofort in risikoreiche Aktien fließen. Unter Umständen müssen einige Marktteilnehmer, die in Bedrängnis kommen, dann sogar aktiv Aktien verkaufen, um Liquidität zu schaffen. Das ist ein ernst zu nehmendes Risiko für deutlich ansteigende Volatilität.

Der Technologie-Aspekt

Die digitale Komponente könnte eine zunehmende Volatilität sogar noch potenzieren. Denn die Kommunikaiton wird immer schneller. Vor Jahrhunderten, in der Frühzeit der Börsen, waren diese vor hektischen Ausschlägen sicher. Das lag auch daran, dass sich nicht im Minutentakt die Ausgangssituation änderte. Bis ein Ereignis über die Grenzen der Region, in der es stattfand, bekannt wurde, vergingen mitunter Tage – eben so lange bis die Postkutsche oder der berittene Kurier die Nachricht davon in die Welt trug. Das machte in der Konsequenz auch die Märkte träger. Heute ermöglicht die Digitalisierung Handelsentscheidungen im Sekundentakt, automatische Handelssysteme „lesen" Nachrichten und handeln selbstständig auf Basis von Nachrichten. Das macht die Börsen hektischer und löst teilweise wilde Kursausschläge aus, die sich mitunter in Kaskaden fortsetzen.

Ein Tweet kann die Börsen beeinflussen: Digitalisierung potenziert Volatilität

Es ist vor allem die Summe der genannten Unsicherheitsfaktoren, die für stark schwankende Kurse im Börsenjahr 2020 sprechen. Für Befürworter von Buy-and-hold-Strategien ist das kein vielversprechendes Umfeld. Zwischen 2012 und 2017 konnten sie sich zwar sechs Jahre in Folge über steigende Kurse freuen. Aber nachdem sie im Jahr 2018 das erste Verlustjahr seit 2011 hinnehmen mussten, haben auch sie festgestellt, dass die Börse keine Einbahnstraße ist. Mindestens als Ergänzung zu einer langfristig ausgerichteten Vermögensanlage sollten Investoren auch taktische Überlegungen abseits klassischer Denkmuster anstellen.

Mit buy-and-hold kommt man 2020 wohl nicht weit.

Es wird 2020 vermutlich nicht darauf ankommen, sich am Anfang des Jahres auf eine Richtung an der Börse festzulegen, sich fix zu positionieren und den Rest des Jahres darauf zu hoffen, dass man am Ende richtig gelegen hat. Es gibt einfach zu viele Überraschungsmomente, die alle allein schon das Potenzial haben, die Börsen kräftig schwingen zu lassen. Das haben die Entwicklungen der vergangenen Jahren eindrucksvoll gezeigt.

Die beste Strategie für 2020: Flexibilität bringt Rendite

Wer 2020 gut aufgestellt sein möchte, braucht Flexibilität.

Daher ist es sinnvoll, seine Investmentstrategie mit den richtigen taktischen Instrumenten sinnvoll zu ergänzen. Das ermöglicht Investoren, auch größere Schwankungen am Markt mitzunehmen und eine zusätzliche Rendite zu erzielen. Dafür sind z. B. Optionsscheine eine Möglichkeit, um die implizite Volatilität auszunutzen. Allerdings sind diese Scheine vielen Anlegern aufgrund der Komplexität ihrer Konstruktion schlichtweg zu anspruchsvoll.

Eine Möglichkeit, wenn Anleger auf ganze Märkte wie DAX oder Dow setzen wollen, können gehebelte Indexfonds (ETF) sein. Diese vollziehen die Entwicklung des ihnen zugrunde liegenden Index nach, allerdings mit einem eingebauten Hebel. Steigt z. B. der DAX um 5%, dann steigt ein dreifach gehebelter Indexfonds um 15%. Natürlich vollzieht der Fonds die Entwicklung mit dem gleichen Hebel in die andere Richtung nach. Interessant ist, dass es auch Indexfonds gibt, mit denen Anleger auf fallende Kurse setzen können.

Der CFD-Handel bietet Anlegern die Option für ein gehebeltes Trading.

Eine andere Alternative können Contracts for Difference (CFD) sein. Sie bieten ein hohes Maß an Transparenz und Nachvollziehbarkeit und bieten ebenfalls die Möglichkeit, auf die Kursentwicklung von Wertpapieren, Indizes oder auch Währungen und Rohstoffe zu setzen. Auch sie machen es Anlegern möglich, sowohl auf steigende als auch auf fallende Notierungen zu spekulieren. Ähnlich wie bei gehebelte ETF sind auch CFD mit einem Hebel versehen. Der beruht auf der Tatsache, dass für eine CFD-Position nicht der volle Kapitaleinsatz nötig wird, sondern nur eine geringe Sicherheitsleistung (Margin). So kann ein Anleger mit 1.000 Euro beispielsweise eine Position von 10.000 Euro handeln (Hebel 10).

CFDs ermöglichen Investoren ein kostengünstiges Risikomanagement. Denn um ein Depot im Volumen von 100.000 Euro gegen fallende Kurse abzusichern, müssen Anleger nur 10.000 Euro an realem Kapital einsetzen und mit passenden CFD auf eine fallende Notierung setzen. Auf diesem Weg lassen sich kurzfristige Korrekturen aussitzen und sogar Zwischengewinne realisieren. Auch hier gilt natürlich, dass der Hebel in beide Richtungen wirkt. Wird das Risiko nicht begrenzt, kann der Verlust in einer CFD-Position somit auch höher werden, als der ursprüngliche reale Kapitaleinsatz.

Fazit

Das Jahr 2020 dürfte an der Börse einige Überraschungen bereithalten. *Kostolany*-Jünger wissen schon lange, dass an der Börse alles möglich ist, auch das Gegenteil. Darauf stellen sich Anleger am besten mit einer guten langfristigen Strategie ein. Die sollte aber auch noch Luft für taktische Handlungsmöglichkeiten lassen. Denn an den Märkten werden auch 2020 diejenigen zu den Gewinnern zählen, die dank ihrer Flexibilität in der Lage sind, schnell auf große Veränderungen taktisch zu reagieren. Darin steckt ein gutes Maß an Absicherung, und die Agilität kann sogar einen relevanten Zusatzertrag generieren.

Das Börsenjahr 2020 wird den Marktteilnehmern einiges abverlangen.

» Nur ein Bruchteil der betroffenen Anleger ist darüber informiert, dass sie noch hohe Ansprüche gegenüber ihren (ehemaligen) Schweizer Banken oder Schweizer Vermögensverwaltern geltend machen können. Sie ergeben sich aus Retrozessionen – Kick-Back Provisionen, die rechtlich klar den Anlegern zustehen, von den eidgenössischen Finanzhäusern aber jahrelang unrechtmäßig abkassiert und einbehalten wurden. Man kann davon ausgehen, dass so gut wie jeder betroffen ist, der in den letzten zehn Jahren Vermögenswerte in der Schweiz angelegt hatte. Anlegerschützer sind nun um Aufklärung bemüht, bevor die zehnjährige Verjährungsfrist die Ansprüche der Betroffenen zur Gänze auffrisst. Zahlreiche Betroffene aus aller Welt stoßen deshalb jetzt den Rückforderungsprozess an. «

Retrozessionen
Schweizer Banken schulden Anlegern Kick-Backs

Hubert Schwärzler, Liti-Link AG

Die höchsten Gerichte in der Schweiz haben mit zahlreichen anlegerfreundlichen Urteilen den Schweizer Banken und Vermögensverwaltern auf die Finger geklopft. Retrozessionen – Vertriebs- und Bestandespflegeprovisionen – stehen dem Anleger zu, heißt es in diesen Urteilen wiederholt. Darum können und sollten Anleger die zu Unrecht einbehaltenen Retrozessionen zurückfordern.

Anleger können von ihren Schweizer Banken die Retrozessionen zurückfordern.

Jahrelang haben Schweizer Banken und Vermögensverwalter meist unbemerkt und unerlaubterweise zusätzlich zu den hohen Gebühren Kick-Back-Provisionen kassiert. Die marktüblichen Provisionen lagen zwischen 0,5 und 2% pro Jahr. Aufgrund der Verjährungsfrist von zehn Jahren und Verzugszinsen von 5% p.a. sind die Rückforderungserlöse oft stattlich. Sie liegen je nach Anlagehöhe und -zeitraum nicht selten im hohen fünfstelligen, manchmal sogar im sechsstelligen Bereich.

4,2 Mrd. Franken Retrozessionen im Jahr 2012

Die Zahlen einer von Swiss Banking beauftragten Studie zeigen, dass 2012 etwa 12,4% der Wertschöpfung im Schweizer Bankensektor durch Retrozessionen generiert wurde. Dementsprechend wichtig war und ist diese Einnahmequelle für Banken. Die Geldhäuser halten vehement an diesem lukrativen, aber äußerst fragwürdigen Geschäftsmodell fest.

Retrozessionen als Einnahmequelle sind für Banken von hoher Bedeutung.

Der Grund, warum Anlegerschützer seit langer Zeit Retrozessionen kritisieren und sie in mehreren Ländern sogar gänzlich verboten sind, liegt vor allem an dem Interessenkonflikt, der dadurch entsteht. Wenn eine Bank wegen attraktiver Kick-Back Zahlungen zu einem bestimmten Produkt greift und nicht zu möglichen Alternativen, die die Interessen der Kunden besser widerspiegeln (etwa in Bezug auf Performanceziele oder Risikoneigung), handelt sie aus eigenem Gewinninteresse und nicht zwangsläufig zum Besten des Kunden.

Ein zweiter Kritikpunkt der Anlegerschützer ist die resultierende Intransparenz. In der Finanzwelt werden Kick-Back-Provisionen von den Verkäufern der Fonds, strukturierten Produkte usw. genutzt, um ihr jeweiliges Produkt zu verkaufen. Die Provisionen machen einen Fonds mit einer höheren Rückvergütung für Banken und Vermögensverwalter attraktiver als einen, der keinen oder nur einen geringen finanziellen Verkaufsanreiz anbietet. Die Kick-Back Provisionen wurden noch dazu performanceunabhängig bezahlt. Obwohl ein Fonds unter Umständen ordentlich Minus gemacht hat, konnten sich Vermögensverwalter trotzdem an den saftigen Rücküberweisungen erfreuen.

Die Grundsatzentscheidungen halten jedoch fest, dass diese Kick-Back-Provisionen den Anlegern zustehen. Sie wurden schließlich nur erwirtschaftet, weil Anleger die Bank damit beauftragt haben, in ihrem Namen eine Investition zu tätigen. Für diese Leistung werden die Banken aber bereits über die vertraglich vereinbarte Gebühr bezahlt.

Vertriebsprovisionen zurückholen

*Die Banken hoffen darauf,
dass uninformierte Kunden
ihr Geld nicht einfordern.*

Bei den Schweizer Banken und Vermögensverwaltern sind Retrozessionen aber ein Tabuthema. Keines der eidgenössischen Finanzhäuser gibt aktiv die zu Unrecht einkassierten Retrozessionen an seine Kunden zurück, und keines ist um Aufklärung bemüht. Betroffene Anleger müssen selbst aktiv werden. Aufgrund der zehnjährigen Verjährungsfrist sollten sie dabei keine Zeit verlieren. Eine bestehende Geschäfts- oder Vertragsbeziehung zu der Bank ist für die Rückforderung der Kick-Back-Provisionen übrigens nicht erforderlich. Ebenso ist es nicht erforderlich, dass eine Dokumentation (Verträge, Auszüge, etc.) vorliegt.

Für betroffene Anleger lohnt es sich, ihre Ansprüche geltend zu machen. Eine Rückforderung erfolgreich im Alleingang abzuwickeln ist aber fast unmöglich. Der hohe administrative Aufwand, die Rechtsanwaltskosten und auch die Schweizer Zivilprozessordnung schrecken ab. Zwar kann ein Kläger theoretisch ohne Rechtsanwalt prozessieren. Doch sollten Anleger bedenken, dass bei Einleitung eines Verfahrens hohe Prozesskosten entstehen, die sich während der Verfahrensdauer akkumulieren. Zudem verlangen Gerichte vom Kläger üblicherweise einen Vorschuss für die Gerichtskosten, der selbst im Fall des Prozesserfolgs nicht zurückerstattet wird, sondern zusammen mit der Parteientschädigung bei der unterlegenen Gegenpartei einzufordern ist.

Es besteht also ein hohes Prozesskostenrisiko, das viele Anleger zu Recht von einer Klage abhält. Dazu kommt, dass alle Schweizer Banken bei Kundenanfragen zu Retrozessionen ablehnend und verweigernd reagieren. Keine stellt ihren Kunden eine Rückforderungsanleitung zur Verfügung oder nimmt einlenkend Stellung zu den Höchstgerichtsurteilen. Der Rückforderungsweg ist dementsprechend äußerst intransparent und mit vielen Hürden zugestellt.

Professionelle Helfer einbinden

Es gibt Dienstleister, die sich auf diese Rückforderungsverfahren spezialisiert haben. Sie bieten Anlegern eine nerven-, zeit- und kostensparendere Alternative an. Der größte Vorteil bei der Beauftragung solcher Anbieter liegt in der Standardisierung des Verfahrens. Außerdem verfügen sie über die für Rückforderungen nötigen speziellen Rechtskenntnisse und das Wissen darum, wie die Banken auf Rückforderungen reagieren. Schließlich ist es auch von Vorteil, dass solche Anbieter als Institutionen auch bei den Banken bekannt sind. Die Häuser sind dann oft kooperativer als bei Forderungen von Einzelpersonen.

Wie beim Abgasskandal haben sich ganze Kanzleien auf das Thema spezialisiert.

Einige dieser Anbieter überprüfen die Ansprüche von Anlegern kostenlos, und einige arbeiten rein erfolgsbasiert. Sie übernehmen also das komplette Kosten- und Prozessrisiko. Das können sie, weil sie aufgrund ihrer Erfahrungen und der Standardisierung des Rückforderungsprozesses z. B. über 90% der bearbeiteten Aufträge mit einer Auszahlung abschließen können.

Kann eine Rückforderung geltend gemacht werden, erhalten diese Dienstleister eine Erfolgsbeteiligung am Nettoerlös. Diese kann durchaus bis zu 40% des erfolgreich geltend gemachten Betrages ausmachen. Auf der anderen Seite entstehen für Anleger keinerlei Kosten, sollte keine Rückforderung erwirkt werden können. Der Aufwand, der dabei für Kunden entsteht, ist gering, denn es werden lediglich Name, Anschrift, Geburtsdatum und eine Ausweiskopie benötigt.

Die Beauftragung eines qualifizierten Dienstleisters spart Zeit, Geld und Nerven.

Entscheidende Faktoren im Rückforderungsprozess

Eine der wichtigsten Handlungen im gesamten Rückforderungsprozess besteht darin, die Verjährung zu unterbrechen. Aufgrund der Verjährungsfrist verfallen täglich hohe Ansprüche zugunsten der Banken. Ein einfaches Schreiben an die Bank mit Rückfragen zu Retrozessionen reicht für die Verjährungsunterbrechung jedoch leider nicht aus, selbst wenn die Bank darauf reagiert. In der Schweiz ist für die Unterbrechung der Verjährung ein formeller Prozess einzuhalten. Des Weiteren muss man die Schweizer Rechtslage gut kennen, um zu wissen, auf welche Gesetze, Urteile und Richtlinien man sich bei der Verjährungsunterbrechung stützen kann.

Die Urteile sind bereits da und müssen nur angewandt werden.

So kann man zum Beispiel festhalten, dass das Schweizer Bundesgericht bereits im Jahr 2012 klargestellt hat, dass eine Bank, die als Vermögensverwalterin tätig wird, Vertriebs- und Bestandspflegeprovisionen, die sie für den Vertrieb von Anlagefonds oder strukturierten Produkten erhält, an den Kunden herauszugeben hat (Urteil vom 30.10.2012, Az. 4 A 127/2012).

Diese Herausgabepflicht besteht auch dann, wenn die Provisionen von eigenen Konzerngesellschaften an die Bank geflossen sind. Des Weiteren ist das Urteil vom 16.06.2017, Az. 4 A 508/2016 relevant. Danach können Kunden ihre Ansprüche rückwirkend für zehn Jahre geltend machen. Die Frist beginnt mit dem Eingang der Provisionszahlung beim Vermögensverwalter. Der Rückzahlungsanspruch ist unabhängig von der Staatsbürgerschaft. Auch die mehr als 120.000 Anleger aus Deutschland und ca. 40.000 Anleger aus Österreich, die ihre Erträge in der Schweiz nachträglich erklärt beziehungsweise eine Selbstanzeige erstattet haben, können ihre Ansprüche geltend machen.

Rückforderung von Retrozessionen in Liechtenstein

In Liechtenstein steht das Urteil noch aus.

Auch in Liechtenstein sind Retrozessionen als lukratives Geschäftsmodell im Finanzsektor bekannt und finden dort Anwendung. Allerdings gibt es zur Rückforderung von Retrozessionen im Gegensatz zur Schweiz noch keine höchstrichterliche Rechtsprechung. Aus dem auftragsrechtlichen Charakter eines Vermögensverwaltungsvertrags folgt aber wie auch in der Schweiz, dass dem Kunden alle Vorteile aus der Geschäftsbesorgung – insbesondere auch Retrozessionen – zustehen. Die gängige Ansicht von Anlegerschützern ist deshalb, dass Kunden auch von liechtensteinischen Vermögensverwaltern die Herausgabe sämtlicher Retrozessionen verlangen können.

Interessant ist, dass im Fürstentum die Verjährungsfrist mit 30 Jahren sehr viel kundenfreundlicher ausfällt. Auch hier bleibt der Anspruch selbst dann bestehen, wenn die Vermögensverwaltung bereits gekündigt wurde. Der Rückforderungsprozess ist in Liechtenstein aber ein wenig komplexer. Darum sollte vorab geprüft werden, ob sich die Rückforderung rechnet.

Retrozessionen bei besonderen Konstrukten

Prinzipiell steht einer Rückforderung von Retrozessionen von Schweizer Banken auch bei Konten, bei denen der Kontoinhaber eine Stiftung, ein Offshore-Konstrukt oder eine Firma ist, nichts entgegen. Der administrative Aufwand ist hier meist größer. Es gibt jedoch keine Zweifel daran, dass auch juristische Personen einen Anspruch auf die Rückforderung der Vertriebsprovisionen haben. Die erste Frage, die sich bei solchen Vertragsformen stellt, ist, ob es sich um eine aktive oder um eine bereits gelöschte Struktur handelt.

Bei aktiven Liechtensteiner Stiftungen ist an der Rückforderung maßgeblich der Stiftungsrat beteiligt und eine Kommunikation und Abwicklung über diesen notwendig. Nach Ansicht der Schweizer Professorin und Advokatin *Monika Roth* von der Hochschule Luzern macht sich ein Stiftungsrat, der die Retrozessionen nicht einfordert, der ungetreuen Geschäftsbesorgung schuldig. Da dies ein Tatbestand aus dem Strafrecht ist, zeigt sich der Stiftungsrat meist kooperationsbereit.

Stiftungsräte stehen in der Pflicht, Retrozessionen einzufordern.

Bei bereits gelöschten Verbandspersonen muss geklärt werden, welche Art der Liquidation stattfand (normal oder mittels Konkursverfahren). Davon abhängig muss die Liechtensteiner Stiftung dann vorübergehend wiederbelebt werden. Sollten Unterlagen zur Stiftung fehlen, kann der Kunde die Verträge, Statuten, Vermögensaufstellungen etc. vom Vermögensverwalter verlangen. Parallel dazu kann er vom Vermögensverwalter die Bezifferung und Aufschlüsselung der vereinnahmten Retrozessionen fordern. Die Ansprüche auf Herausgabe von Unterlagen und auf Rechnungslegung verjähren ebenfalls erst nach 30 Jahren.

Handelt es sich um ein Offshore-Konstrukt mit Sitz in Panama, auf den Bahamas etc., dann stellt sich auch hier die Frage, ob sie noch aktiv sind oder ob sie bereits gelöscht/geschlossen wurden. Bei aktiven Strukturen sind einige Dokumente für den Rückforderungsprozess notwendig, einer erfolgreichen Rückforderung steht aber nichts im Weg. Bei bereits gelöschten Strukturen müsste eine Wiederbelebung durchgeführt werden, die aufgrund der geografischen Distanz und der länderspezifischen Rechtsprechungen meist langwierig und kostspielig sind. Ähnlich ist die Lage bei simplen Firmenkonten. Existiert die Firma noch und ist es möglich einen Handelsregisterauszug und eine Unterschrift des Zeichnungsberechtigten zu erhalten, kann der Rückforderungsprozess angestoßen werden.

Ob Konstrukte noch aktiv oder schon geschlossen sind, ist entscheidend.

Lebensversicherungsmäntel

Einige Schweizer Banken haben ihren Kunden Lebensversicherungsmäntel (z. B. mit Standort auf den Bahamas oder in Liechtenstein) konstruiert. Sie versprachen Steuerfreiheit nach zwölf Jahren und besondere Konditionen. Das Ergebnis war leider äußerst unzufriedenstellend für die meisten Betroffenen. Vielfach hat sich herausgestellt, dass die von den Banken gewählte Strategie mit den Lebensversicherungsmänteln für die Anleger keinerlei Vorteile brachte. Viele der Anleger mussten bei der Auflösung der Lebensversicherungspolicen im Zuge der Offenlegung kräftige Abschläge in Kauf nehmen.

Rückforderung auch bei Lebensversicherungs-mänteln möglich

Auch für diese Lebensversicherungsmäntel können jedoch Retrozessionen zurückgefordert werden. In Liechtenstein abgeschlossene Lebensversicherungen wurden zum überwiegenden Teil im Zuge von Vermögensverwaltungsmandaten abgeschlossen. Ansprüche auf zu Unrecht einbehaltene Retrozessionen, welche im Rahmen von fondsgebundenen Lebensversicherungen an die Vermögensverwalter geflossen sind, können ebenfalls geltend gemacht werden. Bei Lebensversicherungsmänteln mit Verbindung zu Offshore-Destinationen besteht die Herausforderung darin, die verantwortlichen Verwalter und Offenlegungsverpflichteten zu finden.

Auch institutionelle Anleger sind vor Retros nicht sicher

Sogar institutionelle Anleger haben oft die Chance, Retrozessionen zurück zu fordern. So können z. B. auch Pensionskassen Provisionen unrechtmäßig vorenthalten worden. Organe von Schweizer Pensionskassen unterliegen einer gesetzlichen Sorgfaltspflicht und müssen die Interessen der Pensionskasse und ihrer Versicherten bestmöglich wahren (Art. 51b Abs. 2 BVG). Vermögenswerte, die der Pensionskasse unrechtmäßig entzogen wurden, müssen zurückgefordert werden. Dazu gehören auch Retrozessionen, die von Finanzdienstleistern einbehalten wurden. Unterlassen Organe von Pensionskassen die Abklärung und Rückführung von Retrozessionen, kann dies eine Verletzung der Sorgfaltspflicht darstellen. Die Organe werden persönlich haftbar (Art. 52 BVG) und könnten sich aufgrund ungetreuer Geschäftsbesorgung strafbar machen (Art. 158 StGB).

Retros fließen weiterhin

Banken lassen ihre Kunden inzwischen Verzichtser-klärungen unterzeichnen.

Nach dem Gerichtsurteil vom 30.10.2012 (Az. 4 A 127/2012) waren viele Finanzexperten der Meinung, dass Banken in Zukunft gänzlich auf retrozessionsfreie Produkte umstellen würden und dass das gesamte Kick-Back System (so wie in UK und den Niederlanden) gänzlich verboten wird. Doch so ist es nicht. Viele Banken haben ihre AGB angepasst. In ihnen sind jetzt Verzichtserklärungen enthalten, und es werden Prozentbandbreiten angeführt. Anhand dieser Prozentbandbreitenangaben sollte eine ungefähre Berechnung der von der Bank einbehaltenen Retrozessionen bewerkstelligt werden können.

Aber nicht jeder Verzicht ist im Sinne der Rechtsprechung gültig. Ob ein rechtsgültiger Verzicht auf Retrozessionen vorliegt, muss fallspezifisch betrachtet werden. Die Banken argumentieren natürlich stets mit einem gültigen Verzicht seitens ihrer Kundschaft. Sie wollen so die Auszahlung der einbehaltenen Retrozessionen verweigern. Kunden sollten sich von der Verzichtsthematik jedoch nicht einschüchtern und abwimmeln lassen, sondern mit spezialisierten Dienstleistern die Thematik des Verzichts analysieren und entsprechend agieren. Die Interessenskonflikte der Banken bestehen auch mit dem ausgeklügeltsten Verzicht weiterhin.

Auch Verzichtserklärungen können angefochten werden.

Fazit

Anleger, die in den vergangenen Jahren Vermögenswerte in den genannten Ländern angelegt hatten, sollten prüfen, ob sie einen Anspruch auf die Rückerstattung von Retrozessionen haben. Diesen anzumelden, dürfte sich in vielen Fällen lohnen. Zwar ist die Rückforderung mit einigem Aufwand verbunden, wer jedoch auf spezialisierte Dienstleister zurückgreift, senkt den eigenen Aufwand und erhöht seine Erfolgs-chancen. Der Versuch, Retrozessionen zurück zufordern, kann sich lohnen. Denn parallel zur wachsenden Anlagesumme, steigen auch die Vertriebsprovisionen und die Summe der Rückforderungen (siehe Abb 1).

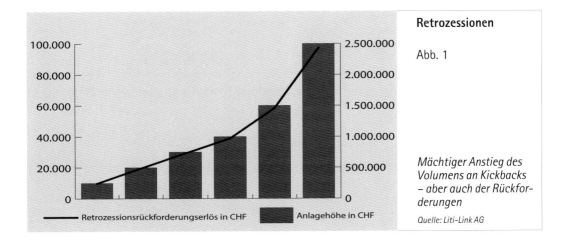

Retrozessionen

Abb. 1

Mächtiger Anstieg des Volumens an Kickbacks – aber auch der Rückforderungen

Quelle: Liti-Link AG

» Vertrauenswürdige Vermögensmanager sind auch 2019 schwer auszumachen. Die Anbieter der Branche reden nach wie vor nicht gern über gemachte Fehler – und was sie unternommen haben, um diese künftig zu verhindern, sowohl im konkreten Einzelfall als auch strukturell und grundsätzlich. Das Gute ist: Es gibt eine Reihe rühmlicher Ausnahmen. Und etliche Institute, die mit reiner Weste im Markt auftreten können. Die Wirkung der Anlegerschutzrichtlinie MiFID II wiederum wird von Fachanwälten unterschiedlich beurteilt. Immerhin: Sie wirkt. «

Ein Jahr MiFID II
Vertrauenswürdige Vermögensmanager

Ralf Vielhaber, FUCHSBRIEFE

Seit 18 Monaten ist die Anlegerschutzrichtlinie MiFID II (Markets in Financial Instruments Directive) europaweit in Kraft. Doch zumindest auf Seiten von Anlegerschutzanwälten ist das Stimmungsbild zweigeteilt. Bewegung gebe es auf beiden Seite: Die Kunden seien besser informiert, die Institute würden sich dem anpassen, andererseits aber immer noch ihren Vorteil suchen.

Die Banken müssen zeigen, dass sie vertrauenswürdig sind.

Positiv zu vermelden ist, dass die Zahl der Kundenklagen – allerdings schon seit einigen Jahren – zurückgeht. Verstöße gegen Anlagerichtlinie sind laut Rechtsanwalt *Matthias Schröder* kaum noch zu sehen. Der Einsatz moderner EDV und die Digitalisierung hätten dazu geführt, dass prozentuale Grenzen leichter eingehalten werden können. Im Übrigen würden die alten Anlagegrenzen heute geschickter und weiter gefasst, so Schröder. Die Zahl der Beschwerden beim Ombudsmann der privaten Banken sind seit 2016 stetig gesunken.

Höhere Kostentransparenz

Erfreulich ist aus Sicht des Anwalts auch die gestiegene Kostentransparenz. In der Konsequenz heißt dies, dass mehr ETF und weniger aktiv gemanagte Fonds eingesetzt werden. Bei verwalteten Vermögen von über einer Million Euro würden Kosten von mehr als 1,5% fast schon als inakzeptabel angesehen. Dies sei vor fünf Jahren noch ganz anders gewesen. Hohe Kosten müssten gut begründet werden. Die Leistung der Anbieter werde aber zunehmend hinterfragt.

Positive Auswirkungen auf Kostentransparenz und Gebührenhöhe

Rechtsanwalt *Jens Graf* ist wiederum nicht davon überzeugt, dass Banken und sonstige Berater wegen der MiFID II-Regelungen ihre Kunden besser beraten. Für ihn liegt der Ursprung allen Übels in den Provisionszahlungen, die nach wie vor in Milliardenhöhe fließen. Immerhin müssen die Banken nun angeben, ob sie (provisions)abhängig oder unabhängig beraten. Danach sollten Kunden fragen.

Zwar müssen Fondsgesellschaften und Depotbanken seit diesem Jahr u. a. angeben, welche Bestandsprovisionen sie im vergangenen Jahr eingestrichen haben. Aber laut Graf höre man allenthalben, dass mehr als die Hälfte der Kunden sich diese Informationen nicht genau anschauten. Solche Angaben würden gar nicht selten hinter anderen Informationen versteckt und so verklausuliert präsentiert, dass die Kunden nicht begreifen könnten, in welchen Größenordnungen sich ihr investiertes Vermögen allein durch die Prämien reduziert. Graf plädiert daher für ein vollständiges Provisionsverbot. Denn die jetzigen Regelungen erzeugten eine unglaubliche Häufung an Vorschriften, erhöhten vor allem die Bürokratie und den Kostendruck. Kosten, die am Ende wieder der Verbraucher zahlt. Deutschland gehöre zu den letzten europäischen Ländern, in denen diese Praxis noch erlaubt ist.

Die Branche bereichert sich bei den Ausgabeaufschlägen an Privatanlegern.

Die Anwälte sehen ihre Aufgabe darin, gezahlte Provisionen zurück zu bekommen. Graf verweist auf professionelle Anleger, die Fonds seit Jahren ohne Ausgabeaufschläge bekommen. Die Branche tue sich nur an Privatanlegern gütlich.

Zu viel Information?

Auch Anlagerschutzanwalt *Klaus Nieding* erkennt eine Überforderung der Anleger „durch den höheren bürokratischen Aufwand und die vielen Informationen". Zudem kritisierten nach seiner Erfahrung viele Anleger auch die strengen Regeln hinsichtlich der Geeignetheitsprüfung von Anlageprodukten. Die Anleger fühlten sich in ihren Anlageentscheidungen eingeschränkt und nähmen dies als Bevormundung wahr. Hier wünschten sich viele Anleger Opt-out-Möglichkeiten. Der Vorwurf aber, dass zu viele Informationen über die jeweiligen Anlageprodukte bereitgestellt werden, gehe „in die falsche Richtung". Schließlich bleibe es jedem Einzelnen selbst überlassen, ob und wie er diese Informationen letztlich nutzt.

Angst vor der Öffentlichkeit

Nüchterne Bilanz: Die Branche lässt sich nicht gern in die Karten schauen

Doch wie auskunftsfreudig sind die Banken und Vermögensverwalter selbst bei der Frage, ob und welche Art von Auseinandersetzungen sie mit Kunden haben? Die Antwort ist einigermaßen ernüchternd. Nur ein kleiner Teil der Branche rückt mit Angaben raus. Natürlich am ehesten die, deren Weste ohnehin weiß ist – meist sind das Vermögensverwalter mit einem eher kleinen Kundenstamm.

Ein zentrales Beschwerdemanagement ist die Regel. So würde eine Beschwerde – „falls es dazu käme" – beim Vermögensverwalter Albrecht

Kitta schriftlich dokumentiert, ins interne Beschwerdebuch eingetragen und ggf. ins BaFin Beschwerderegister. Beim Bankhaus Ellwanger & Geiger wird jede Beschwerde individuell mit Berater, Führungskraft, Rechtsabteilung, Compliance und ggf. der Geschäftsleitung besprochen. Bei der Bethmann Bank wie in etlichen anderen (zum Teil auch größeren) Häusern wie der Braunschweiger Privatbank, Donner & Reuschel oder der Südwestbank hat es oberste Priorität, Beschwerden schnell zu bearbeiten und dem Kunden möglichst frühzeitig – ggf. bereits im Rahmen der ersten Rückmeldung – Lösungsmöglichkeiten aufzuzeigen. Die Banken wollen aus vorher ggf. gemachten Fehlern ebenso wie aus ggf. auch unbegründeter Unzufriedenheit der Kunden lernen und durch eine regelmäßige Auswertung und Analyse aller Beschwerden eine zukünftige Prozessoptimierung erreichen.

Bei der in Deutschland ansässigen Tochter der schweizerischen Privatbank Pictet ist der Beschwerdeprozess mehrstufig und geht im Zweifel bis zum Management im Mutterhaus. Sollte auch von dort keine zufriedenstellende Antwort für den Kunden erfolgen, wird er über seine Möglichkeiten gegenüber den Aufsichtsbehörden aufgeklärt, wo er seine Beschwerde für eine außergerichtliche Einigung weiterverfolgen kann. Das Management Committee der Muttergesellschaft wird halbjährlich über alle bearbeiteten Beschwerden dieser Zeitspanne informiert.

Unterschiedliche Prozesse im Beschwerdemanagement

Die Sparkasse Köln/Bonn wiederum hat auf ihrer Internetseite unterschiedliche Beschwerdekanäle sowie ihre Beschwerdemanagementgrundsätze veröffentlicht.

Eher selten kommt es zu juristischen Verfahren

Von mehr als fünf Kundenbeschwerden pro Jahr berichtet keines der Auskunft gebenden Häuser. Personelle Konsequenzen werden daraus nur in Extremfällen gezogen. Allerdings lernen die Anbieter insofern daraus, dass sie ihre internen Prozesse nachschärfen.

In vier (von 30) Fällen laufen juristische Verfahren, die die Kunden angestrengt haben. Somit bei jedem siebten Unternehmen. Die Vorwürfe lauten auf Falschberatung, angeblich vertragswidriges Verhalten, fehlerhafte Widerrufsbelehrung bei Verbraucherdarlehen, fehlerhafte Beratung im Zusammenhang mit geschlossenen Beteiligungen und Nichtaufklärung über Rückvergütungen bei Vermögensanlagen. Meistens versuchen die Anbieter, sich mit dem Kunden außergerichtlich zu einigen – auch noch im Gerichtsverfahren, falls es dazu kommt.

Auseinandersetzungen vor Gericht sind selten.

Wie zufrieden die Kunden sind, wird mal mehr, mal weniger systematisch erfasst. Hier gilt schon wegen der internen Kapazitäten, aber auch aufgrund der Kundennähe: Je kleiner das Haus, desto eher wird auf systematische Befragungen verzichtet. Selten werden die Ergebnisse veröffentlicht: So „in Ausschnitten" bei der Bethmann Bank oder wie bei der Südwestbank in Form eines Kundensiegels, das auf den Ergebnissen einer Kundenbefragung des TÜV beruht.

Dafür stellen Weiterempfehlungen durch Bestandskunden das wichtigste Vehikel zur Neukundengewinnung dar.

Konzept, Vertrauenswürdigkeit zu prüfen

Die FUCHS | RICHTER PRÜFINSTANZ beobachtet die Branche der Vermögensverwalter bezüglich ihrer Vertrauenswürdigkeit seit Anfang 2016 genau. Wir halten Ausschau nach „Trusted Wealth Managern" – vertrauenswürdigen Vermögensmanagern. Dazu haben wir ein umfassendes Konzept erarbeitet.

Im Mittelpunkt von TRUSTED WEALTH MANAGER steht die Frage: Geht eine Bank(niederlassung), ein Vermögensverwalter, ein Family Office oder ein Vermögensberatungsunternehmen mit KWG-Erlaubnis fair mit seinen Kunden um? Oder gibt es immer wieder Auseinandersetzungen wegen Verstößen gegen die Anlagerichtlinien? Oder wegen kostentreibender Zusatzleistungen, über die Kunden nicht hinreichend aufgeklärt wurden? Oder wurde gar falsch beraten, weil Provisionsinteressen im Vordergrund standen?

*Fairer Umgang mit Kunden?
So kommt die Prüfin-
stanz zu ihrer Meinung*

Die Klärung der Fairness-Frage geschieht durch ein laufendes Monitoring auf Niederlassungsebene von Banken, Vermögensverwaltern, Family Offices und generell Vermögensberatungsunternehmen mit KWG-Erlaubnis zunächst in Deutschland. Die Vertrauenswürdigkeit ergibt sich aus fünf Referenzquellen in fünf Vertrauenssegmenten:

1. Öffentlich zugängliche Quellen, Medienrecherche
2. Kooperierende Fachanwälte
3. Hinweise von Kunden
4. Hinweise von Mitarbeitern
5. Selbstauskunft der Bank

Die Vertrauensampel zeigt an, ob ein Private Banking-Anbieter auf Ebene einer Niederlassung oder gesamthaft voll vertrauenswürdig ist.

Sie erhebt nicht den Anspruch, eine juristisch eindeutige Auskunft zu geben. Sie will Orientierung ermöglichen und ist eine Wertung, eine Meinungsäußerung der Prüfinstanz, die auf den genannten Quellen und deren Abwägung aufbaut. Anders als Bewertungen bspw. auf Shop-Seiten, die manipulationsanfällig sind, gewährleistet sie ein klares Verfahren und eine transparente Urheberschaft der Wertung.

Hinweis

Umfassend (und kostenlos) informieren können Sie sich auf der Seite der FUCHS | RICHTER PRÜFINSTANZ unter www.pruefinstanz.de.

Vertrauenswürdige Vermögensmanager zur Jahresmitte 2019

30 Anbieter gelten der Prüfinstanz per Ende August 2019 als vertrauenswürdig. Sie blieben im laufenden Monitoring ohne Auffälligkeiten und haben eine Selbstauskunft abgegeben. Es handelt sich überwiegend um kleinere Adressen. Kein Wunder: Sie haben es aufgrund eines schmaleren Kundenstamms und meist noch engerer Kontakte zu ihren Kunden naturgemäß leichter, eine „weiße Weste" zu behalten.

30 Anbieter gelten als „Trusted Wealth Manager"

Albrecht, Kitta & Co. Vermögensverwaltung GmbH
Ars Pecunia
Bethmann Bank AG
Braunschweiger Privatbank
Capitell Vermögens-Management
CREDO Vermögensmanagement GmbH
Deutsche Oppenheim Family Office
Donner & Reuschel
Dr. Hellerich & Co.
Dr. Kohlhase Vermögensverwaltung
Ellwanger & Geiger
FIVV
Freiburger Vermögensmanagement GmbH
Gerhard Friedenberger Vermögensverwaltung und Family Office GmbH
Hansen & Heinrich AG
Hoerner Bank AG
KIRIX Vermögensverwaltung AG
Knapp Voith Vermögensverwaltung AG
Kuder Familypartner GmbH

Pictet & Cie.
Reichmuth & Co. Integrale Vermögensverwaltung
Spiekermann & Co.
Südwestbank
Taunus Sparkasse
UNIKAT Gesellschaft für Finanz-Management und Vermögensverwaltung mbH
Value Experts
von der Heydt & Co.
VZ VermögensZentrum
Wagner & Florack Vermögensverwaltung AG
Wamsler & Co.

Auf der Beobachtungsliste stehen aktuell vier Adressen, die 2019 ihre Selbstauskunft nicht erneuert haben:

Bank Vontobel (Europe)
COLLEGIUM Vermögensverwaltungs AG
HQ Trust GmbH
PMP Vermögensmanagement

» Wer hat sich nicht schon einmal das Schreckensszenario vorgestellt, dass „seine" sechs richtigen Zahlen im Lotto gezogen werden – und man den Schein nicht abgegeben hat. So ähnlich müssen sich Investoren fühlen, die ihre Aktien aus Angst vor Verlusten verkaufen. Denn das führt oft dazu, dass sie die renditeträchtigsten Tage an der Börse verpassen und ihre Rendite signifikant schmälern. Das haben wir in einer hauseigenen Analyse festgestellt. «

Immer investiert bleiben
Market Timing macht Rendite zunichte

Lutz Neumann, Sutor Bank

Die zunehmende Schwankungen an den Aktienmärkten führen bei vielen Anlegern zu der Frage: Aussteigen oder investiert bleiben? Crash-Propheten, die immer wieder mal vor einem massiven Börsensturz warnen, verstärken oftmals den Impuls, sich zur Sicherheit in großem Umfang von Aktienanteilen trennen zu müssen. Ein solcher Ausstieg in einem im Nachhinein doch ungünstigen Moment und das daraus resultierende Verpassen von Tagen mit sehr hohen Kursgewinnen beeinflusst die langfristige Rendite enorm.

Ist man an den Börsen noch gut aufgehoben?

31 Jahre investiert bringen 7,2% Rendite p.a.

Das zeigt eine Untersuchung des DAX-Verlaufs eindrücklich. Als sensibles Barometer bildet er die Kursentwicklung und Dividenden der 30 größten und liquidesten Unternehmen des deutschen Aktienmarktes ab. Der DAX wurde am 31.12.1987 auf 1.000 Punkte normiert. Betrachtet über diesen Gesamtzeitraum von 31 Jahren sind die Ergebnisse sehr aussagekräftig. Unter dem Strich hat der DAX Anlegern seit seiner Gründung Jahr für Jahr eine Rendite von 7,2% gebracht – wenn man alle gut 8.000 Tage durchgängig investiert war. Vor diesem Hintergrund können Anlegern die vielen Aufs und Abs durchaus gleichgültig sein. Selbst zwischenzeitliche Einbrüche im Zuge von heftigen Krisensituationen (Dot.com-Blase, Lehman, Fukushima, Griechenland) können Anleger langfristig kaltlassen.

Unsere Untersuchung zeigt auch, dass das erfolgreiche Timing von Verkäufen und Käufen extrem schwierig ist. In sechs von zehn Fällen folgten die besten Börsentage innerhalb von zwei Wochen nach den schlechtesten. Daraus eine Regel abzuleiten, wäre jedoch grob fahrlässig. Ob ein Börsentag wirklich zu den schlechtesten zählt, weiß man immer erst im längeren Rückblick. Und wann bei größeren und länger anhaltenden Rückschlägen der Boden erreicht ist, lässt sich ebenso wenig vorhersehen. Ganz besonders kritisch wird es, wenn man als Anle-

Das richtige Timing von Kauf und Verkauf ist kaum möglich.

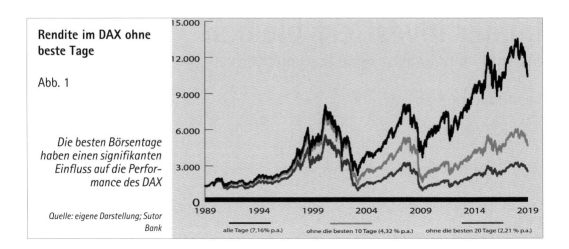

Rendite im DAX ohne beste Tage

Abb. 1

Die besten Börsentage haben einen signifikanten Einfluss auf die Performance des DAX

Quelle: eigene Darstellung; Sutor Bank

alle Tage (7,16% p.a.)   ohne die besten 10 Tage (4,32 % p.a.)   ohne die besten 20 Tage (2,21 % p.a.)

ger aus Angst vor einem Börsentiefschlag verkauft, anschließend nicht rechtzeitig wieder in den Markt geht, und dann die besten Börsentage verpasst. Das hat dramatische Auswirkungen.

Nur 13 Tage verdoppeln die Rendite

Die Anzahl der signifikant renditebringenden Tage ist kleiner als man annimmt.

Verpasste beste Börsentage wirken sich kräftig auf die Performance aus. Das offenbart unsere Auswertung für die Performance des DAX ohne die besten zehn, 20, 30 bis zu 60 Tage. Bereits hier zeigt sich eindrucksvoll die Renditeminderung: Von den rund 7,2% Rendite p.a. bei einem durchgängigen Investment in den DAX bleiben ohne die besten 10 Tage nur noch 4,3% p.a. Ohne die besten 20 Tage sind es nur 2,2% und ohne die besten 30 Tage nur noch magere 0,4%. Ohne die besten 40 Tage liegt man bereits im Minus mit -1,2% jährlich.

Aber wie viele Tage sind nötig, um die Rendite von 7,2% zu halbieren? Wie viele Tage reichen, um bereits ins Minus zu fallen? Ergebnis: Bei einem Anleger, der im DAX zwischen 1988 und 2018 die besten 13 Tage versäumt hat, schrumpft die Rendite auf die Hälfte. Verpasst er die besten 33 Tage, hätte er sogar Geld verloren. Die besten 33 Tage haben also darüber entschieden, ob der Anleger 31 Jahre für Nichts investiert war. Das Risiko, nicht investiert zu sein, ist also immens. Wer nur 0,4125% aller Börsentage dieses Zeitraums nicht investiert war, hat unter dem Strich Geld verloren.

Wie beim nicht abgegebenen Lottoschein besteht also die größte Gefahr darin, nicht im Markt zu sein. Was wie eine sehr hypothetische Betrachtung anmutet, dürfte in gewissem Maße durchaus realitätsnah sein. Denn Unwissenheit, Unsicherheit und Nervosität machen Anleger anfällig für eine zockerähnliche Verhaltensweise. Beim „Market

Timing" ist die Gefahr jedoch groß, eine gute Rendite schnell zunichte zu machen. Wer nun glaubt, im globalen Kapitalmarkt auf andere Länder ausweichen zu können, um der „DAX-Falle der besten Tage" zu entkommen, der irrt.

Andere Länder, gleiche Sitten

Unsere länderübergreifende Analyse hat ergeben, dass es an den anderen Börsen der Welt ähnlich aussieht. Beim Schweizer SMI reichte es, zwischen 1988 und 2018 die besten 17 Tage verpasst zu haben, um seine Rendite zu halbieren. Beim amerikanischen S&P 500 sind es ebenfalls 17 Tage, beim MSCI World 12 Tage und beim französischen CAC40 sogar nur sechs Tage. Am schlechtesten standen Anleger da, wenn sie aus Euro-Sicht im britischen FTSE 100 investiert waren. Genügten auf Pfund-Basis zehn Tage, um 50% der Rendite einzubüßen, reichte aus Euro-Sicht schon das Versäumnis der fünf besten Tage.

International gestaltet sich die Lage gleich.

Betrachtet man weiterhin die Anzahl der besten Börsentage, die man in 31 Jahren verpassen muss, damit die Rendite negativ wird, schneiden nur der SMI mit 47 Tagen und der S&P 500 mit 42 Tagen besser ab als der DAX mit 33 Tagen. Besonders hart hätte es auch hier die Anleger in Großbritannien und Frankreich getroffen. In Frankreich hätte es demnach gereicht, die besten 15 Börsentage zu verpassen, damit die

Anzahl verpasste Tage und Auswirkungen auf die Rendite – nach Länderindizes (Zeitraum: 1988-2018)			
LAND / INDEX	RENDITE P.A.	ANZAHL DER BESTEN BÖRSENTAGE, DIE MAN VERPASSEN MUSS, DAMIT SICH DIE RENDITE HALBIERT	ANZAHL DER BESTEN BÖRSENTAGE, DIE MAN VERPASSEN MUSS, DAMIT DIE RENDITE NEGATIV WIRD
Deutschland /DAX	7,16 %	13	33
Schweiz / SMI	7,45 %	17	47
Frankreich / CAC40	3,74 %	6	15
Großbritannien / FTSE 100	3,16 %	5	14
USA / S&P 500	7,47 %	17	42
Global / MSCI World	4,43 %	12	30
Hongkong / Hang Seng	7,69 %	9	27

Quelle: Sutor Bank

jährliche Rendite negativ wird. Und waren es in Großbritannien auf Pfund-Basis die 25 besten Börsentage, ohne die die jährliche Rendite negativ wurde, so waren es auf Euro-Basis lediglich die 14 besten britischen Börsentage. Im japanischen Nikkei war übrigens die Gesamtentwicklung negativ.

Empfehlung: Bleiben Sie immer investiert

Hektisches Traden birgt mehr Risiken als Chancen.

Die Auswertung zeigt, dass aktives Kaufen und Verkaufen an den Aktienmärkten ein hohes Risiko darstellen. Insbesondere Anleger, die einen langfristigen Vermögensaufbau, etwa für den Ruhestand, zum Ziel haben, sollten die Erkenntnis beherzigen: Wer sein Geld vermehren und dabei ruhig schlafen möchte, macht alles richtig, indem er stets investiert bleibt. Dieser Anleger wird zwar zwischenzeitliche Kursverluste aushalten müssen. Aber er läuft nicht Gefahr, die für die Rendite wichtigen besten Börsentage zu verpassen. Unsere Untersuchung bestätigt damit auch den großen Börsenhändler *André Kostolany* mit seinem bekannten Bonmot: „Kaufen Sie Aktien, nehmen Sie Schlaftabletten und schauen Sie die Papiere nicht mehr an. Nach vielen Jahren werden Sie sehen: Sie sind reich."

Was, wenn man die schlechtesten Tage aussparen könnte?

Natürlich haben wir uns auch gefragt, welche Auswirkungen es hätte, wenn Anleger die schlechtesten Börsentage aussparen könnten, weil sie nicht investiert wären. Zugegeben, eine höchst hypothetische Frage. Aber eine mit wirklich faszinierenden Antworten. Schon das Verpassen der zehn schlechtesten Börsentage in 31 Jahren DAX führt dazu, dass aus der durchschnittlichen jährlichen Rendite von 7,2% p.a. ordentliche 10,1% werden. Wer die 30 schlechtesten Börsentage eliminiert, steigert die jährliche Durchschnittsrendite sogar auf satte 14,5%.

Leider kann niemand die schlechtesten Tage vorhersagen.

Leider ist die Vorstellung, man könnte die schlechtesten Börsentage umgehen, vollkommen unrealistisch. Keiner kann die schlechtesten Tage vorhersagen. Wenn Anleger investiert bleiben müssen, um die besten Tage nicht zu verpassen, bedeutet das auch zwingend, dass sie auch die schlechtesten Tage mit erleben werden. Eine Analogie verdeutlicht das: Wer z. B. täglich mit dem Auto von Zuhause zum Arbeitsplatz pendelt und hundertprozentig sicher gehen will, garantiert nicht in einen Stau zu geraten und in jedem Fall unfallfrei anzukommen, der dürfte gar nicht erst losfahren.

Fahren Sie los und bleiben Sie stur in der Spur

Für Anleger ist es daher besser, sich allen Risiken zum Trotz auf den Weg zu machen und stur investiert zu bleiben. Das Geld auf dem Tagesgeldkonto zu belassen ist angesichts der kaum noch vorhandenen Zinsen die schlechtere Alternative. Wer sich dagegen nicht vom Weg abbringen lässt, wird langfristig mit einer guten Rendite ans Ziel kommen. Und wer darüber hinaus noch den Mut und das Kapital hat, an schlechten Börsentagen und in Krisensituationen zu kaufen, wird über die Jahre sogar eine stattliche Rendite einfahren.

Wer investiert bleibt, nutzt die Chancen am besten.

» Seit jeher gehört ein breit gestreutes Aktiendepot mit soliden Werten oder Fonds zu den Grundbausteinen einer langfristigen Vermögensanlage. Im heutigen Niedrigzinsumfeld gilt dies mehr denn je. Nimmt man den MSCI World als Referenzindex für ein weltweit angelegtes Aktiendepot, hat dieser in den letzten 10 Jahren knapp 100% an Wert gewonnen. Wir befinden uns damit in der längsten Hausse der Geschichte des Aktienmarktes. Angesichts der konjunkturellen Verlangsamung stellt sich im Herbst 2019 die berechtigte Frage: Wann kommt die nächste große Korrektur oder sogar Baisse, und lohnt es sich, Gewinne abzusichern? «

Absichern, aber wie?
Strategien auf dem Prüfstand

Marc Pötter, Smart Markets

Absichern oder nicht? Stellen Sie diese Fragen den großen Geldhäusern, bekommen Sie sehr unterschiedliche Antworten. Die UBS, einer der größten Vermögensverwalter der Welt, hat Ende August 2019 zum ersten Mal den Ausblick für die zukünftige Aktienentwicklung auf „negativ" gesenkt und die Aktienquote reduziert. Auf der anderen Seite bleibt die US-Investmentbank JPMorgan „bullish" für Aktien und rät Investoren, ihre Aktienquote zu erhöhen.

Wie schwierig die Einschätzung des Marktverlaufs ist, lernte ich schon früh. Während meiner Ausbildungszeit zum Investmentanalysten seufzte ein ebenfalls teilnehmender Fondsmanager, dass die „einfachen Zeiten des Investierens" vorbei seien. Das war Ende 2010 und der DAX notierte bei ca. 6.500 Punkten. Aus heutiger Sicht wäre damals also alles ganz einfach gewesen: kaufen, liegen lassen und zehn Jahre später wäre der Einsatz glatt verdoppelt.

Buy-and-Hold-Strategien greifen heute zu kurz.

Absicherungsmöglichkeiten

Da kein Analyst auf der Welt die Glaskugel besitzt, um die zukünftige Börsenentwicklung vorherzusagen, muss jeder Investor selbst überlegen, ob und wie er sich auf eine mögliche Korrektur vorbereitet. Diese ist natürlich weder zeitlich, noch in der Schärfe vorhersagbar. Dennoch kann es sinnvoll sein, hohe aufgelaufene Gewinne abzusichern und sie auch zu realisieren, um bei deutlich ermäßigten Notierungen wieder in den Markt einzusteigen.

Anleger können unterschiedliche Absicherungsmöglichkeiten für Ihr Depot nutzen. Dabei zeigen unsere Untersuchungen, dass diese Varianten im historischen Vergleich sehr unterschiedlich abgeschnitten haben. Zudem wird sichtbar, dass eine Absicherung für lange Investitionszeiträume, die deutlich über 10 Jahren liegen, nicht nötig erscheint und sogar die Gesamtperformance darunter leidet.

Je kürzer der Anlagehorizont, desto wichtiger ist Absicherung.

Absicherungen sind demnach eher bei kürzeren Anlagehorizonten sinnvoll. Es gibt vielfältige und gute Gründe, Absicherungen zu nutzen. So kann es sein, dass ein gewisser Kapitalschutz benötigt wird. Dann darf z. B. ein bestimmtes Depotvolumen auch temporär nicht unterschritten werden. Dies kann der Fall sein, wenn das Depot als Altersvorsorge dient und der Ruhestand näher rückt. Zuweilen werden auch Absicherungen genutzt, weil die persönliche Risikotoleranz das erfordert.

Absicherungen sind auch Vorsichtsmaßnahmen gegen einen vermuteten Crash.

Nicht zuletzt sichern Anleger ihr Portfolio ab, wenn sie davon überzeugt sind, dass eine Korrektur oder ein stärkerer Einbruch und eine längere Baisse am Aktienmarkt bevorstehen. Jeder Investor, der 2008 während der Finanzkrise investiert war, weiß wie belastend ein Börsencrash sein kann – auch wenn es im Nachhinein eine „Korrektur" im langfristigen Aufwärtstrend war. Und jeder Investor kann – natürlich im Nachhinein – nachrechnen, was es gebracht hätte, Kursgewinne an bestimmten Punkten abzusichern und später zu billigeren Kursen wieder in den Markt einzusteigen. Natürlich steigert das die Rendite und ist ein gutes Motiv für Abischerungsstrategien.

Simulationen zeigen die Effekte

Um einen Einblick zu bekommen, welche Auswirkungen einzelne Absicherungsarten auf die Gesamtentwicklung haben, haben wir ein fiktives Depot in Höhe von 500.000 Euro angelegt und zwei Zeiträume über 10 Jahre untersucht. Zum einen haben wir auf die Jahre 2007 bis 2017 abgestellt (vgl. Abb.1). Diese Dekade beinhaltet die Finanzkrise mit einer starken Korrektur. Daneben haben wir die Zeit zwischen

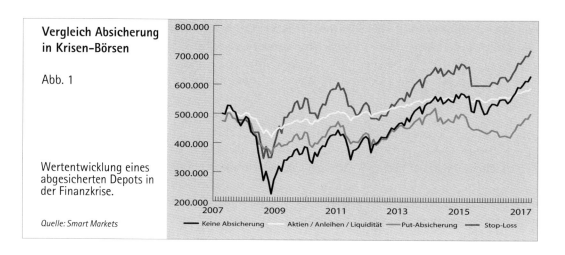

Vergleich Absicherung in Krisen-Börsen

Abb. 1

Wertentwicklung eines abgesicherten Depots in der Finanzkrise.

Quelle: Smart Markets

— Keine Absicherung   Aktien / Anleihen / Liquidität   — Put-Absicherung   — Stop-Loss

2009 und 2019 untersucht um zu prüfen, welche Folgen unterschiedliche Absicherungen im bislang längsten Bullenmarkt der Geschichte hatten (vgl. Abb. 2).

Dabei haben wir vier sehr gängige Strategien untersucht. Erstens: "Keine Absicherung" und eine Aktienquote von 100% über die komplette Laufzeit. Zweitens: Die klassische Absicherung und Depotstruktur mit ein Drittel Aktien, Anleihen und Liquidität. Drittens die Absicherung mit einer Put-Option. Dabei wurde zusätzlich zum Aktiendepot ein Put-Optionsschein erworben. Viertens die ebenfalls klassische Absicherung der Aktienquote von 100% per Stop-Loss.

Mehrere Strategien im Vergleich

Nicht überraschend ist die Erkenntnis, dass in Phasen konstant steigender Börsen die Strategie „keine Absicherung" am besten funktioniert. Durchleben die Börsen aber einen Krisenfall, dann hat in unserer Untersuchung die Stop-Loss-Strategie am besten abgeschnitten. Wer daraus aber folgert, die Stop-Loss-Strategie sei die beste, der irrt. Denn wie so häufig an der Börse kommt es auf die Feinheiten an. Werfen wir einen Blick auf die einzelnen Strategien und ihre Wirkungen.

Keine Absicherung

Der Variante ohne Absicherung liegt ein breit gestreutes Aktiendepot zu Grunde. Für die Testreihe wurden hier 500.000 Euro in den Referenzindex MSCI World angelegt, der etwa 1.600 Aktien der Industrieländer umfasst und nach Marktkapitalisierung gewichtet ist. Dieser Index ist die wichtigste Benchmark für alle weltweit anlegenden Investmentfonds und daher sehr gut geeignet für diese Untersuchung. Die

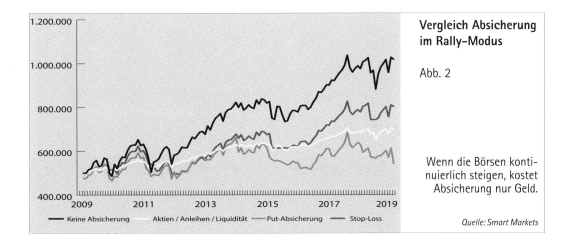

Vergleich Absicherung im Rally-Modus

Abb. 2

Wenn die Börsen kontinuierlich steigen, kostet Absicherung nur Geld.

Quelle: Smart Markets

Renditechance ist selbstverständlich ohne Absicherung am höchsten. Es ist deutlich die mit Abstand beste Wertentwicklung in den guten Jahren ohne Börsenkorrektur erkennbar (Rendite 103,7%). Der Nachteil dieser Strategie sind hohe Wertschwankungen bei Korrekturen oder einer länger andauernden Baisse. In solchen Phasen kann der Depotwert deutlich fallen, in unserem Beispiel von 500.000 Euro um 55% auf 225.373 Euro im März 2009.

Wer gar nicht absichert, hat die größten Chancen, muss aber Volatilität aushalten.

Hält man als Investor diese hohen möglichen Schwankungen aus und besitzt einen sehr langen Anlagehorizont, ist es aus Renditegesichtspunkten die beste Wahl, das Depot überhaupt nicht abzusichern. Ganz nebenbei bedeutet das einen geringen Pflegeaufwand und niedrige Transaktionskosten.

Klassische Absicherung im Drittelmix

Bei dieser Strategie werden die 500.000 Euro zu je einem Drittel in Aktien und Anleihen investiert. Das letzte Drittel wird als Liquidität gehalten. Der Aktienteil wurde wie in der ersten Strategie über den Index MSCI World abgebildet. Bei den Anleihen wurde eine typische Laufzeit von 5 Jahren gewählt. D. h. es wurde einmal zu Beginn angelegt und nach 5 Jahren in neue Anleihen umgeschichtet. Bei den Anleiheemittenten wurden sehr sichere Schuldner ausgewählt, damit die gewünschte Absicherung auch in Krisenzeiten wie 2008 erreicht wird. Während dieses Abschwungs verloren risikobehaftete Anleihen analog zu Aktien stark an Wert. So notierte eine Anleihe von Heidelberg Cement im Oktober 2008 bei 45 Euro mit einem Kupon von 6,5% und einer Laufzeit von zwei Jahren. Ausgabepreis für diese Anleihe war über 100 Euro. Dies entspricht einem Wertverlust von 55%.

Mit einem Drittelmix ist man gut gegen die Volatilität gerüstet.

Interessant an dieser Absicherungsstrategie ist die sehr niedrige Volatilität in Krisenzeiten. Wo das reine Aktiendepot 55% an Wert verloren hat, hat diese Absicherung einen maximalen Drawdown von lediglich 16% im Zeitraum 2007–2017. Die Rendite hingegen liegt mit 17% nicht wesentlich hinter dem reinen Aktiendepot (25,9%) zurück.

Im Hausse-Zeitraum 2009–2019 ist der Unterschied dagegen sehr deutlich zu sehen. Die Drittel-Absicherung erzielt hier eine Rendite von nur 40%. Das ist durch den geringen Aktienanteil und die schlechteren Zinsen bei Anleihen im Vergleich zum Start in 2007 bedingt. Das reine Aktiendepot kommt auf eine Rendite von 103,7%.

Im Hinblick auf das Rendite-Risiko-Verhältnis ist die klassische Absicherung eine sehr interessante Variante, die eine deutlich niedrigere Schwankung als das reine Aktiendepot aufweist. Ein Vorteil ist die Möglichkeit, in Krisenzeiten von Anleihen oder Liquidität in Aktien umzuschichten, die dann im Ausverkauf zu haben sind. Getreu dem Motto von Warren Buffet „Kaufen, wenn die Kanonen donnern".

Aktuell sind allerdings die niedrigen Anleiherenditen von sicheren Schuldnern ein großer Nachteil bei der Umsetzung dieser Absicherungsstrategie. Konnte man in 2007 Anleihen mit einer Rendite von 4,6% p.a. kaufen, erhält man heute nur eine Rendite nahe 0%. Insofern wirken Anleihen hier fast schon wie Liquidität. Daher wäre für die heutige Marktlage eine mögliche Abwandlung dieser Strategie eine Investition von 50% in Aktien und 50% in Liquidität und auf Anleihen zu verzichten, da diese keine Rendite abwerfen.

Im aktuellen Marktumfeld sind Anleihen als Renditebringer kaum lohnenswert.

Put-Absicherung

Bei dieser Variante wurden Put-Optionsscheine in Höhe von 5% des Depotwerts als Absicherung gekauft. Die Laufzeit der Optionen betrug jeweils ein Jahr, sodass jedes Jahr neue Optionen gekauft wurden. Eine Option ist eine Versicherung gegen fallende Kurse und gewinnt an Wert, je weiter die Kurse sinken.

Da es für den Referenzindex MSCI World keine Optionsscheine gibt, wurden Optionsscheine auf die beiden größten Märkte USA und Europa gekauft, die im MSCI World für 68% der Aktien stehen. Konkret wurden Scheine auf den S&P 500 (500 größten US-Unternehmen) und den Eurostoxx 50 (50 größten EU-Unternehmen) gekauft, die am Geld notierten.

Im Unterschied zu allen anderen Absicherungsstrategien muss hier tatsächlich Geld ausgegeben werden, um die Optionsscheine zu erwerben. Dadurch bleiben lediglich 475.000 Euro zur Anlage in das Aktiendepot übrig. In der vergleichenden Wertentwicklung der Grafiken ist zu erkennen, dass die Put-Absicherungsstrategie das schlechteste Ergebnis von allen vier Strategien liefert. Die Absicherung federt zwar den Drawdown während der Finanzkrise sehr schön ab. Der Rückgang des Depotwertes beträgt lediglich 27,5% anstelle von 55% beim Aktiendepot. Allerdings sind die Kosten der Strategie so hoch, dass die Rendite des Aktiendepots in den überwiegend guten Zeiten zum größten Teil aufgezehrt wird.

Die einzige Absicherungsstrategie, bei der die Absicherung etwas kostet.

Ein weiterer Nachteil der Optionsscheine ist zudem der nicht berechenbare Wert einer Option, da dieser im Wesentlichen von der Volatilität des Basiswertes abhängt und nur mit Hilfe der sogenannten impliziten Volatilität näherungsweise bestimmt werden kann. Festzuhalten bleibt daher, dass eine langfristige Absicherung über Put-Optionsscheine nicht zu empfehlen ist, da die Kosten zu hoch und die Preise im Vorfeld nicht kalkulierbar sind.

Für eine kurzfristige Absicherung oder eine gezielte Spekulation auf fallende Kurse ist der Optionsschein dagegen eine gute Wahl. Das zeigt die Wertentwicklung im Zeitraum der Finanzkrise 2008 bis 2009. Gute Kenntnisse des Produktes mit Wahl des Basispreises, der Restlaufzeit, des Zeitwerts und dergleichen sind hier der Schlüssel zum Erfolg.

Stop-Loss Absicherung

Bei der Stop-Loss Absicherung wird eine Verlustbegrenzung für das Aktiendepot gesetzt. Ein Wiedereinstieg erfolgt nach einem vorher definierten Anstieg bezogen auf den Tiefststand nach dem Ausstieg. Dabei wurden folgende Regeln angewendet:

- Fällt der Kurs vom Höchstwert (ab Investition bzw. Wiedereinstieg) um 10% oder mehr, wird das komplette Aktiendepot (MSCI World) zum Tagesschlusskurs verkauft.

- Steigt der Kurs vom Tiefstwert (ab Ausstiegszeitpunkt) um 10% oder mehr, erfolgt der Wiedereinstieg zum Tagesschlusskurs.

Diese Stop-Loss-Strategie führt das Ranking im Zeitraum von 2007–2017 klar an. Auf der einen Seite wird der Drawdown während der Finanzkrise drastisch auf 31% reduziert (Aktiendepot: 55%). Auf der anderen Seite wird danach ausreichend am Börsenaufschwung partizipiert, wodurch eine 10-Jahres-Performance von 43,5% erreicht wird (Aktiendepot: 25,9%). Im Zeitraum 2009–2019 lässt sich die Performance mit 60,6% ebenfalls sehen und wird nur vom reinen Aktiendepot mit 103,7% übertroffen.

Entscheidend für den Erfolg ist bei dieser Strategie der Absicherungsabstand vom jeweiligen Kurs. Darum lässt sich das Untersuchungsergebnis nicht einfach reproduzieren und auf andere Anlagezeiträume mit anderen Kursschwankungen übertragen. Variieren wir die unterschiedlichen prozentualen Abstände der Stop-Loss-Absicherung, fallen

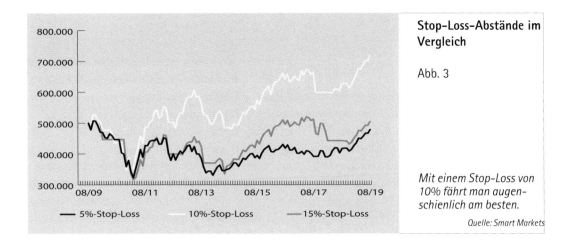

Stop-Loss-Abstände im Vergleich

Abb. 3

Mit einem Stop-Loss von 10% fährt man augenscheinlich am besten.

Quelle: Smart Markets

die Ergebnisse sehr unterschiedlich aus. Exemplarisch haben wir neben den ursprünglich und sehr gut getesteten 10% die Abstände 5% und 15% betrachtet (vgl. Grafik).

Dabei wird deutlich, dass die Ergebnisse sowohl bei Abweichungen nach oben als auch nach unten erheblich schlechter werden. Beide hier getesteten Alternativen können zwar ebenfalls den Drawdown während der Finanzkrise gleich gut reduzieren. Sie schaffen aber mit -4,5% (5% Abstand) und +0,8% (15% Stopp-Abstand) nur eine schwache 10-Jahres-Performance (Aktiendepot 25,9%).

Wird der „richtige" Abstand für das eigene Aktiendepot gewählt, ist die Stop-Loss-Strategie eine sehr gute Wahl. In der Praxis wird die richtige Wahl des Abstandes aber nur sehr schwer im Vorfeld zu bestimmen sein. Auch haben viele Investoren nicht nur einen MSCI-World-Fonds im Depot, sondern ein Portfolio aus diversen Einzelaktien. Je nach Liquidität der einzelnen Aktien und der Transaktionskosten können die Aus- und Einstiege den positiven Effekt der Absicherung per Stop-Loss schnell zunichtemachen.

Wo setzt man den Stop-Kurs an? Viel hängt vom Gefühl ab.

Der Aufwand dieser Absicherungsstrategie ist zudem überproportional hoch und die Wahrscheinlichkeit, damit so erfolgreich zu sein wie in der Theorie ist eher niedrig. Da die Aktienkurse von Einzelwerten in Krisenzeiten starken Kursschwankungen unterliegen, ist das Absicherungsergebnis in der Praxis in der Regel schlechter als bei einem Fonds-Iinvestment in den MSCI World. Ein Einsatz dieser Strategie in der Praxis ist daher nicht zu empfehlen.

Fazit

Jede Strategie hat ihre Vor- und Nachteile.

Die Untersuchung der unterschiedlichen Absicherungsstrategien zeigt ein klares Ergebnis. In punkto Rendite ist es am besten, möglichst langfristig investiert zu sein und gar keine Absicherungsvariante zu nutzen. Insbesondere die populären Absicherungen „Stop-Loss" und „Put-Option" sind als langfristige Absicherungsmöglichkeiten für ein Aktiendepot nicht zu empfehlen. Börsen-Legende André Kostolany hatte also doch recht: Aktien kaufen, schlafen legen und nach zehn Jahren reich aufwachen. Das bestätigt auffallend die Erkenntnisse des Beitrags „Markettiming lohnt sich nicht" (vgl. Neumann S. 279), dass ein langfristiger Anleger schlicht immer investiert sein sollte und nicht nach günstigen Ein- oder Ausstiegspunkten Ausschau halten sollte.

Interessanterweise ist die ganz klassische Absicherung per Drittel-Strategie aus Aktien, Anleihen und Liquidität die kostengünstigste und am leichtesten durchzuführende Variante. Zudem bietet sie einfache Möglichkeiten, entsprechend der vermuteten Marktphase die Gewichte zwischen den drei Anlageklassen zu verschieben oder auch Opportunitäten zu nutzen. Zur Anpassung an das aktuelle und wohl noch einige Jahre andauernde Niedrigzinsumfeld ist eine Abwandlung auf 50% Aktien und 50% Liquidität mit Verzicht auf Anleihen denkbar. Auch das ist in der Praxis sehr gut umsetzbar.

Auch jenseits der vorgestellten Strategien gibt es Möglichkeiten.

Neben diesen Absicherungsmöglichkeiten gibt es mittlerweile auch alternative Anlageformen, die wenig mit dem Aktienmarkt korreliert sind und somit ein Depot stabilisieren können. Zu nennen sind hier beispielsweise Cat-Bonds oder aktive Vermögensverwalter, die wie Hedgefonds gezielt auf steigende und fallende Kurse spekulieren können. Solche Anlageformen sind allerdings nur als Beimischung und nicht als Vollabsicherung eines Portfolios geeignet. Ein breit gestreutes Aktiendepot war bisher und wird mit hoher Wahrscheinlichkeit auch in Zukunft die beste langfristige Vermögensanlage sein.

V. Perspektiven über das Jahr hinaus

» Facebook will eine eigene Kryptowährung (Libra) an den Start bringen. Das ruft Währungshüter und Politiker auf den Plan. Beide Seiten fürchten, dass Staaten und Notenbanken die Hoheit über das Geld verlieren könnten. Darum denken Notenbanker und Politiker über den richtigen Umgang mit den Kryptowährungen nach. Die Bundesregierung hat sogar eine eigene Strategie zum Kryptogeld entwickelt und denkt über regulatorische Rahmenbedingungen nach. Das wird die Kryptowährungen massiv beflügeln - und davon können Anleger profitieren. «

Politischer Krypto-Turbo
Krypto-Anlagen werden reguliert

Ralph Bärligea, FUCHS-Team

Der deutsche Finanzminister Olaf Scholz (SPD) hat einen klaren Standpunkt zu Kryptowährungen. Er wolle marktrelevantes Krypto-Geld nicht zulassen. Die großen Kryptowährungen wie Bitcoin, Ethereum und Co. haben auf diese Nachricht kaum reagiert. Das ist auch kein Wunder. Denn Krypto-Geld hat keinen zentralen Emittenten. Genau das, was den deutschen Finanzminster an den Kryptowährungen stört, ist einer ihrer fundamentalen Vorteile. Sie werden nicht durch staatliche Institionen geschöpft und kontrolliert. Die Dezentralität ist ein wichtiges Wesensmerkmal von Kryptowährungen.

Der Bundesfinanzminister will Privatgeld auf Blockchain-Basis verbieten.

Zugleich haben Politiker und Notenbanker aber auch verstanden, dass sie Kryptowährungen nicht mehr zurück in die Kiste sperren können. Genau darum wird intensiv über eigene, staatliche blockchain-basierte Geld-Varianten nachgedacht (z. B. E-Euros).

Neuer Geldwettbewerb entbrannt

Das Aufkommen der Kryptowährungen hat einen neuen Geld-Wettbewerb eröffnet. Zwar gab es schon immer den Wettbewerb zwischen einzelnen Währungen und die Menschen haben global die Möglichkeit, ihr Geld in unterschiedlichste Währungen einzutauschen. Allerdings werden all diese Währungen von Staaten begeben und von Notenbanken kontrolliert und über Zins und Geldmenge gesteuert. Genau das ist bei Kryptowährungen anders. Sie sind als blockchain-basierte Währungen dezentral und global organisiert und werden von Privatpersonen oder Unternehmen - jedenfalls nicht mehr von Staaten - emittiert und kontrolliert. Darum sind Krypotwährungen ein Game-Changer. Sie privatisieren die Geldschöpfung und stellen eine Grundsatzfrage an das Geldsystem. Die Staaten und Regierungen ahnen die Folgen schon: Die Zeit staatlicher Geldmonopole dürfte aufgrund der sich durch die Blockchain-Technologie verändernden Rahmenbedingungen des Wettbewerbs weltweit vorbei sein.

Neuer Wettbewerb entbrannt

Vor der Blockchain-Technologie gab es einen Widerspruch im Geldwesen. Einerseits ist es für die Stabilität des Geldes gut, wenn seine Menge strikt limitiert ist. Das war und ist beim Gold und beim Silber der Fall. Lange Zeit, noch bevor es einen funktionierenden Welthandel gab, waren auch Gold und Silber die führenden Geldarten. Zwar bringen Gold und Silber neben der Knappheit auch die weiteren für Geld gewünschten technischen Eigenschaften der Homogenität (einheitlichen Qualität), der Teilbarkeit und der Haltbarkeit mit. Aber Gold und Silber versagen ab einem gewissen Grad der Arbeitsteilung bei der Eigenschaft der Portabilität bzw. günstigen Transferier- und Lagerbarkeit.

Der Nachteil an Buchgeld: Es ist beliebig vermehrbar.

Buchgeld von Banken, das einfach von einem auf ein anderes Konto geschrieben werden kann (früher auf Papier und heute digital), ist an dieser Stelle zwar überlegen. Der Nachteil ist aber, dass dieses Buchgeld beliebig vermehrbar ist. Das muss durch Regeln, die durch eine funktionierende Rechtsordnung abgesichert sind, ausgeglichen werden. Daher spricht auch nichts dagegen, wenn der Staat, der diese Rechtsordnung bereitstellt, auch das Geldmonopol besitzt, solange er dieses nicht missbraucht.

Kryptowährungen fordern Staaten heraus

Kryptowährungen kombinieren die Vorteile von Gold und Silber mit denen des Buchgeldes - sparen aber die jeweiligen Nachteile aus. Blockchain-basiertes Geld kann technologiebedingt sowohl in seiner Menge strikt limitiert, als auch wie Buchgeld leicht übertragbaren sein und das, ohne dass es dazu einer zentralen Absicherung durch einen Dritten wie den Staat bedarf. Darum macht die Blockchain-Technologie dieses Monopol überflüssig und es ist sehr wahrscheinlich, dass das staatliche Geldmonopol eines Tages ähnlich wie das Postkutschen- und das Telekommunikationsmonopol völlig überholt sein wird.

Die Staaten können nicht umhin, sich mit Kryptogeld zu befassen.

Staaten, die zu lange an diesem Monopol festhalten und auch den neuen Geldwettbewerb nicht zulassen, droht Fachkräfte- und Kapitalabwanderung. Entsprechende Staaten würden dadurch ihre eigene Besteuerungsgrundlage zerstören. Außerem würden sie die Möglichkeit verlieren, den Umgang mit Kryptowährungen (z. B. deren Besteuerung) langsam, aber sicher zu erlernen. Aus diesem Grund sind die Staaten gezwungen, sich mit Kryptowährungen zu befassen.

Der Reflex, bedrohlich Neues einfach zu verbieten, wird bei Kryptowährungen aufgrund der Dezentralität nicht funktionieren. Ein

Verbot privater Kryptowährungen birgt hohe Risiken. Nehmen Kryptowährungen langfristig eine Entwicklung wie Smartphones oder E-Mails, könnten ganze Staaten binnen kurzer Zeit in tiefe Krisen fallen, wenn sie Kryptowährungen verbieten wollen. Das könnte solche Länder sogar zu schockartigen Anpassungen zwingen. Ohne Verbote sind derartige Risiken dagegen beherrschbar, weil die Entwicklung relativ langsam nach dem Prinzip von Versuch und Irrtum abläuft. Außerdem hätte die Politik die Möglichkeit, die Rahmenbedingungen für eine positive Entwicklung zu schaffen und könnte Herr des Prozesses bleiben.

Können Kryptowährungen überhaupt verboten werden?

Ohnehin ist die Rechtslage hinsichtlich eines Verbotes von Kryptowährungen zwiespältig. Soweit es um die Herausgabe von Euros geht, regelt Artikel 128 des Vertrages über die Arbeitsweise der Europäischen Union, dass dies nur durch die EZB bzw. die am Europäischen System der Zentralbanken (ESZB) beteiligten nationalen Zentralbanken geschehen darf. Das Bundesbankgesetz gesteht ungeachtet dessen der Bundesbank das Exklusivrecht für die Ausgabe von Banknoten in der Bundesrepublik Deutschland zu. Außerdem sind auf „Euro lautende Banknoten das einzige unbeschränkte gesetzliche Zahlungsmittel." Das bedeutet jedoch nur, dass „jeder Gläubiger einer Geldforderung vom Schuldner Banknoten in unbegrenztem Umfang als Erfüllung seiner Forderung annehmen [muss], sofern beide nichts anderes vereinbart haben", wie die Bundesbank klarstellt. Insofern steht der Verwendung von Kryptowährungen soweit sich beide Tauschpartner darauf verständigt haben, nichts entgegen.

Gesetzlich steht der Verwendung von Kryptowährungen nichts entgegen.

Tatsächlich wäre ein Verbot von privaten Kryptowährungen theoretisch die Ultima Ratio, die das Staatswesen aufgreifen könnte, um sich unliebsamen Wettbewerb vom Hals zu schaffen. Das Bundesbankgesetz droht jedem mit „Freiheitsstrafe bis zu fünf Jahren oder mit Geldstrafe", der „unbefugt Geldzeichen (Marken, Münzen, Scheine oder andere Urkunden ausgibt, die geeignet sind, im Zahlungsverkehr an Stelle der gesetzlich zugelassenen Münzen oder Banknoten verwendet zu werden. Das betrifft nicht nur die Emittenten eines solchen Geldes, sondern auch den Geldnutzer, wenn dieser „unbefugt ausgegebene Gegenstände der… genannten Art zu Zahlungen verwendet". Allein der Versuch ist strafbar, sogar wenn der Betroffene nicht mit Vorsatz, sondern nur fahrlässig handelt, ist eine „Freiheitsstrafe bis zu sechs Monaten oder Geldstrafe bis zu einhundertachtzig Tagessätzen" vorgeschrieben.

Ein Verbot wäre die Ultima Ratio.

Das Bundesbankgesetz erfasst Kryptowährungen nicht wirklich.

Das Bundesbankgesetz stellt in Paragraf 35 aber nur die Herausgabe von und das Bezahlen mit Geld unter Strafe, das geeignet ist, den Euro zu ersetzen. Der Besitz steht nicht unter Strafe. Zudem bezieht sich ein mögliches Verbot gemäß Paragraf 35 des Bundesbankgesetzes nur auf „Marken, Münzen, Scheine oder andere Urkunden". Somit ist fraglich, ob damit Krypto-Werte überhaupt gemeint sein können, denen der Urkundencharakter ja derzeit explizit abgesprochen wird. Die Bundesbank sieht privates Kryptogeld wie den Bitcoin oder Ethereum noch nicht als geeignet an „im Zahlungsverkehr an Stelle der gesetzlich zugelassenen Münzen oder Banknoten verwendet zu werden". Auch deswegen fordert sie noch kein Verbot.

Der Markt treibt die Politik vor sich her

Untätig ist die Politik dennoch nicht, denn sie wird vom Markt getrieben. Die Bundesregierung kündigte in ihrer Blockchain-Strategie an, „das deutsche Recht für elektronische Wertpapiere zu öffnen" und meint: „Die derzeit zwingende Vorgabe der urkundlichen Verkörperung von Wertpapieren (d. h. Papierform) soll nicht mehr uneingeschränkt gelten. Die Regulierung elektronischer Wertpapiere soll technologieneutral erfolgen, so dass zukünftig elektronische Wertpapiere auch auf einer Blockchain begeben werden können."

Diese rechtliche Gleichstellung zu herkömmlichen Wertpapieren würde Kryptoanlagen massiv begünstigen. Dabei ist zwischen unterschiedlichen Formen zu unterscheiden. Kryptowährungen, also Tokens die nur zur Zahlung verwendet werden oder verwendet werden können, heißen Payment-Tokens. Ob diese nach derzeitiger Rechtslage verboten werden können ist mehr als fraglich, insbesondere aufgrund des durch das Bürgerliche Gesetzbuch und das Grundgesetz garantierten Prinzips der Vertragsfreiheit.

Parteien im Bundestag mit unterschiedlichen Positionen zu Kryptowährungen

Ob ein Verbot durchsetzbar wäre, ist auch wegen der unterschiedlichen Positionen der Parteien im Deutschen Bundestag dazu ebenfalls fraglich. Letztendlich käme es einem Offenbarungseid des staatlichen Geldsystems vergleichbar zu einem Goldverbot gleich. Hinzu kommt: Private Zugangsschlüssel zu Kryptowährungen können ähnlich wie Bargeld oder Gold auch anonym zu Hause aufbewahrt werden. Es ist sogar - ähnlich wie früher ein Schweizer Nummernkonto - möglich, den elektronischen Schlüssel allein im Gedächtnis zu behalten (sogenannte Brain-Wallet). Ein Totalverbot ist darum faktisch nicht durchsetzbar.

Bei klassischen Wertpapieren, die Eigen- oder Fremdkapital gegenüber einem Unternehmen verkörpern und in elektronischer Form als sogenannter Token auf einer Blockchain bzw. in einem dazu geeigneten elektronischen Register geführt werden, spricht man von sogenannten Security-Tokens. Durch die Bundesanstalt für Finanzdienstleistungsaufsicht (BaFin) wurde zudem mit Bitbond bereits ein Security-Token-Offering in Deutschland offiziell zugelassen, weitere wie von Bitwala sind bereits angekündigt.

Utility-Tokens, die wie ein Sachgegenstand eine bestimmte Funktion (z. B. die Abwicklung eines Vertrages zur Einlösung eines Gutscheins) erfüllen, stehen zudem nicht im Fokus der Kritik. Im Gegenteil wird sich die Bundesregierung gemäß ihrer Blockchain-Strategie für die rechtliche Gleichstellung solcher Smart-Contracs einsetzen und die Voraussetzungen sowie internationale Standards dafür klären.

Smart contracts sollen rechtliche Gleichstellung erhalten

Fazit

Die Politik wird Krypto-Anlagen aller Art schon bald regulieren. Dabei bestehen nur für Payment-Tokens rechtlich und politisch gesehen letzte Unsicherheiten, da diese Kryptowährungen geeignet sein könnten, den Euro zu ersetzen. Sobald aber die Regulierung klar ist, kann von einem großen Zustrom von Geld in diesen Anlageklassen seitens institutioneller Anleger wie Fonds oder Versicherungen ausgegangen werden. Denen ist dieser Markt bisher auf Grund eben jener fehlenden Regulierung nicht zugänglich. Dann werden auch mehr Privatanleger in Krypto-Anlagen investieren, da eine rechtskräftige Regulierung und technologieneutrale rechtliche Gleichstellung Rechtssicherheit schafft. Daher dürfte es sehr aussichtsreich sein, etwas Mut zum Investieren zu haben.

» Die Kapital- und Aktienmärkte sind nur etwas für Vermögende, so heißt es oft. Und es stimmt ja auch, dass es sich nicht lohnt, für 100 Euro Aktien zu kaufen. Dennoch ist es möglich, auch schon mit Kleinstbeträgen an der Börse zu investieren und über längere Zeit eine einträgliche Rendite zu erwirtschaften. Der Schlüssel dazu liegt in der Digitalisierung, die es möglich macht, dass Robo-Advisor die Geldanlage übernehmen. Das öffnet auch Menschen die Finanzmärkte, die bisher keinen Zugang zu ihnen hatten. Das ist ein großes Plus in der Altersvorsorge. Denn niemand muss mehr seinen Spargroschen auf dem Konto liegen und von Gebühren und Inflation auffressen lassen. «

Spar Dich reich
Robo-Advisor erobern die Märkte

Kris Steinberg, niiio finance group AG

Kennen Sie diese Ratschläge auch? „Mensch, Du musst doch in den guten Jahren was zur Seite legen, sonst reicht dein Geld nicht für deinen Lebensabend." Dieser Tipp stimmt nur bedingt. Geld alleine macht Sie nicht vermögend – zumindest dann nicht, wenn Sie es sich hart ersparen und auf dem Konto ruhen lassen. Ja, es führt zunächst emotional sicherlich zu deutlich höherem Wohlbefinden, wenn man weiß, dass da etwas Geld auf dem Konto liegt und jederzeit abgehoben werden könnte. Die Wahrheit ist jedoch eher, dass, wenn Sie nicht gerade ein vermögender Erbe bzw. Erbin sind, Sie eigentlich genau dieses Geld benötigen, um Vermögen mittels kaufbarer Vermögensgegenstände aufzubauen. Nur dann können Sie im Hinblick auf Ihre Altersvorsorge wirklich ruhig schlafen.

Geld alleine macht nicht vermögend.

Niedrigzinsen fressen Spargroschen auf

Warum ist das so? Die Niedrigzinsen und damit das Verteuern von kurzfristig bei der EZB geparkten Girogeldern von Bankkunden sorgt dafür, dass angespartes Kontogeld z. B. durch Kontogebühren aufgefressen wird. Was heißt das? Das heißt, dass Sparen in diesen Phasen Geld kostet und nicht umsonst ist – was für ein Paradoxon, finden Sie nicht auch?

Wie kann man diesem auf Dauer ungemütlichen Zustand der Enteignung entfliehen? Am besten und einfachsten gelingt das, indem man individuell festgelegte Beträge dieses angesparten Bar- oder Kontogeldes regelmäßig in alternatives, liquides Vermögen wie Fonds oder Aktien und/oder in illiquides Vermögen wie Immobilien oder auch gefragte Wertgegenstände wie Kunst oder Kraftfahrzeuge investiert.

Nur Bares ist Wahres? Von wegen ...

Thorsten Hens, ordentlicher Professor der Universität Zürich, untersuchte in einer international ausgelegten Studie das Vermögensanlageverhalten in unterschiedlichen Geografien und kam zur wesentlichen

Erkenntnis, dass der kulturelle Hintergrund den entscheidenden Unterschied darin macht, wie und ob überhaupt investiert wird. Insbesondere Studienteilnehmer aus dem angelsächsischen und anglo-amerikanischen Raum waren deutlich risikoaffiner, aber auch deutlich versierter im Umgang mit insbesondere Wertpapieren wie Aktien.

Deutsche interessieren sich nicht für Wirtschaft und Börse

In Deutschland fehlt vielfach das Interesse an renditehaltigen Investments.

Das Bild, dass man in diesen Ländern statistisch deutlich öfter erwarten kann, ist, dass sich die ältere Generation gerne über ihre Investitionen und Geldanlagen unterhält. Dahinter stecken verschiedene kulturelle Unterschiede. Der deutsche Volksmund sagt z.B., dass „man über Geld nicht spricht". Das ist einer der wesentlichen Unterschiede und auch Trugschlüsse im Kontext des Vermögensaufbaus. Und wenn wir schon bei Kontexten sind: Statistisch gesehen interessiert man sich in Deutschland vergleichsweise deutlich weniger für volkswirtschaftliche Zusammenhänge sowie auch für Unternehmensbeteiligungen wie Aktien als im angelsächsischen Raum.

Prof. Dr. Hartmut Webersinke, Dekan für Wirtschaft und Recht an der Technischen Hochschule Aschaffenburg und ehemaliger Chefökonom der Deutschen Bank, untersucht derartige Interessens- und damit auch Wissenslücken in Deutschland. Als Experte für volkswirtschaftliche Zusammenhänge ist er ein oft gesuchter Experte für die Themen Vermögensbildung und Altersvorsorge. Von ihm stammt das Zitat „Durch Arbeiten wird man nicht vermögend, das ist eine Illusion."

Erst Bildung, dann Vermögensbildung

Vermögensverwalter interessieren sich nicht für kleine Investments.

Wenn die Mehrheit der deutschen Bürger eher nur kleine Beträge regelmäßig ansparen kann, dann ist das kostenseitig oft nicht interessant für die meisten Anlageberater oder Vermögensverwalter. Dabei wäre im Kern kein tiefes Verständnis von Aktienmärkten und -dynamiken notwendig, um im Zuge der Geldanlage von überdurchschnittlich hohen Renditen zu profitieren.

Aber auch hier ist Deutschland noch ein Entwicklungsland, welches noch zahlreiche, Schritte in Richtung „Reifegrad im Verständnis für Wertpapieranlagen" gehen muss. Hierbei sind sowohl der Gesetzgeber als auch die Finanzdienstleister mit ihren Finanzprodukten gefragt. Es ist schon paradox: Wir drohen beim Thema Vermögensbildung und Altersvorsorge im internationalen Vergleich abgehängt zu werden, obwohl wir in einem wirtschaftlich starken Wohlstandsstaat leben. Die Altersarmut droht in Deutschland in den kommenden Jahren dennoch deutlich anzusteigen. Ein Umdenken ist nun essentiell und es muss im Interesse aller (Markt-)Beteiligten sein, diese Asymmetrien und Intrasparenzen schnellstmöglich abzubauen, damit der deutsche Kapitalmarkt mit seinen gesunden Unternehmen an Anlagekapital einzelner Bundesbürger kommt.

Digitalisierung wird helfen

Die Digitalisierung wird dabei helfen. Denn sie kann die entsprechende Transparenz und Effizienz herstellen und sogar Anreize schaffen, um insbesondere Ängste und Bedenken der Endverbraucher zu beseitigen. Eine technische Umsetzung sind sogenannte Robo-Advisor. Über diese kleinen Helfer in der Geldanlage hören und lesen wir in den Medien schon viel. Diese Robo-Advisor ermöglichen angeblich auf spielerische Weise Zugang zu Finanzprodukten.

Digitalisierung hilft, Ängst abzubauen

In Deutschland sind nach ursprünglich höheren Zahlen derzeit wieder ca. 25 nennenswerte Robo-Advisor im Markt aktiv. Diese deutschen Robo-Advisor verwalteten laut Marktanalysen zufolge im Jahr 2018 knapp 4 Mrd. Euro an Anlegergeld und erwirtschafteten seither – man bedenke auch den „Bärenmarkt" im 4. Quartal 2018 – im Schnitt eine um 0,2% bessere Rendite als aktiv verwaltete Fonds oder Exchange Traded Funds (ETF). Es scheint, als ob diese digitalen Finanzprodukte im Durchschnitt nicht viel schlechter sind als traditionelle Anlagewerte. Zu bedenken ist jedoch, dass wir bei Robo-Finanzprodukten von sehr kurzen Datenhistorien reden, so dass diese Renditen sich in der Zukunft noch als tragfähig beweisen müssen.

In anderen Ländern sind Robo-Adviser schon sehr gefragt

Aber kommen wir nochmal zu dem Kontext des kulturellen Hintergrunds und der neuen Geldanlagen via Robo-Advisor zurück. Eine weitere Studie, welche von einer etwas veränderten Gesamtmenge an untersuchten Digitalanlageformen bzw. -formaten ausgeht, zeigt im Ländervergleich, dass z. B. in Großbritannien das ca. 1,8-fache an Anlagevolumen digital verwaltet wird – in den Vereinigten Staaten sogar das ca. 88,6-fache.

Angelsachsen bei der digitalen Vermögensverwaltung schon deutlich weiter

Was steckt nun aber genau hinter diesen Robo-Advisorn? Sind das quirlige Start-ups, hochmathematische IT-Plattformen oder stark vereinfachte Finanzprodukte? Der Begriff des Robo-Advisors suggeriert, dass man eine Finanz- oder Anlageberatung erhält. Das ist zum Teil richtig – nämlich dann, wenn es um die „Zuordnung des richtigen Anlageprodukts" geht. Die oftmals als Webseiten oder mobilen Apps mit einem kommunizierenden Robo-Advisor sind somit in der Regel „Produktzuordner". Sie identifizieren für den jeweiligen Anleger den besten sowie auch regulatorisch sicheren Match der ihm zur Verfügung stehenden Finanzprodukte, Anlagestrategien oder -portfolien.

Robo-Adviser sind keine Berater

Ein Robo-Advisor kann kein individuell maßgeschneidertes Portfolio bauen.

Ist das eine echte Anlageberatung? Kann ein Robo-Advisor auf meine Finanzerfahrungs- und Finanzsituation so gut und in kürzester Zeit durch spezifische Online-Fragen wirklich eingehen, dass er mir ein tatsächlich maßgeschneidertes Finanzprodukt anbietet? Natürlich ist das nicht so. Aber Robo-Adviser können helfen, in einfachen und überschaubaren Anlagesituationen eine gute Produktauswahl zu treffen.

Dabei stehen die unterschiedlichen Robo-Advisor im Wettbewerb untereinander und es ist die große Herausforderung für die ehrgeizigen IT-Unternehmen, die am besten passenden Produkte zu finden. So kann es gelingen, für den kapitalmarktseitig unerfahrenen Endverbraucher auch in Deutschland in einer stark vereinfachten Art und Weise den Dschungel der vielen Produktmöglichkeiten der Finanzvermarktungsindustrie zu lichten. Denn oft sind die Produktangebote so diffus, dass moderat vorgebildete Verbraucher diese nur in den seltensten Fällen kennen und genau verstehen. Das Ergebnis ist daher oftmals, dass diese Anlageprodukte gar nicht gekauft werden.

Robo-Adviser öffnen einen einfachen Weg zur Geldanlage

Großer Vorteil: geringe Kosten

Investitionsanreize geben Robo-Advisor aber auf jeden Fall. Anleger erhalten auf einfache Art und Weise Zugang zu relativ rentablen Wertpapieren, überwiegend ETF-Produkten, welche aufgrund des digitalen, automatisierten Weges auch mit sehr attraktiven Gebührenmodellen aufwarten. Dadurch, dass diese voll automatisierten Anlage- und Vermögensberater auch mit geringen Service-Gebühren an den Markt gehen und dabei in der Regel auch Sparpläne für Kleinstbeträge ermöglichen, sind auch sie prädestiniert dafür, den unerfahrenen Endverbraucher an das Thema langfristiger Investments und damit auch Altersvorsorge heranzuführen.

Die meisten Anbieter von Robo-Advisory adressieren im Zuge der Vermarktung die breite Masse von Endverbrauchern, quasi als den „Volks-Robo", um relativ schnell ein für sich selbst rentables Kundenvermögen zusammen zu bekommen. Einige wenige wissen noch nicht ganz, wie sie ihn überhaupt im Markt platzieren sollen, so dass oftmals das gewünschte Wachstum der Kunden- und Vermögensvolumina auf sich warten lässt. Andere wiederum finden relativ schnell Vertriebs- und Kooperationspartnerschaften , so dass sie sich einen Wettbewerbsvorteil schnellstmöglich zu erarbeiten versuchen.

Neuere Robo-Advisor positionieren sich im Markt immer häufiger sehr gezielt. Dabei setzen sie oft auf Themen, wie z. B. Investments ausschließlich in nachhaltige Anlagen. Wieder andere versuchen, mit Simulationen unterstützte Investmentangebote an die Anleger zu bringen, bei denen der Interessent mit den Szenarien selber experimentieren kann.

Anbieter von Robo-Advisorn suchen sich inzwischen gezielt Marktnischen.

Fazit

Die Digitalisierung der Geldanlage bereitet Robo-Advisorn den Weg und die Nullzinsen verschaffen ihnen Aufmerksamkeit. Denn für immer mehr Menschen wird es in diesem Umfeld schwieriger, für das Alter vorzusorgen. Insbesondere, wenn kleinere Beträge angelegt werden sollen, bieten Robo-Advisor gute Möglichkeiten. Die Technik eignet sich aber auch, um sich an die Geldanlage und das Investieren heranzutasten und regelmäßig ertragreich zu sparen. Somit dürften die elektronischen Helfer mittelfristig ihren festen Platz finden langfristig deutlich steigende Anlagevolumina verwalten. Die Anleger müssen sich nur noch trauen.

» Eines der wichtigsten Schlagworte in der Finanzbranche ist aktuell „Digitalisierung". In nahezu jedem Zusammenhang taucht es auf und wird für alle nur erdenklichen Veränderungen wahlweise als Ursache oder als Begründung verwendet. Dabei ist die Digitalisierung gar nicht neu, sondern im Grunde die konsequente Fortentwicklung dessen, was in den 70er Jahren als Elektronische Datenverarbeitung (EDV) begann. Seither wurden nahezu alle Aufgaben und Prozesse branchenunabhängig davon durchdrungen und verändert. Digitalisierung macht auch vor der Vermögensverwaltung nicht halt, aber sie hat Grenzen. «

Große Vermögen
Berater nicht durch Digitalisierung ersetzbar

Christian Hank, FinaSoft

Die Grundidee der EDV war und ist, große Datenmengen sicher zu erfassen, zu speichern, auszuwerten und die Ergebnisse verfügbar zu machen. Auch wenn die Rechenleistung und Speicherkapazität sich in den vergangenen Jahrzehnten stetig und deutlich erhöht haben, so war EDV doch bis vor wenigen Jahren ein reines Spezialistenthema. Menschen mit Computerkenntnissen hat eine Aura von Wissen und Überlegenheit umgeben. Menschen auf der anderen, dunklen Seite des Bildschirms waren dagegen meist unwissend oder haben sich sogar eingeschüchtert gefühlt. Dies hat sich binnen weniger Jahre dramatisch geändert.

Von EDV zu digital

Wesentlicher Antreiber des aktuellen digitalen Wandels sind IPhone, Tablet & Co. Zwei Faktoren waren entscheidend dafür, dass sich diese Geräte durchgesetzt haben und heute von Jedermann genutzt werden. Zum einen die fehlerverzeihende, leicht zu bedienende Software und zum anderen attraktive, leistungsfähige Hardware. Diese Kombination hat wiederum viele Software-Entwickler motiviert, für diese Geräte kleine individuelle Programme (Apps) zu schreiben, um verschiedenste, in der Regel recht einfache Aufgaben zu lösen, die für möglichst viele Nutzer von Interesse sind.

Digitalisierung hilft Kunden ihr Geld effizient anzulegen

Damit ist die Digitalisierung auch in allen Standard-Dienstleistungen der Finanzbranche – speziell rund um das Konto oder auch die Vergabe von Krediten – längst und flächendeckend angekommen. Das ist zum Vorteil der Anbieter, die viele Prozesse verschlankt haben und somit Kosten einsparen. Aber auch die Kunden profitieren, weil sie z. B. deutlich schneller handeln können und transparent informiert sind.

Die Digitalisierung hält Einzug in die Vermögensverwaltung.

Für Kunden mit kleineren bzw. einfach strukturierten Vermögen gibt es heute bereits digitale Lösungen, die für eine sinnvolle Allokation des

Vermögens sorgen. Ist das Vermögen schon so groß, dass es sich für den Finanzdienstleister lohnt, einen Berater mit dem Kunden sprechen zu lassen, muss dieser – unterstützt durch eine auf diesen Standardfall optimierte Lösung – vorgehen. Meist geschieht das nach demselben schematischen Muster. Danach wird der Anleger "regulatorisch korrekt klassifiziert (Risikoneigung), dann werden seine Vorstellungen diskutiert und schließlich wird eine Standard-Vermögensverwaltung umgesetzt. Das ist nötig, um den gesamten Prozess für den Finanzdienstleister wirtschaftlich erfolgreich zu gestalten.

Ist das Vermögen nicht groß genug für die professionelle Vermögensverwaltung, wird heute oft die Nutzung eines Robo-Advisors angeboten. Dabei kann der Anleger selber definieren, wie sein Vermögen auf verschiedene Anlageklassen aufgeteilt werden kann. Keineswegs verhehlt werden sollte an dieser Stelle, dass eine solche Form der Beratung bzw. Unterstützung des Kunden schon deutlich sinnvoller ist als vieles, was in der Vergangenheit gemacht wurde. Denn das Ergebnis dieses Prozesses ist reproduzierbar, transparent und damit auch zu managen. Auch ist es die einzige Chance für den Finanzdienstleister allen regulatorischen Anforderungen – speziell MiFID II – zu genügen.

Große Vermögen brauchen Berater und Digitalisierung

Bei sehr großen Vermögen oder auch in komplexen Vermögenssituationen sind Menschen als Berater jedoch unverzichtbar – und sie werden es auch bleiben. Denn je spezieller und individueller die Wünsche der vermögenden Anleger werden, umso weniger steht die Digitalisierung im Vordergrund. Viel wichtiger wird dann die vom Berater durchgeführte Strukturierung des Vermögens. Dies bedeutet nicht, dass Digitalisierung in solchen Situationen keine Rolle mehr spielt. Das Gegenteil ist der Fall, denn nichts lässt sich besser digital steuern als Komplexität. Allerdings sind die Rahmenbedingungen in diesen Kundensituationen ganz andere als im Standardberatungsgeschäft.

Betrachten wir das zunächst am relativ einfachen Fall eines gut verdienenden Managers mit eigengenutzter Immobilie. Im Laufe der Zeit ist bei diesem Anleger ein mehr oder weniger unstrukturiertes Wertpapier-Portfolio entstanden. Er ist außerdem in zwei Private-Equity-Fonds in unterschiedlichen Stadien investiert, hat ein vermietetes Apartment mit Kreditbelastung, drei Fonds aus der „Steuersparmodell-Phase" und zwei Kapital-Lebensversicherugnen, die in den nächsten Jahren fällig werden. Aus dieser Struktur ein Nettovermögen mit erwarteten Cashflows, Risiken oder gar einer historischen Performance zu berechnen, ist derzeit mit kaum einer digitalen Lösung möglich.

Herausforderung Datenerfassung

Berater können solchen Anlegern aber dennoch helfen. Das geht, indem er mit dem Kunden alle relevanten Vermögenswerte digital erfasst und in seine weiterführenden Überlegungen einfließen lässt. Dies gelingt jedoch nur dann, wenn der Berater die Möglichkeit hat, das Vermögen auf einfache, für den Kunden verständliche Art zu erfassen und dabei dem Kunden bewusst wird, dass eine solche Erfassung zwingend notwendig ist. Die Notwendigkeit muss der Berater dem Kunden „verkaufen", die Erfassung muss er im Dialog mit dem Kunden durchführen – möglichst unauffällig unterstützt durch die Software. Hier wird bereits ein erster wesentlicher Unterschied zum Standardgeschäft deutlich: Während dort die Software im Vordergrund steht und auch als Mehrwert oder Vorteil für den Kunden dargestellt wird, ist sie hier lediglich Mittel zum Zweck.

Individuelle Beratung und Digitalisierung Hand in Hand können sehr effektiv sein.

Der Aufwand der Erfassung aller relevanten Informationen und die anschließende Bewertung lohnt sich heute sicherlich nur für einen sehr kleinen Teil der Kunden mit entsprechend großen Vermögen. Diese Kunden werden jedoch zunehmend diejenigen sein, die über den Erfolg eines Finanzdienstleistern entscheiden. Genau hier kommt wieder die Digitalisierung ins Spiel. Sie hilft den Finanzdienstleistern, die Prozesse zu vereinfachen und die Bewertungen durchzuführen, auf deren Basis dann das Vermögen analysiert und gegebenenfalls auch neu strukturiert wird. Auch an dieser Stelle steht der Berater wieder ganz vorne – die Technik aber nur im Hintergrund als Mittel zum Zweck. Denn nur der Berater ist wirklich in der Lage, die Bedürfnisse des Kunden im Detail zu erkennen oder auch Notwendigkeiten des Kunden herauszuarbeiten, die dem Kunden oft auch erst im direkten Austausch mit dem Berater bewusst werden. Denn in der Regel hat der Kunde andere Kernkompetenzen als die Optimierung seines Vermögens.

Balance zwischen Emotionen und Notwendigen finden

Der Berater als „Faktor Mensch" ist damit für den Prozess verantwortlich. Er muss auch die Emotionen des Kunden aufnehmen, bewerten und letztendlich in Lösungsvorschläge umsetzen. Ebenfalls dient er als Korrektiv für vorhandene Annahmen und Vorstellungen des Kunden, die sich im Laufe der Zeit entwickeln und oftmals entscheidend für Investmententscheidungen sind. Gerade in Deutschland stellt dies eine große Herausforderung dar, ist die Geldanlage als solches doch quer über alle Vermögensgrößen aus den unterschiedlichsten Gründen heraus emotional tendenziell negativ besetzt – bei gleichzeitig im Vergleich zu anderen Ländern deutlich geringerem Finanzmarktwissen- und -af-

Ein Robo-Advisor kann die emotionale Leistung und das Urteilsvermögen eines Beraters nicht ersetzen.

finität. Auch hier spielt der Berater wieder eine wichtige Rolle. Immer mehr Kunden erkennen, dass es gerade in Sachen Vermögensanlage sinnvoll ist, Spezialisten zu vertrauen und dafür auch zu zahlen – wie in vielen anderen Bereichen des täglichen Lebens auch.

Wichtig in der Interaktion zwischen Berater und Kunde ist, dass der Berater den Prozess führt und die Lösungen mit ihm erarbeitet. Sobald bei Vermögenden der Eindruck entsteht, die Software würde den Prozess führen oder sei allein verantwortlich für die Entscheidungen, verliert der Berater die Hoheit über das Gespräch und er wird vom Berater des Kunden zum Nutzer der Software. Das erschwert ein Gespräch auf Augenhöhe mit dem Kunden extrem. Im schlimmsten Fall kann sogar das gerade gewonnene Vertrauen des Kunden in die Kompetenz des Beraters wieder zerstört werden. In diesem Fall schafft der Berater auch nicht mehr den Mehrwert, den der Kunde gegenüber dem Standardfall benötigt.

Visualisierung macht Komplexität verständlich

Wenn bisher der Eindruck entstanden ist, dass die Vermögensoptimierung ein rein emotionales, von persönlichen Vorlieben getriebenes Thema ist, dann täuscht das. Nun kommen auch Zahlen ins Spiel. Denn es geht auch darum, die erzielten Ergebnisse sachlich anhand von Kennzahlen wie Risiko und Rendite darzustellen. Hier kann die Digitalisierung ihre volle Stärke zeigen, indem die Software den Berater umfassend dabei unterstützt, dem Anleger die wesentlichen Kennzahlen seines Vermögens bzw. der erreichten Optimierung zu visualisieren und auch zu erläutern. Dabei helfen etwa der Vergleich zwischen dem Ist- und dem neuen Soll-Zustand, das Verhältnis zwischen dem möglichen Ertrag und dem denkbaren Verlust etc. Die Darstellung der einzelnen Kennzahlen und auch die Wahl der Schwerpunkte in der Darstellung ist dabei wohl ein Teil der Lösung, die Finanzdienstleister sehr individuell festlegen möchten und auch müssen, um sich gegen andere Marktteilnehmer am Markt abzusetzen – auch wenn die Mathematik dahinter identisch ist.

Noch individueller wird es bei der Ausfertigung aller notwendigen Dokumente des davor durchgeführten Beratungsprozesses. Angefangen beim Soll-/Ist-Vergleich, über die Darstellungen der Empfehlungen bis hin zu einem automatisiert erstellten Vermögensverwaltungsvertrag oder einem vollständigen Onboarding des Kunden – für den vermögenden Anleger muss auch dies ein positives Erlebnis sein, während die

Software sich im Hintergrund mit den bestehenden, teilweise doch in die Jahre gekommenen Infrastrukturen beschäftigen muss.

Die hier beschriebenen Themen kann man auch noch weiter auf die Spitze treiben. Auf der einen Seite durch die Hinzunahme weiterer Vermögensgegenstände wie Kunst, Oldtimer oder auch unternehmerische Beteiligungen und auf der anderen Seite durch die Verteilung des Vermögens auf verschiedene Familienmitglieder, Beteiligungsgesellschaften usw. Damit nähert sich die Lösung dann endgültig dem Angebot, das heute ausschließlich Family Offices höchst vermögenden Kunden anbieten können.

Das Leistungsspektrum eines guten Hauses geht über das eines Robo-Advisors deutlich hinaus.

Täglich transparent informiert

Die hier beschriebenen Beratungsprozesse sind bezogen auf den einzelnen Kunden sicherlich ein sehr seltenes Ereignis. Die Digitalisierung spielt jedoch Tag für Tag eine entscheidende Rolle quer über alle Kundengruppen. Wir alle sind es mittlerweile gewöhnt, ständig und aktuell informiert zu werden. Auch vor der Frage „Was macht mein Vermögen denn gerade?" macht dieser Trend nicht Halt. Daher genügt es nicht mehr, den Kunden einmal im Quartal ein gebundenes Exemplar mit allen hilfreichen, manchmal auch unnützen oder einfach nur vorgeschriebenen Informationen zu senden. Vielmehr ist es inzwischen notwendig, dem Kunden jederzeit einen aktuellen, transparenten Blick auf sein Vermögen geben zu können. Dabei kommt es weniger auf die Details an, sondern auf die verständliche Darstellung der aus Sicht des Kunden wichtigen Informationen. Idealerweise wird dies auch mit handlungsorientierten Hinweisen zu aktuellen Entwicklungen verbunden. Die sorgen dann auch automatisch dafür, dass der Vermögende stets im Kontakt mit seinem Finanzdienstleister bleibt.

Einfach auf der Website oder per App sich über den Stand seines Vermögens informieren

Fazit

Für große Vermögen stellt sich nicht die Frage nach dem digitalen Berater, sondern die nach der möglichst sinnvollen digitalen Unterstützung des Beraters. Die Digitalisierung, also letztendlich die Software, ermöglicht dem Berater die Führung des Kunden, unterstützt den Dialog zwischen Berater und Kunde, strukturiert, bewertet und visualisiert alle Informationen in verständlicher Form für Berater und Kunde – zum Vorteil aller Beteiligten. Insofern wird zunehmende Digitalisierung auch bei vermögenden Privatkunden ein wichtiges Werkzeug sein. Den Berater wird sie allerdings nie ganz ersetzen.

» Seit seinem rasanten Aufstieg in den 1990er Jahren hat China einen enormen Machtzuwachs erfahren, sowohl ökonomisch, militärisch als auch politisch. Inzwischen ist das Riesenreich direkter Gegenspieler der USA auf der Weltbühne. Nun stellt sich die Systemfrage: Kann der liberale Westen gegen China bestehen? Ja, sagt Thomas Mayer, wenn der Westen seine eigenen Werte nicht verrät. «

USA vs. China
Wem gehört die Zukunft?

Thomas Mayer, Flossbach von Storch

Ende des 18. Jahrhunderts veröffentlichte der gelernte englische Pfarrer Thomas Malthus eine düstere Prognose. Die Bevölkerung vermehre sich entsprechend einer geometrischen Reihe, wachse also mit einer konstanten Rate. Dagegen steige die Produktion von Nahrungsmitteln gemäß einer arithmetischen Reihe, also mit abnehmender Wachstumsrate. Aufgrund dieser „Gesetzlichkeit" drohe eine immerwährende Überbevölkerung, die durch eine unendliche Reihe von Hungersnöten und Krankheiten korrigiert würde.

Malthus Theorie wurde durch die Entwicklung widerlegt. In der Zeit von 1960 bis 2018 stieg die Weltbevölkerung um 150% von drei auf 7,6 Milliarden Menschen. Nach der Theorie von Malthus hätte damit ein Rückgang des Einkommens pro Kopf verbunden sein sollen, da die neu hinzugekommenen Menschen immer weniger zusätzliches Einkommen erwirtschaften würden. Tatsächlich stieg aber das in Preisen von 2010 ausgedrückte globale Bruttoinlandsprodukt pro Kopf von 3.758 US-Dollar im Jahr 1960 um 190% auf 10.882 US-Dollar im Jahr 2018. Die Produktivität der Menschen wuchs schneller als ihre Zahl.

Malthus hat sich getäuscht. Trotz Bevölkerungsanstieg ist der Wohlstand weltweit gewachsen.

Liberale Gesellschaft ist Basis von Wirtschaftswachstum

Friedrich von Hayek hat zu der These von der Verelendung durch Überbevölkerung von Thomas Malthus eine Gegenthese aufgestellt. Mit der Intensivierung des Handels und der Verbesserung der Techniken für Kommunikation und Transport steigt der Vorteil der Arbeitsteilung durch die Zunahme der Bevölkerung und die Dichte der Besiedlung. Dadurch wird eine immer tiefere Spezialisierung und Differenzierung der individuellen Wirtschaftsaktivitäten möglich.

Liberalismus, Globalismus und Technisierung haben ein enormes Wachstum hervorgerufen.

Malthus ging davon aus, dass das wirtschaftliche Grenzprodukt des Menschen mit zunehmender Zahl gegen null geht. Hayek setzt dem entgegen, dass mit der Zahl auch die Diversität der Menschen steigt.

Dadurch bleibt das wirtschaftliche Grenzprodukt jedes neuen an den Markt kommenden Menschen so hoch, dass die Produktivität (gemessen als Produktion pro Kopf) trotz wachsender Bevölkerungszahl steigt. Damit aber die Diversität der Menschen für die wirtschaftliche Entwicklung zum Zuge kommen kann, muss sich der Einzelne entsprechend seiner Fähigkeiten entfalten können.

Die freie und aufgeklärte Gesellschaft war die Voraussetzung für den wirtschaftlichen Aufstieg.

Die Voraussetzung dafür schuf die Entstehung der liberalen Gesellschaftsordnung im Zeitalter der Aufklärung vor allem in England. Der höchste Wert in dieser Ordnung ist die Freiheit des Einzelnen. Damit individuelle Freiheit in der menschlichen Gemeinschaft möglich ist, müssen sich in der Gesellschaft Regeln entwickeln, die der Freiheit des Einen dort Grenzen setzen, wo die Freiheit des Anderen beginnt. Dies gibt dem in der Gemeinschaft mit anderen lebenden Einzelnen die größtmögliche Freiheit zur Entfaltung seiner Fähigkeiten.

Zur Freiheit des Einzelnen gehört der Zwang somit untrennbar dazu. Er kann folglich nicht völlig vermieden werden, „weil die einzige Methode, ihn zu verhindern, die Androhung von Zwang ist." Dies ist in der freien Gesellschaft aber dem Staat vorbehalten, dem sie ein Monopol der Zwangsausübung in Fällen überträgt, in denen dies zur Vermeidung von Zwang durch private Personen erforderlich ist. Dadurch wird Zwang ein Werkzeug, das Individuen bei der Verfolgung eigener Ziele hilft und nicht zum Mittel anderer wird.

Gesellschaftliche Evolution durch Versuch und Irrtum

Freiheit schaffende Regeln sind abstrakt, von allgemeiner Natur und meist als Verbote formuliert. Wären sie konkret, spezifisch und als Gebote ausgedrückt, wären sie Bestandteil des Regelwerks der organisierten Gesellschaft oder des Stammes, die einen bestimmten Zweck verfolgen. Die Verpflichtung dort auf staatlich oder herrschaftlich verordnete, konkrete Gebote zur Erreichung dieses Zwecks ist mit dem Ziel der Freiheit für den Einzelnen aber unvereinbar.

Der aufgeklärte Mensch zieht seine Erkenntnis aus Versuch und Irrtum.

Aus der Erkenntnistheorie von David Hume und Immanuel Kant folgt, dass Wissen nicht durch reine Vernunft, sondern in der Praxis durch Versuch und Irrtum wächst. Dieses Prinzip ist aber nicht auf die Entwicklung des Wissens beschränkt. Auch die Evolution von Lebewesen und die Regeln des gesellschaftlichen Umgangs im liberalen Rechtsstaat entwickeln sich durch Versuch und Irrtum weiter. Weder der Gesetzgeber noch der urteilende Richter erschaffen die gesellschaftlichen Regeln mit ihrem Verstand. Vielmehr spüren sie die im gesellschaftlichen Umgang entstandenen und über die Zeit bewährten Regeln auf und formulieren sie oder wenden sie auf konkrete Fragestellungen an.

Das Recht ist von einer Vielzahl von Menschen aus der Erfahrung gesellschaftlichen Zusammenlebens in einem evolutorischen Prozess erschaffen worden. Kein Einzelner hätte es erfinden können. Der Einzelne kann dieses Gesamtgebilde nur aufspüren. Die Komplexität des über die Zeit durch Versuch und Irrtum entstandenen gesamten Regelwerks der Gesellschaft übersteigt also die Fähigkeit eines einzelnen Verstands, es zu konstruieren. Deshalb ist es unsinnig, gesellschaftliche Utopien zu entwerfen (wie es unzählige große und kleine Denker getan haben), und es ist verbrecherisch, sie gewaltsam zu verwirklichen (wie es die großen Verbrecher unter den Politkern mit hohen Menschenopfern getan haben).

Ein liberales Rechtssystem ist elementarer Teil unseres Zusammenlebens.

Regierung unter dem Recht

Der liberale Rechtsstaat stellt höchste Ansprüche an die Mündigkeit der Bürger in einer Gesellschaft. Sie müssen sich darauf einigen können, dass die Freiheit des Einzelnen über der Durchsetzung der von einer Mehrheit in der Gesellschaft verfolgten Ziele steht, auch wenn diese Mehrheit demokratisch legitimiert ist. Schon die alten Griechen und Römer wussten, dass Regeln auch einer demokratisch gewählten Regierung Grenzen setzen müssen. Denn ohne diese Beschränkung würde der Unterschied zwischen der Demokratie und der Diktatur nur darin bestehen, dass in der Demokratie die Mehrheit statt einer Minderheit totale Macht ausübt.

Deshalb darf der liberale Rechtsstaat niemals seinen Bürgern von den Regierenden oder einflussreichen Interessenverbänden geprägte Vorstellungen aufzwingen. Denn wenn Zwang nur zur Durchsetzung allgemeiner Regeln ausgeübt werden darf, dann darf er nicht angewendet werden, um konkrete gesellschaftliche Ziele zu erreichen.

Zwang darf in der liberalen Gesellschaft nur der Durchsetzung von Regeln dienen.

Aus dem populären Ziel, „soziale Gerechtigkeit" herzustellen, ergibt sich eine Bedrohung für den liberalen Rechtsstaat. Was „sozial gerecht" ist, kann nur von einem Machthaber oder einer Planungsbehörde definiert werden, die sich auf bestimmte Moralvorstellungen oder den Vorstellungen bestimmter Gruppen der Gesellschaft stützt. Der „Kampf um soziale Gerechtigkeit" wird dadurch zum Kampf um die Macht im Staat von organisierten Interessengruppen. Für Hayek war das Konzept der sozialen Gerechtigkeit das Trojanische Pferd, in dem der Totalitarismus in den liberalen Rechtsstaat eindringt. Heute ist die planwirtschaftlich organisierte Klimapolitik ein neues Trojanisches Pferd dafür. Bei der Durchsetzung der von Interessengruppen den Regierenden aufgenötigten Klimazielen droht die individuelle Freiheit auf der Strecke zu bleiben.

Trotz alle Kritik am Liberalismus ist das Wohlstandswachstum enorm.

Die liberale Wirtschaftsordnung hat die Menschheit nicht nur vor Malthusischen Hungerkatastrophen bewahrt, sondern ihr einen über lange Zeit unvorstellbaren Reichtum gebracht. Der verstorbene Wirtschaftshistoriker Angus Maddison hat den Anstieg des britischen realen Bruttoinlandsprodukts pro Kopf von Christi Geburt bis 1650, dem Beginn des Aufstiegs des Liberalismus, auf gut 50% taxiert. In den 360 Jahren danach stieg das reale BIP pro Kopf dann um rund 2.470%. Die britischen Liberalen trugen ihre Vorstellungen für eine freiheitliche Gesellschaftsordnung nach Amerika und prägten die neuen Vereinigten Staaten. Dank ihrer liberalen Wirtschaftsordnung stiegen die USA nach Großbritannien zur Weltmacht unserer Zeit auf.

Die Aufholjagd Chinas

Unter dem Revolutionsführer Mao Tsedong war China zwar eine ernst zu nehmende regionale Militärmacht, aber auch ein bettelarmes Land. Im Jahr 1960 betrug das chinesische Bruttoinlandsprodukt pro Kopf in Preisen von 2010 gerade einmal 192 US Dollar. Das entsprach rund einem Prozent des damaligen BIP pro Kopf in den USA. Im Jahr 2018 betrug das BIP pro Kopf 7.755 US Dollar, beinahe das Vierzigfache seines Niveaus von 1960 und rund 14% des amerikanischen BIP pro Kopf. Das gesamte Bruttoinlandsprodukt Chinas beträgt (zu Marktkursen umgerechnet) inzwischen rund 65% des US-BIP und ist ungefähr so groß wie das der ganzen Eurozone. Damit ist China in kurzer Zeit zur zweitgrößten Volkswirtschaft der Welt geworden.

Den wirtschaftlichen Aufstieg verdankt China der Übernahme liberaler Prinzipien.

Der wirtschaftliche Aufstieg Chinas und seine Einbindung in die von den westlichen Mächten dominierte globale Wirtschaftsordnung war die Folge der Übernahme liberaler Prinzipien in Wirtschaft und Gesellschaft in der Ära Deng Xiaoping, die Ende der 1970er Jahre begann.

Vermutlich werden künftige Historiker das Ende dieser Ära mit dem Amtsantritt Xi Jinpings im Jahr 2013 verbinden. Unter Xi begann China von den bis dahin geltenden liberalen Vorstellungen abzurücken. Eine wichtige Rolle spielte dabei die Finanzkrise und deren Folgen in der westlichen Welt. In China gewinnt zunehmend die Einschätzung an Gewicht, dass die westliche liberale Demokratie und mit ihr die liberale Wirtschaftsordnung auf dem Totenbett liegen. In viel größerem Umfang als der ungarische Premierminister Viktor Orban ist China dabei, eine Gesellschaftsordnung aufzubauen, für die der Begriff „illiberal" zu schwach erscheint. Wir nennen sie im Folgenden besser „antiliberal".

Xi Jinping kam Anfang 2013 als Hoffnungsträger für wirtschaftliche Reformen ins Amt. Durch die Liberalisierung des Finanzsektors sollte Druck zum Strukturwandel der Wirtschaft ausgeübt werden. Die politisch einflussreichen Staatsunternehmen sollten durch Entzug von Finanzmitteln geschrumpft werden, so dass die Investitionen effizienter und das Wirtschaftswachstum weniger abhängig vom Export würde. Ein in jeder Hinsicht besser ausgeglichenes Wachstum sollte für eine nachhaltigere Entwicklung der Wirtschaft und Gesellschaft sorgen. Die Bekämpfung von Korruption sollte Recht und Gesetz stärken. China würde unter Xi „westlicher" werden. Soweit die Hoffnungen.

Xi's Weg vom liberalen Hoffnungsträger ...

Anfangs fanden westliche Beobachter Xis Bekenntnis zum Marxismus eher irritierend als gefährlich. Spätestens seit dem 19. Parteikongress im Oktober 2017 musste man es jedoch ernst nehmen. Xi präsentierte sich als fest im maoistischen Marxismus verankerter Politiker. Er bekam den Titel „unentbehrlicher Führer" und darf nun ohne die von Deng eingeführte Begrenzung der Amtszeit über China herrschen. Seine Theorie eines „Sozialismus chinesischer Prägung im neuen Zeitalter" wurde in die Statuten der Partei aufgenommen. Nach Maos Lesart des dialektischen Materialismus vollzieht sich die politische Entwicklung durch Auflösung der die Wirklichkeit bestimmenden Hauptwidersprüche. Bei Mao bestand der Hauptwiderspruch im Klassengegensatz von Bourgeoisie und Proletariat. Bei Deng Xiaoping besteht er im Gegensatz zwischen den wachsenden materiellen und kulturellen Bedürfnissen des Volkes und der rückschrittlichen Produktion und bei Xi nun im Gegensatz zwischen der „unausgewogenen und unadäquaten Entwicklung und dem wachsenden Verlangen des Volkes nach einem besseren Leben".

... zum antiliberalen Sozialisten.

Während bei Deng der Hauptwiderspruch dadurch aufgelöst wurde, dass es den Chinesen erlaubt wurde, sich privat zu bereichern und sich der Staat nach innen und außen zurücknahm, soll bei Xi die Auflösung durch Bekämpfung der sozialen Ungleichheit im Inneren und ein selbstbewusstes Auftreten des Staates nach außen erfolgen. Deshalb sollen staatliche Unternehmen groß und stark gemacht werden, so dass aus ihnen „weltführende Unternehmen mit globaler Wettbewerbsfähigkeit" entstünden. Von der Schrumpfung des aufgeblähten Sektors der Staatsunternehmen ist nun keine Rede mehr. Stattdessen sollen sie mit staatlicher Planung ausgebaut werden. Die Größe des chinesischen Marktes soll dazu genutzt werden, die globale Industrie auf die technischen Standards Chinas zu verpflichten. Bei alternativen Antriebstechniken setzt China auf Elektromobilität und schreibt als Energiespeicher spezielle Batterien aus chinesischer Produktion vor. In der Telekommunikation will China die Standards für die neue 5G-Technologie setzen.

China gibt eine antiliberale Antwort

Aus dem Niedergang des Westens zieht man in Peking seine eigenen Schlüsse.

Die chinesische Führung ist dabei, ihre eigene Antwort auf die Herausforderungen der Zukunft zu geben. Angesichts des von ihr diagnostizierten Niedergangs des Westens fällt ihre Antwort dezidiert antiliberal aus. Sie will die Gesellschaft auf von ihr definierte strategische Ziele verpflichten und die dafür erforderliche gesellschaftliche Zusammenarbeit mit Hilfe neuer Technologien erzwingen. Dazu bedarf es umfassender Überwachung, Bewertung und Kontrolle des Verhaltens aller Gesellschaftsmitglieder. Die dazu notwendige Technologie bietet die elektronische Datenverarbeitung mit künstlicher Intelligenz. Daten über die Handlungen aller Individuen und Unternehmen in allen Lebens- und Geschäftsbereichen werden laufend erhoben, elektronisch ausgewertet und in einer sozialen Bewertungszahl (wie für die Kreditwürdigkeit von Schuldnern) zusammengefasst. Vergehen werden durch öffentliche Bloßstellung bestraft, gute soziale Bewertungen schlagen sich in eine vorteilhafte Behandlung durch staatliche Stellen nieder. Xi Jinpings Formel lautet: Erfolg = Konfuzianismus + Big Data + künstliche Intelligenz.

Die neue Realpolitik des 21. Jahrhunderts

Die drei Probleme des Westens

Die liberale Gesellschaft steht heute vor drei großen Herausforderungen. Erstens hat die Finanzkrise von 2007-08 in den Herkunftsländern des Liberalismus eine gesellschaftliche und politische Vertrauenskrise ausgelöst. Der „Neoliberalismus" wird für die Misere verantwortlich gemacht, obwohl diese durch die Entkopplung von unternehmerischer Freiheit und Haftung in der Anfang der 1990er Jahre verfolgten Politik des „Dritten Wegs" zwischen Liberalismus und Sozialismus verursacht wurde. Die Rückkehr zum Sozialismus soll Erlösung bringen. Zweitens unterminiert die zunehmende Völkerwanderung aus anderen Kulturen die Fähigkeit, allgemein akzeptierte Regeln für das Zusammenleben aufzustellen. Zuwanderern aus Kulturen, in denen die Religion den Anspruch erhebt, die absolute Wahrheit zu verkünden, können andere Überzeugungen oft nicht akzeptieren. Das Prinzip der Nichteinmischung in die Angelegenheiten anderer, solange diese nicht andere berühren, ist aber die Grundlage für Freiheit in der liberalen Gesellschaft. Erlösung wird in illiberaler nationaler Abschottung oder Kulturrelativismus im grenzenlosen Wohlfahrtsstaat gesucht.

Die dritte und wahrscheinliche größte Herausforderung für den Westen ist der wirtschaftliche Aufstieg Chinas, dessen Führung an die Überlegenheit ihres Modells des lenkenden Wohlfahrtsstaats über die freiheitliche Ordnung des Westens glaubt. Da die Idee der individuellen Freiheit keine der westlichen Kultur vergleichbaren Wurzeln in der chinesischen Kultur hat, kann der chinesische Staat modernste Techniken zur Lenkung seiner Bürger einsetzen, die im Westen auf heftigen Widerstand stoßen würden.

Das chinesische System fordert den liberalen Westen heraus.

Unter der Führung von Präsident Donald Trump will die USA den Aufstieg Chinas mit einer eigenen nationalen Industrie- und Handelspolitik und militärischer Überlegenheit verhindern. Dafür ist Trump sogar bereit, die liberale Gesellschafts- und Wirtschaftsordnung und die von seinen Vorgängern nach diesen Prinzipien im 20. Jahrhundert errichtete Weltordnung zu opfern.

Wer wird gewinnen?

Die hoch technisierte, antiliberale Gesellschaftsordnung Chinas stellt die ultimative Herausforderung für den klassischen Liberalismus des Westens dar. Dieser sieht die Quelle allen gesellschaftlichen und wirtschaftlichen Fortschritts in der Freiheit des Einzelnen und begreift den Markt als Koordinationsmechanismus individueller Entscheidungen. Seine Stärke soll in der Weisheit vieler statt weniger bestehen. Das chinesische Gesellschaftsmodell sieht die Quelle des Fortschritts in der Weisheit Weniger, die als Führung der Kommunistischen Partei den Weg weisen. Individuelle Entscheidungen sollen mittels inzwischen hoch entwickelter Technologie mit den Vorstellungen der Führung in Übereinstimmung gebracht werden.

Freiheit des Einzelnen vs. Weisheit der Wenigen

Es ist durchaus möglich, vielleicht sogar wahrscheinlich, dass die chinesische Gesellschaftsordnung dem westlichen nationalen Sozialstaat und auch seinem Antipoden, dem grenzenlosen Wohlfahrtsstaat, überlegen ist. Ein technisch effektiv gelenkter chinesischer Wohlfahrtsstaat ist einem ineffektiv gelenkten westlichen nationalen Sozialstaat oder grenzenlosen Wohlfahrtsstaat in jeder Hinsicht überlegen. Der an der Versorgung seiner Mündel ausgerichtete national-soziale Staat oder grenzenlose Wohlfahrtsstaat führt zum wirtschaftlichen und politischen Niedergang des Westens. Er erstickt die Wachstumskräfte durch politische Umverteilung, ist unfähig, sich gegen Zuwanderung aus bildungsfernen Kulturkreisen zu behaupten und hat den Klimaschutz zu einer Ersatzreligion erhoben.

Der Westen wird gegen China bestehen, wenn er liberal bleibt.

Andererseits ist es aber recht unwahrscheinlich, dass die Weisheit Weniger der Weisheit Vieler überlegen ist, die ihre freien Handlungen über den Markt koordinieren. Wenn Eliten von Eliten als Herrscher über die Massen bestimmt werden, wie es das chinesische Modell vorsieht, dann verengt sich das gesellschaftliche Wissen. Der langfristig immer wieder durch Versuch und Irrtum vorangetriebene Fortschritt wird dauerhaft gehemmt, da in der von Eliten geführten Gesellschaft die Bereitschaft zur Korrektur von Irrtümern geringer ist als in der Gesellschaft freier Individuen.

Der Westen kann die chinesische Herausforderung annehmen, aber nur, wenn er sich auf seine klassisch-liberalen Wurzeln besinnt. Er sollte sich jedoch in das Schicksal seines Niedergangs fügen, wenn er den eingeschlagenen Gang zum nationalen Sozialstaat oder grenzenlosen Wohlfahrtsstaats fortsetzt.

VI. Die Gastautoren stellen sich vor

Petra Ahrens
T: +49 (0) 221 376390
M: ahrens@maiestas.ag

Petra Ahrens, Jahrgang 1967, ist gebürtige Kölnerin und seit 30 Jahren im Finanzmarkt tätig. Nachdem sie Privatkunden einer Repräsentanz der Bankgesellschaft Berlin betreute, war sie 1998 Gründungsmitglied eines unabhängigen Vermögensverwalters in Köln. Dort baute sie 18 Jahre maßgeblich das Vermögen der Gesellschaft aus. 2016 gründete sie mit ihrem Vorstandspartner und Juristen Marc-André Barth die MAIESTAS Vermögensmanagement AG. Sie optimiert als Vorständin die unabhängige Vermögensverwaltung für Privatkunden und sitzt im Anlageausschuss des Partnerunternehmens der Bayerischen Vermögen Management AG. Sie ist ebenfalls Beiratsmitglied des Deutschen Mittelstandsanleihen Fonds der KFM AG Düsseldorf.

Erst kommt der Mensch, dann die Rendite – mit Sicherheit!

MAIESTAS Vermögens-
management AG
Oberländer Ufer 172
50968 Köln
T: +49 (221) 376390
F: +49 (221) 37639 11
www.maiestas.ag

Bayerische Vermögen
Management AG

Bayerische Vermögen
Management AG
Alte Saline 11
83435 Bad Reichenhall
T: +49 (8651) 9963640
F: +49 (8651) 9963641
www.bvm.bayern

Die MAIESTAS Vermögensmanagement AG ist ein 2016 durch Management-Buy-Out gegründetes und inhabergeführtes Unternehmen mit BaFin-Zulassung nach § 32 KWG. Mit dem süddeutschen Partnerunternehmen, der Bayerischen Vermögen Management AG, werden exklusive Strategien für jeden Kundentyp entwickelt. Die eingesetzte Fundamentalanalyse bietet einen hochwertigen Auswahlprozess, der Qualität und Sicherheit in den Vordergrund stellt. Die Expertise bezieht sich auf die bankenunabhängige Auswahl von Aktien, Fonds, Renten und Devisen unter Voraussetzung hoher Kostentransparenz und regelmäßiger Berichterstattung. Das aus beiden Gesellschaften bestehende 15-köpfige Team bietet seinen Kunden in ganz Deutschland eine persönliche und vertrauensvolle Beratung und verfügt über jahrzehntelange Erfahrung im Bereich der Vermögensverwaltung. Mit dem Edelmetall-Portfolio bietet man ein einzigartiges Konzept, bestehend aus den vier physisch hinterlegten Rohstoffen Gold, Silber, Platin und Palladium an. Durch eine internationale Bankenkooperation ist die MAIESTAS Vermögensmanagement AG eine der wenigen Vermögensverwaltungen in Deutschland, die auch Portfolien von US-Personen/Greencard Inhabern verwalten kann.

322   ANLAGECHANCEN 2020

Ingo Asalla ist Gründer und Gesellschafter der AAC Alpha GmbH und dort als Sales Manager tätig.Finanzfachwirt und zertifizierter Fondsberater (EAFP). Ingo Asalla schrieb Artikel für das Fachmagazin City Wire, sowie für Focus Money und Tageszeitungen wie die „WAMS".

Ingo Asalla
Friedrich Bensmann

Herr **Friedrich Bensmann** ist Gründer und Geschäftsführer der AAC Alpha GmbH. Herr Bensmann ist Fondsadvisor und seit Jahren aktiv in der Beratung institutioneller Anleger. Studium der Volkswirtschafts- und Betriebswirtschaftslehre an der Uni Münster, Diplomarbeit zum Thema Bilanzanalyse. Herr Bensmann schrieb Artikel für „Smart Investor" und ist mit Interviews auf Börsenradio Network (BRN) zu finden.

Die Chancen müssen stets deutlich größer sein als die Risiken

Die AAC ALPHA GmbH ist ein eigentümergeführtes Unternehmen. Die Anlagestrategie von AAC Alpha basiert auf wissenschaftlichem Research und softwaregesteuerten Systemen mit dem Ziel einer langfristig positiven und risikoarmen Performance. Wir beraten als Advisor unter dem Haftungsdach der NFS Netfonds Financial Service GmbH den AAC Multi Style Global Fonds. Der Fonds operiert auf zwei Ebenen:

1. Ebene - Anlageklassen: Die Geldpolitik determiniert die Konjunkturphasen, Inflationsraten und die Wertentwicklung der Anlageklassen. Die zeitnahe Erfassung der geldpolitischen, konjunkturellen und inflationären Entwicklungen mittels quantitativer Diagnosetools führt zu einer performanceorientierten Navigation innerhalb und zwischen den 5 verschiedenen Anlageklassen. Wir investieren in alle Anlageklassen.

2. Multi Style Ebene – Aktienselektion: Der Fonds investiert primär in Aktien, aber auch in Anleihen, Währungen und Rohstoffen. Die Aktienselektion folgt dem Leitbild eines multidimensionalen „Total-Blend-Konzeptes" mit Hilfe softwarebasierter quantitativer Screening-Modelle. Für das Fondsportfolio werden nach definierten Style-Kriterien aus einem Universum von über 40.000 Aktien die Aktien ausgewählt, die nach erprobten Backtests eine überdurchschnittliche Performance versprechen

AAC Alpha GmbH
Pilgerweg 14a
49170 Hagen aTW

T: +49 441 998 664 90
Büro Oldenburg
M: asalla@aac-alpha.de

www.aac-alpha.de

Frank Donner
Hagen Lehmann
T: 0341 46374110
M: info@immoscoring.de

Frank Donner ist ein Urgestein der europäischen Immobilienbranche. Seine Karriere startet der gebürtige Franke im Vertrieb einer Versicherung. Später gründet er seine eigene Vertriebsgesellschaft. Der Fokus verändert sich dabei in Richtung Immobilien. Heute ist er gemeinsam mit **Hagen Lehmann** Gründer und Geschäftsführer der Immoscoring GmbH in Leipzig. Hagen Lehmann ist studierter Bankkaufmann. Akribisch analysiert und antizipiert er die langfristige Entwicklung von Häusern und Wohnungen. Völlig risikoavers zerlegt er die Zukunft eines Immobilieninvestments in seine Einzelteile und entdeckt die Struktur, mit der sich Geld machen lässt. So wird er auch dort fündig, wo andere nicht einmal ansatzweise eine Möglichkeit zum Geldverdienen sehen.

Anlage-Experten mit einer Passion für Wohnimmobilien

IMMOSCORING®
Sicher. Transparent. Effizient.

Immoscoring GmbH
Katharinenstraße 6
04109 Leipzig

T: 0341 46374110
F: 0341 46374999

www.immoscoring.de

Die Firma Immoscoring GmbH betreut Anleger in allen Phasen einer Immobilieninvestition: von der Suche nach geeigneten Objekten, den Kauf und die Objektentwicklung bis hin zum Verkauf, bei Bedarf auch bei der Finanzierung. Investoren profitieren über die gesamte Projektdauer hinweg von einer persönlichen Beratung, einer speziell auf ihre Vorstellungen abgestimmten Objektauswahl, begleiteten Objektbesichtigungen sowie der kompletten Überwachung und Koordinierung des Immobilieninvestments. Der besondere Fokus der Firma liegt auf dem Immobilienmarkt in Leipzig und Umgebung. Doch das Team der Firma wirkt auch über die Landesgrenzen Sachsens hinaus und bietet auch in München Anlegern einen Ansprechpartner. Die Köpfe hinter Immoscoring sind die beiden Immobilien-Experten Frank Donner und Hagen Lehmann. Die beiden Geschäftsführer verfügen durch ihre langjährige Branchenzugehörigkeit über einen enormen Erfahrungsschatz. Die Unternehmer arbeiten bereits seit mehr als 15 Jahren aktiv zusammen. Mit über einer Milliarde Assets under Management gehört die erste Immobilien-Vermögensverwaltung Deutschlands heute zu den ersten Adressen in Leipzig.

Rolf Ehlhardt arbeitet seit 1979 im Bereich der Betreuung vermögender Privatkunden. Bis 1989 bei der Commerzbank in den Filialen Frankfurt, Bad Homburg und Mannheim. Seit dem 01.01.1990 ist Ehlhardt bei der I.C.M. Mannheim tätig. Sein Aufgabengebiet erstreckt sich über die Akquisition von Kunden, deren Vermögensanalyse und die strategische Aufteilung des Vermögens unter Beachtung individueller Vorgaben, bis hin zu der Verwaltung der Vermögen. In den letzten Jahren befasste er sich intensiv mit Gold und Silber. Seit 2015 verfasst er monatlich eine Kolumne in der Fachzeitschrift „Finanzwelt". Seine Kommentare und Zitate findet man auch bei Fondsprofessionell, Die Welt, Wallstreet oder Capital. Sein Schwerpunkt liegt weiterhin in der individuellen Diversifikation der Vermögen. Ein Hauptaugenmerk gilt der Vermögenserhaltung, auch durch Vermeidung großer Risiken.

Rolf Ehlhardt
M: rolf.ehlhardt@icm-vv.de

Vermögenserhaltung geht vor Gewinnmaximierung

Unser Unternehmen hat seinen Ursprung in einer Tochtergesellschaft der Bayerischen Hypotheken- und Wechselbank. 1999 übernahmen die heutigen Eigentümer den Geschäftsbetrieb der Repräsentanz Mannheim im Rahmen eines Management-Buy-Out. In 2011 eröffneten wir eine Zweigniederlassung in Neuss/Düsseldorf.

In unserer eigentümergeführten Vermögensverwaltungsgesellschaft betreuen wir Privatpersonen und institutionelle Anleger. Die Unabhängigkeit von Banken und Produktanbietern garantiert unseren Kunden ein Höchstmaß an Qualität, Neutralität und Individualität in der Betreuung.

Unser Ziel ist der stetige Vermögensaufbau. Zur Steuerung der kunden-individuellen Wertpapierdepots bedienen wir uns bewährter Analysemethoden. Der wissenschaftliche Fortschritt, neue Technologien und eine weitgreifende Regulierung verändern unsere Branche. Aber eines bleibt:

Was wir tun, tun wir im Interesse unserer Kunden. Unabhängig, professionell und individuell.

I.C.M. Independent Capital Management
Vermögensberatung Mannheim GmbH

I.C.M. Independent
Capital Management
P7, 24 Kurfürstenpassage
68161 Mannheim

T: 0621 / 15904-0
F: 0621 / 106070

www.icm-vv.de

Christian Fegg
T: +43 (0) 662 868 426 70
M: christian.fegg@
schoellerbank.at

Christian Fegg hat 1986 seine Bankkarriere begonnen. Nach seiner bankfachlichen bzw. betriebswirtschaftlichen Ausbildung ist er 1991 zur österreichischen Schoellerbank nach Salzburg gewechselt. Fegg war dort als Chefanalyst bis Anfang 2014 tätig. Im Januar 2014 ist er in den Vorstand der Schoellerbank Invest AG aufgestiegen. In dieser Eigenschaft ist er auch Berater des Steuerungsgremiums, das in der Schoellerbank die Entscheidungen für die Asset Allokation der Bank trifft. Herr Fegg ist zudem Autor mehrerer Fachbücher, die sich mit dem Wesen und den Vorgängen an den globalen Finanzmärkten beschäftigen.

180 Jahre Erfahrung im Private Banking

Schoellerbank AG
Schwarzstraße 32
A-5027 Salzburg

T: +43 (0) 662 868 421 30
F: +43 (0) 662 868 420 26

www.schoellerbank.at

Die Schoellerbank, gegründet 1833 und eine der führenden Privatbanken Österreichs, gilt als Spezialist für anspruchsvolle Vermögensanlage. Sie konzentriert sich auf die Kernkompetenzen Vermögensanlageberatung, Vermögensverwaltung und Vorsorgemanagement. Die Schoellerbank ist mit zwölf Standorten und 316 Mitarbeitern die einzige österreichweit vertretene Privatbank. Sie verwaltet für rund 22.000 private und institutionelle Anleger ein Vermögen von rund 8,8 Milliarden Euro.

Die Ergebnisse unabhängiger Markentests bestätigen die gute Arbeit der Schoellerbank. Seit vielen Jahren gehört sie zu den besten Vermögensverwaltern im deutschsprachigen Raum. Das liegt zum einen am hohen Qualitätsstandard der Schoellerbank. Zum anderen ist es der tägliche Einsatz ihrer Berater, die Erwartungen der Kunden zu übertreffen. Um eine nachhaltige und ertragreiche Geldanlage zu erreichen, setzt die Bank konsequent auf ihre bewährte Anlagestrategie: „Investieren statt Spekulieren". Dadurch konnte die Schoellerbank in der Vergangenheit für ihre Kunden sehr gute Erfolge erzielen und Krisen gut meistern.

Seit 1990 ist **Christian Hank** in Sachen Portfolio-management-Lösungen unterwegs – als Entwickler, Produkt- und Salesmanager und als Vorstand. Stets getrieben von der Überzeugung, dass Beziehungen zwischen Kunden und Dienstleistern nur dann funktionieren, wenn beide Seiten gleichermaßen profitieren und langfristig Freude haben, hat er sich, einen Ruf als zuverlässiger Partner und Branchenexperte erworben. Seine Expertise bringt er nun seit 2016 als Geschäftsführer in die FinaSoft GmbH ein. Er ist weiterhin Gesellschafter der Erste Wealthmanagement-Software Beteiligungs GmbH und der PSplus GmbH. Dort unterstützt er als Berater die PSplus Geschäftsführung bei den Themen Strategische Weiterentwicklung und Vertrieb.

Christian Hank
T: +49 (0) 631 8924 7500
M: christian.hank@
finasoft.de

FinaSoft: vertraut | konsequent | anders

Mit jahrzehntelanger Erfahrung im Umfeld Portfoliomanagement- und Wertpapierlösungen unterstützt die FinaSoft GmbH Finanzdienstleister, die sich mit Portfolio- und Assetmanagement für private und institutionelle Kunden beschäftigen. Das Angebot der FinaSoft umfasst individuelle Beratung und die Entwicklung maßgeschneiderter Software-Lösungen. Die hochsichere B2B4C-Plattform FinaDesk begleitet Banken, Vermögensverwalter und Family Offices im digitalen Transformationsprozess. Die skalierbare Modulplattform wird jeweils individuell angepasst, um sich so perfekt in die bestehenden Prozesse und Infrastruktur einzufügen.

FiNASOFT

FinaSoft GmbH
Karl-Marx-Str. 39
67655 Kaiserslautern

T: +49 (0) 631 8924 7500

www.finasoft.de

PSplus ist einer der Marktführer im Bereich Portfoliomanagement-Lösungen für erfolgreiche Privatbanken, Family Offices und Vermögensverwalter mit Kunden in Europa und den USA. Die Software-Module decken die gesamte Prozesskette bei der Betreuung vermögender Kunden ab. Dazu gehören u.a. das zentrale Portfoliomanagement für eine große Anzahl von Kundendepots, die fachlich umfassenden Berechnungsmethoden für liquide und illiquide Vermögenswerte, das herausragende Reporting- sowie State of the Art Beratungslösungen. Auf Wunsch wird die Lösung als SaaS oder im BPO-Modell angeboten.

PSplus Portfolio Software
+ Consulting GmbH
Carl-Zeiss-Str. 10/4
63322 Rödermark

T: +49 (0) 6074 910 63 - 5

www.psplus.de

Bernd Heimburger
T: +49 (0) 7633-911411
M: b.heimburger@
guh-vermoegen.de

Bernd Heimburger ist Gesellschafter/Geschäftsführer der Gies & Heimburger GmbH und ist Stiftungsmanager (EBS).

Der Schwerpunkt seiner Tätigkeit ist die Betreuung von Privatpersonen, Unternehmen, Stiftungen und Versicherungen. Für jeden einzelnen Kunden wird ein Anlegerprofil mit Risikoparametern erstellt. Auf Grundlage dieses Profils werden Anlageentscheidungen gefällt und im Depot umgesetzt. Mit einem fortlaufenden Quartalsreporting und einem Online-Zugang hat der Kunde jederzeit den Überblick über die aktuelle Zusammensetzung seines Vermögens.

Der kontinuierliche, persönliche Austausch mit dem Kunden ist die Basis für eine langfristige, erfolgreiche Zusammenarbeit.

...wir kümmern uns darum!

Gies & Heimburger GmbH
Am Marktplatz 5
65779 Kelkheim

T: +49 (0) 6195-72421-0

www.guh-vermoegen.de

Die Gies & Heimburger GmbH ist eine von Banken unabhängige Vermögensverwaltungsgesellschaft, die im Jahr 1994 gegründet wurde. Als Gründungsmitglied des VuV (Verband unabhängiger Vermögensverwalter) sind wir seit 1998 dem Ehrenkodex des Verbandes verpflichtet. Ebenfalls seit 1998 hält G & H die Lizenz der BAFIN für die Finanzportfolioverwaltung, Anlagevermittlung und Abschlussvermittlung. Die Bundesanstalt für Finanzdienstleistungsaufsicht ist die zuständige Aufsichtsbehörde.

Die Gies & Heimburger GmbH ist mit 12 Mitarbeitern an den Standorten Kelkheim, Bad Krozingen und Bühl tätig. Alle Inhaber und Geschäftsführer verfügen über jeweils mehr als 25 Jahre Erfahrung in der Vermögensanlage, Portfolioverwaltung und im Börsenhandel. Dies resultiert aus ihrer langjährigen Tätigkeit in leitenden Positionen bei deutschen Großbanken.

Zu den Kerngeschäftsfeldern gehören die individuelle Vermögensverwaltung (dreigeteiltes Investmentkonzept, Core-Satellite Strategie und Nachhaltigkeitsstrategien), die Anlageberatung für Alternative Investmentfonds (AIF) und das Fondsmanagement für Investmentgesellschaften.

Marco Huber ist Partner bei der Wergen & Partner Vermögensverwaltungs AG. Nach einer Ausbildung zum Bankkaufmann und einem Betriebökonomiestudium verfügt er über langjährige Erfahrung im Finanzdienstleistungssektor, zuletzt als Kundenberater im Bereich Deutschland / Österreich bei der Clariden Leu AG. Seit 2011 ist er für die Firma Wergen & Partner tätig.

Marco Huber
T: +41 44 289 88 95
M: marco.huber@wergen.ch

Verantwortung für Ihr Vermögen

Wir sind eine unabhängige Schweizer Vermögenssverwaltungsgesellschaft mit Sitz an der Bahnhofstrasse in Zürich und geniessen aufgrund unseres Aktionärs (Julius Bär AG) eine kapitalkräftige Stellung im Finanzmarkt. Wir bieten massgeschneiderte, unabhängige Lösungen für vermögende private Kunden an. Wir vestehen uns als kompetenten, vertrausensvollen und langfristigen Partner unserer Kunden. Wir sind keinem Geschäftspartner verpflichtet und bieten Ihnen somit Objektivität und volle Transparenz. Als Mitglied im Verband Schweizerischer Vermögensverwalter (VSV) unterstehen wir einer von der FINMA anerkannten Selbstregulierungsorganisation.

Wergen & Partner
Vermögensverwaltungs AG
Bahnhofstrasse 12
CH-8001 Zürich

T: +41 44 289 88 99
F: +41 44 289 88 90

www.wergen.ch

Wolfgang Juds
T: +49 (0) 911 255 930 64
M: juds@credo-vm.de

Wolfgang Juds, Jahrgang 1965, ist Vermögensverwalter aus Überzeugung und Leidenschaft. Die Verwaltung fremden Eigentums setzt in erster Linie eine charakterliche Eignung und Zuverlässigkeit voraus. „Die Erfahrung von Gottes Versorgung und Fürsorge in finanziellen Dingen, die ich selbst erfahren habe, möchte ich gern an meine Mandanten weitergeben." Davon ist der Experte zutiefst überzeugt. Er verfügt über langjährige Erfahrung und das entsprechende Fachwissen. Einer seiner Schwerpunkte ist das Management von Stiftungsvermögen. In 2018 konnte er als verantwortlicher Vermögensverwalter im Rahmen der Portfolio Awards in Berlin für ein ausgezeichnetes Stiftungsdepot den hervorragenden 3. Platz in der Kategorie „Beste Stiftung" belegen.

Aus Leidenschaft wächst Erfolg!

CREDO Vermögensmanagement GmbH
Ansbacher Str. 136
90449 Nürnberg

T: +49 (0) 911 255 930 64
F: +49 (0) 911 255 930 65

www.credo-vm.de

Die CREDO Vermögensmanagement GmbH ist eine inhabergeführte und unabhängige Vermögensverwaltungsgesellschaft in Nürnberg. Die einzige Aufgabe der CREDO besteht darin, das uns anvertraute Vermögen unserer Mandanten verantwortungsvoll zu vermehren. Der Name „CREDO" kommt aus dem Lateinischen und bedeutet „ich glaube" und spiegelt die Kernkompetenz und das Leitbild der CREDO wider, denn Glauben und Vertrauen sind unsere wertvollsten Güter.

Die Mandanten der CREDO werden unabhängig von übergeordneten Interessen nur aufgrund ihrer persönlichen Ziele betreut. Bei der CREDO Vermögensmanagement GmbH steht weder der Produktverkauf noch der kurzfristige Erfolg im Mittelpunkt. Entscheidend ist wie beim Marathon das langfristige Ergebnis. Es geht darum, dass das Vermögen gesund wächst – und Wachstum braucht Zeit und ausreichende Pflege!

Zu den wichtigen Tugenden in der Vermögensverwaltung gehören Ausdauer, Konsequenz und der beständige Blick für das Wesentliche. Seit mehr als 10 Jahren gehört die CREDO Vermögensmanagement GmbH zu den bevorzugten Adressen, wenn es um die Anlage von Stiftungsvermögen geht. Der Ursprung der CREDO liegt in der Verwaltung und Betreuung kirchlicher Mandate.

Marc-Alexander Knieß kam im Januar 2017 zu Lupus alpha und war seit März 2000 als Portfolio Manager bei der DWS/Deutsche Asset Management tätig; zunächst als Mitglied des globalen Aktienteams von Klaus Kaldemorgen, das er später gemeinsam mit ihm leitete. Ab 2013 gehörte Knieß zu dem neu aufgebauten spezialisierten Wandelanleihe-Team als Teil der Multi-Asset Gruppe. Neben globalen Aktienfonds war er seit Beginn seiner Tätigkeit bei der DWS für globale Wandelanleiheportfolios (u.a. DWS Convertibles) verantwortlich. Marc-Alexander Knieß ist ausgebildeter Bankkaufmann, verfügt über einen Abschluss als Diplom-Kaufmann der Universität Hamburg und arbeitete anschließend als wissenschaftlicher Mitarbeiter der Uni Bamberg an einem Forschungsprojekt zum Thema Behavioral Finance.

Marc-Alexander Knieß
T: +49 (0)69 - 365058 – 7000
M: Marc-Alexander.
Kniess@lupusalpha.de

Lupus alpha. The alpha way to invest.

Als eigentümergeführte, unabhängige Asset Management-Gesellschaft steht Lupus alpha seit über 19 Jahren für spezialisierte Investmentlösungen. Gestartet als einer der Pioniere in Deutschland für europäische Nebenwerte, ist Lupus alpha heute auch einer der führenden Anbieter von liquiden alternativen Investmentkonzepten. Mehr als 85 Mitarbeiter, davon 35 Spezialisten im Portfolio Management, engagieren sich für einen optimalen Service und eine überdurchschnittliche Performance, mit dem Ziel durch aktive, innovative Investmentkonzepte einen echten Mehrwert für Anleger zu entwickeln.

Anders denken, neue Wege gehen: Lupus alpha steht für eine Unternehmenskultur, die innovativen Köpfen den notwendigen Raum bietet, um neue Ideen für die Generierung von Alpha zu entwickeln. Unsere Unabhängigkeit als eigentümergeführtes Unternehmen ist die Basis, auf der wir uns uneingeschränkt auf die Wünsche unserer Kunden konzentrieren. Charakteristisch für unsere Investmentphilosophie ist ein aktives Portfolio Management sowie die Transparenz und Klarheit unserer Produkte.

Lupus alpha

Lupus alpha Asset Management AG
Speicherstraße 49 – 51
60327 Frankfurt am Main

T: +49 (0)69 36 50 58 7000
F: +49 (0)69 36 50 58 8400

www.lupusalpha.de

Tobias Knoblich
T: +43 50 414 10 85
M: tobias.knoblich@
hypovbg.at

Tobias Knoblich, M.Sc. Economics, arbeitet seit 2019 für die Hypo Vorarlberg als Multi-Asset Portfolio Manager. Zuvor war er als Finanzanalyst bei Ernst & Young Ltd. und UBS AG in Zürich tätig. Er studierte Wirtschaftswissenschaften an der Universität Konstanz und katholische Theologie / Philosophie an der Theologischen Hochschule Chur. Während seines Studiums arbeitete Tobias Knoblich als wissenschaftlicher Mitarbeiter am Lehrstuhl für Aussenwirtschaftstheorie und Politische Ökonomie der Universität Konstanz. Er absolvierte zudem mehrere einschlägige Praktika, u.a. beim ifo Institut für Wirtschaftsforschung in Dresden. Tobias Knoblich ist Autor zahlreicher Fachpublikationen zu verschiedenen Anlagethemen mit Schwerpunkt Aktien sowie Makrothemen.

Vermögen braucht Verantwortung

Hypo Vorarlberg Bank AG
Hypo-Passage 1
6900 Bregenz
Österreich

T: +43 50 414 10 00
F: +43 50 414 10 57

www.hypovbg.at

Die Hypo Vorarlberg wurde 1897 gegründet und ist seit 1996 eine Aktiengesellschaft. Die Bank gehört mehrheitlich der Vorarlberger Landesbank-Holding, weiterer Eigentümer ist ein deutsches Bankenkonsortium bestehend aus der Landesbank Baden-Württemberg und der LBBW Förderbank. Zur Universalbank gehören neben den Filialen in Vorarlberg auch Standorte in Wien, Graz, Wels sowie St. Gallen (CH). Dank ihres bodenständigen Geschäftsmodells mit Fokus auf maßvolles und risikobewusstes Wachstum zählt die Hypo Vorarlberg zu den Top-Regionalbanken Österreichs. Seit vielen Jahren werden mit Erfolg Private Banking- und Vermögensverwaltungs-Kunden betreut. Insgesamt beschäftigt die Bank über 700 MitarbeiterInnen, davon sind ca. 60 im Private Banking und Asset Management tätig. Eine Reihe maßgeschneiderter Anlagestrategien – insbesondere mit offener Architektur für Best-in-Class-Produkte von internationalen Anbietern – bildet die Basis der innovativen Produktpalette. Die gesamten Kundengelder von Privat- und Firmenkunden betragen ca. 8,3 Mrd. Euro (Stand: 30.6.2019), das vom Asset Management verwaltete Vermögen (Vermögensverwaltung, Spezialfonds etc.) liegt bei ca. 700 Mio. Euro. Als einzige österreichische Bank ist die Hypo Vorarlberg nach den internationalen Performance Standards GIPS zertifiziert.

Nina Lagron, CFA, ist Head of Large Cap Equities und Fondsmanagerin von La Française Lux-Inflection Point Carbon Impact Equity Funds.

Lagron verfügt über mehr als zwanzig Jahre Erfahrung auf den Finanzmärkten: Nach ihrer Karriere im Bereich Corporate Finance war sie in verschiedenen internationalen Portfoliomanagerpositionen für Emerging- and Developing-Markets bei Amundi, Gemway Assets und Fortis Investments tätig. Sie hat einen Master in Management und einen Abschluss in Finanzen. Nina Lagron hat die doppelte Staatsbürgerschaft (Französisch und Deutsch) und ist CFA Charterholder.

Nina Lagron
T: +49 (0) 69 97574373
M: info-am@la-francaise.com

Investing together

Seit über 40 Jahren entwickelt La Française Kernkompetenzen im Asset Management für Dritte. Dabei verfolgt La Française ein Multi-Expertisen-Geschäftsmodell, das in vier Kernbereiche strukturiert ist: Wertpapiere, Immobilien, Investmentlösungen und Direktfinanzierung. Die Unternehmensgruppe spricht institutionelle und Privatkunden weltweit an. Mit insgesamt 639 Mitarbeitern verwaltet La Française an den Standorten Paris, Frankfurt, Hamburg, Genf, Stamford (CT, USA), Hongkong, London, Luxemburg, Madrid, Mailand, Seoul und Singapur ein Vermögen von über 65,8 Mrd. Euro (Stand 01.01.2019). Eigentümer der La Française ist die Credit Mutuel Nord Europe (CMNE), ein Zentralinstitut des französischen Genossenschaftsverbundes, mit einem regulatorischen Eigenkapital von 3,3 Mrd. Euro (Stand 01.01.2019). Am Standort Frankfurt betreut die La Française Asset GmbH zusammen den Kolleginnen und Kollegen von La Française als schlagkräftiges 36-köpfiges Team ihrer Kunden in Deutschland. Zahlreiche Auszeichnungen und Ratings belegen die Qualität der Produktpalette.

La Française Asset Management GmbH
Taunusanlage 18
60325 Frankfurt am Main

T: +49 (0) 69 97 57 43 -10
F: +49 (0) 69 97 57 43 -75
M: info-am@la-francaise.com

www.la-francaise-am.de

Torsten Lucas
T: 0531/12057-0
M: t.lucas@realkapital.de

Torsten Lucas ist persönlich haftender Gründungsgesellschafter der Beteiligungsgesellschaft realkapital Mittelstand KGaA sowie der Agrar- und Immobiliengesellschaft realkapital KGaA.

Beide Unternehmen resultieren aus der Tätigkeit als Komplementär der Böhke & Compagnie Consultants KG, die Torsten Lucas in 2004, gemeinsam mit Franz A. Böhke, gegründet hat. Neben dem Vermögenscontrolling für vermögende Privat- und Unternehmenskunden sowie institutionelle Mandanten gehören die Vermögensstrukturierung und das Vermögensmanagement zu den Kernaufgaben. Über den Einsatz externer Anlagelösungen und der Mandatierung externer Vermögensverwalter hinaus werden bedarfsorientiert eigene Anlagelösungen konzipiert und Projekte mit oder für Mandanten realisiert.

Kapital für den Mittelstand. Zukunft für Unternehmen.

realkapital
Mittelstand

realkapital Mittelstand KGaA
Eiermarkt 1
38100 Braunschweig

T: 0531/12057.50
F: 0531/12057.99

www.realkapital-
mittelstand.de

Die realkapital Mittelstand KGaA beteiligt sich als aktiver Investor an Nachfolgelösungen im inhabergeführten Mittelstand und bietet Kapitalanlegern gleichzeitig eine attraktive Anlagemöglichkeit mit Alleinstellungsmerkmalen. Neben der Bereitstellung finanzieller Ressourcen engagiert sich die Gesellschaft selber intensiv in den Unternehmen und entwickelt diese gemeinsam mit der operativen Geschäftsführung weiter, unter Bewahrung des individuellen Charakters und des Standortes.

Die realkapital Mittelstand KGaA ist unabhängig von Banken und institutionellen Investoren. Die Beteiligungen erfolgen aufgrund des attraktiven Chance-Risiko-Profils gezielt bei etablierten und erfolgreichen Unternehmen mit einem Jahresumsatz von ca. 2 - 20 Mio. Euro. Im Interesse der Diversifikation des Portfolios und der Stabilität in verschiedenen konjunkturellen Phasen investiert die Gesellschaft branchenunabhängig. Ziel ist die nachhaltige Weiterentwicklung der Unternehmen durch organisches und anorganisches Wachstum. Diese Fokussierung bedarf eines langfristigen Horizonts. Daher agiert die realkapital Mittelstand KGaA ohne Exit-Gedanken.

Prof. Dr. Thomas Mayer ist seit 2014 Gründungsdirektor des Flossbach von Storch Research Intitute. Zuvor war er in verschiedenen Funktionen für die Deutsche Bank tätig, unter anderem als Chefvolkswirt. Weitere Stationen waren Goldman Sachs (1991-2002) und Salomon Brothers (1990-91). Bevor er in die Privatwirtschaft wechselte, arbeitete der promovierte Volkswirt für den Internationalen Währungsfonds in Washington (1983-90) und beim Institut für Weltwirtschaft in Kiel (1978-82). Thomas Mayer ist ein gefragter Konferenzredner und Buchautor. Im FinanzBuch Verlag ist 2018 sein jüngstes Buch „Die Ordnung der Freiheit und ihre Feinde – Vom Aufstand der Verlassenen gegen die Herrschaft der Eliten" erschienen.

Prof. Dr. Thomas Mayer
T: +49 (0)221 3388 291
M: thomas.mayer@fvsag.com

for independent thinking.

Das Flossbach von Storch Research Institute wurde im Sommer 2014 als unabhängiger Thinktank in Köln gegründet. Gründungsdirektor ist Prof. Dr. Thomas Mayer, der zuvor unter anderem als Chefvolkswirt bei der Deutschen Bank tätig war. Das Institut arbeitet als Schnittstelle zwischen Wissenschaft und Praxis – wissenschaftlich fundiert, gleichzeitig relevant, was konkrete Handlungsoptionen betrifft. Es gibt drei Forschungsschwerpunkte: makroökonomisches Research (Geldordnung, Notenbankpolitik, Staatsverschuldung), Unternehmensanalyse (Managementqualität, Pensionslasten der Unternehmen) und Behaviorismus. Das Team scheut sich nicht, unpopuläre, weil unbequeme Positionen zu vertreten, wenn es davon überzeugt ist, dass es die richtigen sind.

Flossbach von Storch
RESEARCH INSTITUTE

Flossbach von Storch AG
Ottoplatz 1
50679 Köln

T: +49 (0)221 3388 291
F: +49 (0)221 3388 299
M: research@fvsag.com

Dr. Bernd Meyer, CFA
T: +49 69 91 30 90-500
M: bernd.meyer@berenberg.de

Prof. Dr. Bernd Meyer, CFA, ist seit Oktober 2017 Chefstratege Wealth and Asset Management bei Berenberg und Leiter Multi Asset inklusive der Vermögensverwaltung. Dr. Meyer begann seine Karriere 1998 bei der Deutschen Bank. Anfang 2010 wechselte er von der Deutschen Bank in London, wo er Leiter der Europäischen Aktienstrategie war, zur Commerzbank. Dort baute er als Bereichsleiter das vielfach ausgezeichnete globale Cross Asset Strategy Research auf. Bernd Meyer ist ein ausgewiesener Experte für Empirische Kapitalmarktforschung mit mehr als 25 Jahren Erfahrung – er ist Honorarprofessor für diesen Bereich an der Universität Trier. Er hat zahlreiche Artikel und zwei Bücher veröffentlicht sowie mehrere wissenschaftliche Auszeichnungen erhalten.

Verantwortungsvolles Handeln ist unser Prinzip

Berenberg
Joh. Berenberg,
Gossler & Co. KG
Neuer Jungfernstieg 20
20354 Hamburg

T: +49 40 350 60-0
F: +49 40 350 60-900

www.berenberg.de

Deutschlands älteste Bank wurde 1590 in Hamburg gegründet. Heute ist das von persönlich haftenden Gesellschaftern geführte Haus eine der dynamischsten Banken in Europa und bietet Dienstleistungen im Wealth and Asset Management, im Corporate Banking und im Investment Banking an. 2015 bis 2018 hat Berenberg jeweils die meisten Börsengänge und Kapitalerhöhungen im deutschsprachigen Raum begleitet. Die Bank verfügt über eines der größten Aktien-Research-Teams in Europa.

Das Berenberg Wealth and Asset Management, in dem einige der renommiertesten deutschen Portfoliomanager arbeiten, bietet Anlegern kundenspezifische, innovative Anlagekonzepte und professionelle Risikomanagementstrategien. Berenberg konzentriert sich bewusst auf ausgewählte Bereiche, in denen das Haus über eine ausgesprochene Expertise verfügt und bietet diskretionäre und quantitative Investmentstrategien an. Die Umsetzung erfolgt in Vermögensverwaltungsmandaten, Spezial- und Publikumsfonds. In der Beziehung zu vermögenden Privatkunden und institutionellen Anlegern zeichnet sich Berenberg durch vielfach ausgezeichnete Beratungsqualität aus. Die professionelle Vermögensverwaltung ist dabei eine Kerndienstleistung.

Thomas Neuhold
T: +43 (0)1 502 203 26
M: thomas.neuhold@
gutmann.at

Thomas Neuhold ist seit 2004 bei der Gutmann Kapitalanlageaktiengesellschaft tätig. Nach den ersten Jahren im Risikomanagement der KAG leitete er von 2007 bis 2018 das Anleihefondsmanagement. Seit 2018 ist er als Vorstand der Gutmann KAG für das Fondsmanagement insgesamt verantwortlich. Seine Hauptaufgaben liegen in der Umsetzung der Investmentstrategie und der Strukturierung der Entscheidungen im Fondsmanagement.

Geld. Und wie man es behält.

Die 1922 gegründete Privatbank Gutmann ist auf das Asset Management und die Vermögensverwaltung für Private und institutionelle Kunden spezialisiert und Marktführer in Österreich. Gutmann steht zu 80 Prozent im Besitz der Familie Kahane, weitere 20 Prozent werden von Partnern gehalten. Mit dem partnerschaftlich-unternehmerischen Geschäftsmodell der Bank wird ein hohes Maß an Qualität, Engagement, Beständigkeit und Unabhängigkeit in der Betreuung erzielt. Die Bank Gutmann betreut Kunden aus Österreich, Deutschland sowie Zentral- und Ost-Europa. Der Hauptsitz der Bank befindet sich in Wien, daneben ist Gutmann in Salzburg, Linz, Budapest und Prag mit einer Geschäftsstelle vertreten. Das verwaltete Kundenvermögen beträgt zum 30.06.2019 23,3 Mrd. Euro.

Ebenfalls zur Gutmann Gruppe gehört die Gutmann Kapitalanlageaktiengesellschaft. Die Gutmann KAG bietet umfassende Lösungen für Investmentfonds an und entwickelt dabei maßgeschneiderte Fondslösungen (Master-KAG) sowohl im Bereich von Publikumsfonds als auch von Spezialfonds. Die Kernkompetenzen der Gutmann KAG liegen u. a. im Asset Management, im Renten- und im Aktienbereich.

Gutmann

PRIVATE BANKERS

*Bank Gutmann AG
Schwarzenbergplatz 16
A-1010 Wien*

*T: +43 (0)1 502 200
F: +43 (0)1 502 202 49*

www.gutmann.at

Lutz Neumann
T: 040-822 231 63
M: info@sutorbank.de

„Lärm an der Börse sollte man ignorieren, denn er kann einer guten Strategie nur wenig anhaben. Wir bei der Sutor Bank lassen uns nicht durch kurzfristige Ereignisse aus der Ruhe bringen."

Lutz Neumann ist Leiter der Vermögensverwaltung bei der Sutor Bank. Nach über 30 Jahren im Bankgeschäft weiß der Investment Analyst, dass es keine gute Rendite ohne Risiko gibt. Dieses Risiko für die Anleger der Bank zu minimieren und seine Kunden aufzuklären, sieht er als seine vordringlichste Aufgabe. „Einfaches Festgeld konnte jeder. Aber Investieren am Kapitalmarkt erfordert mehr Zeit und Knowhow. Da sind Kunden dankbar, wenn wir uns kümmern. Gewünscht sind Transparenz, Offenheit und Nachvollziehbarkeit – und keine falschen Versprechungen."

Die Privatbank für alle.

HAMBURGISCHE PRIVATBANKIERS SEIT 1921

Sutor Bank
Max Heinr. Sutor oHG
Hermannstr. 46
20095 Hamburg

www.sutorbank.de

Das Geld von Freunden zu verwalten – damit begann im Jahr 1921 die Geschichte der Sutor Bank. Damals vertrauten Hamburger Kaufleute, die nach Südamerika auswanderten, ihrem Freund und Bankier Max Heinrich Sutor ihr Vermögen an, der es für sie sicherte und mehrte. Noch heute legen wir das Geld unserer Kunden so an, wie wir es für gute Freunde täten. Damit auch sie vom umfassenden Knowhow einer etablierten Privatbank profitieren können. Das meinen wir mit „Privatbank für alle".

Die Hamburger Sutor Bank ist eine der wenigen unabhängigen Privatbanken Deutschlands. Wir ermöglichen mit unserer Vermögensverwaltung den unkomplizierten Einstieg in den Kapitalmarkt, leisten individuelle Vermögensberatung und managen zahlreiche Stiftungen. In Zusammenarbeit mit Finanzdienstleistern entwickeln wir innovative Finanzprodukte und übernehmen das technische und administrative Depotmanagement. Aktuell beschäftigt die Sutor Bank über 100 Mitarbeiterinnen und Mitarbeiter.

Rafael Neustadt ist der Geschäftsführer und CEO der FXFlat Wertpapierhandelsbank. FXFlat ist ein deutscher Futures, CFD & Forex Broker und ausgewiesener MetaTrader Experte. Seit 2015 ist Rafael Neustadt des Weiteren noch der Geschäftsführer des CFD-Verbands. Der CFD-Verband ist die Interessenvertretung für die CFD- und Forex-Branche in Deutschland. Rafael Neustadt ist ein Pionier in der CFD-Branche und ist bereits seit mehr als 15 Jahren in diesem Segment federführend aktiv. Nach seinen Anfängen bei der Deutschen Bank, gründete er 2005 FXFlat und 2009 CapTrader. Zwei Online Broker die sich am deutschen Markt etabliert haben und erfolgreich agieren.

Rafael Alexander Neustadt
T: +49 (0)2102 100 49 4-35
M: rafael.neustadt@
fxflat.com

FXFlat – Ihr Online Broker für beste Performance weltweit

Die FXFlat Wertpapierhandelsbank hat ihr Angebot speziell auf den Handel mit Futures, CFDs und Forex ausgerichtet. Unter anderem für die Konditionen und für das Service-Angebot wird FXFlat regelmäßig von namhaften Instituten und Magazinen als bester Online Broker ausgezeichnet. FXFlat stellt die innovativsten Trading Technologien zur Verfügung und setzt auch in Sachen Sicherheit Maßstäbe. Die Kundengelder werden bei renommierten Großbanken deponiert und unterliegen einem hohen Einlagenschutz. Durch umfangreiche Ein- und Auszahlungsmöglichkeiten per PayPal, Kreditkarte, Sofortüberweisung und weiteren Alternativen, entsteht zusätzliche Flexibilität für die Kunden von FXFlat.

Der Futures, CFD- und Forex-Handel ist ein komplexes Feld. Hierbei spielen die Erfahrung sowie die analytischen Fähigkeiten des Traders eine ebenso bedeutende Rolle wie die verwendeten Tools. FXFlat als mehrfach ausgezeichneter Broker schult Kunden und Interessenten in Form eines sehr umfangreichen Fortbildungsangebots mit regelmäßigen Web- und Seminaren und setzt auf bewährte und leistungsstarke Trading Software Lösungen, mit der auch Einsteiger auf professionellem Niveau handeln können.

FXFlat Wertpapierhandelsbank GmbH
Kokkolastr. 1
40882 Ratingen

T: +49 (0)2102 100 49 4-00
F: +49 (0)2102 100 49 4-90

www.fxflat.com

Marc Pötter
T: +49 211 569 40 80
M: poetter@smart-
markets.de

Marc Pötter ist professioneller Händler und zertifizierter Investmentanalyst (CIIA). Als Diplom-Kaufmann mit dem Schwerpunkt Kapitalmarkttheorie führte sein Werdegang über die IKB – Bank in Düsseldorf und die Privatbank Sal. Oppenheim in Frankfurt. Darüber hinaus ist er Certified European Financial Analyst (CEFA).

Bei Smart-Markets ist er vor allem in der Entwicklung und Umsetzung von regelbasierten Handelssystemen zuständig. Sein Ziel ist es, dass auch Privatanleger Zugang zu Investments und Handelssystemen erhalten, die bisher nur institutionellen Anlegern vorbehalten waren.

Professionell traden und investieren

SMART MARKETS
■■■ ▬▬▬ CLEVER TRADEN

Smart-Markets GmbH
Friedenstr. 49-51
40219 Düsseldorf

T: +49 211 569 40 80

www.smart-markets.de

Smart-Markets ist einer der führenden unabhängigen Anbieter für Trader und Investoren. Der Fokus liegt auf der Entwicklung von regelbasierten Handelssystemen, die im Eigenhandel, von Privatkunden und von institutionellen Kunden wie Vermögensverwaltern eingesetzt werden.

Besonders sind die in Kooperation mit einer renommierten deutschen Vermögensverwaltung angebotenen Handelssignale im Daytrading, wo ein Privatkunde mit einem Investment sowohl an steigenden und an fallenden Kursen partizipieren kann. Dies war bisher u. a. nur institutionellen Kunden im Rahmen von Single-Hegdefondsmandaten zugänglich.

Dr. Jörg Richter, CFP, CEP, CFEP leitet das von ihm gegründete Kompetenzzentrum Vermögen und zählt zu den führenden Experten in Vermögenfragen im deutschsprachigem Raum. Schwerpunkt seiner Beratungstätigkeit sind vermögende Unternehmer, Privatiers, Stiftungen sowie (Semi-)Institutionelle Anleger.

Der gelernte Sparkassenkaufmann studierte Wirtschaftswissenschaften mit dem Schwerpunkt „Private Finance", forschte und promovierte über das Thema „Finanzberatung".

Dr. Richter ist einer der ersten deutschen Certified Financial Planner und blickt mittlerweile auf mehr als 25 Jahren Berufserfahrung zurück.

Jörg Richter
T: +49 (0) 511 360 770
M: info@dr-richter.de

Kompetenz in Vermögen

Dr. Richter ist Gründer und Partner der FUCHS | RICHTER PRÜF-INSTANZ, die u. a. jährlich über 100 Banken und Vermögensverwalter bezüglich Ihrer Beratungs- und Portfolioqualität untersucht.

Dr. Richter ist assoziiertes Mitglied am Zentrum für Asset & Wealth Management an der WHU Otto Beisheim School of Management, Vallendar. Ebenso ist er Dozent und Lehrbeauftragter an verschiedenen Fachakademien und bekannt aus einer Vielzahl von Veröffentlichungen und Beiträgen in Fachmedien, Rundfunk und Fernsehen.

DR | RICHTER
KOMPETENZ
ZENTRUM
VERMÖGEN

Dr. Richter | Kanzlei
für Vermögen GmbH
Ferdinandstr. 2
D-30175 Hannover

T: +49 (0) 511 360 770
F: +49 (0) 511 360 7799

www.dr-richter.de

Dr. Max Schott
T: 0711 / 60180080
M: max.schott@
sand-schott.de

Max Schott studierte nach der klassischen Ausbildung zum Bankkaufmann in Mannheim Diplomkaufmann. Nach einer zweijährigen Zeit als Unternehmensberater bei McKinsey&Co. übernahm Max Schott die Geschäftsführung in der Unternehmensgruppe Schott GmbH & Co. KG. 1994 gründet er gemeinsam mit **Arne Sand** die unabhängige Vermögensverwaltung Sand und Schott GmbH in Stuttgart. 2007 wird das institutionelle Investmentmanagement auf die neu gegründete smart-invest GmbH übertragen. Mit einem Team von 16 Mitarbeitern betreuen die Unternehmen rund 500 Mio. Euro.

Stephan Pilz ist Diplom-Ökonom und Chartered Financial Analyst (CFA). Er leitet die Portfolioverwaltung bei der Vermögensverwaltung Sand und Schott.

Gemeinsam zum Erfolg

Sand . Schott
Unabhängige Vermögen

Sand und Schott GmbH
Adlerstraße 31
70199 Stuttgart

T: 0711 / 60 18 00 80
F: 0711 / 60 18 00 89

www.sand-schott.de

Wie kann ich mein Vermögen gewinnbringend anlegen? Welche Anlagestrategie passt zu mir? Wie komme ich mit meinem Vermögen auch sicher durch schwierige Zeiten? Welche Fragen Sie auch immer bewegen: willkommen bei der Vermögensverwaltung von Sand und Schott.

Wir glauben fest daran, dass es bei der Vermögensanlage um Augenhöhe und Transparenz geht. Um eine Partnerschaft, bei der man Mensch und keine Nummer ist. Risiko und Rendite sind wichtige Parameter, bei denen es letztendlich um die Erfüllung der individuellen Werte geht. Jedes unserer Gespräche ist auf diese Werte ausgerichtet.

Wir arbeiten eng mit wissenschaftlichen Einrichtungen zusammen, um Veränderungen in unseren Analyse- und Investitionsprozess zu integrieren. Wir setzen in unseren Aktienstrategien auf Unternehmen mit einem hochwertigen Geschäftsmodell und Qualität in der Bilanz und Bilanzierung. Außerdem achten wir darauf, dass die Unternehmen einen stabilen Cashflow aus dem operativen Geschäft erwirtschaften und eine regelmäßige und wachsende Dividendenzahlung leisten. Zuletzt sind ein attraktiver Einkaufspreis und die richtige Zusammensetzung des Portfolios für den langfristigen Anlageerfolg entscheidend.

Hubert Schwärzler lebt das Credo „Der Kunde ist König" seit jeher. Als Sohn einer Hoteliersfamilie war schon früh für ihn klar, dass er Dienstleistung stets auf höchstem Niveau anbieten und hohen Ansprüchen gerecht werden will. Das Studium der Handelswissenschaften an der Wirtschaftsuniversität Wien hat er genutzt um seinen Blickwinkel zu erweitern und um Einblick in die Unternehmensberatung zu erhalten. Sein Sinn für Finanzen kombiniert mit betriebswirtschaftlichem Wissen und dem wahren Interesse am Wohlbefinden seiner Kunden haben zum Aufbau des liechtensteinischen Treuhandunternehmens Concordanz geführt. Sein jüngstes Venture ist die Liti-Link AG, ein Schweizer Dienstleistungsunternehmen das Kundenansprüche gegenüber Schweizer Banken durchsetzt.

Mag. Hubert Schwärzler
T: +41 423 792 1273
M: hs@litilink.com

Unser Erfolg korreliert zu 100% mit Ihrem Erfolg!

Im Fokus der Liti-Link AG liegt die Rückforderung von zu Unrecht einbehaltenen Retrozessionen (Vertriebs- und Bestandespflegeprovisionen) von Schweizer Finanzhäusern. Jahrelang haben Schweizer Banken und Vermögensverwalter unrechtmäßig Kick-Back Provisionen kassiert und einbehalten. Diese stehen aber rechtlich ganz klar den Anlegern zu und deshalb empfehlen auch Anlegerschutzexperten die Rückforderung eben dieser Provisionen. Liti-Link ist auf die Rückforderung von Retrozessionen spezialisiert und konnte bereits für mehrere hundert private und institutionelle Kunden erfolgreich die Ansprüche durchsetzen.

Dank der Fachexpertise im Bereich Claim Management und einem breiten Partnernetz von Anwaltskanzleien, kann Liti-Link eine anspruchsvolle Dienstleistung auf hohem Niveau anbieten. Das finanzielle Risiko der Betreibung der Ansprüche trägt zu 100% Liti-Link. Eine Erfolgsbeteiligung für Liti-Link fällt nur dann an, wenn die Forderung erfolgreich durchgesetzt wird und hängt maßgeblich von der Höhe der durchgesetzten Rückforderung ab. Sollte keine Rückforderung möglich sein, entstehen für unsere Kunden keinerlei Kosten.

Liti-Link AG
Schützenwiese 8
9451 Kriessern (SG)
Schweiz

T: +41 81 595 00 10
F: +41 81 595 00 11

www.litilink.com

Dr. Andreas Schyra
T: +49 201 125 830 35
M: andreas.schy-
ra@pvv-ag.de

Dr. Andreas Schyra ist seit Juni 2013 Vorstandsmitglied der PVV AG, Essen. Seine Zuständigkeiten liegen überwiegend im Portfoliomanagement und den aufsichtsrechtlichen Anforderungen an einen Finanzdienstleister. Zuvor war er unter anderem im Portfoliomanagement einer Essener Privatbank und als Vorstandsmitglied einer börsengelisteten Beteiligungsgesellschaft tätig. Herr Dr. Schyra absolvierte ein Abendstudium der Betriebswirtschaftslehre an der FOM Hochschule und promovierte anschließend berufsbegleitend. Der FOM Hochschule ist er seit vielen Jahren als Dozent für finanzwirtschaftliche Studienschwerpunkte und bundesweiter Modulleiter Portfoliomanagement treu. Überdies publiziert er regelmäßig Beiträge zu aktuellen Kapitalmarktthemen.

Wir kümmern uns!

PVV AG
Frankenstraße 348
45133 Essen

T: +49 201 125 830-0
F: +49 201 125 830-69

www.pvv-ag.de

Die PVV AG wurde im Jahr 2004 in Essen, mitten im schönen Ruhrgebiet, gegründet und ist eine inhabergeführte, unabhängige Vermögensverwaltungsgesellschaft. Das Dienstleistungsspektrum umfasst die individuelle sowie die Fonds-Vermögensverwaltung, das Fonds-Management und -Advisory für Publikums- und Spezialfonds, das Vermögenscontrolling sowie das Financial Planning. Mit derzeit elf Mitarbeitern ist die Gesellschaft verantwortlich für über 700 Mio. Euro Assets under Control. Im Vordergrund jeglicher Geschäftstätigkeiten steht immer und ausschließlich das Kundeninteresse. So ist es den Mitarbeitern der Gesellschaft gelungen, Kundenbeziehungen über mehr als 20 Jahre und diverse Organisationen hinweg zu entwickeln und auszubauen. Die Kundengewinnung der PVV AG beruht überwiegend auf der Weiterempfehlung durch bestehende Kundenverbindungen und Kooperationspartner, was als Auszeichnung und Wertschätzung verstanden wird. Zugleich gilt dieser Vertrauensbeweis als besonderer Ansporn für perspektivische und qualitativ hochwertige Dienstleistungen in der Zukunft.

Daniel Stehr ist Masterconsultant in Finance (bbw) und Gründer sowie Geschäftsführer der ws-hc Stehr & Co. Hanf Consulting UG.

Bereits Ende der 90`er Jahre hat er seine ersten internationalen Erfahrungen mit dem Handel der bekannten Titel der New Economy (NASDAQ Chicago) sammeln dürfen. Seit nun zwei Jahrzehnten hat er sich seine Expertise in der nationalen und internationalen Finanzbranche aufgebaut. Während seiner Tätigkeit in einer Hamburger Privatbank hat Herr Stehr bereits zahlreiche Investitionen in die Hanf-Branche Nordamerikas begleitet. Bereits seit Anfang 2016 recherchiert Stehr den internationalen Hanf Finanzmarkt. Seine Haupttätigkeiten liegen in der Geschäftsführung und Analyse sowie dem Advisory.

Daniel Stehr
T: +49 40 60 77 549-0
M: stehr@ws-hc.de

Hanf - Investition - Nachhaltigkeit - Wachstum

Die ws-hc ist der Initiator und Advisor des ws-hc Fonds – Hanf Industrie Aktien Global, dem ersten aktiv gemanagten Hanf Aktienfonds Europas. Die Aufgabe besteht darin, den Portfoliomanager des Hanf Aktienfonds, in seinen Entscheidungsfindungen zu beraten. Der Fonds wird bis zu 100% seiner Vermögenswerte in globale Hanf Aktien investieren, vorerst überwiegend in der nordamerikanischen Hanf-Industrie. ws-hc berücksichtigt dabei die gesamte Wertschöpfungskette: Anbau, Lizenzen & Patente, Distribution, Forschung, Technologie und Pharmazie. Stetig erweitert die ws-hc ihre Expertise durch Recherche, internationale Kontakte und Netzwerke sowie der dauerhaften Optimierung ihrer Analyseprozesse. Da es sich bei der Hanf-Industrie um einen noch sehr jungen Markt handelt, wird diesem Sektor eine hohe Schwankungsbreite zugerechnet. Die Anlagestrategie des Fonds ist langfristig ausgerichtet.

Darüber hinaus ist ein klar formuliertes Unternehmensziel der ws-hc, die Hanfpflanze weiter zu rekultivieren und zu etablieren. Die ws-hc unterstützt den Diskurs für eine voll umfängliche – staatlich kontrollierte – Legalisierung der Hanfpflanze.

Hanf · Investition · Nachhaltigkeit · Wachstum

ws-hc

ws-hc Stehr & Co. Hanf
Consulting UG
Friedensallee 38
22765 Hamburg

T: +49 40 60 77 54 9-0
F: +49 40 60 77 549-99
M: info@ws-hc.de

www.ws-hc.de

Kris Steinberg
T: 015151110776
M: kris.steinberg@
niiio.finance

Kris Steinberg ist Vorstand für Vertrieb, Consulting und Personal bei der niiio finance group AG. Als Diplom-Wirtschaftsingenieur mit zusätzlichem Abschluss in Wirtschaftsrecht, beschäftigt er sich seit mehreren Jahren intensiv mit dem Thema Digital Banking aus unterschiedlichen Blickwinkeln. Als Unternehmer unterstützt er täglich weit über 100 Vermögensverwalter, Anlageberater, Private-Banking-Institute, Depotbanken, Volksbanken und Sparkassen sowie Großbanken bei der Digitalisierung ihrer Wertpapiergeschäfte. Als Gründer, Investor und Speaker beschäftigt er sich mit Start-ups, Plattformen sowie Netzwerkökonomien in der Zeit des digitalen Wandels – was insbesondere seinen heutigen Kunden im Zuge ihrer eigenen Digitalen Transformation zu Gute kommt.

Führender Anbieter für digitales Vermögensmanagement

niiio finance group AG
Elisabethstraße 42/43
02826 Görlitz

T: +49 35 81 / 374 99 0
F: +49 35 81 / 374 99 99

www.niiio.finance

Digitale Dienste für die digitale Zukunft des Bankings – darauf ist die niiio finance group AG spezialisiert. Neben dem Robo-Advisor gehören auch Digitales Wealth Management und die Open-Banking-API-Suite dazu, ebenso maßgeschneiderte Beratungs- und Entwicklungsleistungen und Betriebsmodelle. Die Software-Schmiede versteht sich als Lösungspartner für Banken und Finanzdienstleister. Die hochwertigen Plug-and-Play-Angebote sind nutzerfreundlich und individuell anpassbar – und helfen, Kosten drastisch zu senken und Wettbewerbsvorteile zu realisieren.

niiio finance group AG unterstützt Anbieter von innovativen Finanzdienstleistungen in Europa. Dies erfolgt auf einem plattform-basierten Geschäftsmodell.

Kern der Plattform ist insbesondere eine Blockchain-basierte Plattform-Infrastruktur, in der die Vermögensgegenstände und Vertragsverhältnisse aller Marktteilnehmer zentral koordiniert werden.

Für diese Plattform stehen unsere Cloud-Dienste und Schnittstellen-Technologien im eigentlichen Fokus.

Martin Utschneider leitet die Abteilung Technische Analyse der renommierten Privatbank „Donner & Reuschel". Davor war er für eine namhafte österreichische Private Banking Adresse tätig. Er verfügt über umfassende Erfahrung in der Wertpapierbetreuung internationaler Private Banking- und Wealth Management- Klientel. Nebenberuflich ist er zudem für diverse zertifizierte Weiterbildungsakademien und eine Hochschule als Fachdozent und Prüfer tätig. Praktische Erfahrung im Bereich „Technische Analyse" hat Herr Utschneider seit nunmehr knapp 20 Jahren. Seine Analysen finden im deutschsprachigen Raum (D, A, CH, FL, LUX) große Beachtung. Zudem gehören auch einige renommierte Medienvertreter zu den Empfängern. Er ist außerdem regelmäßiger Interviewgast in Radio- und TV-Sendungen.

Martin Utschneider
T: +49 89 / 2395 - 2029
M: martin.utschneider@
donner-reuschel.de

DONNER & REUSCHEL - *Privatbank seit 1978*

Das Traditionshaus mit Sitz in Hamburg, München und Kiel setzt auf qualifizierte und umfassende Beratung für vermögende Privatkunden, Unternehmer und Immobilienkunden, institutionelle und Capital Markets-Kunden. Die Experten des Bankhauses verstehen sich als Berater, Koordinator und Sparringspartner für ihre Kunden, die außerdem von der Zusammenarbeit mit starken Partnern, darunter die Konzernmutter SIGNAL IDUNA, profitieren. „Die Nähe zu unseren Kunden bleibt für uns auch in der digitalen Welt das Wichtigste. Jeder Kunde hat einen festen Berater – und das oft über Generationen hinweg. Dieser überrascht auch mit Lösungen, die weit über das normale Bankgeschäft hinausgehen." Im Jahr 1798 wurde die Bank von dem 24-jährigen Hamburger Kaufmann und Reeder Conrad Hinrich Donner gegründet. Er knüpfte internationale Geschäftskontakte und war ein „Global Player" des 19. Jahrhunderts. Der Enkel Conrad Hinrich Donners war einer der Mitbegründer der Hongkong & Shanghai Banking Corporation (HSBC), der Hamburgischen Electricitäts-Werke AG und der Commerzbank AG. 2010 schlossen sich die Hamburger CONRAD HINRICH DONNER Bank und die Münchner Traditionsbank Reuschel & Co. zu „DONNER & REUSCHEL" zusammen.

DONNER & REUSCHEL
Aktiengesellschaft
Ballindamm 27
20095 Hamburg

T: +49 40 30217 - 5567
F: +49 40 30217 - 5589
M: bankhaus@
donner-reuschel.de

http://www.donner-reuschel.de

David Wehner
T: +49 89 95 411 93 30
M: do@do-investment.de

David Wehner ist Senior Portfoliomanager bei der Do Investment AG. Dort bringt er seine besondere Expertise im Bereich der Anleihen ein und zeichnet sich vorrangig für Staats- und Unternehmensanleihen in den Portfolios verantwortlich.

Vor seinem Wechsel zur Do verantwortete David Wehner seit 2010 als Abteilungsdirektor das Management von Publikumsfonds und institutionellen Spezialfonds bei der Lampe Asset Management GmbH. Seine berufliche Laufbahn begann er beim Bankhaus Lampe, wo er für die Evaluierung von Vermögenswerten bei der Depotbank zuständig war.

Ganzheitlich – Individuell – Unabhängig

DO INVESTMENT AG

Do Investment AG
Montgelasstraße 14
81679 München

T: +49 89 95 411 93 30
F: +49 89 95 411 93 48

www.do-investment.de

Entstanden aus dem Family Office der Familie Silvius Dornier betreut und begleitet die Do Investment AG als unabhängig agierender Finanzdienstleister vermögende Privatpersonen, mittelständische Unternehmerfamilien, konservative Institutionen und Stiftungen ganzheitlich in allen Fragen der Vermögensplanung und des Vermögensmanagements einschließlich der Möglichkeit von Controlling-Leistungen. Die Kernkompetenzen liegen neben der Strukturierung und Verwaltung von liquiden Vermögenswerten in ausgewählten Sachwertinvestments im Bereich Agrarwirtschaft. Investoren wird exklusiver Zugang zu Club Deals in Sachwertinvestments und unternehmerische Beteiligungen im Agrarbereich ermöglicht.

Die Do Investment AG verbindet verantwortungsbewusstes Unternehmertum mit einem nachhaltigen Wachstum der ihr anvertrauten Vermögen. Im Mittelpunkt des Handelns stehen die konsequente Berücksichtigung und kritische Bewertung langfristiger globaler Trends. Inhaltliche Kontinuität, Fairness und Transparenz sowie der enge Austausch mit den Mandanten sind dabei selbstverständlich.

Ingo Wolf gründete während seines Physikstudiums an der TU München eine Plattenfirma, die ihr Tätigkeitsfeld später um Agentur- und Eventdienstleistungen erweiterte. Der Umgang mit Leistungsschutzrechten führte zur Erfindung von RecordOnSilicon. Später wurde er Fernsehanbieter. Er erfand das lineare IT-basierte Fernsehen, welches er fast ein Jahrzehnt vor YouTube zum Patent anmeldete. Daraus entstanden 800 Sender weltweit. Seine Firma BCT arbeitete in Gold- und einer Antimon Explorationsfeldern im Südwesten von Sofia. Mit der einzigartigen Möglichkeit, die Exklusivität auf dem Osmiummarkt zu erhalten, unternahm er einen mutigen Schritt: Er beendete alle anderen Tätigkeitsbereiche innerhalb eines Jahres um sich ausschließlich der Markteinführung und Zertifizierung des letzten und seltensten Edelmetalls mit dem Namen Osmium zu widmen.

Ingo Wolf
T: +49 (89) 7 44 88 88 11
M: Ingo.wolf@osmi-um-institute.com

Osmium, das letzte der acht Edelmetalle wird zum Star!

Die „Osmium-Institut zur Inverkehrbringung und Zertifizierung für Osmium Gmbh" dient dem Zweck, einen einheitlichen Umgang in Handel und Verarbeitung von kristallinem Osmium zu gewährleisten. Die Aufgaben werden durch ein Team von Fachleuten durchgeführt, die Händler informieren, Verarbeitungsbetriebe ausbilden und als Ansprechpartner zur Verfügung stehen. Für den privaten Handel stellt das Osmium-Institut Gutachter zur Verfügung, die die Echtheit von Osmium bestätigen und Codes verifizieren.

Osmium wird ausschließlich in der Schweiz kristallisiert. Die Warenausfuhr findet zunächst nach Deutschland statt. Hier wird das Osmium dokumentiert, fotokatalogisiert und mit Zertifikaten versehen. Dazu gehört, dass Reinheit, Gewicht und Struktur dem Kunden bestätigt werden.

Osmium-Institute sind die Anlaufstelle für Presse und Fernsehen zur Information über Osmium und seine Verwendung. Sie unterhalten eine FAQ Liste und beantworten Fragen aus allen wissenschaftlichen und ökonomischen Themenbereichen rund um Osmium. Speziell das deutsche Osmium-Institut hat zudem die Aufgabe des Aufbaus eines internationalen Netzes von regionalen Instituten auf allen Kontinenten.

OSMIUM-INSTITUT
zur Inverkehrbringung und Zertifizierung von Osmium GmbH

Osmium-Institut zur Inverkehrbringung und Zertifizierung von Osmium GmbH
Höllriegelskreuther Weg 3
82065 Baierbrunn

T: +49 (89) 7 44 88 88 88

www.osmium-institute.com

Armin Zinser
T: +33 (0)1 53 20 32 90
M: armin.zinser@prevoir.com

Armin Zinser, Jahrgang 1956, ist diplomierter Rechts- und Wirtschaftswiss. (INSEAD) und hat mehr als 35 Jahre Erfahrung im Bank- und Fondsmanagement. Seit 2009 ist er für die Aktienstrategie im Hause der Société de Gestion Prévoir verantwortlich. Dabei verwaltet er Gelder der Versicherung, welche in Aktien veranlagt werden sowie die Publikumsfonds Prevoir Gestion Actions und Prevoir Perspectives

Der Aktienspezialist lebt seit mittlerweile 33 Jahren in Paris. Bevor er 2009 zu Prévoir ging, baute er bei der OECD den Pensionsfonds auf. Danach managte er verschiedene Fonds bei AXA IM sowie bei Bank Leonardo. Davor war er für die Landesbankengruppe im Bereich Industriekreditgeschäft für mittelständische Unternehmen tätig.

Dt. Mittelstandsunternehmen aus der IT als Brückenschlager

Société de Gestion Prévoir
20 Rue d'Aumale
75 009 Paris
Frankreich

T: +33 (0)1 53 20 32 90
F: +33(0)1 53 20 32 91

www.sgprevoir.com

Die Prévoir Gruppe, ein konzernunabhängiges, eigentümergeführtes, und mittelständisches Versicherungsunternehmen mit Sitz in Paris unterhält auch Niederlassungen in Portugal, Polen, Vietnam und Kambodscha. Das Unternehmen hat sich auf den Bereich der Altersvorsorge spezialisiert und blickt auf eine mehr als 110-jährige Tradition zurück. Die in 1959 gegründete Tochtergesellschaft Société de Gestion Prévoir verwaltet neben dem Vermögen der Versicherung, circa 4,5 Milliarden Euro wovon 1,3 Milliarden Euro in Aktien veranlagt sind, auch die Publikumsfonds des Hauses und ist ein regulierter Finanzdienstleister. Die Gruppe wuchs in den vergangenen Jahren kontinuierlich und umfasst mittlerweile 1.350 Mitarbeiter, davon alleine 900 Berater.

UCHS ☑ WISSEN

ANLAGECHANCEN 2020
Ralf Vielhaber | Stefan Ziermann (Hg.)

Anlegen im Japan-Modus

Anlagechancen
m Abonnement

2018   2019   2020

re Vorteile auf einen Blick:

- bekommen das Buch druckfrisch geliefert –
  nktlich zum Erscheinungstermin!

- verpassen nie wieder eine Ausgabe der Anlagechancen

- richten Ihr Vermögen frühzeitig auf das nächste Jahr aus

- Redaktion steht Ihnen als Ansprechpartner zur Verfügung

- sparen 10% und zahlen statt 49,95 € nur 44,95 €

CHS-Anlagechancen:
fünf Kapiteln deckt Anlagechancen die Anlagethemen des
mmenden Jahres aus allen Blickwinkeln ab: Thesen, Trends und
rtfolio, Titelthema, Anlagechancen, Ihr Vermögen und Perspekti-
n über das Jahr hinaus.

ww.verlag-fuchsbriefe.de/gab2020

FUCHSBRIEFE

Immer eine Spur schlauer.